U0145076

智財系列

著作權法
實務問題研析(一)

蕭雄淋 著

五南圖書出版公司 印行

自 序

　　自二〇〇八年開始，著者開始擔任經濟部智慧財產局著作權法諮詢顧問工作。智慧局凡遇民眾詢問難解的實務問題，或在修法或職務上遇到見解不是十分確定的著作權法問題，往往會以書面詢問諮詢顧問意見，由諮詢顧問以書面回答。

　　由於問題千奇百樣，引起我的興趣。因此對於每一個問題，我在時間許可範圍內，都盡量認真回答。四、五年來，也累積了七、八十個問題，回答字數達三十餘萬字。

　　這幾年來，我在台北大學法律系博碩士班及台北教育大學文教法律碩士班各教一班「著作權法專題研究」課程，上課中常引過去回答過的問題，覺得這些問題和回答，是這幾年著作權法理論與實務見解發展歷程的一部分，有必要以書籍保存下來，並拋磚引玉，以就教著作權法界的先進。因此，著者乃編輯本書。

　　本書按著作權法章節加以分類，共分八章，每一章節，按回答問題的時間先後排列，共有七十五個問題。其中問題盡量保留原智慧局的提問，回答也盡量保留原回答，並在每一回答後面記明回覆時間。

　　本書之出版，應感謝經濟部智慧財產局給我這樣的機會回答問題。這僅是代表著者個人的見解，並不代表智慧局的官方意見。著者見解，有若干被智慧局採納，有若干不被採納。又本書之見解，雖有許多與北辰著作權事務所諸同仁討論，但最後結論，僅代表個

人意見，並不代表北辰事務所之意見。

　　本書之完成，承事務所同事嚴裕欽律師、研究員李庭熙先生校正，台北大學法律系博士班黃絜同學編輯，五南編輯宋肇昌先生亦辛苦排版校對，謹此感謝。

著者　蕭雄淋　律師

2013年6月6日
於北辰著作權事務所

蕭雄淋律師簡介

一、現　任

1. 北辰著作權事務所主持律師。
2. 國立台北大學法律系大學部及博碩士班兼任副教授。
3. 財團法人台北書展基金會董事。
4. 全國工業總會保護智慧財產權委員會委員。
5. 經濟部智慧財產局著作權法修正諮詢委員會委員。
6. 經濟部智慧財產局著作權諮詢顧問。
7. 經濟部智慧財產局著作權審議及調解委員會委員。
8. 台灣文化法學會理事。

二、經　歷

1. 以內政部顧問身分參與多次台美著作權談判。
2. 參與內政部著作權法修正工作。
3. 行政院新聞局錄影法及衛星傳播法起草委員。
4. 行政院文化建設委員會中書西譯諮詢委員。
5. 台灣省警察專科學校巡佐班「著作權法」講師。
6. 內政部、中國時報報系、聯合報系、自立報系等法律顧問。
7. 內政部「翻譯權強制授權」、「音樂著作強制授權」、「兩岸著作權法之比較研究」等三項專案研究之研究主持人。
8. 財團法人資訊工業策進會「多媒體法律問題研究」顧問。

9. 行政院大陸委員會「兩岸智慧財產權保護小組」諮詢顧問。

10. 台北律師公會及中國比較法學會理事。

11. 教育部國立編譯館、國史館等法律顧問。

12. 內政部著作權法修正諮詢委員會委員。

13. 內政部頒布「著作權法第四十七條之使用報酬率」專案研究之主持人。

14. 南華大學出版學研究所兼任副教授。

15. 國立清華大學科技法律研究所兼任副教授。

16. 國立台北教育大學教育經營與管理系文教法律碩士班兼任副教授。

17. 全國律師公會聯合會律師職前訓練所「著作權法」講座。

18. 台灣法學會智慧財產權法委員會主任委員。

19. 全國律師公會聯合會智慧財產權法委員會主任委員。

20. 教育部學產基金管理委員會委員。

21. 教育部「網路智慧財產權法律顧問小組」成員。

22. 財團法人台灣省學產基金會董事。

23. 行政院文化建設委員會法規會委員。

24. 經濟部智慧財產局著作權法修正諮詢委員會委員。

25. 國防部史政編譯室法律顧問。

26. 經濟部智慧財產局委託「著作權法第四十七條第四項使用報酬率之修正評估」之研究主持人。

27. 經濟部智慧財產局委託「國際著作權法合理使用立法趨勢之研究」之共同研究主持人。

28. 經濟部智慧財產局委託「著作權法職務著作之研究」之研究主持人。

29. 經濟部智慧財產局委託「出版（含電子書）著作權小百科」之獨立編纂人。

30. 經濟部智慧財產局委託「中國大陸著作權法令暨判決之研究」之研究主持人。

31. 應邀著作權法演講及座談七百餘場。

二、著　作

1. 著作權之侵害與救濟（民國（下同）68年9月初版，台北三民書局經銷）。

2. 著作權法之理論與實務（70年6月初版，同上）。

3. 著作權法研究（一）（75年9月初版，78年9月修正再版，同上）。

4. 著作權法逐條釋義（75年元月初版，同年9月修正再版，同上）。

5. 日本電腦程式暨半導體晶片法令彙編（翻譯）（76年9月初版，資訊工業策進會）。

6. 中美著作權談判專輯（77年元月初版，78年9月增訂再版，台北三民書局經銷）。

7. 錄影帶與著作權法（77年12月初版，同上）。

8. 著作權法修正條文相對草案（79年3月初版，內政部）。

9. 日本著作權相關法令中譯本（翻譯）（80年2月初版，同上）。

10. 著作權法漫談（一）（80年4月初版，台北三民書局經銷）。

11. 翻譯權強制授權之研究（80年6月初版，內政部）。

發行）。

28.「著作權法第四十七條第四項使用報酬率之修正評估」（經濟部智慧財產局委託，97年12月）。

29.國際著作權法合理使用立法趨勢之研究（經濟部智慧財產局委託，98年12月）。

30.著作權法職務著作之研究（經濟部智慧財產局委託，99年6月）。

31.出版（含電子書）著作權小百科（經濟部智慧財產局，100年12月）

32.中國大陸著作權法令暨判決之研究（經濟部智慧財產局，101年11月）

33.電子書授權契約就該這樣簽（文化部補助，城邦出版，2013年4月）

目 錄
CONTENTS

第一章　著作權之主體

問題1：錄音著作之著作權人為何人？

 相關條文

著作權法第3條第1項第2款（著作人之定義）、第11條（受雇人著作）、第12條（受聘著作）

壹、問題

茲有一侵害錄音著作重製權之法院判決（智慧財產法院97年度刑智上更(三)字第4號刑事判決），其判決理由認定錄音師始為錄音著作之著作權人，告訴人無法出示錄音師立約之著作權轉讓契約書，即無法證明已取得系爭錄音著作權，而單純錄音未利用機器設備後製，非錄音著作，無著作權，謹就以下問題請教：

1. 未經後製之單純錄音是否為錄音著作？錄音著作原創性認定之內容為何？須經音效技術之安排、處理嗎？

2. 錄音著作之著作人該為誰？出資製作錄音物者應與誰簽訂著作權授權或讓與契約？

貳、回答

一、依羅馬公約第10條至第12條規定，有關錄音物之權利，歸錄音物之「製作人」，而非「著作人」。依世界智慧財產組織之表演及錄音物條約（WPPT）第11條至第14條規定，錄音物之權利，亦歸屬於「製作人」，而非「著作人」。羅馬公約第3條第（c）項規定，所謂「錄音物製作人」，係指最

初固定表演之音，或其他之音之自然人或法人。此一規定，依羅馬公約指南之解釋上，如果係在唱片公司製作之情形，「權利人」應係唱片公司，而非屬唱片公司中之技術人員或操作人員（含錄音師）[1]。由此推論，如果是由個人之製作人出資聘請錄音師等技術人員處理技術問題，權利人亦為「製作人」而非「錄音師」。另依WPPT第2條（d）項規定，「錄音物製作人」係指對首次將表演的聲音、或其他聲音、或聲音表現物加以錄製，提出企劃（initiative），並負有責任之自然人或法人。此一意義與日本著作權法第15條有關職務著作著作權之歸屬的意義相當。依此規定，在羅馬公約和WPPT成員國之錄音物，其權利人應歸屬於製作人或製作公司，錄音師等技術人員，如果係在聘僱著作之情形下，應無權利。此為大陸法系國家採鄰接權制度的法系，較通說的法理。

二、關鍵問題在我國著作權法有關錄音的保護，係採著作權制度，而非鄰接權制度。依據我國著作權法第5條第1項第8款規定，「錄音著作」係被保護之著作之一，且其權利歸屬於「著作人」，而非「製作人」（第3條第1項第2款、第10條）。再者，我國著作權法第11條及第12條之聘僱著作之規定，亦與日本、美國及其他國家大不相同。錄音師如果非隸屬於製作公司，而係獨立於製作公司以外之其他公司或個人，除非與製作公司另有歸屬的約定，否則錄音師，並不排除其對錄音物之完成擁有創作權利的成分。

三、最高法院89年台上字第2506號民事判決謂：「又按著作權法第5條所保護之錄音著作，乃包括任何藉機械或設備表現系列聲音而能附著於任何媒介物上之著作。錄音著作之完成，須依賴錄音設備之作用，予以收音、錄製、附著於表現系列聲音之媒介物，例如唱片、錄音帶等。而著作權法之著作，須具有原創性，對於未具原創性之錄音物，即非著作權法所謂之著作。錄音物是否具有原創性，乃判斷錄音著作保護之依據。查系爭專輯係經鄧○賢之繼承人鄧○甫代理全體繼承人就音樂著作授權文建會使用，且經該會出資、企劃、修改審核，內容明確規定，上訴人僅係在文建會監督下執行製作工作，為原審確定之事實，則原判決認定上訴人就系爭專輯僅係執行製作，未具有原創性，不得主張對系爭專輯擁有著作權，並無不合。」此一判決，緣係行政院文建會之委外製作人謝○潔與文建會簽約，製作鄧○賢專輯，未約定著作權之歸屬，俟後

---

[1] 參見劉波林譯：羅馬公約和錄音製品公約指南，頁34。中國人民大學出版社，2002年8月。

謝○潔與文建會發生爭執，謝○潔主張擁有系爭錄音著作之著作權。著者擔任此一訴訟中文建會之訴訟代理人，一共纏訟6年。二審開庭達24庭。依本案台灣高等法院85年度上字第1882號民事判決，錄音師並不排除亦為共同完成錄音著作之著作人之一。而因為該錄音師及錄音室之著作權均同意歸屬文建會，而非歸屬謝○潔，因而排除謝○潔擁有著作權之可能。本件上訴最高法院，有關確認著作權存在部分，於第三審確定。

四、就我國現行法而言，在解釋上，錄音著作之著作人，應係包含安排、收音、錄製、混音、製作等所有程序之人。由於我國著作權法第11條、第12條規定，與其他國家聘僱著作之規定，大相逕庭。如果製作人與錄音師之間未有權利之約定，錄音師不排除就該錄音著作亦得主張為著作人之一。為解決我國著作權法有關錄音著作、視聽著作之困境，在未來修法，應將錄音著作，視聽著作之權利人，劃歸「製作人」，且調整我國職務著作之歸屬規定，較能解決層出不窮的問題。

五、有關兩岸或涉外著作，在台灣發生侵害問題，其權利之最初歸屬，宜尊重標示的權利推定制度。不宜依我國與其他國家顯然差異之著作權法第11條、第12條重新認定。蓋如果重新認定，則美國微軟之著作，專屬授權某台灣公司生產，在台灣著作權被侵害，在我國訴訟時，假設尚必須重新認定微軟有無著作權，有無與軟體工程師簽約，此將不符國際慣例，易生國際糾紛。

問題2：出資聘人完成視聽著作，未完成工作帶的著作權歸屬

 **相關條文**

著作權法第3條（用詞定義）、第11條（受雇著作）、第12條（受聘著作）

壹、問題

出資聘人拍攝電視節目帶，於拍攝過程中產生之拍攝工作帶、樣帶等，如契約並未特別約定其著作權歸屬時，該拍攝工作帶、樣帶之著作權應歸屬於何人？是否即依該完成之電視節目帶之著作權歸屬認定之？又拍攝電視節目帶過程中產生之拍攝工作帶、樣帶究否得為著作權保護之標的？

貳、回答

一、工作帶、樣帶是否為著作權之保護標的？

著作權法第3條第1項第1款規定：「著作：指屬於文學、科學、藝術或其他學術範圍之創作。」出資聘人完成著作，其拍攝過程的工作帶或樣帶，只要符合著作權法第3條第1項第1款「著作」之要件，均得作為著作權之保護標的，而不以其為最後交稿之成品為限。若以最後交稿之成品始得為著作權之保護標的，則如果拍攝過程為5年，而此5年期間，其工作帶或樣帶中之個別片段畫面或由其中所剪輯之照片流出，並加以發表者，均認其無著作權，則並非健全著作權保護之道，亦與著作權理論不符。

二、工作帶、樣帶之著作權歸屬，是否與交付之成品帶一樣，適用職務著作關係所應適用的著作權法規定？

（一）依著作權法第11條規定：「受雇人於職務上完成之著作，以該受雇人

為著作人。但契約約定以雇用人為著作人者，從其約定（第1項）。」「依前項規定，以受雇人為著作人者，其著作財產權歸雇用人享有。但契約約定其著作財產權歸受雇人享有者，從其約定（第2項）。」「前二項所稱受雇人，包括公務員（第3項）。」第12條規定：「出資聘請他人完成之著作，除前條情形外，以該受聘人為著作人。但契約約定以出資人為著作人者，從其約定（第1項）。」「依前項規定，以受聘人為著作人者，其著作財產權依契約約定歸受聘人或出資人享有。未約定著作財產權之歸屬者，其著作財產權歸受聘人享有（第2項）。」「依前項規定著作財產權歸受聘人享有者，出資人得利用該著作（第3項）。」有關視聽著作，如果係出資聘請人完成者，則其著作權歸屬，應依合約及上述規定而決定之；如果無其他契約約定，著作權法第11條及第12條有關職務著作著作權歸屬規定，不僅適用於交付之成品帶，亦適用於其職務著作過程所產生之樣帶及工作帶。

(二) 有關本問題，亦得參考下列外國學者著作：

　　1. 美國著作權法權威教科書《Nimmer on Copyright》謂：「當契約條款似乎意指受雇人所創作的一切均歸雇用人擁有時，是否也包括那些固然是受雇人依職務所創作，但因為和最後完成的作品截然不同而不曾被雇用人使用——甚至不曾由受雇人交付——的資料？此類情形，可能發生於雇用人不滿意受雇人的工作成果，或者受雇人從事了數次「錯誤的起步」後才終於做出為雇用人所接受的形式與內容之成品。而至少在雇用契約之條文有提到包括「一切」資料時，前述該類未曾被雇用人所使用的資料，其著作權始可能歸屬於雇用人所有[2]」

　　2. 日本學者田村善之於其《著作權法概說》一書內，主張：「報社所屬的攝影師，在為報社拍攝了數張同主題的照片，其中報社僅選用一張登載，其他未予登載時，未經登載之照片，因而並未以法人名義公開發表，則其著作權應歸屬於報社，抑或歸屬於攝影師所有？亦即，攝影師是否得以自己的名義將該未經登載照片出版為攝影專輯？學者多數

---

[2]　Melville B. Nimmer & David Nimmer ,Nimmer on Copyright,Vol 1.5-37 (2005).

認為：該未經登載照片之著作權，應歸屬於報社所有。蓋：未發表之照片，原來於創作之際，即已預計以報社名義公開發表，故應屬於第15條之職務著作[3]。」

（回覆於2010年6月18日）

---

[3] 田村善之，著作權法概說，有斐閣，2003年2月10日第2版，頁382至383。

第二章　著作權之客體

問題3：有關民視公司轉播美國職棒大聯盟比賽的著作權問題

 **相關條文**

著作權法第49條（時事報導之合理使用）、第52條（引用）

壹、問題

　　民視電視公司曾針對：1. 該公司所轉播之美國大聯盟棒球運動比賽是否為著作？2. 民視取得大聯盟轉播權後，是否可將所轉播之精采片段於網路上播放？是否要另行取得授權？3. 其他電視台（中天、三立）可否於新聞中播放取自民視轉播之精采片段？等著作權法疑義，詢問相關著作權法問題。上開疑問，分述如下：

一、民視轉播之美國職棒大聯盟比賽本身是否為著作？

　　原則上，棒球比賽本身並非屬著作權法所稱之「著作」，惟就棒球比賽予以錄製或現場直播，是否屬於「著作」？有下列三說：

　　甲說：就美國規定而言，大聯盟比賽本身並無著作權，惟轉播之大聯盟比賽則屬視聽著作之類型。因其已符合最低之創意（拍攝、取景、決定順序等），故屬視聽著作之類型，至該視聽著作之著作權歸屬，美國法院則有認為屬主場球團所有，但目前實務上均依契約規定並由大聯盟統一處理授權問題。

　　乙說：就有關球賽轉播，就德國規定而言，應係屬著作鄰接權保護之對象，而非以著作權保護。

　　丙說：就單純取得大聯盟授權後，並將該比賽現場播送給國內觀眾並錄製

之行為，雖屬公開播送及重製行為，然因大聯盟棒球比賽既然非屬著作，而轉播機構單純就非著作內容之比賽播送及錄製，如未有其他後製行為時，尚難認即因此變更為有創意而符合視聽著作之規範而受著作權法保護。

二、民視就其所轉播之大聯盟比賽片段是否可上網公開傳輸？

(一) 如採甲說：則如果大聯盟轉播屬視聽著作，則民視公司欲上網播放，應取得公開傳輸之授權，否則即不能播放。

(二) 如採乙說及丙說：則因其非屬著作權法保護之標的，故並不會違反著作權法規定，至於是否違反其他法令規定，則依其他法令認定之。

三、其他電視台轉播民視所轉播之比賽片段是否違反著作權法規定？

(一) 如採甲說：則其他電視台於新聞中轉播片段部分，如該片段屬「時事之報導」，則可依著作權法第49條規定主張合理使用；如非屬著作權法第49條「時事之報導」，則應取得著作財產權人之授權（大聯盟球團或民視（如已取得專屬授權時）），否則即有侵害著作財產權之虞。

(二) 如採乙說及丙說：則因其非屬著作權法保護之標的，故並不會違反著作權法規定，至於是否違反其他法令規定，則依其他法令認定之。

上開問題，以何說為當？

貳、回答

一、民視轉播之美國職棒大聯盟比賽本身是否為「著作」？

(一) 此一問題，分二述之。其一為職棒球賽本身是否為「著作」？其二為就職棒所為之「轉播」本身是否為「著作」？

(二) 就前一問題，即職棒球賽本身是否為「著作」？查世界各國著作權法，大抵分「版權法法系」（copyright tradition）與「著作人法法系」（author's right tradition）二種。前者表演以「著作權」加以保護，後者表演以「著作鄰接權」加以保護。我國採取前者。依外國著作權法通例，表演以具有藝能

性質者，方受著作權法保護，職業運動競技，並非著作權法保護之表演，此已成爲美國及日本著作權法通說，我國著作權法亦當作如斯解釋。美國職棒大聯盟之比賽本身，並非著作權法保護之著作。

（三）有疑義者，乃民視「轉播」美國職棒大聯盟比賽，其「轉播」本身是否爲著作？查我國著作權法並未有如德、法、日之立法，規定「著作鄰接權」，即廣播事業不因其公開播送本身而使其播送受保護。播送之受保護，須以本身爲「視聽著作」或「錄音著作」之著作財產權人或專屬被授權人而受保護。美國職棒大聯盟比賽之轉播，乃即播即錄，在播送本身即有影像之固定，可能形成「視聽著作」。尤其現場之錄影，並非單一錄影設備之單純錄影，其中仍包含燈光、專業錄影技術、講解、回顧等，具備我國著作權法「視聽著作」之要件，屬於一種「視聽著作」。民視之轉播，此視聽著作之著作財產權究係屬於民視，抑或屬於美國職棒大聯盟，依美國職棒大聯盟與民視雙方間之合約定之。

二、民視就其所轉播之大聯盟比賽片段是否可上網公開傳輸？

（一）此應依民視與美國職棒大聯盟之合約約定著作權之究何歸屬而定。如依合約著作權歸美國職棒大聯盟所有，且轉播合約不包含「上網公開傳輸」，則民視之上網公開傳輸，僅能依著作權法第44條至第65條之合理使用規定。

（二）由於民視在網路公開傳輸之內容，並非係直接來自比賽本身，而係來自轉播之視聽著作，故民視之網路公開傳輸行爲，不適用著作權法第49條之有關時事報導合理使用規定，僅能適用著作權法第52條規定。而著作權法第52條之引用，須以民視自己有著作爲前提，故民視欲公開傳輸，僅能在網路新聞節目中，符合著作權法第52條規定，片段加以引用而爲公開傳輸。

三、其他電視台轉播民視所轉播之比賽片段是否違反著作權法規定？

（一）查著作權法第49條規定：「以廣播、攝影、錄影、新聞紙、網路或其他方法爲時事報導者，在報導之必要範圍內，得利用其報導過程中所接觸之著作。」本條規定，限於「其報導過程中所接觸之著作」，例如欲報導某國際舞蹈團在台灣演出的消息，得就該舞蹈團之表演錄影片段而播出。如A電視台已

播出，而B電視台就A的播出加以轉播，乃係著作權法第52條之引用問題。

(二) 本問題，其他電視台在播報新聞時，得依著作權法第52條規定，引用民視的轉播。然而限於片段，而且須註明引自民視的轉播畫面（著作權法第64條）。

（回覆於2008年4月13日）

問題4：電腦對照片的操作是否具有法律上的創作效果

 **相關條文**

著作權法第3條第1項第1款（著作之定義）

壹、問題

　　將照片再利用電腦進行去背及明暗、對比、色調等細節調整，調整後之成品是否仍可認足以表達創作者之情感或思想時，而可符合「著作」之定義？或僅係單純機器操作之結果，不具「原創性」及「創作性」而不受本法保護？

貳、回答

　　一、本問題似在詢問，如果甲拍A照片，乙就甲之A照片利用電腦進行去背及明暗、對比、色調等細節調整，調整後之成品，是否形成著作權法第6條「衍生著作」？抑或乙因係操作電腦，不具人之創作性，僅視為單純機器操作，無法產生法律上之權利效果？即乙不具「原創性」及「創作性」而不受本法保護？

　　二、本問題所涉之法律關鍵有二：

(一) 去背及明暗、對比、色調等細節調整，是否可能係攝影著作之原創性之一部分？抑或攝影著作在攝影按下快門那一刻，整個攝影的原創性已經全部完成？

(二) 利用電腦進行去背及明暗、對比、色調等細節調整，該電腦之操作行為，是否電腦只是工具，其中具有人的創作成分？抑或無著作人的創作成分，即無「著作人」之存在？

　　三、針對上述問題二、(一)，攝影著作，在傳統上，是指依物理或化學方法，將被攝物在膠捲及相紙上再現影像[1]。攝影著作之形成與繪畫不同，攝影

---

[1] 參見中山信弘：著作權法，有斐閣，2007年10月初版，頁90。

著作有極大程度係依賴機械作用及技術之操作。惟因其製作時，需要決定主題，對被攝影之對象、構圖、角度、光量、速度等有選擇及調整，有時尚須對底片進行修改，在攝影、顯影及沖洗中有原創性，因此以著作加以保護[2]。在數位化的時代，攝影著作可能無膠捲底片，然而透過電腦軟體的作用及人為的操作，可能去背及明暗、對比、色調等細節調整，此調整與傳統對沖洗底之修正並無不同，同為攝影著作原創性之一部分。

　　四、針對上述問題二、(二)，利用電腦進行去背及明暗、對比、色調等細節調整，該電腦之操作行為，是否電腦只是工具，應視該修改是否在軟體中一按某鍵修改即自動完成，抑或仍須人為之詳加操作，每個人修改技術均不相同而定。如果屬於前者，則其中完全是電腦軟體之作用，並無著作人之存在，不產生衍生著作問題。如果屬於後者，即去背及明暗、對比、色調等細節調整，仍須人為之詳加操作，而且每人操作結果，均不相同，而操作結果足以表現創作之個性特徵，則此後製作之行為，屬於攝影著作之原創性之一部分。易言之，如果甲拍A照片，乙就甲之A照片利用電腦進行去背及明暗、對比、色調等細節調整，調整後之成品，則甲有原著作之著作權，乙有衍生著作之著作權。然而上述利用電腦進行去背及明暗、對比、色調等細節調整之整體過程，是否具有著作人創作的個性特徵，仍須具體個案判斷之。

　　五、內政部民國86年11月14日台(86)內著字第8616210號函謂：「藉由電腦程式設計操作繪製所成之繪畫、法書（書法）或字型繪畫，如係以電腦程式操作為創作之輔助工具且符合上述規定，又無著作權法第9條所定不得為著作權標的之情形者，該作品即屬美術著作而依著作權法受保護。又若操作者只是單純將電腦圖庫中之創作稍作大小、長度變更，未表現操作者個人之創作性者，即無操作者思想或感情之表現者，該完成之作品即與上述規定未符，不受著作權法保護。因此，藉由電腦程式設計操作繪製所成之繪畫、法書（書法）或字型繪畫等是否為美術著作，應視該利用電腦所繪製之作品有無原創性，再依具體個案認定之。」可供本案參考。

（回覆於2008年9月5日）

---

[2] 參見蕭雄淋著：著作權法逐條釋義(一)，五南出版公司，民國85年初版，頁88；半田正夫：著作權法概說，法學書院，2007年6月13版，頁92。

問題5：棋譜的圖譜是否可能受著作權法保護？

 **相關條文**

著作權法第3條第1項第1款（著作之定義）、第5條（著作之種類）

壹、問題

棋譜的圖譜，究否可能受著作權法保護？

貳、回答

一、棋譜的圖譜究否可能受著作權法保護？其關鍵問題，在於棋譜是否屬於著作權法第3條第1項第1款之「著作」？如果屬於「著作」，係屬於著作權法第5條第1項之何種「著作」？

二、查最高法院83年台上字第5206號刑事判決謂：「按除著作權法第9條所列之著作外，凡具有原創性，能具體以文字、語言、形像或其他媒介物加以表現而屬於文學、科學、藝術或其他學術範圍之創作，均爲著作權法所保護之著作，此之著作權法第3條第1款（註：現今爲第3條第1項第1款）、第9條規定甚明[3]。」另最高法院89年台上字第7706號刑事判決謂：「著作權法第3條第1項第1款所規定之著作，係指屬於文學、科學、藝術或其他學術範圍之創作，凡本於自己獨立之思維、智巧、技匠而具有原創性之創作，即享有著作權[4]。」圍棋之棋譜，或有爲一人之獨立研究而創作者，然多數爲兩人下棋對奕而加以記錄者。前者之著作權屬於個人，後者爲著作權法第8條之共同著作[5]。

三、有關圍棋之棋譜之具有著作可能性，向來學說未見採否定見解者。

---

[3] 引自蕭雄淋編：著作權法裁判彙編(二)上冊，內政部，85年10月，頁531。

[4] 參見蔡明誠主編：智慧權法典，新學林公司出版，2007年9月四版，頁C-12。

[5] 參見加戶守行：著作權法逐條講義，著作權情報センター，2006年3月五訂新版，頁118。

至於圍棋之棋譜，屬於著作權法第5條第1項之何種著作，則有爭議。有謂係舊著作權法語文著作之一種者[6]。有謂係著作權法第5條第1項各例示著作以外之「其他著作」者[7]。查日本著作權法第10條第1項規定：「本法例示著作如下：1. 小說、劇本、論文、演講或其他語文著作；2. 音樂著作；3. 舞蹈或默劇著作；4. 繪畫、版畫、彫刻或其他美術著作；5. 建築著作；6. 地圖或有學術性質之圖面、圖表、模型或其他圖型著作；7. 電影著作；8. 攝影著作；9. 電腦程式著作。」我國著作法第5條第1項，主要係來自日本著作權法第10條第1項（在日本錄音物係以著作鄰接權保護，不在例示著作中）。而日本學者認為象棋或圍棋之棋譜，係不屬於日本著作權法第10條第1項各例示著作之一，但仍具有著作之性格，係非著作權法第10條第1項之「其他著作」[8]。本人認為，棋譜本身並非文字，其創作性亦非在每一個棋子之圖案本身，而係整體棋譜之配置錯落，表現下棋者一定思想、功力之創作力，此創作力以棋譜之表現形式為之，應認為我國著作權法第5條第1項之各例示著作以外之「其他著作」為妥。

（回覆於2008年9月12日）

---

[6] 參見施文高：著作權法制原論，著者發行，民國70年4月，245頁。

[7] 參見蕭雄淋著：著作權逐條釋義，五南出版公司，民國85年5月，第一冊，第72頁。

[8] 同註3。

問題6：以他人平面室內設計圖作成立體室內設計圖，有無侵害著作權？

 **相關條文**

著作權法第3條（用詞定義）、第5條（著作）、著作權法第5條第1項各款著作內容例示

壹、問題

一、問題背景

本案緣起於民眾來函詢問：建築著作包括建築物，則此建築著作是否包括建築物之外部造型及內部空間二部份？是否包括建築物之室內及室外？是否包括室內設計？

依照「著作權法第五條第一項各款著作內容例示」第2項第9款規定：「建築著作：包括建築設計圖、建築模型、建築物及其他之建築著作」。復經濟部智慧財產局曾針對「室內設計圖」涉及之著作權疑義作成民國96年10月22日電子郵件961022b及民國97年3月22日電子郵件970303a二則解釋，而認為「室內設計圖」係屬著作權法（下稱「本法」）第5條第1項第6款規定所保護之圖形著作；從而，若係建物（例如餐廳）內部之實體裝潢，或是依照設計圖所標示尺寸、規格或器械結構圖等，以按圖施工方法將設計圖著作所表現概念製成立體物者，則均屬「實施」行為之結果，二者均非本法所稱著作之重製行為。

惟前揭二則智財局解釋對於建築著作之保護是否及於建築物之內部空間等，則未有說明。我國司法實務上則有臺灣高等法院高雄分院97年度上易字第162號、高雄地院96年簡上字第558號二件法院刑事判決認定，裝潢工程所為之設計圖樣為本法所保護之圖形著作，惟按照該設計圖樣進行裝潢工程施工，則僅係「實施」該圖形著作之行為，於施工完成後呈現之實體外貌，並非圖形著作之本身，應不屬於圖形著作權保護之範疇。

二、比較法之觀察

(一) 美國法

按美國著作權法第101條規定，建築著作（architectural work）係指以任何有形媒體而具體呈現之建築設計，包括建築物、建築設計圖或草圖。系爭建築著作規定之範疇，包括建築之整體形式，並及於其空間之安排、組合及設計之要素，但不包括個別的標準特徵。[9]

(二) 日本法

按日本著作權法規定，其「建築著作」係指依定著於土地上之構築表現思想或感情之著作。而所謂之「構築」包括：神社、寺院、堂宇、宮殿、教會凱旋門、紀念碑等歷史性或紀念性構築，也包含現代建設的公共及私人建築，例如議事堂、市政廳、公會堂、文化會館、博物館、美術館、寺社、教會、學校、企業大樓、劇場、電影院、飯店、工廠、棒球場等運動設施及住宅等，而橋樑、塔等土木工作物亦屬之。

又建築著作係透過建築物的外觀來表現思想、感情的創作，故保護對象是其審美的外觀。而所謂「外觀」，並非僅限於在道路上所見之建築物外觀，亦包含一建築物的內部及外部部分，因而，室內設計亦為日本著作權法「建築著作」之保護範圍，建築物之一部或其他附屬部分，亦屬建築著作而得享有著作權之保護。[10]

(三) 德國法

按德國著作權法第2條第1項第4款規定，建築藝術作品亦屬於美術著作，一建築物若表達了某種美學方面具有獨創性的創造成果，即屬德國著作權法上之建築藝術作品。從而，基於某種目的所建造之各種市政大樓、教堂、博物館、城堡、觀光塔等建築物，其與具有特殊紀念價值之紀念塔或凱旋門一樣，均受有著作權之保障；此外，室內設計及布景，亦均屬德國著作權法上之建築藝術作品，亦受有著作權保障。

---

[9] 參閱：孫遠釗，美國著作權法令暨判決之研究，經濟部智慧財產局，2008年，頁19-20。

[10] 參閱：林大爲，建築著作之研究，政治大學法律學系碩士論文，1995年，頁46。

再者，鑑於「室內建築設計」係對於設計師就室內建築的整體劃分及構成所形成整體印象之再呈現，而具備創作個性，因而，室內建築設計亦屬德國著作權法上之建築藝術作品，其亦受有著作權保障。而內部建築領域，則須依個案情形判斷其是否具備足夠之創作個性而得構成單一著作——例如：教堂內部之建築形式，以及形成住屋一體之家具設計二者均可能具備足夠之創作個性，而得以構成德國著作權法上之建築藝術作品，受有著作權保障；惟於單純家具分組之情形，則欠缺足夠的創作個性而不屬之。[11]

三、設問

綜此，由於建築設計圖依本法及「著作權法第五條第一項各款著作內容例示」之規定亦屬建築著作，然依建築設計圖而按圖施工建造之建築物，依本法第3條第1項第5款後段規定則屬「重製」，該依照建築設計圖施工建造之行為則屬「重製行為」，而與其他依圖形著作（例如：室內設計圖）而按圖施工行為卻屬「實施」行為之分類，有所不同。是以，縱使建築著作受著作權保護之內涵當及於建築物整體，而不問建築物之內部或外部均屬建築著作。然而，倘若該建築物之內部空間設計，並非依照建築設計圖按圖施工所建造，而係另行依照室內設計圖等其他圖形著作而建造完成該建築物之一部，則其是否即非屬建築著作？抑或是，該依照室內設計圖等其他圖形而建造完成之建築物之一部，亦得為建築著作之保護對象？

貳、回答

一、室內設計圖所屬著作類型

此一問題，主要之爭議點在於「室內設計圖」之定性，「室內設計圖」究為何種著作？學說略有三說：

---

[11] 參閱：曼弗列德‧雷炳德（Rehbinder, Manfred）著、張恩明譯，著作權法，第13版，2004年，法律出版社，頁144。

(一) 甲說：室內設計圖為「建築設計圖」，依照室內設計圖按圖施作之行為屬「重製」

依「著作權法第五條第一項各款著作內容例示」第2項第9款規定，「建築設計圖」為「建築著作」；復依著作權法第3條第1項第5款規定：「重製：指以印刷、複印、錄音、錄影、攝影、筆錄或其他方法直接、間接、永久或暫時之重複製作。於劇本、音樂著作或其他類似著作演出或播送時予以錄音或錄影；或依建築設計圖或建築模型建造建築物者，亦屬之。」據此，依據建築設計圖而建造建築物之行為係屬重製，而室內設計既屬於就建築物內部之設計，則對於室內設計予以立體化呈現者即為建築物之一部分而無由與建築物分割，故依照室內設計圖而按圖施作為立體室內設計之行為，應屬重製。

(二) 乙說：室內設計圖為「圖形著作」，依照室內設計圖按圖施作之行為屬「實施」

依「著作權法第五條第一項各款著作內容例示」第2項第6款規定：「圖形著作：包括地圖、圖表、科技或工程設計圖及其他之圖形著作」。據此，「室內設計圖」並非「建築設計圖」，而應屬於「科技或工程設計圖」。從而依照「科技或工程設計圖」而按圖施作，由平面而予以立體化之行為，依實務通說，係屬於「實施」行為；而「實施」行為，並未為著作權法第22條至29條著作財產權權利所保障。故依照室內設計圖而按圖施作為立體室內設計之行為，既屬實施行為，則其並非著作權法規範效力所及，而屬專利相關法規之規範領域。

(三) 丙說：應依據室內設計圖屬尺寸施工圖或非尺寸施工圖，分別歸類屬實施或改作行為

持丙說者認為，應依據室內設計圖係屬尺寸施工圖之類型，抑或屬非尺寸施工圖之類型，而予區別。亦即若係屬「尺寸施工圖」者應為著作權法第5條第1項第6款及「著作權法第五條第一項各款著作內容例示」第2項第6款規定之「圖形著作」；若係屬「非尺寸施工圖」者則為著作權法第5條第1項第4款及「著作權法第五條第一項各款著作內容例示」第2項第4款規定之「美術著作」。前者從平面到立體之行為屬實施，後者從平面到立體之行為，則可能構成著作權法第28條之改作。

二、室內設計圖應歸類屬「建築設計圖」，依照室內設計圖施作行為應屬重製行為

　　我國著作權法第3條第1項第5款「重製」後段規定，係來自日本立法例，其乃將原不屬於重製行為者亦視同為重製行為，而擴張「重製」概念範圍之「重製概念之擴張」規定；從而，依據第3條第1項第5款後段規定，依照建築設計圖而按圖施作建造建築物之行為，即視為重製行為。其理由不外係考量建築為藝術作品而具有其長久淵源之歷史，且建築設計圖及建築物本身依同法規定亦均為受保護之「著作」，二者間應具有著作權權能上之連繫。此與機械圖及依照機械圖而施作完成之機械本身，前者為「著作」但後者非屬「著作」，蓋前後二者於表現形式上之差異甚大，二者間應不具有著作權權能上連繫之情形不同。

　　從比較法之觀點檢視系爭問題，本人較傾向於前揭甲說見解，亦即：將室內設計圖視同為建築設計圖之一種，從而，依照室內設計圖按圖施作之行為，即屬著作權法第3條第1項第5款後段之「視同重製」行為，而為著作權權能所及。蓋：室內設計圖其主要功能為作成建築物之室內設計，捨此之外，顯無其他功能；再者，室內設計圖成立專利之情形極鮮，若不藉此解釋方式賦予其著作權法保護，顯然無法使室內設計圖之創作者得到應有法律保障。因此，解釋上宜採取前揭甲說，將室內設計圖亦歸類屬建築設計圖。

　　然而，於此尚須留意者為：台灣之建築物多數欠缺建築著作之原創性，據此亦得以推斷其建築設計圖亦欠缺建築著作之原創性。因而，依照其建築設計圖建造成無原創性之建築物，亦難認為係侵害該建築設計圖之重製權。同理而論，依照室內設計圖而按圖施作完成之設計實物，若欠缺原創性，則對於其從平面到立體之施作行為，亦難以認為構成侵害室內設計圖之重製權。

參、參考資料

經濟部智慧財產局相關函釋

(一) 中華民國96年10月22日電子郵件961022b函

令函日期：中華民國96年10月22日

令函案號：電子郵件961022b

令函要旨：

一、首先，需澄清者，甲設計完成之設計圖說固屬著作權法保護之「圖形著作」，惟將平面之圖形著作轉變為立體形式，若其係依「圖形著作」標示之尺寸、規格或器械結構圖等以按圖施工之方法將著作表現之概念製成立體物，則係屬「實施」之行為，並非該設計圖說之重製，合先敘明。

二、茲就所詢問題分述如後：

(一) 所詢問題一部分：如該餐廳內部實體之裝潢、設計係依設計圖說標示之尺寸、規格或器械結構圖等以按圖施工之方法將著作表現之概念製成立體物，如前所述，即屬「實施」行為之結果，並非著作權法所稱著作之重製，則將該立體物再攝影之行為，亦非屬對該圖形著作之重製行為。

(二) 所詢問題二部分：如果該設計圖說，業主乙與設計師甲已有著作權之約定且約定乙為著作財產權人或已要求甲將著作財產權移轉給乙時，此時，乙為著作財產權人，其改作及授權他人為利用，均屬合法行為，甲並無權過問；如業主乙未與甲約定著作權之歸屬，雖甲仍為該「設計圖說」之著作財產權人，惟乙仍可依著作權法第12條第3項規定於「出資目的範圍內利用該著作」，當然包括「改作」（不侵害著作人格權時）。至所詢丙拍攝實景之行為，請參考前述之說明，茲不贅述。

(三) 所詢問題三部分：丙所拍攝之內部裝潢照片如並非設計圖說之重製行為，而係將實施結果之實體物為拍攝，已如前所述，是而拍攝裝潢實景並張貼於網路之行為，並未涉及「圖形著作」之著作財產權的利用行為，自無著作財產權合理使用之問題。

(四) 所詢問題四部分：如乙或丙係在中華民國管轄區域內取得該「設計圖

說」之原件或合法重製物者，自得依著作權法第59條之1的規定，以移轉該「設計圖說」所有權之方式散布之。然針對所詢問題，似係針對「實景照片」而言，與「設計圖說」之著作權並無關連。而將「著作」置於網路供不特定人瀏覽，係屬「公開傳輸」而非「散布」。因此，如該「實景照片」本身具有原創性，則屬著作權法所稱之攝影著作。如丙本身即為該攝影著作之權利人，將該照片置於網路上「公開傳輸」行為，自屬正當之權利行使，併予說明。

(二) 中華民國97年3月3日電子郵件970303a函

令函日期：中華民國97年03月03日
令函案號：電子郵件970303a
令函要旨：

一、「室內設計圖片」如指「室內設計圖」者，則係著作權法（簡稱本法）所保護之圖形著作。但如該圖片係拍攝自室內裝潢實景之照片，則屬攝影著作。

二、依來函指稱某網站上有某國外廠商室內設計圖片，而未說明該圖片為引用1節，依本法第22條及第26條之1規定，著作人專有「重製」及「公開傳輸」其著作之權利。若該網站未事先取得該圖形著作著作財產權人之同意或授權而逕上傳至網站上，恐有侵害其重製權及公開傳輸權之虞。但若該「室內設計圖片」之著作財產權本即屬該網站主人者，其「重製」、「公開傳輸」之行為，自屬正當權利之行使，無侵害著作權之問題。

三、至網站主人以此圖例宣稱「新式樣隱藏收納櫃設計，由罐頭木工班底負責施工完成」來行銷招攬客人是否違法一節，因依圖形著作標示之尺寸、規格或結構圖等以按圖施工之方法，應屬於「實施」之行為而非「重製」，自非著作權法保護之範圍。另施工行為與「攝影著作」之著作財產權之利用行為，尚屬無涉。

四、又著作權係屬私權，作品是否屬法定著作及其歸類如何，如發生私權爭議時，應由司法機關認定之。

（回覆於2009年7月27日）

問題7：衍生著作擁有著作權，是否以適法改作爲前提？

 **相關條文**

著作權法第3條（用詞定義）、第6條（衍生著作）、第28條（改作及編輯權）

壹、問題

未經原著作人授權改作的衍生著作（即侵害改作權之衍生著作），究竟有無著作權，是否受著作權法之保護？有肯定及否定兩說：

(一) 肯定說

著作權法第10條規定：「著作人於著作完成時享有著作權。」未取得授權逕行改作之衍生著作，其著作人仍應適用著作權法第10條而於創作完成時享有著作權，並依其類別享有著作權法第22條至第29條之著作財產權，但仍應就其侵害原著作人改作權之行爲負侵權之責。

(二) 否定說

未取得授權逕行改作之衍生著作，無著作權法第10條之適用，該衍生著作之著作人不得享有著作權。

採用上述肯定說的結果可能如下：

1. 侵害改作權的衍生著作仍享有著作權，此於改作人自己利用該衍生著作，而就自己所改作之衍生著作行使著作權之行爲，固無疑問。但因改作人利用該衍生著作之同時，除利用其自行創作之部份，對於原著作亦有利用，故仍應就其利用衍生著作之行爲，另行取得原著作著作財產權人的授權，否則即屬侵害原著作人之權利。

2. 由於侵害原著作人改作權之衍生著作享有著作權保障，故第三人於利用該衍生著作時，仍應取得衍生著作著作財產權人之授權。

採用上述否定說的結果可能如下：

1. 由於侵害改作權之衍生著作，無著作權法第10條之適用，不得享有著作

權，故第三人利用該衍生著作時，自無須取得該衍生著作著作人之授權，因其無任何著作權權利得以授予。

　　2. 第三人利用，固然無須取得衍生著作之著作人之同意，但仍應向原著作之著作財產權人取得授權。

貳、回答

一、衍生著作本身是否具有著作權？

　　現行著作權法第3條第1項第11款規定：「改作：指以翻譯、編曲、改寫、拍攝影片或其他方法就原著作另為創作。」第6條規定：「就原著作改作之創作為衍生著作，以獨立之著作保護之（第1項）。」「衍生著作之保護，對原著作之著作權不生影響（第2項）。」第28條規定：「著作人專有將其著作改作成衍生著作或編輯成編輯著作之權利。但表演不適用之。」就原著作加以改作之衍生著作，如果其改作已經取得原著作著作人之授權，其改作所形成之衍生著作，即以獨立著作加以保護，此為著作權法第6條第1項所由而設。然而，衍生著作之利用原著作，除了屬於合理使用或使用已屬公共財產之原著作外，原則上應取得原著作之著作人之同意或授權，否則為侵害原著作之著作人之權利，此固不待言。值得探討者為，如果衍生著作本身，已侵害到原著作之著作人的著作權，是否該衍生著作本身即無著作權？有肯定及否定兩說：

(一) 肯定說

　　衍生著作侵害到原著作之著作權，衍生著作之著作人，固然應對原著作之著作人負侵害著作權之民、刑事責任，但其衍生著作本身仍有著作權。第三人欲利用衍生著作，除應得原著作之著作人之授權外，亦應得衍生著作之著作人之授權。

(二) 否定說

　　衍生著作侵害到原著作之著作權，衍生著作之著作人，應對原著作之著作人負侵害著作權之民、刑事責任，且其衍生著作本身亦不得享有著作權。即：第三人若欲利用衍生著作，則僅須取得原著作之著作人授權即可，無須另取得衍生著作之著作人之授權。

　　以上二說，以何說為當？此問題於實務上並非罕見，故值得深入探討。

二、國際公約關於衍生著作其著作權之規定

伯恩公約（1971年巴黎修正案）第2條第3項規定：「翻譯、改作、編曲及文學著作或藝術著作之其他變換，與原著作享有相同之保護，惟其保護對原著作之著作權不生影響[12]。」（Translations, adaptations, arrangements of music and other alterations of a literary or artistic work shall be protected as original works without prejudice to the copyright in the original work.[13]）伯恩公約第2條第3項規定，在世界智慧財產組織（WIPO）之「伯恩公約指南」中，僅規定除了原著作已屬於公共領域之公共財產外，他人對於原著作加以改作，必須取得原著作著作人之同意。然而，如果未得原著作著作人之同意，而改作完成之衍生著作是否仍有著作權，此在「伯恩公約指南」中，並未說明及交待[14]。

不過，有學者認為，所謂「without prejudice」一語，係不問改作物之原創性如何，除非該改作物經認定屬於合理使用之情形，否則即得予推論為未得原著作著作人授權之改作物，而不得享有著作權[15]。惟此係學者個人之意見，非國際組織之官方見解。

過去著作權法主管機關內政部著作權委員會，其為澄清「有關非法完成之衍生著作及編輯著作是否可受著作權保護」之疑義，曾經委請經濟部國際貿易局向世界智慧財產權組織（World Intellectual Property Organization，WIPO）主管著作權業務之參事Mr. Hannu Wager查詢。國貿局之函覆，如下：

「Wager氏表示：依照伯恩公約第2條第3項及第5項規定，未經原著作權人授權而完成之衍生著作及編輯著作，固然在其創作過程涉及侵害他人之著作權，但只要其內容具有原創性，其原創性部分即受著作權之保護。至於美國

---

[12] 參閱：經濟部智慧財產局網站，http://www.tipo.gov.tw/ch/AllInOne_Show.aspx?path=2179&guid=fcd89516-05ef-4ee2-8579-3fc33f52759e&lang=zh-tw（最後瀏覽日：2010年5月16日）。

[13] 參閱：世界智慧財產權組織（WIPO）網站，http://www.tipo.gov.tw/ch/AllInOne_Show.aspx?path=2179&guid=fcd89516-05ef-4ee2-8579-3fc33f52759e&lang=zh-tw（最後瀏覽日：2010年5月16日）。

[14] 參閱：WIPO撰、劉波林譯，《保護文學及藝術作品伯爾尼公約指南》（Guide to the Berne Convention for the protection of Literary and Artistic Works , Paris Act, 1971），中國人民大學出版社，2002年7月，頁18-19。

[15] Sam Ricketson & Jane C. Ginsburg, International Copyright and neighbouring Rights, The Berne Convention and Beyond, Volume. I , 2006, pp483-484.

法律規定有所不同部分，W氏指出：1996年7月22日至25日之著作權審查會議中，部分國家曾提出此一問題，被質疑之國家中，紐西蘭、澳洲、南非等數國採肯定說，認為未經原著作權人授權而完成之衍生著作及編輯著作，其原創性部份仍受保護；但美國則採否定說。有關前述兩種立法例，是否均符合伯恩公約乙節，W參事以秘書處不便對個別會員國之規定發表意見為由，而婉拒評論。W參事另表示：有關本案之伯恩公約立法背景，可參照貴會前揭函附件所引，世界智慧財產權組織（WIPO）所出版之《The Berne Convention for the Protection of Literary and Artistic Work from 1886 to 1986》第146頁及179頁所載，均可佐證、支持肯定說之觀點。另WIPO所出版之《Intellectual Property Reading Material》第165頁有關衍生著作及編輯著作之保護部分亦可供參考」[16]。

　　足見對於伯恩公約第2條第3項規定，學者間亦有不同解釋。

三、美國著作權法關於衍生著作其著作權之規定

　　美國1909年著作權法對此一問題之規定含混不清。然而，1976年著作權法第103條（a）規定：「第102條所規定之著作權客體，包含編輯著作及衍生著作。但對使用享有著作權之既有資料而創作之著作之保護，不及於該作品中非法使用此項資料之任何部分。」（The subject matter of copyright as specified by section 102 includes compilations and derivative works, but protection for a work employing preexisting material in which copyright subsists does not extend to any part of the work in which such material has been used unlawfully.[17]）

　　美國著作權法第103條明顯拒絕給予侵害他人著作權而完成部分之著作權保障利益，但是保留對於衍生著作內非來自既存著作部分給予著作權保護。因此，若對於未經授權之小說，加以翻譯，除非該既存小說已經是公共財產，否則翻譯完成之小說，全部不予保護[18]。

---

[16] 上述函件引自：羅明通，著作權法論，第一冊，第七版，台英國際商務法律事務所出版，2009年9月，頁242至243。

[17] 參閱：美國版權局（U.S Copyright Office）網站http://www.copyright.gov/title17/92chap1.html#103（最後瀏覽日：2010年5月17日）。

[18] 1976 Act House Reporter , Sec.103; Melville B. Nimmer & David Nimmer ,Nimmer on Copyright,Vol.Ⅰ, pp3-34.31-34.32, Vol.8.App.4-22 to 4-23 (2005).

四、日本著作權法關於衍生著作其著作權之規定

(一) 日本明治32年（1899年）著作權法

日本1899年舊著作權法第22條規定：「與原著作不同之技術，而將美術著作合法重製者，應視為著作人，並享有本法之保護[19]。」同法第23條第3項規定：「依寫眞術將美術上之著作，予以合法重製者，在原著作之著作權同一期間內，享有本法之保護，但當事人間另有契約時，依其契約。」第22條之7規定：「凡將他人之著作，以聲音用機械而合法複製於機器者，應視為著作人，並對其機器享有著作權。」上述著作權保障規定，均明定以合法（適法）改作（或重製）為前提。明文規定須適法重製或改作者，凡未具備適法要件，一般認為其屬第二次著作，而無著作權[20]。

然而，日本1899年舊著作權法第19條規定：「對原著作加以標點、批評、註解、附表圖畫或為其他之修正增減或翻案，仍不能產生新的著作權，但應視為新著作者，不在此限。」第21條規定：「翻譯者視為著作人，享有本法之保護，但不得妨礙原著作人之權利。」第22條之2規定：「屬於文藝、學術或美術範圍之著作之著作權，應包含將其著作依活動寫眞術或其他類似方法複製（包含電影）及上演之權利。」第22條之4規定：「凡將他人之著作以活動寫眞術或其他類似方法複製（包含電影）者，應視為著作人，享有本法之保護，但不得妨礙原著作人之權利。」以上規定，卻又未明文規定以衍生著作之著作人係適法改作（重製），作為著作權保障之前提。以上不適法之翻譯或改作者，是否即屬有著作權之第二次著作？學者有未論及者，有認為非適法之翻譯，其翻譯物雖侵害原著作著作人之著作權，但該第二次著作，仍享有著作權[21]。

(二) 日本昭和45年（1970年）之著作權法（即現行法）

鑑於1899年日本著作權法，對於就既存原著作予以改作而產生之各種衍生著作，並未明文規定以「適法」改作而產生之衍生著作，始得享有著作權保

---

[19] 「與原著作不同之技術，而將美術著作合法重製」，此即學說上之「美術之異種複製」，相當於1970年著作權法上之改作。

[20] 城戶芳彥，著作權研究，新興音樂出版社，1943年，頁123、126。

[21] 城戶芳彥，前揭書，頁131；勝本正晃，日本著作權法，嚴松堂，昭和15年，頁119。

障，導致於法律規定適用上發生紛歧爭議。日本於昭和40年（1965年）5月文部省所組成的著作權制度審議會第一小委員即對此提出批判，建議應統一規定，不以「適法」改作作爲衍生著作享有著作權保障之前提要件[22]。

　　日本1970年著作權法於第2條第1項第11款規定：「第二次著作：即將著作翻譯、編曲、變形、戲劇化、電影化或經由其他改編之創作之著作。」第11條規定：「本法對第二次著作之保護，其原著作著作人之權利，不受影響。」第28條規定：「第二次著作之原著作著作人，關於該第二次著作之利用，專屬享有與該第二次著作之著作人所享有本款規定權利之同種類權利。」[23]

　　依前開日本現行著作權法之規定，衍生著作既未以1899年舊著作權法之「適法」作爲前提要件，則衍生著作之著作人，其未得原著作權利人之授權而改作原著作，除有合理使用及保護期間已屆滿等情形外，係侵害原著作著作人之權利，但雖侵害權利，通說仍肯定衍生著作享有著作權。第三人使用衍生著作時，除須取得原著作之權利人之授權外，尚應取得衍生著作之著作人之授權[24]。

五、德國著作權法關於衍生著作之著作權之規定

　　德國1965年著作權與著作鄰接權法[25]第3條規定：「對於構成改作者其個人智力創作成果的（被改作）著作之翻譯物及其他改作物，於不損害被改作著作之著作權者的前提下，以獨立著作保護之。對於不受本法保護之音樂著作之非實質改作物，不以獨立著作保護之。」另第23條前段規定：「著作之改作物，以取得被改作著作之著作人同意爲限，得予以公開發表或利用。」依德國法之規定，衍生著作之著作權保障地位，並不需以原著作著作人之改作同意作

---

[22] 日本文部省，著作權制度審議會審議紀錄(一)，頁146。引自：半田正夫，著作物の利用形態と權利保護，一粒社，1989年（平成元年）第1版，頁134-135。

[23] 日本1970年著作權法上開三條條文，迄今均未修正。

[24] 半田正夫，著作物の利用形態と權利保護，一粒社，1989年2月，頁137；中川善之助‧阿部浩二，改訂著作權第一法規株式會社，昭和55年，頁57，；半田正夫、松田政行，著作權法コンメンタール，第一冊，勁草書房，2009年1月30日，頁579、581。

[25] 此爲2010年3月更新之條文規定。參閱：日本社團法人著作權情報中心網站，http://www.cric.or.jp/gaikoku/germany/germany.html（最後瀏覽日：2010年5月17日）。

為前提要件，僅衍生著作之公開發表與利用，須取得原著作著作人之同意。易言之，對於衍生著作之利用，必須取得原著作著作人之同意，但如果原著作之著作人未同意衍生著作之利用，衍生著作之著作人亦得禁止他人就衍生著作之利用。例如：小說原著作之著作人，欲利用他人就其原著作小說所改作之翻譯之情形，則即使該翻譯係未經小說原著作作者之同意而改作者，小說原著作之著作人若欲利用該他人之翻譯物，仍須取得該翻譯者（衍生著作之著作人）之同意[26]。

依此解釋，德國法對於未經適法改作之衍生著作，仍承認其享有著作權保障，而採肯定說。

六、中國大陸著作權法關於衍生著作著作權之規定

中國大陸著作權法第12條規定：「改編、翻譯、註釋、整理已有作品而產生的作品，其著作權由改編、翻譯、註釋、整理人享有，但行使著作權時，不得侵犯原作品的著作權。」此一規定，並未直接提及未得原著作著作人同意之演繹作品，是否得以享有著作權保障？學者對此，亦多未論及。少數有論及者，其認為未經許可演繹他人作品而產生之演繹作品，雖對於原著作之著作人構成侵權，但因演繹作品並非僅係單純對於已有作品之抄襲或複製，其本身仍為演繹作品作者創作活動而形成之產物，故仍應享有著作權保障[27]。

七、我國關於衍生著作著作權之實務見解

(一) 肯定說

1. 內政部84年1月27日台(84)內著會發字第8401635號函：

「語文著作：包括詩、詞、散文、小說、劇本、學術論述、演講及其他之語文著作」、「就原著作改作之創作為衍生著作，以獨立之著作保護之」，著作權法第5條第1項各款著作內容例示第1項第1款及第6條第1項分別著有明文。

---

[26] Manfred Rehbinder著，張恩民譯，著作權法（Urheberrecht），法律出版社，2005年1月，頁162-163。另參閱：蔡明誠，網際網路智慧財產權問題，台灣法學會學報，1998年11月，頁240。

[27] 參閱：唐德華、孫秀君主編，著作權法及配套規定新釋新解，人民法院出版社，2003年，頁155。

是以翻譯人未經原著作之著作財產權人之授權而逕予翻譯，不論該原著作是否受我國著作權法之保護，其所翻譯之著作（即衍生著作）如符合上開條文規定者，即屬另一獨立著作，翻譯人就其所翻譯之著作亦得依著作權法受保護，第三人侵害上述衍生著作之著作權，其權利人自得依著作權法第六章「權利侵害之救濟」及第七章「罰則」之規定為救濟。

2. 經濟部智慧財產局93年09月21日智著字第0930007542-0號函：

　　來函所述情節之法律爭點，似在「A公司在侵害他人（即B）音樂著作財產權之前提下，委請C樂團演奏錄製成之VCD是否為著作？能否對第三人（即D公司）之侵權行為主張著作權保護？」就此，前著作權法主管機關內政部曾於民國84年1月27日台（84）內著字第8401635號函解釋，語文著作之翻譯人未經原著作之著作財產權人之授權而逕予翻譯，不論原著作是否受我國著作權法保護，翻譯人就其翻譯之著作亦得依著作權法受保護。依前揭函釋，D公司出版類似內容之VCD所播放之演奏歌曲係轉錄自A公司出版之VCD，如未經授權同意，則同時侵害B公司之音樂著作及C樂團演奏之錄音著作之重製權，A公司如為該錄音著作之著作財產權人，則得對D公司之侵權行為主張著作權保護。

3. 台灣高等法院88年度上訴字第4362號刑事判決：

　　著作權法所保護之著作，須具有原創性，是凡具有原創性之人類精神上創作，且達足以表現作者之個性或獨特性之程度者，即可享有著作權，苟非抄襲或複製他人之著作，即應受著作權法之保護（最高法院81年台上字3063號判決參酌）。又就原著作改作之創作為衍生著作，以獨立之著作保護之，此（為）著作權法第6條第1項所明文。查本件系爭VGA卡電路板之圖形著作乃係告訴人公司代表人丁○○逐筆繪畫原始設計線路圖，雖或參考美國S3公司公版之電路圖，然其確係本於自己獨立之思維、智慧、巧思、技術而新創出另一獨立之線路圖，進而繪製成電路圖之圖形著作，此不但可就告訴人繪製之著作與美國公版電路圖加以比較其差異，亦有告訴人原始之工作底稿磁片可稽，且被告明沂公司欲製作系爭電路圖樣品，亦係徵得原著作權人丁○○之同意，此復有被告丙○○代表明沂公司於其上簽名，而為丁○○所立之同意書在卷可考，是系爭VGA卡電路板線路圖若非丁○○所享有著作權，被告欲製作樣品，何以仍須丁○○立據同意？再者要使用修改美國S3公司所生產之已成為公版之電路圖，仍須經該公司之授權，固據證人即美國S3公司在台業務經理任威證述

在卷，但不同之電路佈局會導致穩定性、清晰度及電路大小有所差異，且即就修改而言，仍須受有特別訓練之專業人才始能爲之，此亦由證人任威供証無訛（原審（民國）87年12月17日訊問筆錄），故丁〇〇就系爭VGA卡電路板線路圖，縱有未經美國S3公司之授權，即參考其公版加以改作成新的電路圖，然依著作權法第6條第1項之規定，仍屬衍生著作，爲一新的著作，自受著作權法之保護。至其未經授權使用部分，有無侵害他人著作權，係另屬一事，與其改作後所享有之著作權無涉。

(二) 否定說

1. 台灣台北地方法院檢察署84年度偵字第2557號不起訴處分書：

著作權法係以保障著作人著作權益，調和社會公共利益，促進國家文化發展爲立法目的，此爲著作權法第1條之立法旨意，爲完成此項立法之目的，著作權法之著作，自以合法之著作爲對象，否則任意侵占他人著作而完成之作品，仍受著作權法之保護，自無以符合保障著作人著作權益，調和社會公共利益，促進國家文化發展之立法使命。次按，改作權是著作權人之專屬權，著作權法第28條定有明文，而語文著作之翻譯是改作之態樣之一，因而任何人欲翻譯他人之著作物，均應獲得原著作權人之授權，其合法翻譯之衍生著作，始能依著作權法第6條之規定，就原著作改作之創作爲衍生著作，以獨立之著作保護之。

2. 台灣高等法院83年度上訴字第5996號刑事判決：

按本件自訴人美商達美迪亞公司等人所主張之著作權，性質上既屬於「衍生著作」，乃是利用已存在之著作予以改作，賦予原創性，所產生之二次著作，則此項改作行爲，自必須以適法爲前提，凡未經原著作權人同意之改作，係侵害原著作權人之改作權，其因侵害他人權利所產生之著作，應不受著作權法之保護。且退步言之，本件自訴人就畢卡索之美術著作予以改作而取得衍生著作著作權，亦僅就其改作而原創部分有著作權，但究不得本於其衍生著作權進而認其對原畢卡索之美術著作有排他使用權，亦不能阻止已正式獲得畢卡索繼承人同意授權之人使用畢卡索美術之權利。

3. 最高法院85年台上字第2762號刑事判決：

按諸著作權法第28條規定著作人專有將其著作改作成衍生著作之權利，第3條第1項第1款就「著作」二字爲法律解釋謂：「係指屬於文學、科學、藝術或其他學術範圍之創作」，第6條規定「就原著作改作之創作，以獨立之著作

保護之」規定，該漫畫書之翻譯，似唯原著作人橫山光輝始有權爲之，非經原著作人同意何以仍得享有此項權利？原判決未據論敘其理由。…上開違誤，或爲上訴意旨所指摘，或爲本院得依職權調查之事項，應認原判決關於上訴人等部分有發回更審之原因。

4. 最高法院87年台上字第1413號民事判決：

查現今各國對於著作權之取得，多採創作保護主義，我著作權法第13條規定亦同，即著作人於著作完成時即享有著作權，應受法律之保護，不以登記或註冊完成爲必要，亦不因登記或註冊而推定著作權存在。又著作人專有將其著作改作成衍生著作之權利，爲著作權法第28條所明定，北美事務協調委員會與美國在台協會著作權保護協定第11條亦規定：「受本協定保護之文學或藝術著作之著作人，享有授權改作、改編及其他改變其著作之專有權利。」，故倘未經原著作人或著作財產權人同意，就原著作擅予改作，即係不法侵害原著作人或著作財產權人之改作權，其改作之衍生著作自不能取得著作權。

八、本人意見──結論

有關衍生著作之著作人享有衍生著作之著作權，是否以衍生著作適法改作爲前提？即：既存原著作尚非屬公共財產，而衍生著作之著作人於既非屬合理使用，亦未經既存原著作著作人授權之情形（非適法改作），予以改作產生之衍生著作有無獨立著作權？本人採「肯定說」。即認爲衍生著作之著作人，對於既存著作之非適法改作，雖係侵害既存著作之著作權，但不影響因而產生之衍生著作之著作權。第三人使用該衍生著作，除應取得既存原著作之著作人授權外，亦應取得衍生著作之著作人之授權。

其理由如下：

(一) 本問題在伯恩公約並無明確規定，伯恩公約第2條第3項之規定，學者亦有紛歧。學者Sam Ricketson & Jane C. Ginsburg之意見與WIPO主管著作權業務之參事Mr. Hannu Wager看法，即有不同。而依Mr. Hannu Wager所述，紐西蘭、澳洲、南非均採肯定說，美國則採否定說。而依上述日本、德國、中國大陸著作權法之分析及學者見解。除日本1899年著作權法部分採否定說外，1970年日本著作權法（現行法）則係採肯定說。德國、中國大陸學者，亦採肯定說。就立法例來說，採肯定說者，似爲立法及國外學者之多數說。

(二) 日本1899年著作權法所以有採否定說者，係法條明定「適法」改作爲

第二次著作受著作權法保障之要件。凡未明定「適法」改作規定者，其非適法改作而成之第二次著作，仍享有著作權。而在1970年日本著作權法，已明文統一規定，法條無第二次著作以「適法」改作為著作權保障要件，而學者通說均採肯定說。我國現行著作權法有關衍生著作之規定，主要係繼受日本1970年著作權法，該法對於衍生著作之保護，並未規定以「適法」改作為要件，故在解釋上，應與日本現行著作權法相同，以採肯定說為當。

(三) 目前我國實務上，著作權法之主管行政機關內政部及經濟部智慧財產局之行政函釋，均採肯定說，而檢察署及法院則有紛歧見解。台灣台北地方法院檢察署84年度偵字第2557號不起訴處分書係引著作權法第1條著作權法之立法目的為採否定說之論據，認為「任意侵占他人著作而完成之作品，仍受著作權法之保護，自無以符合保障著作人著作權益，調和社會公共利益，促進國家文化發展之立法使命」。然而，如果對於侵害原著作而形成之衍生著作，予以保護，無論第三人或衍生著作之著作人利用衍生著作，均仍須得原著作之著作權人之授權，並無違反著作權法第一條之立法目的。反而如果對於侵害原著作而形成之衍生著作，不予以保護，原著作之著作人利用衍生著作，無須得衍生著作之著作人同意，而第三人利用衍生著作，只須原著作同意即可，無須另得衍生著作之著作人同意，有違著作權法第1條之立法目的。故台灣台北地方法院檢察署84年度偵字第2557號不起訴處分書理由，理論略嫌薄弱。

(四) 台灣高等法院83年度上訴字第5996號刑事判決及最高法院87年台上字第1413號民事判決均牽涉美商公司就未得畢卡索繼承人同意，對於畢卡索畫作加以改作而成之衍生著作有無著作權保障之問題。此既牽涉美商公司依美國著作權法在美國無衍生著作之著作權，若於台灣仍享有衍生著作著作權保障，則得對於台灣利用該衍生著作者主張著作權權利，而有其不合理之處，法院判決採取美國法之否定說見解，亦屬合於情理之判斷。另：最高法院85年台上字第2762號刑事判決，係就日本漫畫作成翻譯，依當時之著作權法規定，除非有同步發行之情形，否則對於日本人之著作，原則上不予以保護。故未經授權而為之翻譯，本來即無違法問題；再者，此最高法院發回之理由甚多，未經原著作之著作人授權而翻譯，僅其一端而已，其發回後第二審判決，亦未就未經授權而翻譯之著作是否有著作權，加以論斷。故最高法院85年台上字第2762號刑事判決在本議題上，並無指標性的作用。

(五) 即使採否定說見解之立法或學者，亦不否認符合合理使用情形而改作產生之衍生著作具有著作權。而依著作權法第51條規定：「供個人或家庭為非

營利之目的，在合理範圍內，得利用圖書館及非供公眾使用之機器重製已公開發表之著作。」此「重製」，亦適用於「改作」（第63條第2項）。故事先未經授權，就他人之著作加以翻譯，如果未發表，尚在私人收藏之範圍，其翻譯物應有著作權。且此著作權自完成翻譯時即發生（第10條）。然而，若採取否定說，此翻譯在未經授權而發表時，即為無著作權。惟著作權從已發生至消滅，此消滅之理論基礎為何，似乏依據。按：著作財產權之消滅原因，有係因保護期間屆滿而消滅，有係因拋棄而消滅者。然而，因發表衍生著作而使衍生著作之著作權消滅，在理論上似不可思議，若因發表衍生著作而使衍生著作之著作財產權消滅，那麼是否在原著作保護期間屆滿，但衍生著作保護期間卻未屆滿時，衍生著作之著作財產權又因而發生？此發生的理論依據又為何？是否第三人利用衍生著作者本屬合法，卻因而馬上進入非法狀態，而須負擔民刑事責任？如此一來，衍生著作之發生與消滅，甚或衍生著作之利用，是否即一直處於法律的不安定狀態？又依著作權法第106條之3規定，未經原著作著作人授權之衍生著作，原著作人之權利僅有報酬請求權，而無禁止請求權，此衍生著作是否仍應享有著作權？亦頗費斟酌。足見否定說之理論，在實際運作上，將發生甚多問題，不適於採行。

（回覆於2010年5月19日）

問題8：向舞蹈老師所習得之舞蹈於課堂外教授，有無侵害著作權？

 **相關條文**

著作權法第5條（著作）、著作權法第5條第1項各款著作內容例示

壹、問題

依著作權法所規定之「戲劇、舞蹈著作」，係包括舞蹈、默劇、歌劇、話劇及其他之戲劇、舞蹈著作。又依智慧財產局電子郵件980218b號之解釋：「……如該舞步係屬他人創作編排之舞碼，即屬戲劇舞蹈著作，重跳一遍錄影下來，再置於網路上傳輸，即涉有公開傳輸之行為，如係在公開場合跳，還可能涉及公開演出之行為，均須經原創作之著作財產權人之授權。如僅係學習其基本舞步，而另行編舞自行創作者，則並不涉及利用該教學示範舞蹈之行為，不至發生侵害著作權之問題。……」

茲請教下列問題：

1. 何謂舞蹈著作？如民眾僅係參考他人舞蹈MV，即可模仿跳出(如：麥可傑克森的太空漫步)，是否係侵害到他人舞蹈著作？

2. 常見的國際標準交誼舞，皆訂有基本舞步，依智慧財產局函釋基本舞步係不受著作權保護。惟如現在常見的音樂MV中的舞步（如：sorry sorry、no body等舞蹈），其是否亦有基本舞步存在？

3. 如將向舞蹈老師所習得之舞蹈，未經老師同意即於課堂外教授，是否有侵害他人舞蹈著作？

貳、回答

一、舞蹈著作之外國學說及實務

本問題基本上須解決者，為「舞蹈著作」之內涵為何？「舞蹈著作」所保護者，為舞蹈者之身體動作本身之美感，抑或舞蹈所傳達的戲劇情節、舞譜本身？

我國著作權法第5條規定：「本法所稱著作，例示如下…三、戲劇舞蹈著作。」而依「著作權法第5條第1項各款著作內容例示」第2項第3款規定：「戲劇舞蹈著作：包括舞蹈、默劇、歌劇、話劇及其他之戲劇、舞蹈著作。」該規定對於「舞蹈著作」，並未予定義。

有關「舞蹈著作」，伯恩公約第2條第1項之例示著作，係採用choreographic works用語，美國著作權法第102條（a）項第4款，有關受保護之著作，亦使用之[28]。choreographic一詞係指「編舞」之意義[29]，惟其亦含有舞藝、舞術之內涵。伯恩公約指南將芭蕾舞譜作為以文字固定舞蹈著作之證據，足見其肯定舞蹈之舞譜，係屬舞蹈著作之內容之一[30]。

再者，美國著作權法之「舞蹈著作」，在1909年，係被包含規定於「戲劇著作」（dramatic works）之中，須證明其有戲劇之內涵始受美國著作權法保障[31]。美國著作權對戲劇、舞蹈著作之註冊，亦以其必須以音樂或行為（action）呈現或以兩者結合方式呈現，或單獨表達特定話題（theme）或故事（story）為註冊要件。然而1976年之美國著作權法，將戲劇著作規定於第102條（a）項的第3款，而對於舞蹈和默劇著作（pantomimes works）則規定於第4款，且美國國會建議保護所有不具備事件（incident）或人物特徵記號（characterization）的舞蹈（dance）[32]，此外美國法院亦有少數案例（雖然稀少，但具有權威性），認為單獨姿勢（gesture、attitude）、表達（expression），亦受保護[33]。

美國著作權法之舞蹈著作，仍然應受到原創性（originality）和表達（ex-

---

[28] 日本著作權法第10條第1項第3款，亦將舞蹈著作，譯成choreographic works。我國著作權法第5條第1項第3款之舞蹈著作之翻譯亦然。參見：http://www.copyrightnote.org/statute/tw0058.html（最後瀏覽日：2010/7/20）。

[29] http://translate.google.com/?hl=zh-TW&tab=wT#en|zh-TW|choreographic（最後瀏覽日：2010/7/20）。

[30] 參閱：世界智慧財產權組織（World Intellectual Property Organization, WIPO）撰，劉波林譯，《保護文學及藝術作品伯爾尼公約指南》（Guide to the Berne Convention for the protection of Literary and Artistic Works , Paris Act, 1971），中國人民大學出版社，2002年7月，頁14。

[31] See, e.g., Kalem.112 Co. v. Harper Bros., 222 U.S. 55, 61 (1911).

[32] House Reporter, 52.

[33] See, e.g., Horgan v. MacMillan, Inc., 789 F.2d 157, 163, 229 U.S.P.Q. 684 (2d Cir. 1986). 此可能形成的是默劇。

pression）要件之拘束，而非所有的身體動作或姿勢，均受保護——例如：社交舞步（social dance steps）及簡單的慣常舞步（simple routines），或因無原創性，或因欠缺表達要件而不受著作權法保護[34]。同樣的，習慣常見的姿勢（conventional gestures），亦不可能構成默劇著作（pantomime works）。

日本著作權法第10條第1項第3款規定，「舞蹈及默劇著作」，係受保護之例示著作。所謂舞蹈著作，依日本學者之解釋，即與音樂、歌唱結合，具有節奏、韻律之手足連續動作，而表現感情藝術之動作者[35]。舞蹈著作，係一種身體語言，而以身體動作、腳步（step）、迷人的動作加以表現為特徵；相較之下，運動比賽以力的競技為重點，人物溜冰、新體操等，亦以競技的美的表現為要素，而無「著作」的性格[36]，因而不受著作權保護。然而，亦有學者認為供鑑賞而非屬於競技性質之人物溜冰，亦得以舞蹈著作加以保護[37]。至於自娛性質之社交舞蹈，則不認為其具有著作之性格[38]，而不以著作權法保護。

在日本，有學者認為，舞蹈著作係以舞蹈表現思想感情之著作，亦即保護舞蹈之編舞、舞藝（choreography）本身，以此為基礎而由演出者加以演出之舞蹈，該演出者之表演，則為鄰接權之保護對象[39]，而非著作權保護之舞蹈著作。

中國大陸著作權法第3條第3款規定，「舞蹈作品」為受保護之作品。所謂舞蹈作品，依中國大陸的著作權實施條例第4條第6款，係指「通過連續的動作、姿勢、表情表現思想情感的作品」。依大陸學者的通說，舞蹈作品，不是指演員在舞台上的表演，而是指創作者對舞蹈動作的設計。這種設計，可以以文字、草圖、畫面等形式固定下來，並由表演者加以表演。舞蹈演員在舞台上所呈現的，僅是對舞蹈作品的表演[40]，此表演為鄰接權的保護對象，而非著作

---

[34] 同註5。

[35] 參閱：半田正夫、松田正行，著作權法コンメンタール，第一冊，勁草書房，2009年1月，頁513-514。

[36] 齊藤博，著作權法〔第3版〕，有斐閣，2007年3月，頁81至82。

[37] 島並良・上野達弘・横山久芳，著作權法入門，有斐閣，2009年10月，頁36。

[38] 尾中普子、久久湊伸一、干野直邦、清水幸雄，著作權法（全訂版），學陽書房，1990年8月，頁42。

[39] 參閱：半田正夫：著作權法概說（第13版），法學書院，2007年6月，頁84-85。

[40] 參閱：李明德、許超，著作權法，法律出版社，2009年7月，頁34。同見解如：王遷，著作權法學，北京大學出版社，2007年7月，頁52；李雨峰、王遷、劉有

權的保護對象。另：已在公共領域流傳多年的常規舞步、造型、動作、順序等，因缺乏原創性，而不受保護[41]。此外，廣泛流傳的交際舞，或舞蹈家表演民間舞蹈，僅受表演的鄰接權保護，而不受表演的著作權保護[42]。

在中國大陸涂小雷起訴上海歌劇院一案中，第一審法院採納中國作家協會、中國戲劇家協會、中國舞蹈家協會、中國版權研究會對「火」、「炎黃之光」「太陽部落」劇本和舞台表演之錄影所作的專家鑑定，而認定：舞劇「太陽部落」第一幕和第二幕中勞作、求偶、被野獸困擾、男猿人勇敢地從野獸口中救出女猿人、眾猿人圍著火堆舞蹈歡呼等主要情節，從構思、題材選用、表現形式、人物設置、服裝、道具等方面都有相同及類似之處，因而判決被告侵害原告著作權[43]。可見舞蹈作品乃編舞、舞譜，而非演出之表演本身。

二、我國著作權法舞蹈著作保護之內涵

由上述各國著作權法立法及實務分析，美國著作權法，對舞蹈著作之內涵，除舞譜及舞蹈設計之外，舞蹈本身身體動作之美感，似亦受保護。在採鄰接權之國家，如日本、大陸著作權法，則認為舞蹈著作係指舞譜、舞型及舞蹈設計，具體演出者為鄰接權保護之「表演」之對象。

在世界各國之學說及實務通說，基本上都肯定舞蹈著作之成立，須具有原創性。而慣常舞步（simple routines），廣泛流傳的交際舞，或因無原創性，或因為表達因素而不受保護。

有關舞蹈著作，依內政部民國86年7月7日台(86)內著會發字第8610022號函謂：「按表演自我國74年著作權法修正施行以來均受著作權法之保護，其於74年舊著作權法係歸類為『演講、演奏、演藝、舞蹈』著作類別（舊法第4條第1項第13款）；於現行著作權法則歸類為『戲劇、舞蹈』著作類別（現行法第5條第1項第3款）。」依此解釋之推理，「表演」係「戲劇、舞蹈著作」之一種。亦即無論是舞譜、舞蹈設計或實際上演出本身，均得為舞蹈著作。

東，著作權法，廈門大學出版社，2006年8月，頁46；唐德華、孫秀君，著作權法及配套規定新釋新解，人民法院出版社，2003年1月，頁42；劉稚，著作權法實務案例評析，頁23。

[41] 王遷，前揭書，頁52。

[42] 江建銘，著作權法導論，中國科學技術大學出版社，1994年，頁130。

[43] 任自立、曹文澤，著作權法原理、規則、案例，清華大學出版社，2006年4月，頁28。

　　然而依經濟部智慧財產局民國97年12月11日電子郵件971211b號函：「按著作權法（下稱本法）第7條之1所稱『表演』，係指對既有著作以演技、舞蹈、歌唱、彈奏樂器或其他方法加以詮釋所成之著作，因此，來函所詢藝人在MV中歌唱或跳舞，如係對既有之音樂或舞蹈著作加以詮釋，即屬本法第7條之1所稱之『表演』，享有著作權。」將舞蹈之詮釋，解釋為「表演」，與內政部86年7月7日台(86)內著會發字第8610022號函釋之表演之意義，有所不同。

　　我國著作權不採鄰接權制度，民國81年著作權法將表演視為「戲劇舞蹈著作」，而將民國74年之「表演著作」刪除，係屬立法之疏誤。現行著作權法第5條既有「戲劇舞蹈著作」，第7條之1又有「表演著作」，似可採日本及中國大陸實務之作法，將「舞蹈著作」限於保護舞譜、舞型及舞蹈設計本身，而將實際之演出，以「表演著作」加以保護。至於即興之舞蹈，如果具有足夠的原創性，其舞譜、舞型及舞蹈設計，仍得以「舞蹈著作」加以保護之。

三、問題之分析

　　依上述之介紹分析，略述如下：

　　(一) 所謂舞蹈著作，係指以舞步等身體動作表現一定思想感情之著作。民眾僅係參考他人舞蹈MV，即可模仿跳出（例如：麥可傑克森的太空漫步）者，是否即屬利用他人舞蹈著作？此應視該舞蹈MV，是否具備足夠著作之原創性而定。一般常用社交舞步、民俗舞蹈、慣常的基本舞步，因其舞譜本身或係已屬公共財產，或不具有原創性，而均非舞蹈著作。

　　至於單純麥可傑克森的太空漫步舞步，而不含有一系列連續性的舞蹈內容，本人認為此並非舞蹈著作所保護之對象。而由麥可傑克森本人演出的太空漫步本身，則係屬「表演著作」所保護之對象。依著作權法第22條第2項規定：「表演人專有以錄音、錄影或攝影重製其表演之權利。」表演之模仿，如果係就他人正版之視聽著作加以模仿，則並非著作權法著作人權利之保障所及。

　　(二) 常見的國際標準交誼舞訂有基本舞步，此基本舞步，如果係一般習見之社交舞步，因欠缺原創性，而不受著作權法保護。至於是否有習見之基本舞步存在，此乃具體個案之問題，應就具體個案認定之。依習見之基本社交舞步另編成一支舞蹈，自為法之所許。

（三）向舞蹈老師所習得之舞蹈，此舞蹈如果係習用之社交舞，不具原創性，未經老師同意即於課堂外教授，自屬合法。如果該向舞蹈老師所習得之舞蹈，係該老師自編而有原創性之舞蹈，在習得後於課外教授，假設教授本身係公開性質，除非具有著作權法第55條或65條等合理使用之情形，否則係屬侵害舞蹈著作之著作權（如第26條之公開演出權）。

參、參考資料

一、經濟部智慧財產局相關函釋

（一）中華民國98年02月18日電子郵件980218b函

令函日期：中華民國98年02月18日
令函案號：電子郵件980218b
令函要旨：

關於您所詢的問題，答覆如下：一、按著作權法（下稱本法）的保護，僅及於觀念之表達，而不及於其所表達之思想、程序、概念、原理（請參考本法第10條之1之規定）。至於表達思想概念之方式，可能為文字、音樂、錄音、影像，且依各該方式之不同，而分別成立各該類型的著作（請參考本法第5條之規定）。任何人如欲以重製、改作（翻譯），或在網路上「公開傳輸」他人享有著作財產權之著作，除符合本法第44條至第65條之合理使用規定，應事先徵得著作財產權人之同意，始得為之。二、針對您所詢之問題，分別說明如下：

（一）所詢欲於網路上轉貼他人之舞步說明並翻譯成中文，是否構成違法乙節，如該「舞步說明」具有原創性，而可認屬本法保護之語文著作，則將其翻譯成中文之行為，涉及「改作」；而轉貼之行為，復涉及「重製」及「公開傳輸」之行為，原則上應取得著作財產權人之同意，始得為之。至於該「舞步說明」是否具原創性？是否屬本法所稱之「著作」？應於發生爭議時，由司法機關於具體個案中予以判斷。

（二）惟若您係自己經學習該舞蹈後，以自己理解之方式，另行以文字表達者，此僅為採用他人著作所傳達之觀念，而觀念並不屬於著作，亦不受著作權法所保護，自無侵害他人著作權之問題。

(三) 所詢照他人之舞步拍攝自己所跳之舞蹈並上傳至Youtube，是否構成違法？

　　如該舞步係屬他人創作編排之舞碼，即屬戲劇舞蹈著作，重跳一遍錄影下來，再置於網路上傳輸，即涉有公開傳輸之行為，如係在公開場合跳，還可能涉及公開演出之行為，均須經原創作之著作財產權人之授權。如僅係學習其基本舞步，而另行編舞自行創作者，則並不涉及利用該教學示範舞蹈之行為，不至發生侵害著作權之問題。

(二) 中華民國97年12月11日電子郵件971211b函

令函日期：中華民國97年12月11日
令函案號：電子郵件971211b
令函要旨：

　　有關您來信所詢問題，回復如下：

一、按著作權法（下稱本法）第7條之1所稱「表演」，係指對既有著作以演技、舞蹈、歌唱、彈奏樂器或其他方法加以詮釋所成之著作，因此，來函所詢藝人在MV中歌唱或跳舞，如係對既有之音樂或舞蹈著作加以詮釋，即屬本法第7條之1所稱之「表演」，享有著作權。又著作權係屬私權，節目製作公司出資聘請藝人表演歌唱或跳舞，自得依本法第12條之規定，以契約約定著作人及著作財產權之歸屬。

二、另「配音」應屬視聽著作內容的一部分，並不能獨立主張享有著作權（參見本法第5條第1項各款著作內容例示第2項第7款及第8款），故所詢配音員就國外動畫所為之中文配音，無法成為獨立之表演著作。

三、以上說明，請參考著作權法第7條之1、第12條及「著作權法第五條第一項各款著作內容例示」規定。如您尚有疑義，可逕電（02）23767134與本局著作權組三科聯繫。

二、內政部著作權委員會相關函釋

中華民國86年07月07日台(86)內著會發字第8610022號函

令函日期：中華民國86年07月07日

令函案號：台(86)內著會發字第8610022號

令函要旨：

　　所詢有關表演之著作權法疑義乙案，復如說明，請查照。

說明：

一、依據貴會88年6月26日中文（86）國基字第047號函辦理。

二、有關表演在我國之保護：

　　(一) 按表演自我國74年著作權法修正施行以來均受著作權法之保護，其於74年舊著作權法係歸類為「演講、演奏、演藝、舞蹈」著作類別（舊法第4條第1項第13款）；於現行著作權法則歸類為「戲劇、舞蹈」著作類別（現行法第5條第1項第3款）。

　　(二) 又74年舊著作權法第18條規定：「演講、演奏、演藝或舞蹈，非經著作權人或著作有關之權利人同意，他人不得筆錄、錄音、錄影或攝影。」，現行著作權法第22條規定：「著作人專有重製其著作之權利。」故任何人利用表演，除合於著作權法第44條至第65條著作財產權之限制（合理使用）之規定外，均應徵得該等著作（表演）著作財產權人之同意或授權後，始得為之。

三、至所詢對於著作權侵害如何主張權利乙節？按著作權係一私權，有關著作權侵害之認定等，應於發生爭議時，由權利人訴請司法機關依具體個案事實調查認定之；是所詢問題應由權利人循司法途徑，積極出面主張權利，請求救濟。

（回覆於2010年7月25日）

問題9：外國鈔票圖樣是否受著作權法保護？

 **相關條文**

著作權法第9條（不得作為著作權之標的）

壹、問題

近來有民眾詢問，若想將美鈔或其他外國貨幣圖案印製在衣物、毛巾等商品上，是否侵害著作權？按著作權法第9條第1項第1款規定，「憲法、法律、命令或公文」，不得為著作權之標的，該條文所定之「公文」是否包括外國公文？美鈔或其他外國貨幣是否為外國公文，而不得為著作權之標的？

貳、回答

一、著作權法第9條第1項第1款之「公文」，是否包含「外國公文」？

(一) 依伯恩公約第2條第4項規定：「立法、行政及司法上的公文書及該公文書之官方的翻譯物，其著作權之保護，依同盟國之法令定之。」此一規定，在WIPO著作權條約，亦有適用[44]。不少國家於內國法均制定有公文不得作為著作權標的之規定，例如：德國著作權法第5條[45]、日本著作權法第13條[46]、

---

[44] 參見世界智慧財產組織著作權條約（WCT）第3條規定：「締約各方對本條約之保護，應比照適用伯恩公約第2條至第6條之規定。」

[45] Manfred Rehbinder著，張恩民譯，《著作權法》（Urheberrecht），頁708，法律出版社，2005年1月。

[46] 參見：http://law.e-gov.go.jp/cgi-bin/idxselect.cgi?IDX_OPT=1&H_NAME=%92%98%8d%ec%8c%a0%96%40&H_NAME_YOMI=%82%a0&H_NO_GENGO=H&H_NO_YEAR=&H_NO_TYPE=2&H_NO_NO=&H_FILE_NAME=S45HO048&H_RYAKU=1&H_CTG=1&H_YOMI_GUN=1&H_CTG_GUN=1（最後瀏覽日：

南韓著作權法第7條[47]、美國著作權法第105條[48]、義大利著作權法第5條[49]等。我國於2002年加入世界貿易組織（World Trade Organization，以下簡稱爲：WTO），基於WTO的附屬條款「與貿易有關的智慧財產權協定」（Agreement on Trade-Related Aspects of Intellectual Property，以下簡稱爲：TRIPS）第9條規定，台灣之著作權保護，須受伯恩公約之拘束；而伯恩公約既規定，允許由締約國內國法各自對於公文書訂定不受著作權保護之規定，而我國著作權法第9條第1項第1款規定，「公文」不得爲著作權之標的，此「公文」法律文字，基於伯恩公約第5條之「內國國民待遇原則」及「獨立保護原則」，應不限於「中華民國公文」，亦即外國之公文書在我國，亦不受著作權保護。

　　（二）有關著作權法第9條第1項第1款規定，「憲法、法律、命令或公文」，不得爲著作權之標的，是否不分本國與外國之憲法、法律、命令、公文等，經濟部智慧財產局已經函釋，採肯定說，如：

1. 經濟部智慧財產局98年06月08日智著字第09800044630號函謂：

　　「（前略）二、按著作權法（下稱本法）第9條第1項第1款規定，『憲法、法律、命令或公文不得爲著作權之標的』，其範圍包括本國及外國部分，是所詢貴會將外國法律、命令（以下簡稱法令）譯成中文一節，由於外國法令不得爲著作權之標的，得自由利用，自無需徵（得）該國政府之同意或授權，即得逕行翻譯。三、復按本法第9條第1項第2款規定，『中央或地方機關就前款著作作成之翻譯物或編輯物不得爲著作權之標的』。故所詢有關韓國等國家之法令原文非以英語呈現，如以其政府機關網站中查詢獲知之英文版法令作爲中文翻譯之版本，是否需獲得該國政府同意或授權一節，如該英文版之法令翻譯，符合上述規定者，亦不得爲著作權之標的。反之，則須取得該英文版之法令翻譯之著作財產權人（不一定爲該國政府機關）之同意或授權，始得爲之。」

2010/9/27）。

[47] 參見：http://www.cric.or.jp/gaikoku/skorea/skorea_c1.html#2_1（最後瀏覽日：2010/9/27）。

[48] 參見孫遠釗，美國著作權法令暨判決之研究，頁37，經濟部智慧財產局，2008年11月30日。

[49] 義大利著作權法第5條尚特別明定，義大利及外國之國家、官署之公文書，不受著作權保護。參見：http://www.cric.or.jp/gaikoku/itary/itary_h1.html#1（最後瀏覽日：2010/9/27）。

2. 經濟部智慧財產局98年11月13日電子郵件981113a號函謂：

　　「一、按著作權法（下稱本法）第9條第1項第1款規定，『憲法、法律、命令或公文不得為著作權之標的』，其範圍包括本國及外國部分，是所詢擬翻譯之『外國政府公佈之施政大綱』（以下簡稱施政大綱），如屬本條款所稱之內容，自不得為著作權標的，任何人均得自由利用，無需徵得該國政府之同意或授權，即得逕行翻譯。二、復按本法第9條第1項第2款規定，『中央或地方機關就前款著作作成之翻譯物或編輯物不得為著作權之標的』，因此若所詢之『外國政府施政大綱』本身即為翻譯物，如其係由外國政府所作成者，該翻譯物自亦不得為著作權之標的；反之，如該『施政大綱』翻譯物係由外國政府以外所作成，則其仍屬受本法之保護。因此您於翻譯（改作）前，除有本法第44條至第65條合理使用之情形外，自應事先徵得該著作之著作財產權人之同意，始得為之。」

二、美鈔或其他外國貨幣，是否為著作權法第9條第1項第1款之「公文」？

(一) 有關新臺幣是否為著作權法第9條第1項第1款之「公文」，即新臺幣是否受著作權法之保護？

　　經濟部智慧財產局原則上認為新臺幣為著作權法第9條第1項第1款之「公文」，不受著作權法之保護。依經濟部智慧財產局90年03月15日(90)智著字第09000011490號函謂：「（略）二、按著作權法（下稱本法）第9條第1項第1款規定：『憲法、法律、命令或公文，不得為著作權之標的。』同條第2項規定：『前項第1款所稱公文，包括公務員於職務上草擬之文告、講稿、新聞稿及其他文書。』刑法第10條第3項規定：『稱公文書者，謂公務員職務上制作之文書。』公文程式條例第1條規定：『稱公文者，謂處理公務之文書；其程式，除法律別有規定外，依本條例之規定辦理。』行政院秘書處編印之文書處理及檔案管理手冊就公文類別亦有所說明，認為公文除『令、呈、咨、函、公告、其他公文』六種外，『尚有手令或手諭、簽或報告、箋函或便箋、聘書、證明書、聘、僱契約書、提案、紀錄、節略等，依身分、公務性質及處理方式等使用之。』復按中央銀行法第15條規定：『國幣之基本單位為圓，輔幣為角、分，拾分為壹角，拾角為壹圓。本行所發行紙幣及硬幣之面額、成分、形式及圖案，由本行擬定，報請行政院核定之。本行應將紙幣及硬幣之規格於發

行前公告之。』來函所詢中央銀行所發行之新臺幣是否得為著作權法保護之標的一節，依上述條文規定，如認其係屬公務員職務上制作之文書或處理公務之文書，則屬本法第9條第1項第1款所稱『公文』，除其他法令有特別規定外，任何人均得自由利用之。又縱認新臺幣不得為著作權之標的，如其有利用本法第五條所定著作之情形，各該被利用之著作是否受保護，仍應依本法認定之。」

(二) **上述函釋見解，本人認為值得斟酌，尤其對於外國貨幣，更不適用之。理由如下：**

1. 按「公文」在著作權法立法上所以規定為「不得為著作權之標的」，原有法令宣導，希望民眾廣為複製流傳之性質。鈔票本不具此種性質，尤其鈔票之印製，具有獨占性，不符著作權法「不得為著作權標的」之立法意旨，故國內學者，亦有人持反對見解，認為鈔票仍有著作權保護者[50]。

2. 經濟部智慧財產局所以認為新臺幣為著作權法第9條第1項第1款之「公文」，係依中央銀行法第15條規定：「國幣之基本單位為圓，輔幣為角、分，拾分為壹角，拾角為壹圓。本行所發行紙幣及硬幣之面額、成分、形式及圖案，由本行擬定，報請行政院核定之。本行應將紙幣及硬幣之規格於發行前公告之。」上述規定公告者為「規格」，是否包含「圖案」，尚有疑問。即使公告者包含「圖案」，該「圖案」是否即屬於「公文程式條例」之「公文」，似仍無必然的邏輯關係。尤其每一法令之名詞，背後均有其立法理由，新臺幣鈔票既無法令宣導，欲廣為一般人複製之性質，不宜認為係屬著作權法第9條第1項第1款之「公文」。

3. 在刑法上，原則上偽造新臺幣為偽造貨幣罪[51]，偽造外國貨幣為偽造有價證券罪，二者均非構成偽造公文書之罪[52]，故將新臺幣視為著作權法第9條第1項第1款之「公文」，並非妥當。

---

[50] 章忠信：鈔票與著作權，參見http://www.copyrightnote.org/crnote/bbs.php?board=2&act=bbs_read&id=17&reply=17（最後瀏覽日：2010/9/27）。

[51] 參見最高法院44年台非字第26號刑事判例。

[52] 參見最高法院48年台上字第200號刑事判例，並參見林山田，刑法各罪論，下冊，頁327，2004年4月修訂3版。

4. 美鈔或其他外國貨幣，其製作流程與我國不盡相同，經濟部智慧財產局90年03月15日(90)智著字第09000011490號函釋，在外幣上並非當然可以援用。尤其如英鎊等鈔票，其最下一行，尚有英格蘭銀行的著作權標示。故外國貨幣是否有著作權，宜以是否具有著作之原創性而定，不宜逕予認為係著作權法第9條第1項第1款之「公文」。

5. 如果將美鈔或其他外國貨幣圖案印製在衣物毛巾等商品上，而該外幣之圖案有足夠之原創性，則有侵害著作權之可能，然而依著作權法第100條規定，此為告訴乃論之罪，須有權利人之告訴，否則檢察官不得起訴。

（回覆於2010年9月28日）

問題10：氣功套路之著作權保護

 **相關條文**

著作權法第5條（著作之例示）
著作權法第五條第一項各款著作內容例示

壹、問題

本件問題有下列二者：

一、中國氣功的招式所組成的套路，例如某門太極拳28式，是否可為著作權之標的？如果是的話，是屬於何種著作？

二、如果某人將傳統氣功套路重新編成新的套路，例如將五禽戲108招重新編成87招（其中可能變更招式順序，可能有加入不同的招式或新創的招式），此87招新套路是否享有著作權？而新編的招式名稱是否也享有著作權？

貳、回答

一、有關氣功套路，是否擁有著作權？我國著名之案例，為大陸法輪功創始者李洪志與台灣某氣功學會理事長吳長新的訴訟。李洪志著有「法輪佛法大圓滿法」一書，由台灣益群公司出版。吳長新另著「科學法輪功」，未經李洪志同意，將「法輪佛法大圓滿法」一書中之功法特點，及關於法輪功五套功法之名稱、順序、口訣及動作之說明解析部分，加以改寫，再摘入其所著「科學法輪功」中「科學法輪功功法」一章之「基本理論」，被李洪志所訴。

本案歷經二審結束，台灣高等法院90上訴字第1203號刑事判決謂：「按著作人專有重製其著作之權利，又著作人專有將其著作改作成衍生著作或編輯成編輯著作之權利，著作權法第22條、第28條分別定有明文。是故凡擅自『重製』他人之著作或擅自以『改作』或其他方法侵害他人之著作財產權者，均屬違反著作權法，應分別依著作權法第91條第1、2項、第92條處罰。又所謂『改作』，指以翻譯、編曲、改寫、拍攝影片或其他方法就原著作另為創作，觀之著作權法第3條第1項第11款之規定自明。例如立體物上除表現原平面美術或

圖形著作之著作內容外，尚另有新的創意表現，且此有創意之立體物復為著作權法第5條第1項所例示保護之著作，即屬『改作』之行為。此『立體物』即為著作權法第6條第1項所定『衍生著作』。故『立體物』製成者，除合於著作權法第44條至第65條合理利用之規定外，亦需取得平面美術或圖形著作著作財產權人之同意，否則即有侵害著作權（改作權），最高法院84年度台上字第4293號判決可資參照。茲查：被告所著『科學法輪功』一書（下稱吳著），關於法輪功之佛展千手法（口訣：身神合一、動靜隨一、頂天獨尊、千手佛立）、法輪樁法（生慧增力、融心輕體、似妙似悟、法輪初起）、貫通兩極法（淨化本體、法開頂底、心慈意猛、通天徹地）、法輪周天法（旋法至虛、心清似玉、返本歸真、悠悠似起）、神通加持法（有意無意、印機隨起、似空非空、動靜如意）等五套功法之招式名稱、口訣暨招式之順序，均與李洪志所著『法輪佛法大圓滿法』一書（下稱李著）之內容完全相同。」

「又吳著各招式之分解動作與李著比對，分別如下：

1. 佛展千佛手

　　李著：預備勢、兩手結印、彌陀伸腰、如來灌頂、掌指乾坤、金猴分身、雙龍下海、菩薩扶蓮、羅漢背山、金剛排山、疊扣小腹、收勢。

　　吳著：預備式、雙手結印、彌陀伸腰、如來灌頂、掌指乾坤、金猴分身、雙龍下海、菩薩扶蓮、羅漢背山、金剛排山、疊扣小腹。

　　李著作之『兩手結印』，吳著改為同義之『雙手結印』，且『預備勢』之『勢』字改為『式』及省略『收勢』外，其餘不論順序、名稱均相同。

2. 法輪樁法

　　李著：預備勢、兩手結印、頭前抱輪、腹前抱輪、頭頂抱輪、兩側抱輪、疊扣小腹。

　　吳著：預備式、結印、頭前抱輪、腹前抱輪、頭頂抱輪、兩側抱輪疊扣小腹。

　　二著各分解動作名稱亦屬雷同，且順序亦同。

3. 貫通兩極法

　　李著：預備勢、兩手結印、雙手合十、單手沖灌、雙手沖灌、雙手推動法輪、兩手結印、收勢。

　　吳著：預備式、單手沖灌、雙手沖灌、雙手扳轉法輪。

　　二著間就分解動作之核心部分亦屬雷同。

4. 法輪周天法

李著：預備勢、兩手結印、雙手合十，以下則爲詳細之文字說明。

吳著：預備式（兩手結印，再雙手合十），以下則爲詳細之文字說明。

二著就預備之方式及其下爲詳細之文字說明一節，均屬雷同。

5. 神通加持法

李著：預備勢、打手印、加持、靜功修煉、收勢。

吳著：預備勢、手印之一、手印之二、手印之三、手印之四、加持球狀神通、加持柱狀神通、靜功修煉、收勢。

吳著分解動作較李著爲細。

綜前比對，吳著與李著在分解動作之名稱、順序上雖大致雷同，惟就神通加持法部分，吳著顯較詳細。再比對二著對各招式之各分解動作說明，吳著使用之文字較爲白話，且較李著之說明詳細，難謂其爲近似。況吳著之說明，其中多處就雙掌間、胸掌間或腹掌間之距離、閉氣之時間及手與身體之角度、手腕之角度等等與李著多有不同（其不同之例：吳著見附件四第37、42、45至46、48、49、60、61、68、72、83頁。李著依序見附件三第23、31、35、36、37至38、43、44至45、53、56至57、69頁）。自訴人主張此部分有實質近似，即非可採。雖上開部分並無實質近似，然吳著就各招式分解動作之文字敘述，既僅較李著爲白話及詳細，仍不脫以李著爲藍本，以改寫之方法另爲創作，而屬『改作』之行爲。另就吳著第32頁、第33頁所載基本理論，短短之十八行中，除最末五行係作者所加之意見外，其餘十三行中即有如附表所示之雷同情形，雷同者凡共十二處，然參諸附表，吳著與李著各雷同文字出現之前後順序並不相同，文字亦有差異；又以篇幅而論，吳著之基本理論僅二頁，李著『功法特點』相關部分爲八頁（即附件一第1至8頁部分），後者篇幅顯較前者爲大，綜合觀之，前者實爲後者之濃縮，是吳著此部分應認係改寫，而屬『改作』之行爲。如前所述，吳著與李著間就五套功法之解說，雖有部分文字完全相同，然相同部分乃屬名稱、口訣及分解動作之名稱，而非解析說明部分，而氣功心法如僅存名稱、口訣及分解動作之名稱，亦無從練就，故解析說明始屬該五套功法之核心。故吳著上開相同部分亦應論以同一改作行爲。」

本案台灣高等法院以吳長新涉及改作而判決吳長新有罪確定。

二、著作權所保護者爲思想及觀念之表現形式，氣功套路如果以文字表現，即爲語文著作；如果以照片呈現爲攝影著作；以視聽呈現，則爲視聽著

作。如果以文字修改他人之氣功套路出版，有可能構成改作，而侵害改作權。蓋氣功套路之表現及敘述，有其一定之表現形式。

三、而以人體打出之氣功套路本身，是否係「戲劇舞蹈著作」？按「戲劇舞蹈著作」，應指劇本和舞譜部分，展現出來的不可能是「戲劇舞蹈著作」，如果算是著作，應是「表演著作」。但是運動本身，不是具有藝能性質，不被認為是「表演」。氣功套路，是否具有藝能性質，抑或如同運動一樣，不具藝能性質，頗富爭議。本人比較傾向於否定說，至於並未固著於物體，而僅是氣功套路之本身，本人亦不認為係「戲劇舞蹈著作」。氣功套路受保護的是攝影、視聽或語文的表達部分。

四、未得原權利人同意而改編他人著作，改編者固然侵害他人之改作權，但改編者就其改編部分，應仍有著作權。

（回覆於2011年6月13日）

問題11：有關應用美術與美術工藝品的著作權法問題

 **相關條文**

著作權法第5條（著作之例示）
著作權法第五條第一項各款著作內容例示

壹、問題

「應用美術品」之定義為何？美術著作保護範圍是否包括「應用美術品」及「美術工藝品」？

貳、回答

一、應用美術之定義

我國著作權法並未有「應用美術」此一名稱，僅於著作權法第5條第1項第4款規定「美術著作」為著作例示之一。而所謂「美術著作」，依最高法院95年台上字第3753號刑事判決：「著作權法第5條第1項第4款之美術著作，係著作人以著色、書寫、雕刻、塑型（形）等平面或立體之美術技巧表達線條、色彩、明暗或形狀，以美感為特徵而表現思想感情之創作。」

另臺灣高等法院92年上訴字第3010號刑事判決：「美術著作在學理上可分為純美術著作與應用美術著作，前者本身並無美術以外的物質功能需求，後者係將純粹美術與實用物品相結合。」最高法院93年台上字第13號刑事判決謂：「按著作權法所稱之著作，係指屬於文學、科學、藝術或其他學術範圍之創作，著作權法第3條第1項第1款定有明文。而著作權法所稱之著作種類，依同法第5條第1項第4款固包括美術著作在內。而美術著作可分為純美術著作與應用美術著作，前者本身並無美術以外的物質功能需求，後者係將純粹美術與實用物品相結合。」復謂：「惟按美術工藝品，依內政部81年6月10日台（81）內著字第8184002號公告所頒布之『著作權法第五條第一項各款著作內容例示』第2條第4款規定，固屬美術著作之範圍，然美術工藝品在性質上核屬應用

美術著作。而告訴人所製作之外星寶寶玩具並無基本之鑑賞價值，且未超越一般關於『外星人』創作之平均水準，既如前述，自難認屬著作權法所保護之美術工藝品。」

伯恩公約（1971年巴黎條款，下同）第2條規定：「文學及藝術之著作物，謂不問以任何表現方法或形式，屬於文學、科學及藝術範圍之製作物。諸如：……素描、繪畫、建築、雕刻、版畫及石版畫的著作（works of drawing, painting, architecture, sculpture, engraving and lithography）；……應用美術著作（works of applied art）。」[53]其中，有關「應用美術」部分，伯恩公約指南特別提到，包含小擺設、首飾、金銀器皿、家具、壁紙、裝飾品、服裝在內的製作者的藝術品。

綜合上述判決及伯恩公約指南所述，美術著作包含純美術（fine art）與應用美術（applied art）二者。所謂美術著作，係著作人以著色、書寫、雕刻、塑型（形）等平面或立體之美術技巧表達線條、色彩、明暗或形狀，以美感為特徵而表現思想感情之創作。其中，純美術係純粹表現個性與美感，本身並無美術以外的物質功能需求、目的、用途之美術著作；應用美術，則係與實用物品相結合，具有生活實用及產業利用目的之美術著作，例如小擺設、首飾、金銀器皿、家具、壁紙、裝飾品、服裝等藝術品。

二、美術著作保護範圍是否包括「應用美術品」及「美術工藝品」

(一) 美術著作保護範圍是否包括「美術工藝品」？

依「著作權法第5條第1項各款著作內容例示」第2條第4款規定：「美術著作，包括繪畫、版畫、漫畫、連環畫（卡通）、素描、法書（書法）、字型繪畫、雕塑、美術工藝品及其他之美術著作。」

所謂美術工藝品，係指「應用美術技巧以手工製作與實用物品結合而具有裝飾性價值，可表現思想感情之單一物品之創作，例如手工捏製之陶瓷作品、手工染織、竹編、草編等均屬之，其特質為一品製作，亦即為單一之作品。」

---

53 參閱：經濟部智慧財產局，「保護文學及藝術著作之伯恩公約1979年巴黎修正案1979年伯恩著作權公約」，http://www.tipo.gov.tw/ch/AllInOne_Print.aspx?guid=fcd89516-05ef-4ee2-8579-3fc33f52759e&lang=zh-tw （最後瀏覽日期：2013年1月24日）。

（內政部民國81年11月20日台(81)內著字第8124412號[54]、83年4月2日台(83)內著字第8306547號[55]、經濟部智慧財產局92年2月6日智著字第0920000343-0號[56]、99年3月25日電子郵件990325d號函[57]）。

目前美術著作之保護，包含美術工藝品在內，已為實務通說。純美術只要具有一定的原創性，均受保護，至於美術工藝品，屬於應用美術的一種，應用美術中的美術工藝品，受著作權法保護。例如，前開最高法院93年台上字第13號刑事判決謂：「惟按美術工藝品，依內政部81年6月10日台（81）內著字第8184002號公告所頒布之『著作權法第五條第一項各款著作內容例示』第2條第4款規定，固屬美術著作之範圍，然美術工藝品在性質上核屬應用美術著作。而告訴人所製作之外星寶寶玩具並無基本之鑑賞價值，且未超越一般關於『外星人』創作之平均水準，既如前述，自難認屬著作權法所保護之美術工藝品。」

(二) 美術著作之保護，是否及於美術工藝品以外的其他應用美術在內？

1. 伯恩公約第2條第1項雖將應用美術列為例示受保護著作之一，但伯恩公約第2條第7項規定：「應用美術著作物新式樣及新型的法律適用範圍，以及此著作物、新式樣與新型保護之條件，依本公約第七條第四項規定，由同盟國之法令定之。在本國僅作為新式樣與新型加以保護之著作物，在其他同盟國僅享有該國對新式樣與新型的特別保護之權利。但該他國無此特別保護之規定者，該著作物以藝術著作物保護之。」伯恩公約有關應用美術著作，其保護的條件及範圍如何，委由締約國自行訂

---

54 參閱：經濟部智慧財產局網站，解釋令函列表，http://www.tipo.gov.tw/ch/Enactment_LMExplainLookPrintPage.aspx?ID=949&KeyCode=&KeyConten=（最後瀏覽日期：2013年1月24日）。

55 參閱：經濟部智慧財產局網站，解釋令函列表，http://www.tipo.gov.tw/ch/Enactment_LMExplainLookPrintPage.aspx?ID=1244&KeyCode=&KeyConten=（最後瀏覽日期：2013年1月24日）。

56 參閱：經濟部智慧財產局網站，解釋令函列表，http://www.tipo.gov.tw/ch/Enactment_LMExplainLookPrintPage.aspx?ID=2069&KeyCode=&KeyConten=（最後瀏覽日期：2013年1月24日）。

57 參閱：經濟部智慧財產局網站，解釋令函列表，http://www.tipo.gov.tw/ch/Enactment_LMExplainLookPrintPage.aspx?ID=3609&KeyCode=&KeyConten=（最後瀏覽日期：2013年1月24日）。

定，而各國制度有很大差異。

2. 本人曾於所著「著作權法逐條釋義(一)」中謂：「應用美術著作，在我國如何加以保護？保護程度及範圍如何？是否與新式樣專利有重疊的可能？此一重疊問題如何加以解決？實務上尚未有十分明顯之界限。民國74年舊著作權法第3條第11款規定：『美術著作：指著作人以智巧、匠技、描繪或表現之繪畫、建築圖、雕塑、書法或其他具有美感之著作。但有標示作用，或涉及本體形貌以外意義，或係表達物體結構、實用物品形狀、文字字體、色彩及布局、構想、觀念之設計不屬之。』此項美術著作定義之但書，意義頗不明確，在實務上易滋爭議。世界各國著作權法對美術著作多未定義，本法乃將美術著作之定義刪除。依舊法美術著作，似僅保護純美術，而不包含應用美術在內。查南韓著作權法及德國著作權法均規定『應用美術著作』為美術著作之範圍，日本著作權法僅規定『美術著作』包含『美術工藝品（第2條第2項）』，而未直接規定應用美術為『美術著作』。按日本意匠相當於我國『新式樣』專利，日本除著作權法及意匠法外，未另外訂立『工業設計法』，本法為免法制繼受發生雜亂，乃仿日本著作權法用語，於本款不明文規定『應用美術』，但僅規定『美術工藝品』，俾在美術著作與新式樣專利之實際分際，得取法日本。」

3. 上述見解，係民國81年著作權法修正之對「美術著作」立法之主要精神。本人於「著作權法修正條文相對草案」一書中謂：「韓著及德著均規定『應用美術著作』為美術著作之範圍，日著僅規定『美術著作』包含『美術工藝品』（第2條第2項），而未直接規定應用美術為『美術著作』。查日本意匠法相當於我國『新式樣專利』，日本除著作權法及意匠法外，未另外訂立『工業設計法』，本草案為免法制繼受發生雜亂，乃仿日著用語，於本款不明文規定『應用美術』，但僅規定『美術工藝品』，俾在美術著作與新式樣專利之實際分際，得取法日本。」而在日本原則上僅保護純美術著作及應用美術著作中的美術工藝品，美術工藝品以外的應用美術著作，委由意匠法加以保護。

4. 基此立法意旨，我國著作權法之美術著作，保護全部純美術著作及應用美術著作中之美術工藝品，而未保護美術工藝品以外之其他應用美術著作。

5. 最高法院93年台上字第13號刑事判決謂：「按著作權法所稱之著作，係

指屬於文學、科學、藝術或其他學術範圍之創作，著作權法第3條第1項第1款定有明文。而著作權法所稱之著作種類，依同法第5條第1項第4款固包括美術著作在內。而美術著作可分為純美術著作與應用美術著作，前者本身並無美術以外的物質功能需求，後者係將純粹美術與實用物品相結合。關於應用美術著作的保護要件，著作權法並無明確規定，相較於其他種類著作而言，應用美術著作應具備較高之『創作高度』或是已明顯超越一般平均創作水準，雖不以手工製造及具備美感為限，惟仍需有基本的可鑑賞性，足使一般人從美術觀點予以鑑賞，否則即非屬著作權法之保護範疇。經查告訴人所製作之外星寶寶玩具，經檢視係以塑膠原料製成而有黏性，可因一般外力搓揉而變形，其外型無固定形狀，且其顏色、色彩欠缺變化，線條亦屬單純，該玩具除實用目的外，尚難謂已具備基本之鑑賞價值，足以展現美術上之特色。況審酌告訴人之外星寶寶玩具，其與被告所提出之外星人圖片集相較，無論是在外型、結構、五官，乃至於手趾、腳趾等特徵，均有頗多相似之處。再衡諸科幻電影、影集等就『外星人』意念之表達，由早期之Ｅ‧Ｔ到後來之星際大戰電影系列，造型已趨於多元且複雜，然告訴人所製造之外星寶寶玩具，其表達形式仍不脫電影播放後，一般公眾對外星人『頭大、四肢短小或蜷曲、手（腳）趾細長且數目短少』等刻版印象。告訴人所製造之外星寶寶玩具，整體而言並未超越一般有關『外星人』意念表達之平均創作水準，依上所述，告訴人所製造之外星寶寶玩具，尚不具備應用美術著作應有之創作高度，而無鑑賞性，揆諸前揭說明，即非屬著作權法之保護範疇。告訴人雖以我國現行法令、實務、學者見解，及本案偵查期間經濟部智慧財產局89年1月19日（89）智著字第89600035號函所附鑑定意見為據，主張其所製之外星寶寶玩具屬美術工藝品，應受著作權法之保護。惟按美術工藝品，依內政部81年6月10日台（81）內著字第8184002號公告所頒布之『著作權法第五條第一項各款著作內容例示』第2條第4款規定，固屬美術著作之範圍，然美術工藝品在性質上核屬應用美術著作。而告訴人所製作之外星寶寶玩具並無基本之鑑賞價值，且未超越一般關於『外星人』創作之平均水準，既如前述，自難認屬著作權法所保護之美術工藝品。」

上述判決雖然謂：「關於應用美術著作的保護要件，著作權法並無明確規定，相較於其他種類著作而言，應用美術著作應具備較高之『創作高度』或是

已明顯超越一般平均創作水準，雖不以手工製造及具備美感爲限，惟仍需有基本的可鑑賞性，足使一般人從美術觀點予以鑑賞，否則即非屬著作權法之保護範疇。」表面上看來，似乎認爲具備較高創作高度的應用美術著作，不管是否係美術工藝品，均加以保護。然而，後面又提到「惟按美術工藝品，依內政部81年6月10日台（81）內著字第8184002號公告所頒布之『著作權法第五條第一項各款著作內容例示』第2條第4款規定，固屬美術著作之範圍，然美術工藝品在性質上核屬應用美術著作。而告訴人所製作之外星寶寶玩具並無基本之鑑賞價值，且未超越一般關於『外星人』創作之平均水準，既如前述，自難認屬著作權法所保護之美術工藝品。」似乎指「外星人」創作，因不具備美術工藝品的要件標準，而不加以保護，對於非美術工藝品之其他應用美術著作，是否有保護，並未說明。

然而，若從立法意旨來看，非屬於美術工藝品之應用美術，不應以著作權法加以保護，已如前述。

（回覆於2011年8月7日）

問題12：表演之意義與內涵

 **相關條文**

著作權法第7條之一（表演人之保護）

壹、問題

何謂「表演」？而：

一、坊間專家學者受邀參加談話性節目之錄製，於節目中就相關議題發表個人談話或評論，是否屬「表演」之一種？

二、娛樂節目中之歌唱、音樂、戲劇、小說、故事、笑話、猜謎、舞蹈、技藝、綜藝及其他以娛樂為內容之表演，是否屬著作權法所稱之「表演」？

貳、回答

一、我國並未明確規定表演之意義及內涵

我國著作權法於第3條有關定義中，對表演並無定義，僅於著作權法第7條之一規定：「表演人對既有著作或民俗創作之表演，以獨立之著作保護之（第1項）。」「表演之保護，對原著作之著作權不生影響（第2項）。」由於我國著作權法並未對「表演」之意義及內涵作規定。故有關表演之意義及內涵，需觀察相關公約及各國立法，以明其意義及範圍。

二、相關國際公約之規定

（一）羅馬公約

「羅馬公約」之全稱為「保護表演、錄音物製作人暨廣播機構之羅馬公約（Rome Covention for the Protection of Performers, Producers of Phonograms and

Broadcasting Organizations）」[58]，又稱「著作鄰接權公約」，其係保護表演人、錄音物製作人及傳播機關之公約。依羅馬公約第3條（a）項規定，所謂「表演人」，指演員、歌星、音樂家、舞蹈家以及其他將文學或美術的著作，加以上演、歌唱、演述、朗誦或以其他方法加以表演之人。羅馬公約原則上不保護未對著作加以表演之人，例如：各種雜耍和馬戲團藝人、魔術師、小丑等，也排除就運動員的保護。如果表演本身也是如獨幕劇或啞劇等具有「著作」性格，該表演即受保護，而如果締約國之法令有特別規定，以保護魔術師、小丑雜技等未就「著作」加以表演之藝人，則該魔術師等也受鄰接權的保護。

羅馬公約之表演，最具體的例子是獨唱、獨奏和演員的表達著作的行為，一般受樂團指揮帶領而演奏的樂團演奏者，亦是表演人。但是，管理燈光、道具、佈景等僅僅參與機械作用的人，並非表演人。

(二) 世界智慧財產組織表演及錄音物條約（簡稱「WPPT」）

「世界智慧財產組織表演及錄音物條約（WIPO Performances and Phonograms Treaty）」，簡稱「WPPT」。WPPT第2條a項規定：「表演人，係指演員、歌星、音樂家、舞蹈家及其他以上演、歌唱、講述、演說、演奏、詮釋或其他方法表演文學或藝術著作或民俗作品之人。」[59]WPPT對「表演人」之定義，與羅馬公約類似，僅增加「詮釋（interpret）」及「民間文學藝術之表演」。而羅馬公約與WPPT的表演，均包含視聽表演在內。而所謂「民俗創作之表達」，依WIPO與UNESCO所提出關於此議題之模範條款，即應「包含國

---

[58] 參閱：經濟部智慧財產局，「一九六一年著作鄰接權公約」，http://www.tipo.gov. tw/ch/AllInOne_Print.aspx?guid=8f67f280-e2a8-4b28-b68c-93fabf6cfb7c&lang=zh-tw; World Intellectual Property Organization，"Rome Covention for the Protection of Performers, Producers of Phonograms and Broadcasting Organizations"，http://www. wipo.int/wipolex/en/wipo_treaties/text.jsp?file_id=189995（最後瀏覽日期：2013年1月25日）。

[59] 參閱：經濟部智慧財產局，「世界智慧財產組織表演及錄音物條約」，http: //www.tipo.gov.tw/ch/AllInOne_Print.aspx?guid=10a17b34-748b-42bb-8f14-e99550a6c5e2&lang=zh-tw; World Intellectual Property Organization，" WIPO Performances and Phonograms Treaty"，http://www.wipo.int/wipolex/en/wipo_treaties/text.jsp?file_id=190101#P69_4021（最後瀏覽日期：2013年1月25日）。

內特定社群或個人所發展與保存之傳統藝術傳統特徵，並足以反應該社群之傳統藝術期待之成果」。

三、各國著作權法之規定

(一) 日本法

　　日本著作權法表演人之權利，以「著作鄰接權」加以保護。日本著作權法第2條第1項第3款規定：「表演：即將著作以演出、舞蹈、演奏、歌唱、背誦、朗誦或其他方法演出者（包含非著作之演出，但具有藝能性質之類似此行為）。」[60]依日本法，魔術師、耍猴戲之動物馴獸師，以及，與音樂舞蹈雜耍一起演出的variety artist，均得以表演人加以保護。但是，如舞台藝術之照明、音響技術之操作等行為則非屬表演；又運動競技者之行為，並非就著作加以演出，又不具藝能性質，並非表演；然而，花式溜冰（figure skate），既有競爭精神，但是又有舞蹈演出，應認為表演。

(二) 德國法

　　德國「著作權與著作鄰接權法」第73條規定：「本法所規定的表演人，是指將作品或者某種類型的民間藝術進行表演、演唱、演奏或者以其他方式進行表演之人，或者對上述藝術活動進行參與之人。」[61]故在德國法上，雜技、馬戲表演，不屬於著作權，亦不屬於鄰接權之範圍。而在即興的爵士音樂演出上，表演人取得表演的著作鄰接權，也取得音樂的著作權。

---

[60] 參閱：十二國著作權法翻譯組編，《十二國著作權法》，第1版，北京清華大學出版社，頁361；日本法令外國語譯データベースシステム，「著作權法」，http://www.japaneselawtranslation.go.jp/law/detail/?ft=1&re=01&dn=1&x=0&y=0&co=01&ky=%E8%91%97%E4%BD%9C%E6%A8%A9%E6%B3%95&page=7（最後瀏覽日期：2013年1月25日）。

[61] 參閱：十二國著作權法翻譯組編，《十二國著作權法》，第1版，北京清華大學出版社，頁172；Bundesministerium der Justiz (German Federal Ministry of Justice), "Gesetz über Urheberrecht und verwandte Schutzrechte (Act on Copyright and Related Rights; Copyright Act)", http://www.gesetze-im-internet.de/englisch_urhg/englisch_urhg.html#p0456（最後瀏覽日期：2013年1月25日）。

(三) 法國法

對於表演，法國智慧財產權法典以著作鄰接權加以保護。依智慧財產權法典第212-1條規定：「表演藝術者，為表演、演唱、朗誦或以任何其他方式演出、演奏文學藝術作品或雜耍、馬戲、木偶劇之人但不包括依行業慣例認定的輔助演員。」[62]足見法國對表演的保護，不限於對著作的演出，與日本相同，與德國不同。

(四) 中國大陸法

依大陸著作權法第36條以下規定，表演人受著作鄰接權的保護。而依大陸著作權法實施條例第5條第6款規定，表演者，是指演員、演出單位或其他表演文學、藝術作品的人。[63]大陸著作權法不似日本著作權法對於表演，包含非著作的演出而具有藝能性質的類似行為，故在中國大陸，非屬對著作的演出，不受表演的鄰接權的保護。因此田徑或球類運動員的競技活動，並無表演文學藝術作品的成分，因此不受著作鄰接權的保護。

又大陸著作權法第4條第7款有所謂「雜耍藝術作品」，包含雜技、魔術、馬戲等，通過形體動作和技巧表現的作品。所以許多在其他國家，如法國、日本等，以著作鄰接權加以保護者，在中國大陸以著作權法加以保護。

四、本問題之解釋

(一) 坊間專家學者受邀參加談話性節目之錄製，於節目中就相關議題發表個人談話或評論，是否屬「表演」之一種？

在羅馬公約，表演原則上係對著作的演出，其僅於第9條規定，締約國得另行以法令規定表演人的保護得擴及至非著作的演出，日本、法國即作如此規定，擴及至非著作的演出，但德國、中國大陸則不擴及。另WPPT就羅馬公約

---

[62] 參閱：十二國著作權法翻譯組編，《十二國著作權法》，第1版，北京清華大學出版社，頁92。

[63] 「中華人民共和國著作權法」，參閱：中華人民共和國國家知識產權局，http://www.sipo.gov.cn/sipo/flfg/bq/fljxzfg/200703/t20070327_147442.htm；「中華人民共和國著作權法實施條例」，參閱：中華人民共和國國家知識產權局，http://www.sipo.gov.cn/sipo/flfg/bq/fljxzfg/200703/t20070328_147823.htm#（最終瀏覽日期：2013年1月25日）。

規定，另行擴及至民俗著作的演出，但並未規定其他非著作的演出行為。

　　我國著作權法第7條之1，原則上仿WPPT之規定。依前揭相關公約規定及各國立法的精神解釋，我國著作權法第7條之1規定的表演，不包含非著作的演出。本問題中，坊間專家學者受邀參加談話性節目之錄製，於節目中就相關議題發表個人談話或評論，理論上並非「就著作加以演出」，而僅係發表其本身談話及評論，即為著作權法第5條第1項第1款之「語文著作」，不以「表演」視之。

(二)　娛樂節目中之歌唱、音樂、戲劇、小說、故事、笑話、猜謎、舞蹈、技藝、綜藝及其他以娛樂為內容之表演，是否屬著作權法所稱之「表演」？

1. 「表演」係一種「行為藝術」，非行為本身，並無可能形成「表演」。題意中「音樂、戲劇、小說、故事、笑話」，本身是屬於著作權法第5條靜態之「著作」，本身並非「表演」。蓋小說、笑話、故事本身，皆可能為「語文著作」，而「音樂」、「戲劇」本身，亦為著作權法第5條第1項之獨立著作之一。題意可能為「唱出音樂」、「演出戲劇」、「就小說說書、說故事或講笑話」之人，是否為表演人？

2. 在娛樂節目中「唱出音樂」、「演出戲劇」、「就小說說書、說故事或講笑話」、舞出舞譜之人，均應認為「表演」，而著作權法第5條第1項第3款之戲劇、舞蹈著作，係指戲劇、舞譜、舞型設計本身，就戲劇、舞蹈著作加以實際演出者，則屬於表演。至於題意中之「技藝」，如果屬於雜耍、魔術之類，由於我國著作權法第7條之1係採類似德國之立法例，而非類似日本、法國之立法例，就非屬於著作之演出，不以表演加以保護，故不宜解釋為「表演」。

（回覆於2011年9月8日）

問題13：著作權法第9條「公文」之解釋

 **相關條文**

著作權法第9條（不得為著作權之標的）、第50條（中央或地方機關或公法人名義公開發表著作之重製或公開播送）、第65條（一般合理使用）

壹、問題

「十二年國民教育七個面向」（http://12basic.edu.tw/news_detail.php?code=01&sn=468）係教育部為利十二年國民基本教育政策推動，由所屬之各單位制定之方案彙整而成，經部長簽核後公告及陳報行政院之方案，該方案並無法源依據，其內容係前述教育部各單位分別邀集學者專家開會討論後所擬定，再提交教育部彙整而成。從而，該「十二年國民教育七個面向」方案內容是否屬著作權法第9條所定，不得為著作權標的之公文書？維基百科網站得否將該方案內容整理、公布於其網站？

貳、回答

一、「十二年國民教育七個面向」是否具有著作權法第9條第1項第1款之「公文」性質？

(一) 著作權法第9條規定：「下列各款不得為著作權之標的：一、憲法、法律、命令或公文。二、中央或地方機關就前款著作作成之翻譯物或編輯物。三、標語及通用之符號、名詞、公式、數表、表格、簿冊或時曆。四、單純為傳達事實之新聞報導所作成之語文著作。五、依法令舉行之各類考試試題及其備用試題（第1項）。」「前項第一款所稱公文，包括公務員於職務上草擬之文告、講稿、新聞稿及其他文書（第2項）。」上述「十二年國民教育七個面向」，既無法源依據，則非屬著作權法第9條第1項第1款之「憲法、法律、命令」，然而其是否屬於第9條第1項第1款之「公文」？

按著作權法第9條第2項規定：「前項第一款所稱公文，包括公務員於職

務上草擬之文告、講稿、新聞稿及其他文書。」本問題之「十二年國民教育七個面向」，係由教育部「所屬之各單位制定之方案彙整而成，經部長簽核後公告及陳報行政院」，則其是否即屬著作權法第9條第2項之「文告」或「其他文書」？如果答案爲肯定，則上述「十二年國民教育七個面向」自然無著作權，維基百科網站無待教育部之授權，即得使用。

然而，著作權法第50條規定：「以中央或地方機關或公法人之名義公開發表之著作，在合理範圍內，得重製、公開播送或公開傳輸。」如果本問題之「十二年國民教育七個面向」係指著作權法第50條之「以中央或地方機關或公法人之名義公開發表之著作」，僅係得爲合理使用之標的，而非「不得爲著作權之標的」，二者法律效果顯有不同。

(二) 伯恩公約（1971年巴黎條款）第2條第4項規定：「立法上、行政上及司法上之公文書及該公文書之官方的翻譯物，其著作權之保護，依同盟國之法令定之。」依伯恩公約指南針對此一規定，僅提及行政性質之公文，並非准許成員國拒絕保護所有政府出版物（如教科書），在實務上對於法律、行政法規和司法判決的原文或譯文進行重製，通常無任何限制。因此，世界各國著作權法多有類似此條之規定。

日本著作權法第13條規定：「符合下列情形之一之著作，不得依本章規定爲權利之標的：一、憲法及其他法令。二、國家或地方公共團體之機關或獨立行政法人（即獨立行政法人通則法（平成11年法律第103號）第2條第1項所規定之獨立行政法人，下同）所發布之告示、訓令、通告及其他類似此等之物。三、法院之判決、決定及審判，以及行政廳準用裁判程序所爲之裁決及決定。四、由國家或地方公共團體之機關或獨立行政法人所作成對前三款之翻譯物或編輯物。」又其第32條第2項規定：「國家或地方公共團體之機關、獨立行政法人或地方獨立行政法人，以爲使一般人所周知爲目的，在其著作名義下所公開發表之情報資料、調查統計資料、報告書或其他相類似之著作物，新聞紙、雜誌或其他刊行物爲作說明資料，得加以轉載。但有禁止轉載之表示者，不在此限。」

依民國81年著作權法修正之行政院草案說明，著作權法第9條及第50條均參考日本著作權法而修正。上述日本著作權法第13條第2款規定，與我國著作權法第9條第1項之「公文」相當。而日本著作權法第32條第2項與我國著作權法第50條規定相當。

上述日本著作權法第13條第2款之「國家或地方公共團體之機關或獨立行

政法人（即獨立行政法人通則法（平成11年法律第103號）第2條第1項所規定之獨立行政法人，下同）所發布之告示、訓令、通告及其他類似此等之物。」依日本學者解釋：

1. 日本著作權法第13條第2款規定之「告示、訓令、通告及其他類似此等之物」，係「傳達行政廳意思之公文書」、「國家機關為權限行使，使國民知悉為目的而發出之文書」，其包含照會、回答、行政實例等。至於教育白皮書等報告書，與一般著作權具有同樣的商品價值，係屬著作權法第32條第2項之規範範圍。又如國家、地方公共團體、獨立法人、行政法人等，為使國民、住民所周知所作成的公關資料、宣傳資料、調查統計資料、已公開發表之報告書等，亦係著作權法第32條第2項之範圍。

2. 第13條第2款規定之「告示、訓令、通告及其他類似此等之物」，係具有「告知機能」、「因成為國民權利義務之基準，本來應使其廣為周知」者，故不得為著作權之標的。行政機關此項有關國民之權利義務之業務之遂行所發布之意思，與白皮書等與國民權利義務無直接關係，僅係行政服務之一環之報告書不同。白皮書等報告書，應解為係著作權法第32條第2項之規範對象。公家機關發行之文書，如果具有高度之學術意義，非必有一般人廣為周知之性質，此有關學術之著作，受著作權之保護。

3. 第13條第2款規定之「告示、訓令、通告及其他類似此等之物」，係指直接或間接，深深與國民之利益相關，具有使國民廣為知悉、正確理解之必要，影響國民權利義務而由行政機關之管轄權限下所發布之文書。至於國家或地方公共團體，使國民及住民廣為周知所作成之文書，如白皮書及報告書等，則與通常之著作相同，受著作權法之保護。

(三) 本問題之「十二年國民教育七個面向」，究係具有「傳達行政廳意思之公文書」、「國家機關為權限行使，使國民知悉為目的而發出之文書」、「成為國民權利義務之基準」之公文書，抑或與國民之權利義務無直接關係，而是如同白皮書等僅具有行政服務性質的政府宣導資料？其若屬前者性質，則應為著作權法第9條第1項第1款規定之「公文」，其若屬後者性質，則應為著作權法第50條之「以中央或地方機關或公法人之名義公開發表之著作」。

據此，考量「十二年國民教育七個面向」，既無法源基礎，且方案內容係各單位分別邀集學者專家開會討論後所擬定，具有機關宣傳資料之性質，而係

以機關名義在網站公開發表，不問學者專家是否為共同著作人之一，本人較傾向認定，「十二年國民教育七個面向」係屬著作權法第50條規定之「以中央或地方機關或公法人之名義公開發表之著作」。

(四) 對於「十二年國民教育七個面向」，所以不宜認定係著作權法第9條第1項第1款之公文，理由主要有二：

1. 公文係完全由公務員基於職務之行使所作成，本題之「十二年國民教育七個面向」，尚邀集學者專家開會討論後所擬定，機關所採用學者專家意見，究係僅為學者專家之意見、觀念，抑或包含其表現形式，並不明確。如果機關係整理學者專家之發言或書面意見而擬成「十二年國民教育七個面向」，機關雖有編輯著作，而學者專家之原著作並未因而喪失，則將之定性為不得為著作權標的之公文，似未妥當。

2. 「十二年國民教育七個面向」，既無法源依據，不具國民權利義務之基準性質，反而較類似具白皮書性質之政府宣導資料，且以機關名義在網站公開發表，較宜認定係第50條之有著作權之著作。

二、教育部得否就「十二年國民教育七個面向」，授權給維基百科？

(一) 著作權法第10條之1規定：「依本法取得之著作權，其保護僅及於該著作之表達，而不及於其所表達之思想、程序、製程、系統、操作方法、概念、原理、發現。」據此，「十二年國民教育七個面向」內容係教育部各單位分別邀集學者專家開會討論後所擬定，再提交教育部彙整，如果學者專家僅係提供意見或思想，由教育部所屬單位依據學者專家意見，用自己的文筆整理，則學者專家並無著作權，著作權屬於國家所有，教育部為管理機關，教育部授權給維基百科，自無問題。

(二) 著作權法第7條規定：「就資料之選擇及編排具有創作性者為編輯著作，以獨立之著作保護之（第1項）。」「編輯著作之保護，對其所收編著作之著作權不生影響（第2項）。」，如果學者專家所提之意見，由教育部相關單位詳為記錄，並將之記錄整理成「十二年國民教育七個面向」，則國家擁有編輯著作之著作權，學者專家擁有原著作之著作權。學者專家雖同意教育部以教育部名義公開發表，但不代表教育部有權利授權予他人使用，就「十二年國民教育七個面向」編輯著作之原著作，學者專家仍有同意授權與否之權利。

三、未得教育部同意，維基百科得否就「十二年國民教育七個面向」為合理使用？

(一) 著作權法第50條規定：「以中央或地方機關或公法人之名義公開發表之著作，在合理範圍內，得重製、公開播送或公開傳輸。」上開規定之合理使用範圍，解釋上應較著作權法其他合理使用之範圍（如第52條）為寬，如果維基百科就部分內容為重製、公開傳輸，應得主張著作權法第50條，而僅須依第64條規定註明其出處來源，但其若就全部「十二年國民教育七個面向」為重製及公開傳輸，則不得主張著作權法第50條規定。

(二) 著作權法第65條第1項規定：「著作之合理使用，不構成著作財產權之侵害。」第2項規定：「著作之利用是否合於第44條至第63條規定或其他合理使用之情形，應審酌一切情狀，尤應注意下列事項，以為判斷之基準：一、利用之目的及性質，包括係為商業目的或非營利教育目的。二、著作之性質。三、所利用之質量及其在整個著作所占之比例。四、利用結果對著作潛在市場與現在價值之影響。」基於維基百科係非營利團體，而「十二年國民教育七個面向」具有教育部宣傳資料性質，其並未對外販售，亦無潛在市場之衝突問題，再參酌美國著作權法第105條規定，聯邦政府之著作無著作權，以及，日本著作權法第32條第2項並無數量限制的立法意旨，維基百科就前揭「十二年國民教育七個面向」之使用，應認為屬著作權法第65條第2項規定之「其他合理使用」。惟因合理使用之一般條款之認定，屬於法院之權限，最後應由法院認定之。

（回覆於2012年5月23日）

第三章 著作權之內容

問題14：手機來電答鈴使用音樂之相關著作權問題

 **相關條文**

著作權法第3條第1項第10款（公開傳輸之定義）

壹、問題

一、本案緣起社團法人中華音樂著作權仲介協會（MUST）及內容供應商、電信公司對於來電答鈴之服務究係1個或2個公開傳輸行為有不同之認定：MUST認為，來電答鈴之完整傳輸方式分為兩個部分，第一部分由內容供應商上傳至電信公司機房及供用戶端下載，第二部分為撥打電話時，從機房傳輸音樂至撥打者手機中，而第二部分之公開傳輸行為人為電信業者，應由電信業者向權利人或集管團體（現改稱為著作權集體管理團體）取得公開傳輸授權；電信公司則認為，其僅係提供平台供CP業者傳輸，本身並無利用行為，且來電答鈴服務之整體經營模式應屬同一利用行為，無從切割為二；內容供應商雖表示願意向MUST取得授權並付費，惟MUST表示在相關問題釐清前暫停就97年度之合約進行授權。

二、經查，來電答鈴之經營模式如下：內容供應商將作為來電答鈴之音樂檔案放置於電信公司提供之平台，供用戶端選擇特定音樂作為來電答鈴，選擇「下載」一首音樂需付費15元（惟並未實際下載至用戶之手機），該項服務的月租費為30元，供他人撥打至該用戶之手機時可以聽到選擇的特定音樂。據了解，用戶端所付15元係由內容供應商收取，30元係由電信公司收取，97年度之前係由內容供應商向MUST等著作權人或團體取得授權，電信業者並未另向內容供應商收取上架費。

　　三、本案之疑義為，來電答鈴服務之提供究涉及1個或2個公開傳輸行為？該公開傳輸之行為人為內容供應商或電信公司或兩者兼有？

貳、回答

一、本案提問之問題，其一為來電答鈴服務之提供究涉及一個或二個公開傳輸行為？針對此問題，分析如下：

(一) 著作權法第3條第1項第10款規定：「公開傳輸：指以有線電、無線電之網路或其他通訊方法，藉聲音或影像向公眾提供或傳達著作內容，包括使公眾得於其各自選定之時間或地點，以上述方法接收著作內容。」公開傳輸，以「向公眾提供或傳達著作內容」為要件，凡一對一之網路傳輸，並不構成「公開傳輸」行為。蓋其間並無「公眾」存在。

(二) 本案內容供應商將音樂上傳至電信公司機房之行為，因其限於內容供應商與電信公司間之傳送，係一對一之傳送，單純此一行為，尚難形成「公開傳輸」行為。而內容供應商對電信公司之傳送結果，電信公司機房多一個音樂之重製品，僅構成重製行為。內容供應商就其傳送造成的重製行為，應得音樂著作之著作財產權人重製權利之授權，而音樂著作之重製權，一般多還在作家或唱片公司手中。而MUST其得授權之權利，如果僅係音樂之公開演出、公開播送或公開傳輸，而不及於重製，則MUST不得就內容供應商向電信公司傳送結果之重製行為，向內容供應商或電信公司收取使用費。

(三) 至於電信公司與消費者間，消費者撥打電話時，從機房傳輸音樂至撥打者手機中，因電信公司所面對者，為不特定之消費群，其音樂使用之時間與地點之選擇，並非由電信公司決定，而係最終由消費者決定，故電信公司應有「公開傳輸」之行為。就此公開傳輸之行為，應向集管團體取得授權並付費。

二、本案之第二個問題為：公開傳輸之行為人為內容供應商或電信公司或兩者兼有？針對此問題，分析如下：

(一) 由於音樂係由內容供應商提供，且內容供應商對消費者，每首透過電信公司收取15元，電信公司則每月收取30元。故公開傳輸行為應為「共同」，如果公開傳輸行為事先未得同意，在刑事上視其犯意，可

能形成共犯關係，在民事上可能形成共同侵權行為關係。然而由於其行為為共同，而且公開傳輸行為係屬同一，而非分別，故無論內容供應商或電信公司，僅一人付費即可，且須特別聲明係就來電答鈴之「共同」公開傳輸行為付費，而無須內容供應商及電信公司二人分別均需付費。

(二) 在廣告公司製作廣告在電視台播放，其使用音樂之情況，在製作時有重製行為，其重製行為廣告公司應得音樂著作之著作財產權之授權，而公開播送行為，應得集管團體之公開播送之授權。而有關公開播送之部分，無論由電視台或廣告公司，僅其一付費即可，無須共同付費。目前習慣均由電視公司付費，此與本案情形雷同。本案有關公開傳輸之付費，由於行為同一，由內容供應商或電視公司付費均可，依當事人方便之行使與履行之方式為之。

（回覆於2008年9月12日）

問題15：以投影機將幻燈片打到布幕上觀看，是否須徵求授權？

 **相關條文**

著作權法第3條第1項第13款（公開展示之定義）、第27條（公開展示權）

壹、問題

本案緣起於民眾以e-mail詢問：「以投影機將幻燈片打到布幕上觀看，是否需要徵求幻燈片著作權人之授權？」此種行為，究為「公開上映」，抑或「公開展示」？

貳、回答

一、我國於民國91年1月1日起，加入世界貿易組織（WTO），在著作權法上須受到WTO的「與貿易有關的智慧財產權的協議（TRIPS）」的拘束。依TRIPS第9條規定，會員應遵守伯恩公約規定。而依伯恩公約第2條第1項中之受保護之著作，係「不問以任何表現方法或形式，屬於文學、科學及藝術範圍之製作物。」其中例示有「攝影著作」（包含以類似攝影之方法加以表現之著作）。此攝影著作，依WIPO的指南，包含所有攝影，不論拍攝對象（肖像、風景、時事等）及用途（業餘或專業攝影、藝術職業或廣告）如何。即除使用傳統攝影方法之外，使用已知或未知的化學方法或技術方法產生的攝影，同樣受保護[1]。

二、著作權法第5條第1項規定：「本法所稱著作，例示如下：……五、攝影著作。」而依「著作權法第五條第一項各款著作內容例示」第2條第5款規定：「攝影著作：包括照片、幻燈片及其他以攝影之製作方法所創作之著作。」幻燈片為攝影著作之形態。只要有原創性，均受到攝影著作之保護。

---

[1] 劉波林譯：保護文學和藝術作品伯爾尼公約指南，頁16，中國人民大學出版社。

三、攝影著作之形成與繪畫不同，攝影著作有極大程度係依賴機械作用及技術之操作。惟因其製作時，需要決定主題，對被攝影之對象、構圖、角度、光量、速度等有選擇及調整，有時尚須對底片進行修改，在攝影、顯影及沖洗中有原創性，因此以著作加以保護[2]。然而對被攝影對象忠實的拍攝，因係欠缺攝影著作之原創性，並無著作權保護。例如對美術圖案或書法的忠實拍攝，此與影印機之影印相同，就其攝影並不產生新的權利[3]，此時僅原美術圖案或書法存有權利，攝影為該被攝影對象之複製品。最高法院97年台上字第6410號刑事判決謂：「就本件獎牌拍攝言，上訴人係將得獎獎牌在光線充足且無直接光源之環境上，忠實加以拍攝即得，依拍攝情形，縱確有使用上開偏光鏡，然依該等照片，並無從看出攝影該等獎牌、獎座時，對該等主題之構圖、角度、光量、速度進行何種選擇及調整，或進行何種底片修改之攝影、顯像及沖洗時有何達到業已具體表現出作者之獨立思想或感情之表現而具有個性或獨特性之程度，自無何原創性可言，顯不受著作權法之保護，而非屬著作權法上所稱之攝影著作。」最高法院91年台上字第3946號刑事判決，亦同旨趣。

　　四、所詢問題：「以投影機將幻燈片打到布幕上觀看，是否需要徵求幻燈片著作權人之授權？」首需判斷之問題為：該幻燈片是否為有原創性之攝影著作？抑或僅為忠實拍攝或依賴機械作用產生之幻燈片（如繪畫、語文著作或其他著作掃瞄或數位化）？如果屬於前者，則需處理攝影著作之權利問題，如果屬於後者，則無須處理攝影著作之權利問題，僅處理被攝影對象之權利問題。

　　五、如果幻燈片係有原創性之攝影著作，以投影機將幻燈片打到布幕上觀看，係屬於何權利？如果於不特定人或特定多數人之場所為之，屬於「公開展示」抑或「公開上映」？查我國著作權法第25條規定：「著作人專有公開上映其視聽著作之權利。」幻燈片並非視聽著作，並無公開上映權。而著作權法第27條規定：「著作人專有公開展示其未發行之美術著作或攝影著作之權利。」攝影著作著作權人有「公開展示權」，以投影機將幻燈片打到布幕上觀看，如果解釋為「公開展示」，於不特定人或特定多數人之場所為之，則須得著作權人之同意方得為之。

　　六、美國著作權法第106條規定，著作權人有六種排他權，其中第五種係

---

[2]　參見蕭雄淋著：著作權法逐條釋義(一)，五南出版公司，民國85年初版，88頁；半田正夫：著作權法概說，法學書院，2007年6月13版，92頁。

[3]　參見三山裕三：著作權法詳說，Lexis Nexis，2007年7版，頁71以下。

「公開展示（public display）」的權利。而所謂「公開展示」，尚包含藉由幻燈片展出著作之重製物[4]。日本於平成10年以前之著作權法第26條第1項規定：「著作人專有公開上映其電影的著作物或以其複製物加以頒布之權利（第1項）。」「著作人專有公開上映其複製的電影的著作物，或將該電影著作物的複製物加以頒布之權利（第2項）。」然而平成11年為因應多媒體的進展，攝影、美術、語文、音樂等各種著作均可能融合而以上映之形態加以利用，加以為因應WIPO著作權條約第8條規定communication to the public之權利，於著作權法第22條之2新訂：「著作人專有公開上映其著作之權利。」就公開上映權不限於視聽著作[5]，有關幻燈片之放映，以「公開上映權」處理，不以「公開展示權」處理[6]。

七、我國著作權法第3條第1項第13款規定：「公開展示：指向公眾展示著作內容。」第27條規定：「著作人專有公開展示其未發行之美術著作或攝影著作之權利。」並未限定公開展示，限於著作原件或其重製物的表面呈現，故解釋上，應包含以幻燈片之呈現。故以投影機將幻燈片打到布幕上觀看，如果係於公開場合為之，且該幻燈片係有原創性之著作，除有合理使用規定得加以援引外，須得攝影著作著作權人之授權。然而如果該幻燈片係忠實拍攝美術著作而成，則須處理美術著作之公開展示權問題，即須得美術著作之著作權人之授權。然而該幻燈片如係忠實拍攝語文或圖形著作而成，放映幻燈片在現行著作權法上，並非著作權人之權利所及。

八、為因應未來以幻燈片或powerpoint電腦軟體等在公共場合呈現他人之語文及圖形著作等，建議我國未來著作權法修法，對公開上映權，應仿日本著作權法第22條之2規定，擴大至所有著作。

（回覆於2009年3月9日）

---

[4] 參見孫遠釗主持：美國著作權法令暨判決之研究，上冊，經濟部智慧財產局，民國97年11月30日，頁21、37。

[5] 加戶守行：著作權法逐條講義，著作權情報センター，2006年3月五訂版，頁185以下。

[6] 同註5，頁192。

問題16：拍攝「海角七號」續集的著作權問題

 **相關條文**

著作權法第3條（著作之定義）、第17條（禁止醜化權）、第28條（改作權）

壹、問題

　　近日接到民眾來函詢問，如「海角七號」電影製片公司（取得「海角七號」電影之重製、公開播送、散布等權利）欲與電視製片公司合作推出「海角七號」電視續集，且沿用該片相同「角色人物」於電視續集中，是否涉及侵害該片導演就「角色人物」之著作權？

　　據瞭解，「海角七號」電影版之劇本，係由該片之導演所創，該電影中之「角色人物」是否受著作權法保護？或於電視續集中沿用相同「角色人物」，僅為概念之抄襲？

貳、回答

　　一、依來函所示，本題有關「海角七號」之劇本語文著作之著作權及「海角七號」視聽著作之著作權之歸屬，尚未明確。「海角七號」之製片公司所取得之重製、公開播送、散布之權利，究係原有合約約定之權利，抑或被授權之權利，因未見拍片時製片公司與導演、演員及劇作者間之合約，此部分亦屬不明。

　　今均假設未具原有之權利，亦未在授權之範圍內，用「海角七號」片名拍電視劇，是否會發生侵害的問題。蓋如果屬於合約原有之權利，或屬於被授權之權利，本無權利侵害之問題，本問題即不成為問題。

　　二、「海角七號」之片名本身，因欠缺著作權所保護之「著作」所需原創性（originality）的「最低創作要件」（a minimal requirement of creativity）。「海角七號」片名本身，並非「著作」，僅使用「海角七號」名稱，並無侵害

著作財產權[7]，德國、美國、英國、日本，就侵害著作之題號（Title），均不以著作財產權之侵害視之，反而以不正競爭防止法及passing off之法理加以保護[8]。有關「海角七號」片名，我國得另以公平交易法第20條第1項第1款商品表徵之仿冒加以保護[9]。又「海角七號」之片名，如果申請商標，亦得以商標權加以保護[10]。

　　三、有關創作續集的問題，我國民國74年著作權法第28條第1項曾規定：「左列各款情形，除本法另有規定外，未經著作權人同意或授權者，視為侵害著作權：一、用原著作名稱繼續著作者。……」此一規定，於民國81年修法時予以刪除。其理由為：「按現行條文旨在規定侵害著作權之行為，凡有該條第一項各款之行為者，即為侵害著作權，殊無再於序文以擬制的立法例，規定為「視為『侵害著作權』」之必要；又著作財產權之各項權能，修正條文第22條

---

[7] 參見拙文：論著作權客體之原創性，原載軍法專利31卷3期，蒐錄於拙著：著作權法研究(一)，76頁（民國78年9月增訂再版）。

[8] 參見半田正夫・紋谷暢男：著作權のノウハウ，47至48頁，有斐閣，1990年第四版。

[9] 行政院公平交易委員會公處字第007號處分書謂：按「事業就其營業所提供之商品或服務，不得有左列行為：(一)以相關大眾所共知之他人姓名、商號或公司名稱、商標、商品容器、包裝、外觀或其他顯示他人商品之表徵，為相同或類似之使用，致與他人商品混淆，或販賣、運送、輸出或輸入使用該項表徵之商品者。」為公平交易法第二十條第一項第一款所明定。查檢舉人出版之「腦筋急轉彎」在被處分人出版「新腦筋急轉彎」時已出版至第十二集，總銷售量超過一百二十萬本，已為出版同業及消費者所共知；亦即檢舉人之「腦筋急轉彎」，已達「相關大眾所共知」之程度。本件被處分人在已為相關大眾所共知之「腦筋急轉彎」上加上一「新」字，在名稱上類似，且其所採幽默式漫畫問答集格式、書籍開本以及前頁為問題、後頁為答案之編輯形式等，亦與檢舉人之「腦筋急轉彎」相仿。整體綜合觀察，易令人誤此為彼或誤以為二者有續集、系列等關聯，故被處分人以「新腦筋急轉彎」為出版品名稱出版上開書籍，顯就其營業所提供之商品，以相關大眾所共知之其他顯示他人商品之表徵，為相同或類似之使用，致與他人商品混淆，而有違反首揭法條之情事。

[10] 由於著作財產權有保護期間的問題，而商標權期間得不斷延展，可能在著作財產權消滅後，仍然繼續保護，此在日本作家夏目漱石之「夏目漱石全集」成為公共財產後，其遺族亦以商標主張權利，曾發生爭議，因此日本實務上改為不允許書名題號可以申請商標，但是雜誌名稱可以申請商標，美國及英國允許書名題號註冊商標權。見半田正夫・紋谷暢男，前揭書，49頁。我國實務上，並未禁止片名及書名申請商標。

至第29條已有明定,其侵害行為態樣,於第91條以下亦有詳為規定,本條第1項各款無規定之必要,應予刪除[11]。」依此規定之立法意旨,創作續集,沿用其角色人物,是否侵害著作權,端依是否有侵害著作人格權或著作財產權而定。

　　四、查著作權所保護之「著作」,係保護其著作之「表現形式」,惟著作之表現形式,有「內面之表現形式」與「外面之表現形式」之分。外面之表現形式,係將著作人之思想,以語言、色彩、聲音、影像加以表現,透過使人感知之媒介物,而有其客觀之存在。小說對話文字之抄襲,即外面表現形式之抄襲。而「內面之表現形式」,乃對應著外面之表現形式,與外面的表現形式密不可分,而存在於著作人內心之一定思想的次序。由於思想的闡發(development)、處理(treatment)、安排(arrangement)、順序(sequence),仍受著作權法之保護[12],此內面表現形式之內部一定的思考次序,不單純是著作權法第10條之1之著作權所不及之對象,此「內面表現形式」,仍屬著作權所保護之表現形式。小說中所存在人物之性格及情節發展,即屬著作之內面表現形式,此表現形式之抄襲,乃著作之改作。

　　五、就他人小說或電影情節,另行創作「續集」,在續集中仍保留就原著中之人物性格,並就原情節加以發展,可能侵害原著之內面表現形式,屬於著作權法之改作。然而如果就原著作中多項人物及情節,有著顛覆性之改變,其利用原著,有可能影響原著者之名譽、形象和精神,則亦可能構成著作權法第17條禁止醜化權之侵害。當然,如果就原著中人物的一、兩個角色,僅仿其人名,其性格、情節均不相同,尚無內面表現形式的侵害問題。又如就原著的人物嘲諷性之引用,得視其情節,決定是否屬於著作權法的合理使用問題。

　　六、查臺灣高等法院93年智上字第14號民事判決謂:「又被上訴人所創作之灌籃高手漫畫小說,其故事結尾乃劇中主角『流川楓』前往美國發展,而井上公司所出版之系爭灌籃二部自第一集開始,即以『流川』在美國『北卡隊』對『杜克隊』之戰役為引楔,其後之故事則以流川返回日本後之情節展開,足見井上公司不僅在包裝封面及宣傳上企圖與本件被上訴人之作品產生一定程度之關聯性,即作品內容亦企圖與被上訴人之作品產生一定之關聯性或延續性。

---

[11] 參見立法院秘書處編印:著作權法修正案,388頁,民國82年2月初版。
[12] 楊崇森:著作權之保護,第1頁,正中書局,民國66年4月;拙著:著作權法論,五南公司,2007年11月5版。

井上公司雖辯稱系爭著作為其所獨立之創作云云，惟查：上訴人系爭漫畫中有部分人物、場景及動作與被上訴人之作品相同，或僅係作部分之變動而已，此依被上訴人所提出以投影膠片影印原著作之套圖與上訴人系爭著作畫面重疊比對後，兩者幾乎相同即可得到印證，井上公司雖辯稱：籃球動作本即相似，某些籃球動作相似不足為奇云云，然所謂籃球動作相似，不表示場景必須雷同，又所謂動作相似，並不表示人物動作、角度、表情亦必然雷同，是井上公司此一辯解亦非可採。」

　　七、判決書中復謂：「按著作人享有禁止他人以歪曲、割裂、竄改或其他方法改變其著作之內容、形式或名目致損害其名譽之權利，著作權法第17條定有明文，上開權利專屬於著作人本身，不得讓與或繼承，此為同法第21條所明定；又著作權人專有將其著作改作成衍生著作或編輯成編輯著作之權利，同法第28條前段亦定有明文。上揭禁止他人以歪曲、割裂、竄改或其他方法改變其著作之內容、形式或名目之權利，乃所謂著作人格權之一種。惟此種所謂著作人格權之保護，其前提要件乃有一著作存在，而禁止他人就此一已存在之著作為上述行為，此種保護方式，是否適用於模仿他人著作風格、形式、內容之行為，非無疑義。按著作權法所以保護著作人格權者，原因在於著作人透過其著作之風格、手法、形式，展現其個人在創作上之能力與價值，著作人此一價值之高低，通常係經由其著作之品質及其著作所展現之內涵，透過市場上之選擇機制而定奪其位階。是以，倘第三人冒用原著作人之風格、筆觸、手法，佐以其他使人混淆、誤以為係原著作人所創作之作品時，其結果將使原著作人無法控制『形式上為其著作』之品質與內涵，卻須承擔因此對其名譽所造成之損害（倘模仿者技高一籌，通常已無模仿之必要矣），對著作人而言，顯然係一種侵權行為，此種侵權行為，在英國著作權法中稱為『禁止錯誤歸類屬性權利』（false attribution right），亦即，任何第三人於未獲得著作人同意、授權或許可情況下，不得冒用或施用不當方法使他人誤為該不實著作確為原著作人著作之權利。此種權利上之保護客體，一為名譽權，一為著作人格權，在性質上，均屬廣義之民法上人格權，在英國Moore v. News of the World Ltd,[1972] 1 QB 441一案中，英國Queen's and King's Bench, (Q. B.) 法院即准許被上訴人有關侵權行為之損害賠償請求，此一外國司法實務，可作為我國著作權法有關著作人格權保護之比較法解釋之用。本件被上訴人迄無出版「灌籃高手」第二部之著作，已如前述，而井上公司亦未曾出版過「灌籃高手」第一部之著作，此為井上公司所不否認。準此，既無『灌籃高手』第一部之著作，何來『灌籃二

部』？且其所發行之系爭「灌籃二部」系列漫畫，其內容、風格、筆觸、手法等均與被上訴人之「灌籃高手」著作類似，加以井上公司刻意以「井上」爲名，於網站上復一再強調其所發行之灌籃二部即爲「睽違許久的『灌籃高手』二部」，顯然企圖使讀者認爲系爭著作即爲被上訴人甲○○○所作。況上訴人亦自承其所發行之系爭著作係集體創作，於漫畫底頁有關著作權所有聲明部分亦自稱係由I.S.Pictures團隊創作，則顯然系爭漫畫係由我國人士合作完成，然其在封面部分卻將作者署名爲具有日本風格之「北卓也」，其意圖使讀者誤以爲系爭著作與日本之間存在相當程度之關聯性，而在故事結構、人物設計及場景鋪陳上復與被上訴人灌籃高手著作高度雷同，自難使讀者不將系爭著作與被上訴人之「灌籃高手」著作產生聯想，對被上訴人之名譽及人格自亦將產生一定評價。井上公司及觀天下公司均自承未曾獲得被上訴人許可、同意或授權，其逕自發行系爭足以使第三人誤以爲係被上訴人「灌籃高手」著作之後續作品，對外復以被上訴人灌籃高手著作之後續作品自居，參酌上開說明，自應認爲對被上訴人之著作人格權已產生侵害。而觀天下公司與井上公司之住址、出版者、出版社地址及電話等均相同，觀天下公司於經原審法院民事執行處執行假處分時，應即已知悉井上公司所發行之系爭灌籃二部作品因有侵害原著作權之虞已遭被上訴人要求停止繼續爲侵害權利之行爲，竟猶依序發行系爭所謂『灌籃二部』作品之第三、四集，於第三集封底猶以灌籃二部自稱，無視於上開假處分之存在，仍繼續發行內容、人物、風格、手法與被上訴人著作雷同之系爭著作物，其中更有數頁篇幅圖樣與被上訴人著作相同，顯然亦有侵害被上訴人著作財產權及著作人格權之故意，情至明顯。觀天下公司謂伊係自行創作，並未侵抄襲侵害被上訴人之著作云云，亦非可採。」上開案件，當事人未上訴第三審，二審乃確定判決，該判決雖然推理未盡完善，但結論值得重視。

（回覆於2009年7月2日）

問題17：有關小店家的電腦伴唱機所引起的著作權侵害問題

 **相關條文**

著作權法第29條（出租權）、第37條（著作權之授權）、第60條（著作合法重製物之出租）

壹、問題

目前實務上有許多音樂著作之著作財產權人或專屬授權的被授權人，常就電腦伴唱機內所灌錄之音樂主張侵害重製、出租或公開演出之刑事告訴，而許多法院判決亦判處該等行為人有罪。

為釐清電腦伴唱機疑義，請教下列問題：

一、針對侵害出租權之部分，據我們瞭解，電腦伴唱機內通常含有視聽著作、音樂著作、錄音著作等多類著作，而上述著作存在之型態，又可分為原聲原影（視聽著作）、原聲（錄音著作）及MIDI檔案（音樂著作或錄音著作、攝影著作）。想請教：

(一) 將電腦伴唱機予以出租，依照國際公約及國外立法例對出租權之規定，究竟是否涉及音樂著作之出租？

(二) 將電腦伴唱機予以出租，依照國際公約及國外立法例對出租權之規定，究竟有無涉及錄音著作之出租？

(三) 將電腦伴唱機予以出租，在著作權法之評價下，其視聽著作部分，究僅屬視聽著作之出租？抑或應認為其中所含所有之著作（如音樂、錄音等用為視聽素材之著作）均各別涉及出租行為？

二、另請教，若電腦伴唱機為投幣式供客人投幣演唱，而當客人利用投幣電腦伴唱機演唱時，卡拉OK店經營者固然可認為成立公開演出，惟就所收之錢幣之行為，是否亦成立出租行為？

貳、回答

本問題先就國內著作權法，綜合析述如下：

一、假設該電腦伴唱機中之音樂權利之著作權人為A，B為電腦伴唱機之製作人，C為放台之經銷商，D為小店家。一般而言，B得A有關重製之授權而製作伴唱機，交給C租給D，其租金每月幾千元不等，D在店家放置該電腦伴唱機，供消費者F演唱，由消費者付給D一定的費用。此為目前業界最基本的上、下游型態。由於目前台灣業界慣例，音樂之重製權多由詞曲作家專屬授權給唱片公司所轄之音樂經紀公司，而音樂之公開演出權，則由詞曲作家專屬授權給各著作權集體管理團體（以下簡稱集管團體），因此電腦伴唱機內之創作，除音樂、錄音之重製權，B需向A取得授權外，D需另外向集管團體取得有關公開演出的授權。

二、如果上述B取得音樂經紀公司A有關重製之授權，而D又取得集管團體有關音樂公開演出的授權，基本上糾紛較少。真正的糾紛的起源，可能在B的電腦伴唱機因曲子太多，有若干曲子，漏未得到音樂或錄音之著作權人重製的授權。或音樂的著作權人未加入集管團體，導致D的公開演出權不完整。因而有少數公司取得幾十首音樂著作權之專屬權利，而大量對C、D提出訴訟，以取得和解權利金。

三、如果有一G公司，被專屬授權十首音樂的重製、出租、公開演出權等，而上述B剛好這十首歌漏未取得重製的授權，G告B侵害重製權，固然可能成立，問題是B告C、D侵害出租權，是否會成立？此一問題分析如下：

(一) 著作權法第29條規定：「著作人除本法另有規定外，專有出租其著作之權利。」「表演人就其經重製於錄音著作之表演，專有出租之權利。」除表演有若干限制外，原則上任何著作均有出租權。著作權法第60條規定：「著作原件或其合法著作重製物之所有人，得出租該原件或重製物。但錄音及電腦程式著作，不適用之。」「附合於貨物、機器或設備之電腦程式著作重製物，隨同貨物、機器或設備合法出租且非該項出租之主要標的物者，不適用前項但書之規定。」本問題既然B有關重製之權利授權未處理好，尚有10首漏未處理，則B所賣與C之電腦伴唱機，就該10首音樂而言，並非合法著作，無著作權法第60條之出租權的用盡原則之適用。而C對D的電腦伴唱機，如果係屬出租關係，則G公司得主張C侵害其音樂著作之出租權。

(二) 在實務上，B大抵都會對C保証該電腦伴唱機內之著作完全合法，故法院此時應特別對C有無故意或過失行為加以調查。一般而言，應在G對C有通知其行為將造成侵害後，C另行再出租，C才會產生故意或過失行為。

(三) D在店中將該電腦伴唱機供客人之使用行為，因並不發生著作原件或其重製物占有之移轉，不宜認為有著作的出租行為，此時法院如果對D之行為論以出租行為，並非所宜。縱使該電腦伴唱機係屬投幣演唱，亦然。蓋此時，D僅得論以有無侵害公開演出權問題而已，與出租權無關。

(四) 如果D並無與任何集管團體簽約，就其店中該電腦伴唱機提供客人演唱，由於實務上B無法事先處理每一個電腦伴唱機的點唱「公開演出」行為，故D可能有侵害G的公開演出權，但此時法院亦應斟酌D有無侵害G的公開演出權的犯意。且在刑事責任上，並應斟酌刑法第十六條規定，因不知法律而減輕其刑。反之，如果D有與集管團體簽約，而因音樂權利人未加入集管團體，使D的公開演出行為變成侵害行為。此時，依著作權法第37條第6項規定：「有下列情形之一者，不適用第七章規定。但屬於著作權集體管理團體管理之著作，不在此限：一、音樂著作經授權重製於電腦伴唱機者，利用人利用該電腦伴唱機公開演出該著作。二、將原播送之著作再公開播送。三、以擴音器或其他器材，將原播送之聲音或影像向公眾傳達。四、著作經授權重製於廣告後，由廣告播送人就該廣告為公開播送或同步公開傳輸，向公眾傳達。」則D只有民事責任，G不得對D主張違反著作權法的刑事責任。

四、如果B就G公司之十首音樂著作，重製權已經得到授權，G是否仍得主張C侵害其音樂之出租權？此時，因B之電腦伴唱機係合法製作，由於G僅得音樂著作之專屬授權，而未得錄音著作之專屬授權，則C得依著作權法第60條之出租權用盡理論，主張G在該電腦伴唱機上已無出租權。

五、如果G除得音樂著作之專屬授權外，尚為錄音著作之專屬被授權人，C之出租電腦伴唱機行為，是否合法？亦即電腦伴唱機所呈現者為視聽著作，C是否尚須處理電腦伴唱機中錄音著作之出租權問題？本人採否定說。蓋電腦伴唱機所呈現者既為視聽著作，則其中的錄音著作，似無須再得出租權之授權。目前的錄影帶出租店之視聽著作，其中之影片亦不少含有原始

的錄音著作，如果認爲對錄音著作中之出租權亦需處理，則目前許多唱片公司，均得對錄影帶出租店，主張錄音著作的出租權被侵害，此與過去實務通說見解有違。

六、以上乃就國內法之適用先作說明，謹供參考。有關國際公約部分，將另外討論。

（回覆於2009年7月8日）

問題18：中華電信之MOD電視頻道服務是公開傳輸，抑或公開播送？

 **相關條文**

著作權法第3條（著作權法之用詞定義）、第24條（公開播送權）、第26條之1（公開傳輸權）

壹、問題

多媒體傳輸平台所提供之服務（例如：中華電信之MOD），其究屬著作權法第24條「公開播送」範疇，抑或屬第26條之1「公開傳輸」之範疇？

一、問題背景

中華電信於民國98年6月16日由行政院公平交易委員會（下稱公平會）召開之「如何促進IPTV業者合理取得頻道節目內容授權」座談會中，針對著作權法中「公開播送權」及「公開傳輸權」之相關規範提出質疑，前經經濟部智慧財產局與會人員於座談會內詳細說明「公開播送權」及「公開傳輸權」之定義，並表示各團體、機關如有任何疑義，均可向經濟部智慧財產局諮詢。

行政院公平會嗣於同年7月7日召開「如何促進IPTV業者合理取得頻道節目內容授權」第二次座談會，仍針對多媒體傳輸平台所提供之服務（例如：中華電信之MOD，Multimedia on Demand），於技術上及法令上究屬公開播送抑或公開傳輸之範疇提出詢問，並就實務上之多媒體隨選視訊服務（即Video on Demand, VOD）與透過IP協定方式同步傳送聲音及影像之利用二者，是否應因其二者利用型態之不同，而賦予其不同規範等事項，於座談會中表達中華電信之意見。案經經濟部智慧財產局與會人員於會中再次說明「公開播送權」及「公開傳輸權」之定義外，並詳細說明二者之差別，最後經主席裁示，請該局再釐清「公開播送權」及「公開傳輸權」之定義，俾利業者有所遵循（兩次會議紀錄全文如附件1、2）。因本案涉及有關「公開播送權」及「公開傳輸權」之內涵及本局現有函釋是否妥適等著作權法問題，故提請著作權審議及調解委員會討論研議。

中華電信公司於同年7月27日至經濟部智慧財產局說明其目前提供之MOD服務有二：其一係電視頻道節目，其二則是隨選視訊服務──前者之服務復區分為：1.只能單向收視之節目內容、2.無法改變節目排程、3.無法由用戶自行選定時間或地點接收節目內容，以及4.屬於封閉式網路型態（Intranet）者，前者服務所具備之四項特徵與有線電視頻道之服務相同，故應適用公開播送相關規定；至於後者，則因公眾可於選定之時間內接收著作內容，故其應適用公開傳輸相關規定。

前揭座談會後威達超舜電信多媒體有限公司於民國98年8月5日亦就前揭議題於會後提出書面資料，說明該公司在台中縣市經營市內網路業務而傳送有線頻道節目（Vee TV），其雖係以固網方式播送影像或聲音而屬電信法「發送」影像、聲音等訊息之行為，惟其與有線電視業者以設置纜線方式「傳播」影像、聲音供公眾直接視聽之行為，並無不同，然而，該公司所經營之Vee TV或其他IPTV業者卻均遭有線電視頻道業者控以其所營運者屬於網路電視，其對於所播出節目必須另外取得公開傳輸之授權，而其僅獲著作權人之公開播送授權為由而拒絕授權，使其經營困難。

二、我國規定及經濟部智慧財產局見解

(一) 公開播送權

著作權法（下稱本法）第3條第1項第7款所稱「公開播送」，係指：基於公眾直接收聽或收視為目的，以有線電、無線電或其他器材之廣播系統傳送訊息之方法，藉聲音或影像向公眾傳達著作內容。由原播送人以外之人，以有線電、無線電或其他器材之廣播系統傳送訊息之方法，將原播送之聲音影像向公眾傳達者，亦屬之。

(二) 公開傳輸權

本法第3條第1項第10款所稱「公開傳輸」，係指：以有線電、無線電之網路或其他通訊方法，藉聲音或影像向公眾提供或傳達著作內容，包括使公眾得於其各自選定之時間或地點，以上述方法接收著作內容。復按民國92年7月，本法增訂第26條之1公開傳輸權規定之立法說明：

1. 本法第26條之1公開傳輸權規定，係參照世界智慧財產權組織著作權條約（WIPO Copyright Treaty, WCT）第8條、世界智慧財產權組織表演及錄音物

條約（WIPO Performances and Phonograms Treaty, WPPT）第10條、第14條，以及歐盟2001年著作權指令第2條、第3條第1項、第2項規定增訂。

2. 公開傳輸之行為，以具互動性之電腦或網際網路傳輸之形態為特色，與公開口述、公開播送、公開演出等單向之傳統傳達著作內容之型態有別。

3. 條文中所稱「向公眾提供」，不以利用人有實際上之傳輸或接收之行為為必要，只要處於可得傳輸或接收之狀態為已足。

(三) 公開播送權與公開傳輸權之區分

若透過廣播系統，依廣電三法的行為的廣播方式進行傳送者，稱為公開播送；若是透過網路——亦即，以通訊網路的方式，包括INTERNET的網際網路（含INTRANET）和其他通訊方法（各種通訊用網路，例如：手機上網）——而傳送著作者，都是公開傳輸，而不限於互動式傳輸始屬之。

(四) 經濟部智慧財產局歷來函釋見解（詳後）

中華電信MOD服務中有關電視頻道播送之服務，如與其他有線電視系統頻道業者所提供服務相同，而係以「有線電、無線電或其他器材之廣播系統傳送訊息之方法」向公眾傳達著作內容者，則屬本法所規定之「公開播送」行為；至於各類隨選視訊及應用服務，其若是透過網路方式傳播且具互動性之電腦或網際網路傳輸之形態，則應屬本法所規定之「公開傳輸」行為。

三、國際規範與比較法

(一) 國際條約[13]

1. WCT第8條規定之「公開傳播」係指各種公開傳播，包括以有線或無線之方式，將其著作對公眾提供（making available to the public）。該規定在作法上分為兩部分，其一是擴充原來伯恩公約上公開傳播權之觀念範圍，使其不僅及於所有類別之著作，亦及於包含無線、有線傳播等各種傳播方式，其二是將公開傳播之觀念擴張及於「提供著作予公眾」（making available to the public）之情形。

2. WPPT第14條「提供唱片之權利」（Right of Making available of Phono-

---

[13] 參閱：謝銘洋、張懿云，著作權法公開傳播權之研究，經濟部智慧財產局，2003年，頁21-23。

grams），規定錄音物製作人對於其錄音物，不享有廣播或公開傳播之排他性權利（此部分只享有報酬請求權，見WPPT第15條規定），但僅享有以有線或無線方式，將其表演提供予公眾（making available to the public）之權利。

3. 就國際條約之規範重點而言，「公開傳播」規定內之「提供予公眾（making available to the public）」，係著重於使公眾得以於其各自選定之時間或地點接收著作之內容，從而，不論所採取之向公眾傳輸方法係有線或無線傳輸，僅要滿足前揭公眾得以自行選定時間或地點接收著作內容要件，則均屬於「公開傳播」規定之範疇，因此，以有線方式為著作傳播時，該有線傳播方式究竟是以網路或其他通訊方法為之，並非重點。

4. 而網路數位傳輸行為，究竟應屬於何種權利範圍，於不同國家著作權法立法例內有不同規範，有些國家認為可以用「散布（distribution）」概念加以涵蓋，例如美國法即是；但歐洲國家之著作權法規定，則多認為其應屬於「communication to the public」之概念範圍。世界智慧財產權組織（World Intellectual Property Organization, WIPO）於討論WCT國際條約時，提出一中性概念用語「making available to the public」解決此一問題，此一解決方法被稱之為「雨傘式解決方法（umbrella solution）」，此一中性且嶄新之用語概念，得以包含所有種類的making available to the public情形——亦即，不論是有線或無線傳述、不論其傳輸目的為何、不論是公眾可以同時同地或異時異地接收傳輸者，均屬之。

(二) 比較法

1. 德國法[14]

德國著作權法第20條「公開播送權」中所使用「廣播方式」，包括透過電台或電視台的無線廣播，衛星廣播，有線廣播或其他類似之科技方法而播送者。將廣播透過其他類似之科技方法，向公眾傳達著作之方式，也包括透過網路之同步廣播在內，特別是指網路電台（Webradio）或網路電視（Web-TV）的情形。雖然網路廣播是經由使用者（user）之點選，始傳送節目，但使用者（user）對於廣播節目之時間或流程，均不具有影響力，其作用宛如傳統廣播

---

[14] 參閱：張懿云、陳錦全，著作權法公開播送之再播送研究，經濟部智慧財產局，2008年，頁159、168；謝銘洋、張懿云，著作權法公開傳播權之研究，經濟部智慧財產局，2003年，頁54、56。

之收聽或收視戶，打開接受器以接收廣播節目內容之情形一樣。因此，將網路同步廣播納入德國著作權法第20條公開播送權規定內之「廣播方式」範疇，已成爲德國一致通說之見解。但如果網路的最後使用者有可能將廣播節目在網路上以較延後的時間或其任意選定的時間，才加以接收的話（例如所謂的Podcast的情形），則不屬於德國著作權法第20條廣播權之情形範圍，而屬同法第19a條的「對公眾提供權」。

德國著作權法第19a條所謂之「對公眾提供權」，係指將著作以有線或無線的方式對公眾提供，亦即讓公眾在其各自所選定的地點與時段皆能接收之意。又「對公眾提供權」本身是一項科技中性的規定，因此其適用範圍不僅限於網際網路領域而已。

2. 美國法[15]

多數美國學者及實務案例顯示，美國法下的散布權透過解釋即可以包含網路上之公開傳輸行爲，且也可包含WCT、WPPT所要求「對公眾提供權（Making Available to the Public）」之規範，再加上其它原本已有的公開表演權、公開展示權及數位傳輸表演權規定也得以包含網路上之傳輸（同步及非同步）等相關行爲，綜此，應該已可符合國際公約中有關公開傳播權之規範。

3. 日本法[16]

(1) 網路上的互動式傳輸雖然是向公眾傳輸內容，但其並非「爲同一內容之傳輸」，亦非「公眾同時接收傳輸」，所以亦非屬「放送」，而應予歸類爲日本著作權法第2條第1項第9之4款的「自動公眾送信（應公眾要求而自動進行傳輸／網路互動式傳播）」。又，將廣播節目放在網際網路上做網路廣播之情形，亦非屬日本著作權法上之「放送」行爲，因而亦應歸類爲「自動公眾送信」。

(2) 日本法對於在網路上應公眾要求而自動進行傳輸之情形，稱之爲「自動公眾送信」。該「自動公眾送信」係指：於公眾送信中，應公眾要求而自動進行傳輸者，但不包括該當於放送或有線放送之情形；換言之，「自動公眾送信」不包括「放送」和「有線放送」，「自動公眾送信」、「放送」及「有

---

[15] 參閱：謝銘洋、張懿云，著作權法公開傳播權之研究，經濟部智慧財產局，2003年，頁94。

[16] 參閱：張懿云、陳錦全，著作權法公開播送之再播送研究，經濟部智慧財產局，2008年，頁91。

線放送」三者是並列而互相排斥的關係。於全球資訊網（WWW.）上的傳輸服務、BBS上的傳輸服務及網路廣播（webcast）傳輸均屬於日本法上之「自動公眾送信」。

四、問題：網路同步傳輸影像或聲音之行為，應屬公開傳輸或公開播送？二者間應如何區別？

總結前述，網路上之互動式傳輸行為係屬公開傳輸權範疇，並無爭議；惟透過網路同步傳輸影像、聲音之行為，其究屬公開傳輸或公開播送行為？公開傳輸及公開播送二者間究應如何區別？則尚有爭議。而有以下甲、乙二說不同見解：

(一) 甲說：屬著作權法第26條之1公開傳輸權之範疇

凡是藉由網路或其他通訊方式而傳輸他人著作之行為，無論其係藉由網際網路或通訊網路進行傳輸，亦不問其藉以傳輸之網路性質為封閉性與否，亦不問其傳輸是否屬互動式傳輸，均屬本法第26條之1公開傳輸權規定範疇。故無論係中華電信的MOD服務或威達公司之Vee TV提供之服務，關於其透過網路而非透過廣播系統進行傳輸之部分，不論其為隨選或同步傳輸，均屬公開傳輸行為。倘採此說，則何謂「廣播系統」？何謂「網路」？二者又應如何區隔？併請討論之。

(二) 乙說：屬著作權法第24條公開播送權之範疇

公開傳輸與公開播送二者間之區別，應在於：公眾是否得以在其各自選定的時間或地點，接收他人著作之傳輸，若「否」則屬著作權法第24條公開播送行為，若「是」則屬第26條之1的公開傳輸行為。公開傳輸及公開播送二者間之區別，並非以傳輸所使用技術之不同作為區別點——蓋：由於傳輸所使用技術無論是網路、廣電或通訊傳輸方式，均包含了各種型式——例如：行動通訊、固網通訊、網際網路等——而其均是循IP protocol而進行傳輸，而只是技術規格上之差異，並不宜作為區分公開傳輸與公開播送之認定標準。承此，中華電信的MOD或威達公司之Vee TV，其傳輸所使用方式既未因其由頻道經營者轉變為多媒體內容傳播平台而有所改變，且MOD就電視頻道的服務部分與有線電視其所使用網路性質相近，其用戶都是單向接收傳輸內容服務，因此中華電信的MOD服務或威達公司提供之服務只有隨選服務部分——亦即，容許

用戶在其各自選定的時間或地點觀看其所指定節目——始屬本法第26條之1公開傳輸之範疇。

　　試問：甲、乙二說何者爲當？

貳、回答

　　關於中華電信之MOD電視頻道服務係屬公開傳輸或公開播送？應區分自兩個層次來看：其一爲現行法之解釋爲何？其二則爲將來修法後應如何定位？蓋：現行法之規定若已非常明確，則自現行法相關規定之解釋，即得就系爭問題予以區別、歸類；而若現行法規定已無法因應當前數位匯流之需要而就系爭問題予以解釋、分類，則只能透過修法以解決之，而不得曲解現行法律解釋。

一、中華電信MOD服務係屬現行著作權法之「公開傳輸」行為

　　依現行著作權法（下稱本法）第3條第1項第7款所稱「公開播送」，係指「基於公眾直接收聽或收視爲目的，以有線電、無線電或其他器材之廣播系統傳送訊息之方法，藉聲音或影像，向公眾傳達著作內容。由原播送人以外之人，以有線電、無線電或其他器材之廣播系統傳送訊息之方法，將原播送之聲音影像向公眾傳達者，亦屬之。」本法第3條第1項第10款所稱「公開傳輸」，則係指「以有線電、無線電之網路或其他通訊方法，藉聲音或影像向公眾提供或傳達著作內容，包括使公眾得於其各自選定之時間或地點，以上述方法接收著作內容。」依此定義，已足明確說明中華電信之MOD電視頻道服務係屬本法第3條第1項第10款規定之「公開傳輸」，而非「公開播送」。理由如下：

　　（一）自著作權法第3條第1項第7款有關「公開播送」定義規定（以下略稱爲「系爭規定」）之立法沿革以觀，無論係於民國74年、81年或87年制定及修正時，網路之公開傳輸權概念均尚未發達，因而當時制定及修正之公開播送定義，並未包含網路播送之內涵概念。而著作權法第3條第1項第10款「公開傳輸」定義規定：「指以有線電、無線電之網路或其他通訊方法，藉聲音或影像向公眾提供或傳達著作內容，包括使公眾得於其各自選定之時間或地點，以上述方法接收著作內容」以觀，其條文內之「包括」二字，已顯然包含網路的同步播送於「公開傳輸」概念中。因而，「公開傳輸」與「公開播送」的區分，並不只在於是否「使公眾得於其各自選定之時間或地點，以上述方法接收著作

內容」，而尚應留意在藉由傳統廣播技術傳輸他人著作內容者，依本法第3條第1項第7款規定係屬公開播送，藉由新興網路科技方法傳輸他人著作內容者，不論係屬同步網路播送，抑或是互動式傳輸，均屬於本法第3條第1項第10款之公開傳輸行為。

　　(二) 或謂著作權法第3條第1項第7款所稱「公開播送」，係指「基於公眾直接收聽或收視為目的，以有線電、無線電或其他器材之廣播系統傳送訊息之方法，藉聲音或影像，向公眾傳達著作內容。由原播送人以外之人，以有線電、無線電或其他器材之廣播系統傳送訊息之方法，將原播送之聲音影像向公眾傳達者，亦屬之」，其條文內「其他器材之廣播系統傳送訊息之方法」文句，於解釋上亦得包含「同步網路廣播」在內。蓋法律解釋應觀察社會需要，與時俱進，而不能拘泥於立法當時的原意，歐盟國家即將「同步網路廣播」包含在「公開播送」的概念中，我國亦宜仿效，否則傳輸他人著作方式同屬播送，而使用銅軸電纜線者（即傳統廣播方式），屬於公開播送，用電話線者（即網路傳輸方式），則屬於公開傳輸，二者的取得成本差異甚大，強加區分，並不合理。

　　然而，持此理由而論者，如果在我國未訂有著作權法第3條第1項第10款「公開傳輸」定義規定之前，似屬合理。惟我國既已制定有公開傳輸定義規定，且該定義規定，如前所述，已明顯包含「同步的網路公開播送」之概念於內，則應不得作成本法第3條第1項第7款「公開播送」規定亦包含「同步網路廣播」行為之解釋。蓋「同步網路廣播」只能落入「公開播送」或「公開傳輸」其中一項概念，而無法同時兼具二類概念之性質，因「公開播送」及「公開傳輸」二類概念應是互相排斥者，否則若於立法當時明顯把「同步網路廣播」歸類屬「公開傳輸」行為，而又同時將之分類屬「公開播送」行為，則豈非要求進行「同步網路廣播」行為者，必需取得公開播送權及公開傳輸權兩種權利之授權，始得為之？而如果中華電信之MOD服務已經取得公開播送權的授權，卻因其亦符合公開傳輸行為，而遭著作之公開傳輸權人控告中華電信侵害其公開傳輸之權利時，法院又將如何審理？

　　(三) 或謂中華電信的MOD的網路沒有和國際網路（internet）相連而非屬網際網路，蓋IP是用以定址，其與上網並無直接關係，且電視頻道服務，既非互動式，亦無法依客戶個別時間需要而點選之，而不應認為其係公開傳輸。然而，持此一理由而論者，其理由依據亦有不足。查我國著作權法第3條第1項第10款「公開傳輸」之定義規定，其不限於網際網路，尚包含其他非網際網路

（例如：互動式（intranet）），以及其他以網路方式傳輸他人著作者在內，而不能謂非藉由網際網路傳輸者，即非屬於公開傳輸。

二、對於我國著作權法「公開播送」及「公開傳輸」規定之修正建議

　　基於數位匯流的需要，有關同步網路廣播，未來在立法政策上應將之歸類屬於公開播送行為，抑或仍然歸類屬於公開傳輸行為，宜參酌採取較多國家之立法通例，而不宜採行少數國家之立法例，尤其台灣常向其購買著作權利之國家，如美國、日本、南韓、中國大陸或歐洲國家等之立法，尤應予參考。若對於網路同步播送行為歸類屬於公開播送行為，對於台灣取得國外授權確定將較為便利且付費得以較少，則在立法政策之採行上，即宜予認真斟酌。

參、參考資料

智慧財產局歷年來對於中華電信MOD之相關函示

發文字號	內容摘要
98.03.20電子郵件980320a	二、有關中華電信之MOD互動式多媒體服務系統，係透過網路方式，同步轉播無線電視台節目或提供隨時點選即時影音、熱門影片服務，此種透過網路方式所為之公開傳播行為，即屬本法所定之「公開傳輸」行為，中華電信提供MOD服務即為公開傳輸之行為人，本局93年2月16日智著字第0930001211-0號函及93年3月16日智著字第0930001912-0號函說明在案。因此，中華電信就所提供MOD服務之傳輸內容，應由其取得著作財產權人之授權。 三、復按本法第37條明定著作財產權人得授權他人利用著作，其授權利用之地域、時間、內容、利用方法或其他事項，依當事人之約定。是以，有關著作之授權行為，基本上是權利人與利用人間之私契約行為，雙方得本於契約自由之原則自行約定，因此來函所述，節目製作公司未授權華視及台視，於中華電信MOD播出，而遭台灣互動電視以蓋台方式處理等情，事涉著作財產權人或經其授權之人與利用人間約定之授權範圍，亦即利用人可以傳輸那些頻道、有無約定排除事項等，均視雙方協商約定之內容而定。至於中華電信MOD收視戶無法完

	整收視致權益受損問題，收視戶得依其與中華電信簽訂之相關收視契約主張權利，尚未涉及著作權法之規定。
97.5.14智著字第09700037870號	二、所詢貴公司提供MOD服務，如係屬內容營運商上載內容至該平台供用戶點選收看，非由貴公司自行提供內容，亦非貴公司與內容營運商共同提供內容由雙方內部拆帳，則依本局96年12月20日智著字第09600108020號函之說明，內容營運商即實際服務內容提供者固為重製及公開傳輸之行為人，應取得公開傳輸之授權，惟內容營運商如未取得著作財產權人之授權時，且平台業者對該侵權行為，如有侵害或幫助之故意，仍可能依其個案情形而有刑法上共犯或幫助犯等刑事責任，或依民法與實際侵權行為人連帶負民事損害賠償責任。
96.12.20日智著字第09600108020號	二、中華電信之MOD(MultimediaonDemand)互動式多媒體服務系統，係透過網路方式，提供隨時點選即時影音、熱門影片等服務，亦包括同時傳輸之頻道服務。上述透過網路方式所為之公開傳播行為，均應屬著作權法所定之「公開傳輸」行為，中華電信提供MOD服務即為公開傳輸之行為人，本局93年2月16日智著字第0930001211-0號函及93年3月16日智著字第0930001912-0號函說明在案，惟上述情形係指中華電信自行提供上述影音內容，先予敘明。 三、至於網路平台服務業者提供多媒體平台（如MOD、KOD…），另由實際服務內容提供者（以下稱CP）提供內容至平台，再藉由網路傳輸至各點選服務之使用人，上述提供之內容，如屬著作，則其行為涉及「重製」與「公開傳輸」，如由CP上載供使用人點選，則CP除為「重製」之行為人，亦為「公開傳輸」之行為人，除有合理使用情形外，應取得著作財產權人之授權，否則有侵權的可能。因CP業者為重製及公開傳輸之行為人，故網路平台服務業者要求CP業者就該CP之公開傳輸行為，向權利人（或所屬之集管團體）取得公開傳輸之授權，於法並無不合。
94.09.05智著字第09400069380號	三、貴公司MOD服務中有關電視頻道播送之服務，如與其他有線電視系統頻道服務相同，係以「有線電、無線電或其他器材之廣播系統傳送訊息之方法」向公眾傳達著作內容，則屬本法所定之「公開播送」行為；至於各類隨選視訊及應用服務，如係透過網路之方式傳播，且具互動性之電腦或網際網路傳輸之形態，應屬本法所定之「公開傳輸」行為。

93.3.16智著字第 0930001912-0號	二、有關中華電信MOD同步轉播無線電視台節目或提供卡拉OK等隨時點選即時影音服務之公開傳播行為，應屬著作權法所定之「公開傳輸」行為，前經本局93年2月26日以智著字第0930001211號函釋在案，電信業者提供MOD服務即為公開傳輸之行為。 三、另來函所詢電信業者之MOD提供卡拉OK服務，其行為是否須取得重製權及公開傳輸權一節，其行為如涉及「重製」或「公開傳輸」他人之著作，除有著作權法第四十四條至第65條合理適用之情形外，應徵得著作財產權人之同意。 四、另有關中華電信提供MOD服務轉播五家無線電視台之節目及廣告一事，應受廣播電視法之規範，前經行政院新聞局93年2月19日以新廣5字0930002696號函釋在案，檢送該函影本一份，請參考。貴會如有相關疑義，請逕洽有線電視法主管機關詢問，併予說明。 五、又來函所詢隨選視訊系統（VOD）一節，若係將視聽著作轉錄儲存於硬碟，交由電腦控制點播外，另經由網路傳輸至各個使用終端（包廂）之行為，涉及「公開傳輸」，原則上須徵得著作財產權人之同意。
93.02.16智著字 第0930001211-0 號函	二、所詢問題一，中華電信MOD同步轉播無線電視台節目，是否屬於著作權法之公開播送行為一節，按著作權法第3條第1項第7款及第10款分別規定：「公開播送：指基於公眾直接收聽或收視為目的，以有線電、無線電或其他器材之廣播系統傳送訊息之方法，藉聲音或影像，向公眾傳達著作內容。由原播送人以外之人，以有線電、無線電或其他器材之廣播系統傳送訊息之方法，將原播送之聲音或影像向公眾傳達者，亦屬之。」「公開傳輸：指以有線電、無線電之網路或其他通訊方法，藉聲音或影像向公眾提供或傳達著作內容，包括使公眾得於其各自選定之時間或地點，以上述方法接收著作內容。」查中華電信之MOD(Multimedia on Demand)互動式多媒體服務系統，係透過網路方式，提供隨時點選即時影音、熱門影片等服務，亦包括同時傳輸之頻道服務。上述透過網路方式所為之公開傳播行為，均應屬著作權法所定之「公開傳輸」行為。是中華電信MOD同步轉播無線電視台節目，尚非屬著作權法之公開播送行為。

附錄

經濟部智慧財產局民國98年12月14日智著字第09800110140號函（節錄）

　　二、按著作權法（下稱本法）所稱「公開播送」係指基於公眾直接收聽或收視為目的，以有線電、無線電或其他器材之廣播系統傳送訊息之方法，藉聲音或影像，向公眾傳達著作內容。由原播送人以外之人，以有線電、無線電或其他器材之廣播系統傳送訊息之方法，將原播送之聲音或影像向公眾傳達者，亦屬之；「公開傳輸」則指以有線電、無線電之網路或其他通訊方法，藉聲音或影像，向公眾傳達著作內容，包括使公眾得於其各自選定之時間或地點，以上述方法接收著作內容。

　　三、來函所詢　貴公司提供之MOD服務，其中有關電視頻道服務，如　貴公司係在受控制或處於適當管理下的網路系統內，基於公眾收聽或收視為目的，使用網際網路通訊協定（IP Protocol）技術之多媒體服務，並按照事先安排之播放次序及時間將著作內容向公眾傳達，使公眾僅得在該受管控的範圍內為單向、即時性的接收，此種著作利用行為，係屬本法所稱以廣播系統傳送訊息之「公開播送」行為。至於　貴公司提供之隨選視訊服務（VOD）部分，因所提供者係互動式之多媒體服務，使公眾得於各自選定之時間或地點接收著作內容之行為，應屬公開傳輸行為。

　　四、以上說明，請參考本法第3條第1項第7款、第10款規定暨本局98年著作權審議及調解委員會第12次會議決議。

（回覆於2009年8月25日）

問題19：公開口述與公開演出的區分

 **相關條文**

著作權法第3條（著作權法之用詞定義）、第23條（公開口述權）、第24條（公開播送權）、第25條（公開上映權）、第26條（公開演出權）、第26條之1（公開傳輸權）。

壹、問題

依著作權法規定，語文著作之著作財產權人享有「公開口述」、「公開演出」等專屬權利，惟對於該二種權利應如何予以區分？例如：

1. 演講（一般認為係公開口述之行為）經錄製後向公眾放送，究屬「公開口述」抑或「公開演出」？

2. 將語音新聞錄製下來向公眾放送，究屬「公開口述」抑或「公開演出」？

3. 「相聲」、「詩詞吟詠」、「朗讀比賽」、「演講比賽」等行為，究屬「公開口述」抑或「公開演出」？

貳、回答

著作權法第3條第1項第6款規定：「公開口述：指以言詞或其他方法向公眾傳達著作內容。」同條第9款規定：「公開演出：指以演技、舞蹈、歌唱、彈奏樂器或其他方法向現場之公眾傳達著作內容。以擴音器或其他器材，將原播送之聲音或影像向公眾傳達者，亦屬之。」著作權法第23條規定：「著作人專有公開口述其語文著作之權利。」第26條第1項規定：「著作人除本法另有規定外，專有公開演出其語文、音樂或戲劇、舞蹈著作之權利。」綜此，語文著作其既具有「公開口述權」亦具有「公開演出權」，則二者間究應如何區分？

查伯恩公約第10條之3規定之「公開朗讀權」（public recitation），有若干國家將之直接歸入「公開演出權」（public performance）之範疇，而將公開朗

讀當作是一種表演。然而，著作權法獨立規定有「公開口述權」之國家，則將尚不足構成「公開演出」之「公開朗讀」，歸類為「公開口述權」之保護對象[17]。據此，「公開口述」與「公開演出」二者間之區別即在於：「公開口述」僅限於「無」演技成分之朗讀行為，而「公開演出」則是具有演技成分之行為。依此，對於前揭三項問題，回答如下：

一、關於「演講經錄製後向公眾放送之行為」

　　一般演講為公開口述行為，即使予以錄製而再向公眾放送，亦因演講本身欠缺「演技」成分，而非屬「公開演出」行為。而演講經錄製後向公眾放送之行為，若其非屬現場放送，而係「基於公眾直接收聽或收視為目的，以有線電、無線電或其他器材之廣播系統傳送訊息之方法，藉聲音或影像，向公眾傳達著作內容」，則該放送經錄製演講之行為即成為「公開播送」；若演講係經錄製成視聽著作而於現場播放該視聽著作者，則該現場播放行為則屬「公開上映」；若演講經錄製後係再透過電腦網路傳達予公眾，則屬「公開傳輸」。

　　對於演講經錄製成錄音帶，而於現場播放給聽眾聽取，我國著作權法對此未有明確直接規定。依伯恩公約第11條之3第1項第2款規定，「公開口述權」包含「向公眾傳達著作之口述內容」。而日本著作權法第2條第7項亦規定：「本法稱上演、演奏、口述，係包含著作以演出、演奏或口述等方式錄音或錄影後播放者（符合公開播送、公開傳輸或公開上映者除外）及利用電子通訊設備傳達（符合公開播送、公開傳輸者除外）著作之上演、演奏或口述」。參酌伯恩公約及日本立法例規定，復自我國著作權法第3條第1項第6款及第23條「公開口述權」規定之立法目的而論，前揭演講經錄製為錄音帶而於現場向公眾播放之行為，應屬「公開口述權」的範圍，惟為立法完整起見，我國著作權法於未來修正時，亦應有類似日本著作權法第2條第7項規定之制定。

二、關於「語音新聞經錄製後向公眾放送之行為」

　　將語音新聞錄製後向公眾放送之行為，其情形如同前開「一、關於『演講經錄製後向公眾放送』之行為」段落所述，亦即，除可能構成公開上映、公開

---

[17] WIPO, *Guide to the Rome Convention and to the Phonograms Convention*, 1978, p.74.

播送或公開傳輸行為以外，其若係單純於現場播放該錄製語音新聞之錄音著作者，則應屬於「公開口述」行為，而非屬「公開演出」。

三、關於「相聲、詩詞吟詠及演講比賽」

相聲和詩詞吟詠行為皆具有「演技」成分，因而若係公開為之則應認為係構成「公開演出」行為，而非單純且欠缺演技成分之「公開口述」行為[18]。至於個人參與演講比賽而進行之演講行為，考量其可能非屬單純無表演性質且欠缺演技成分之朗讀行為，而已具備有演技成分，故應認為其係公開演出行為[19]。

(回覆於2009年8月30日)

---

[18] 半田正夫、紋谷暢男，著作ノのノウハウ，新裝第4版，株式會社有斐閣，1990年10月，頁112。

[19] 日本學者認為，「公開口述」限於無「表演」性質之朗讀。參閱：加戶守行，著作 法逐條講義，增訂4版，社團法人著作權情報センター，平成十一年，頁24。

問題20：吉普車高空特技表演，是否受著作權法保護？

 **相關條文**

著作權法第5條（著作之例示）、第7條（編輯著作）、第22條（重製權）、第26條（公開演出權）。

壹、問題

在遊樂園園區表演之「吉普車高空特技表演」，如係以人力操作車輛而完成經編排、設計之演出流程及動作；包含主持人串場、穿插具劇情情節之橋段等。是否屬於著作權法第5條所規定之戲劇、舞蹈著作？

貳、回答

一、系爭問題之案例事實

系爭問題源起於苗栗地檢署97年偵字第1077號起訴案件，該案件之事實如下：

(一) 乙於民國93年10月起開始向甲學習吉普車特技，於94年乙並參與甲之吉普車特技演出；而後，於96年2月7日起，乙即開始自行在外獨立公開演出。當時（96年2月7日起）甲將其道具以新臺幣（下同）240萬元欲出售予乙，但乙發現若自己製作道具則只需花費60多萬元，故未向甲購買前開道具。

(二) 乙於民國96年起於各地演出之內容，均包含「駕駛人離開車輛，假裝忘記處於平衡狀態而使車輛向後滑落」、「請來賓壓制車輛的一平衡點，卻刻意離開，甚至由對抗該平衡點之另一邊上車」等情節橋段。前揭橋段原為甲演出時之情節，甲遂因此以乙侵害其「戲劇舞蹈著作」之著作權為由，提起告訴。

(三) 苗栗地檢署於本件調查時，將該「吉普車高空特技表演」，送交財團法人台灣經濟科技發展研究院鑑定，該鑑定結果表示：甲之吉普車高空特技表演，係利用人力操作車輛而完成經編排、設計之演出流程及動作，其間除主持

人之串場外，另穿插有具劇情情節之橋段，依據前開表演之內容，足以認為該吉普車高空特技表演屬於著作權法上之戲劇舞蹈著作。

(四) 因此，苗栗地檢署遂以乙侵害甲就其「吉普車高空特技」戲劇舞蹈著作之公開演出權為由，依著作權法第92條規定起訴乙。於第一審審理時，甲乙雙方和解、甲撤回對乙之告訴，第一審法院判決不受理而終結本案。

二、「吉普車高空特技表演」是否為「表演著作」？

(一) 依羅馬公約第3條（a）項規定，「表演家」係指：演員、歌星、音樂家、舞蹈家，以及其他將文學或美術的著作，加以上演、歌唱、演述、朗誦或以其他方法加以表演之人[20]。羅馬公約原則上不保護未對著作加以表演之人，例如：各種雜耍和馬戲團藝人、魔術師、小丑等[21]。除非表演本身是如獨幕劇或啞劇等具有「著作」性格者，或是，締約國之法令有特別規定，保護未就「著作」加以表演之藝人[22]。

(二) 我國著作權法第7條之1第1項規定：「表演人對既有著作或民俗創作之表演，以獨立之著作保護之。」我國著作權法對於未就既有著作加以演出之表演，不以表演加以保護，而與德國法類似，卻與日本法相異。依德國著作權法與著作鄰接權法第73條規定：「本法所規定的表演者，是指將作品或者某種類型的民間藝術進行表演、演唱、演奏或者以其他方式進行表演之人，或者對上述藝術活動進行參與之人。」故在德國法，雜技、馬戲表演，不屬於著作權保護對象，亦不屬於鄰接權之保障範圍[23]。而依日本著作權法第2條第1項第3款規定：「表演：即將著作以演出、舞蹈、演奏、歌唱、話藝、朗誦或其他方法演出者（包含非著作之演出但具有藝能性質之類似此行為）。」依日本法，

---

[20] 參閱：經濟部智慧局編，國際公約彙編，經濟部智慧財產局，2006年12月，頁194。

[21] 參閱：劉波林譯，羅馬公約和錄音製品公約指南，中國人民大學出版社，2002年8月，頁15-16。

[22] 羅馬公約第9條規定：「任何締約國，得以國內法令擴展本公約之保護至未將文學及美術著作加以表演之藝術家。」參閱：Manfred Rehbinder著、張恩民譯，著作權法（Urheberrecht），法律出版社，2005年1月，頁502、738。

[23] 參閱：Manfred Rehbinder著、張恩民譯，「著作權法（Urheberrecht），法律出版社，2005年1月，，頁502、738。

魔術師、耍猴戲之動物馴獸師，均得以表演人加以保護[24]。因此，上述「吉普車高空特技表演」一案內，除非甲能證明其事先即就演出情節之具有劇本既有著作，否則其特技演出不得以著作權法上之表演加以保護。

　　(三) 退步言之，縱使上述「吉普車高空特技表演」，得以表演加以保護，然而著作權法第22條第2項規定：「表演人專有以錄音、錄影或攝影重製其表演之權利。」第26條第2項規定：「表演人專有以擴音器或其他器材公開演出其表演之權利。但將表演重製後或公開播送後再以擴音器或其他器材公開演出者，不在此限。」本問題乙並未重製甲「吉普車高空特技表演」之視聽著作，僅跟隨甲學習其吉普車特技，並參與甲之演出，而後脫離甲而自行另外進行現場演出。故縱使肯定「吉普車高空特技表演」為表演著作，乙亦未侵害甲之著作權。

　　因此，甲乃進一步主張此「吉普車高空特技表演」為「戲劇舞蹈著作」。

三、「吉普車高空特技表演」如係以人力操作車輛完成經編排、設計之過程及動作，包含主持人串場、穿插具情節之橋段，是否屬於著作權法第5條所規定之「戲劇、舞蹈著作」？

　　(一) 查伯恩公約第2條第1項有關著作之例示規定，其中包含「戲劇著作或歌劇著作；舞蹈著作及默劇」（dramatic or dramatico-musical works; choreographic works and entertainments in dumb show），此「戲劇著作或歌劇著作」，依伯恩公約指南的解釋，是指「用於劇院上演或伴有音樂的諸如大歌劇、輕歌劇、小歌劇、音樂喜劇等類作品（operas grand and light, operettas, musical comedies, etc.）。」[25]

　　(二) 由於伯恩公約對「戲劇著作或歌劇著作」、「舞蹈著作及默劇」有所例示，故世界各國著作權法，大抵對戲劇、舞蹈著作，有類似的規定，例如美國著作權法第104條第4款、德國著作權及著作鄰接權法第2條第1項第3款、

---

[24] 參閱：半田正夫、松田政行主編，著作權法コンメンタール，第一冊，勁草書房，2009年1月，頁70。

[25] 參閱：劉波林譯，保護文學和藝術作品伯爾尼公約指南，中國人民大學出版社，2002年7月，頁14；WIPO, *Guide to the Berne Convention*, p.14 (1978)

英國著作權、設計及專利法第3條第1項、法國智慧財產權法典第112條之2第4款、義大利著作權法第2條第3款、澳洲著作權法第10條、日本著作權法第10條第1項第3款、南韓著作權法第4條第1項第3款、中國大陸著作權法第3條第1項第3款等均是。

　　(三) 依德國著作權及著作鄰接權法第2條第1項第3款，舞蹈及啞劇藝術，受著作權保護。此保護之前提，即必須具有原創性，即雜技表演及花式溜冰，一般被認為不表達任何智力成果（美學）內容，因此，不以著作加以保護[26]。在日本著作權法第10條第1項第3款，亦規定舞蹈及啞劇著作，受著作權保護。所謂舞蹈，即與音樂、歌唱結合，而有節奏、韻律之手足的連續動作，而表現感情藝術之動作。而啞劇係以非言語，而以身體或表情，表現行為或感情之演劇著作[27]。

　　(四) 系爭問題之「吉普車高空特技表演」，依據我國著作權法相關規定，似無法以「舞蹈著作」加以保護，然而是否得以「戲劇著作」加以保護？其推論之重點，並不在於該特技本身精彩與否，而在於其情節鋪排之原創性是否足以成立「戲劇著作」，此乃具體個案判斷之問題。如果單純依照前揭苗栗地檢署起訴書所陳述之「駕駛人離開車輛，假裝忘記處於平衡狀態而使車輛向後滑落」、「請來賓壓制車輛的一平衡點，卻刻意離開，甚至由對抗該平衡點之另一邊上車」等敘述以觀，系爭「吉普車高空特技表演」似尚不足達到戲劇著作所必須達到之原創性標準，而難謂屬著作權法上之戲劇著作。

（回覆於2010年1月20日）

---

[26] 同註4，頁136。
[27] 同註5，頁513-514。

問題21：電視台錄製音樂節目演出他人音樂之著作權問題

 **相關條文**

著作權法第3條（著作權法用詞定義）、第24條（公開播送權）、第26條（公開演出權）、第55條（非營利目的之公開口述、播送、上映或演出他人著作）、第56條（廣電播送目的而錄音錄影著作）。

壹、問題

　　電視頻道業者為錄製音樂節目，而就他人音樂著作演唱或演奏，除須於電視頻道播放時支付原著作權人公開播送費用外，是否須另行支付公開演出之授權費用？對於系爭問題涉及之演唱或演奏他人著作行為，復得區分為於以下三類情形下所進行者：

　　(一) 電視頻道業者於棚內錄製音樂比賽或表演節目，表演人領取車馬費，且錄影現場有觀眾參加（但未向觀眾收費）。

　　(二) 電視頻道業者於棚內錄製音樂比賽或表演節目，表演人領取車馬費，且錄影現場沒有觀眾參加。

　　(三) 電視頻道業者於戶外錄製音樂節目，至各地邀請當地音樂班學生定點演唱，並致贈微薄班費，現場未特地邀請觀眾參加，但可能有演出學生的親友在一旁觀看。

　　有關電視頻道業者錄製節目，是否另須支付公開演出之授權費用？又是否因屬前開三類不同情形而有不同結果？

貳、回答

　　關於系爭問題所涉及之三類演出或演奏情形，應如何處理，擬分述如下：

一、有無著作權法第55條之適用問題？

系爭問題所涉及之三類演唱或演奏他人著作之情形，若均有著作權法第55條「非營利目的之公開再現」合理使用規定之適用，則無論該演唱或演奏係屬公開播送或公開演出，均不侵害原著作權人之著作權，亦無須向其支付相關費用，而無須判斷電視頻道業者是否應支付著作權人公開演出費用之問題。

按著作權法第55條規定：「非以營利為目的，未對觀眾或聽眾直接或間接收取任何費用，且未對表演人支付報酬者，得於活動中公開口述、公開播送、公開上映或公開演出他人已公開發表之著作。」系爭問題內之電視頻道業者係客家電視台，客家電視台係一非以營利為目的之電視台，而可能符合著作權法第55條之「非以營利為目的，未對觀眾或聽眾直接或間接收取任何費用」之規定要件，惟其是否符合同條文內「未對表演人支付報酬」之要件，應視「車馬費」之實質內容而定。

(一) 現行著作權法第55條，依民國87年修正時之立法意旨，係參考日本著作權法第38條及美國著作權法第110條規定而制定[28]。日本著作權法第38條第1項規定：「不以營利為目的，且對於聽眾或觀眾亦無收取費用（不問任何名義，因著作物之提供或提示所受之對價，以下本條同）者，得公開上演、演奏、上映或口述已公開發表之著作物。但該上演、演奏、上映或口述，對於表演人或為口述之人支付報酬者，不在此限。」日本著作權法第38條第1項但書規定之「支付報酬」，依學者解釋，此所謂報酬，不問其名義為車馬費、演出費、餐費、紅包等，只要社會通念上認為報酬，即不適用日本著作權法第38條第1項之免責規定。易言之，若車馬費或餐費之支付，與實質上車資或餐資相當，則非屬此之「報酬」；但若餐費或車馬費之金額超過實際上交通或餐食費用之程度，則已該當於「報酬」[29]。

(二) 我國著作權法第55條之未對表演人支付報酬，亦應與日本著作權法第38條第1項但書作同樣解釋[30]。例如表演者居住於台北市而演出地點亦在台北

---

[28] 參閱：經濟部智慧財產局編，歷年著作權法規彙編專輯，2005年9月，頁299。

[29] 參閱：加戶守行，著作權法逐條講義，五訂版，著作權情報センター，2006年3月，頁237。

[30] 參閱經濟部智慧財產局下列二則函釋：

(一) 民國98年7月3日智著字第09800056200號函：

有關非營利活動之合理使用，依著作權法（下稱本法）第55條規定，凡符

市，則對於其一場兩小時之演出，電視頻道業者支付「車馬費」新臺幣數千元甚至萬元之情形，則非眞正之「車馬費」支付，而已屬於「報酬」[31]。

(三) 因此，前述第三類情形下之演出或演奏，電視頻道業者既係致贈演出者（演奏者）「微薄班費」，應不適用著作權法第55條規定，而上述第一個及第二個問題之致贈「車馬費」，應視支付之車馬費與實際之車費，是否相當。

二、是否應給付公開演出費用問題

(一) 著作權法第24條第1項規定：「著作人除本法令有規定外，專有公開播送其著作之權利。」第26條規定：「著作人除本法另有規定外，專有公開山其語文、音樂或戲劇、舞蹈著作之權利。」第56條第1項規定：「廣播或電視，爲公開播送之目的，得以自己之設備錄音或錄影該著作。但以其公開播送業經著作財產權人之授權或合於本法規定者爲限。」「公開播送權」與「公開演出權」，爲著作人所享有之二類不同權利。

因此，關於前述第一類演出或演奏之情形：「電視頻道業者於棚內錄製音樂比賽或表演節目，表演人領取車馬費，且錄影現場有觀眾參加（但未向觀眾收費）。」現場觀眾若係特定多數人，原則上「表演人」之演出即屬「公開演出」行爲，而「電視頻道業者」對之錄影並加以播送，已構成「重製」及「公開播送」行爲；其中，該重製行爲之目的係爲了播送，依著作權法第56條第1

合『非以營利爲目的』、『未對觀眾或聽眾直接或間接收取任何費用』及『未對表演人支付報酬』三項要件，即得於『活動』中公開口述、公開播送、公開上映或公開演出他人已公開發表之著作。其中『未對表演人支付報酬』，係指未對表演人在活動中所爲之表演支付相當之酬勞或對價。此報酬或對價可能包含工資、津貼或工作獎金（非中獎之獎金）等，不論其名目爲何，只要個案上得認定係相當於其表演勞務之對價者，均屬之，但所支付者如未具有相對價值者（如中獎或因競賽優勝所頒贈的獎金），由於其不具有表演之對價關係，則可認定爲「未對表演人支付報酬」。

(二) 民國89年9月19日（89）智著字第89600755號函：「未對表演人支付報酬，所指之報酬，應係指表演人在工作上或職務上就付出勞務所取得之必然對價。此必然之對價範圍包括工資、津貼、抽紅、補助費、交通費、工作獎金（非中獎之獎金）等等具有相對價值者。」

[31] 參閱：蕭雄淋、幸秋妙、嚴裕欽，國際著作權法合理使用立法趨勢之研究，經濟部智慧財產局，2009年12月，頁52。

項規定，電視頻道業者無須另行給付著作權人重製費用。惟若支付予表演人之車馬費與實際車費支出不相當，則電視頻道業者就公開播送行為及公開演出行為，必須分別付費。蓋此為二行為，不僅行為人不同。公開播送行為之行為人係電視頻道業者所為，公開演出行為之行為人則係表演人。該二行為所涉及之著作權權利，亦有不同。實務上雖然少有另行給付公開演出費用之情形，但法律並無特別規定禁止，如果另有公開演出行為，則公開演出者，另有給付公開演出費用之義務。

(二) 關於前述第二類演出或演奏之情形：「電視頻道業者於棚內錄製音樂比賽或表演節目，表演人領取車馬費，且錄影現場沒有觀眾參加。」因錄影現場並無觀眾，表演人之演出並不構成公開演出行為，即使其車馬費與實際交通費用支出不相當，電視台於給付公開播送費用之外，無須另行給付重製及公開演出費用。

(三) 按著作權法第3條第1項第4款規定：「公眾：指不特定人或特定之多數人。但家庭及其正常社交之多數人，不在此限。」則關於前述第三類演出或演奏之情形：「電視頻道業者於戶外錄製音樂節目，至各地邀請當地音樂班學生定點演唱，並致贈微薄班費，現場未特地邀請觀眾參加，但可能有演出學生的親友在一旁觀看。」由於戶外現場尚可能有其他「不特定人」出現，其結果與前述第一類演出或演奏情形相同，即應分別就公開播送行為和公開演出行為支付費用。

（回覆於2010年1月24日）

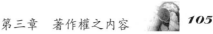

問題22：擅自改作他人著作後放置網路的著作權法適用

 **相關條文**

著作權法第6條（衍生著作）、第26條之1（公開傳輸權）、第28條（改作及編輯權）、第37條（著作財產權之授權）、第91條之1（以移轉所有權之方式散布著作原件或其重製物）、第92條（侵害公開口述權、公開播送權、公開上映權、公開演出權、公開傳輸權、公開展示權、改作及編輯權之刑罰）

壹、問題

　　系爭問題緣起於智慧財產法院判決認為：被告將非法改作後之碩士論文置於全國博碩士論文資訊網站之行為，僅論以非法改作行為已足，而無再論以非法公開傳輸行為之餘地。蓋被告於網站上所置放者係經其改作後之論文，而非告訴人所有之論文原件或其重製物，故無須另行取得告訴人之授權。

　　按著作權法（下稱本法）第6條第1項規定，就原著作改作之創作為衍生著作，以獨立之著作保護之；復按同條第2項規定，衍生著作之保護，對原著作之著作權不生影響。是以，第三人無論係以何種方式利用衍生著作，均須同時取得衍生著作及原著作著作財產權人之授權，始得予利用之。

　　惟衍生著作之著作人自行利用該衍生著作時，是否亦須徵得原著作財產權人之同意，容有疑義，茲有以下二說：

(一) 肯定說

　　持肯定說者認為，於原著作財產權人如僅授予衍生著作之著作人改作權，而未授予其後續其他權利之情形，依據授權理論，不宜解釋為衍生著作之著作人於未得原著作財產權人之授權時，即得就其作品為後續利用，否則將使原權利人更吝於授權，對於「文化發展」反而更為不利。

(二) 否定說

　　持否定說者則依據「創作保護主義」而主張：衍生著作於創作完成時，即為一受著作權法保護之獨立著作，其著作人對之即享有著作權而得自由利用該

衍生著作，無須等待原著作財產權人同意或授權利用後，始享有利用衍生著作之權利。

以上二說應以何者為當？

貳、回答

一、本案之事實及爭點

(一) 事實

本案事實緣自甲明知「國小六年級閱讀小組實施交互教學之個案研究」係乙於民國89年1月間發表為國立臺中師範學院國民教育研究所碩士學位論文，而為乙擁有著作財產權之語文著作，非經乙同意或授權，不得擅自改作。詎甲竟基於以改作方法侵害乙之著作財產權之犯意，未經乙之同意，將乙前開論文改作成國立新竹教育大學人力資源教育處教師在職進修語文學系研究所語文教學碩士班「交互教學法對閱讀障礙學生閱讀能力提升之研究」碩士論文，並置於國家圖書館所設置之全國博碩士論文資訊網站及國立新竹教育大學圖書館網站，提供不特定多數人得以閱覽或透過網際網路予以下載，而以改作方法侵害乙之著作財產權。嗣於97年5月13日，乙利用網路搜尋，發現全國博碩士論文資訊網站內有甲之上開論文，始悉上情。

(二) 法院判決

本件經智慧財產法院以98年刑上易字第123號刑事判決，判決甲「擅自以改作之方法侵害他人之著作財產權」，惟對於甲將其改作完成論文置於全國博碩士論文網之行為，該判決則主張：「被告於國家圖書館所設置之全國博碩士論文資訊網站及國立新竹教育大學圖書館網站所置放者為其改作後之被告論文，並非告訴人所有之論文原件或其重製物，僅論以改作行為為已足，無再論以公開傳輸行為之餘地」而判決甲未構成非法公開傳輸之罪。

(三) 爭點

1. 對於他人碩士論文之抄襲，可能是以重製之方式，亦可能是以改作方式為之，對於本案甲之抄襲行為論以非法改作而不論以非法重製，係法院基於甲就乙著作之抄襲程度而為事實認定之結果。然而，甲除了非法改作乙著作之行為外，亦另將非法改作完成之論文上傳於網站，對此是否應再論以公開傳輸行

爲？亦即：上傳非法改作著作於網站之行爲是否因此不論罪？如果不論罪，其理由爲何？如果論罪，其理由爲何？

2. 如果上傳網站之行爲須予論罪，除論以非法公開傳輸罪外，是否尚須就上傳網站而於伺服器上多一個非法改作著作備份的行爲，論以非法重製或改作罪？

3. 上傳網站行爲與先前之非法改作行爲，係不法後行爲關係、吸收關係、牽連關係，抑或想像競合關係？

二、抄襲改作後，進一步上傳網站，該上傳網站行為是否係屬侵害原著作人著作權之行為？

(一) 著作權法第6條規定：「就原著作改作之創作爲衍生著作，以獨立之著作保護之（第1項）。」「衍生著作之保護，對原著作之著作權不生影響。（第2項）」本規定依民國81年行政院著作權法修法草案理由謂：「所謂『對原著作之著作權無影響』，係指原著作與衍生著作各自獨立，各受本法之保護，互不影響與牽制。例如甲以中文完成一語文著作，經其同意由乙翻譯成英文本，則甲與乙各自享有著作權，包括第28條之改作權，如丙欲將該英文本翻譯成日文本，則丙應依修正條文第28條及第37條規定，分別取得甲與乙之授權始得爲之[32]。」

(二) 有關衍生著作與原著作之關係，伯恩公約（1971年巴黎修正案）第2條第3項規定：「文學或藝術著作之翻譯、改編、編曲或其他改變，在無害於原著作著作權之範圍內，與原著作受同樣的保護[33]。」此爲世界共同之法理，而依世界智慧財產組織（WIPO）的《伯恩公約指南》所作解釋：「在原作與派生作品都取得保護的情形下，就必須承認雙重的權利。例如，要使用一件譯作，就必須取得原作作者和譯者的雙重授權。但譯者可以事先通過合同取得原作作者的授權，以便在不另外經原作作者同意的情況下利用他的作品[34]。」

---

[32] 參閱：立法院秘書處，著作權法修正案（上冊），1993年2月，頁16-17；經濟部智慧財產局，歷年著作權法規彙編專輯，2005年9月，頁140-141。

[33] 民國81年著作權法修法時，有關第6條亦曾參考伯恩公約規定，同註1，頁17。

[34] 參閱：WIPO撰、劉波林譯，保護文學及藝術作品伯爾尼公約指南（Guide to the Berne Convention for the protection of Literary and Artistic Works , Paris Act, 1971），中國人民大學出版社，2002年7月，頁19。

(三) 有關原作與衍生著作之關係,日本著作權法除第11條規定:「本法對於第二次著作之保護,不影響原著作之著作人的權利。」又第28條規定:「第二次著作之原著作之著作人,關於該第二次著作之利用,其與該第二次著作之著作人均享有所有本款規定權利之同種類權利。」該規定,係對於伯恩公約第2條第3項規定予以補充,而對於原著作與衍生著作間關係之當然法理,予以明文化規定。依此規定,則例如甲就其所創作之小說享有著作權,該小說並經乙改編為電影,則丙複製與頒布乙改拍之電影,即須得甲與乙之雙重同意[35]。

(四) 本件甲改作乙之著作,係侵害乙之改作權,甲進而將其改作完成論文上傳網站,因而於網站伺服器另存有複本,且得以供不特定人瀏覽存取,因而另有重製行為[36](或改作)、公開傳輸行為。由於甲之前開行為,均未取得乙之授權,因而無論係改作行為或上傳網站之公開傳輸行為,甲均無合法權源依據,故甲除構成非法改作罪之外,另亦構成非法重製及非法公開傳輸罪。智慧財產法院以98年刑上易字第123號刑事判決,以「另被告於國家圖書館所設置之全國博碩士論文資訊網站及國立新竹教育大學圖書館網站所置放者為其改作後之被告論文,並非告訴人所有之論文原件或其重製物,僅論以改作行為為已足,無再論以公開傳輸行為之餘地」為理由,而判決甲未構成非法公開傳輸行為,此於邏輯推理上應具有瑕疵[37]。蓋:甲上傳經改作乙之原著作而完成之衍生著作於網站之行為,亦將衍生著作內所含乙之原著作內容,亦一併上傳網站;若甲先前之改作行為,曾得乙之同意,則依伯恩公約第二條第三項之法理及我國著作權法第六條規定,甲上傳該衍生著作於網站之行為,尚須取得乙之同意,更何況於本案內甲之改作行為,係根本未取得乙之同意而為者,從而甲上傳該未經同意而改作完成之衍生著作於網站之行為,更屬侵害乙之原著作權利者。因而,於本件問題之情形,應採取肯定說。

(五) 有關改作後,將改作完成衍生著作另行上傳網站,而構成之重製及公開傳輸行為,其與先前之改作行為間,究屬何種關係?此在刑法第55條、第56

---

[35] 參閱:半田正夫、松田政行編,著作權法コンメンール,第二冊,勁草書房,2009年1月,頁103-104;加戶守行,著作權法逐條講義,著作權情報センター,五訂新版,2006年,頁211。

[36] 有一說認為,在伺服器多產生一份副本之行為,對於衍生著作係屬重製,對於原著作則係屬改作。惟依日本著作權法第28條規定之法理,應論以重製行為。

[37] 若上傳網站之後行為與改作之前行為間,構成「吸收關係」或「不法的後行為關係」,則於學理上尚有可論之餘地。

條廢除連續犯與牽連犯後，實務上多以擴大「一行為」之解釋，而論以「想像競合」。例如：

1. 智慧財產法院97年度刑智上易字第61號刑事判決：

「查被告乙○○於本案係將系爭攝影著作非法重製於產品目錄及網站上後未予移除，因其非法重製物所附著之媒介（即網站及產品目錄）於本質上係供不特定人反覆、延續地予以觀賞、瀏覽，而於客觀上有複數之公開展示及公開傳輸行為，然其複數之公開展示及公開傳輸行為均係於密切接近之時、地重複實行，於客觀上應認為符合一個反覆、延續性之犯罪行為，而應僅成立一罪。被告乙○○以一行為而分別違反著作權法第92條之擅自以公開傳輸之方法侵害他人著作財產權罪及擅自以公開展示之方法侵害他人著作財產權罪，為想像競合犯，應依刑法第55條規定，從一情節較重之擅自以公開傳輸之方法侵害他人著作財產權罪處斷。」[38]

2. 台灣高等法院96年度上易字第2332號刑事判決：

「核被告甲○○所為，係犯著作權法第91條第1項擅自以重製方式侵害他人著作財產權罪、第92條擅自以公開傳輸方式侵害他人著作財產權罪。其與擅自透過網路上傳、下載如附表一、四所示歌曲之成年網友間，就上開犯罪有犯意之聯絡與行為之分擔，均為共同正犯。又被告以提供超連結之方式，為共同重製（下載歌曲）及公開傳輸（聽取歌曲）行為，侵害如附表一、四所示各著作權人之著作財產權，為想像競合犯，應從一重之共同擅自以重製方式侵害他人著作權罪處斷[39]。」

---

[38] 智慧財產法院97年度智上易字第61號刑事判決，全文參閱：司法院法學資料檢索系統網站，http://jirs.judicial.gov.tw/FJUD/PrintFJUD03_0.aspx?jrecno=97%2c%e5%88%91%e6%99%ba%e4%b8%8a%e6%98%93%2c61%2c20090123%2c1&v_court=IPC+%e6%99%ba%e6%85%a7%e8%b2%a1%e7%94%a2%e6%b3%95%e9%99%a2&v_sys=M&jyear=97&jcase=%e5%88%91%e6%99%ba%e4%b8%8a%e6%98%93&jno=61&jdate=980123&jcheck=1（最終瀏覽日期：2010年12月10日）。

[39] 臺灣高等法院96年度上易字第2332號刑事判決，全文參閱：司法院法學資料檢索系統網站，http://jirs.judicial.gov.tw/FJUD/PrintFJUD03_0.aspx?jrecno=96%2c%e4%b8%8a%e6%98%93%2c2332%2c20071130%2c1&v_court=TPH+%e8%87%ba%e7%81%a3%e9%ab%98%e7%ad%89%e6%b3%95%e9%99%a2&v_sys=M&jyear=96&jcase=%e4%b8%8a%e6%98%93&jno=2332&jdate=961130&jcheck=1（最終瀏覽日期：2010年12月10日）。

附錄

智慧財產法院98年度刑上易字第123號刑事判決判決要旨

　　著作權法第3條第1項第11款所謂之「改作」，係指以翻譯、編曲、改寫、拍攝影片或其他方法就原著作另爲創作者而言。而所謂「其他方法」，乃恐例示之方法有所遺漏而設之概括規定，依法律解釋之基本原則，自應與例示之改作方法性質相符始足當之。是以，此所謂「其他方法」，自應限於以變更原著作之表現型態使其內容再現之情形，例如對於原語文著作之增減，即屬改作之其他方法。被告係將告訴人著作「交互教學法對閱讀障礙學生閱讀能力提升之研究」之碩士論文部分，予以改作爲被告論文部分內容，被告論文其餘部分則均係被告所自行創作，足見被告係就告訴人之原著作加以「改作」。

　　被告重製告訴人著作而改作爲自己論文之行爲，並不違反著作權法第91條第1項之擅自以重製之方法侵害他人著作財產權罪，蓋該重製行爲與前開改作行爲有想像競合犯之裁判上一罪關係，爰不另爲無罪之諭知。

　　另被告於國家圖書館所設置之全國博碩士論文資訊網站及國立新竹教育大學圖書館網站所置放者爲其改作後之被告論文，並非告訴人所有之論文原件或其重製物，僅論以改作行爲爲已足，無再論以公開傳輸行爲之餘地。

（回覆於2010年5月19日）

問題23：在非法網站觀賞電影是否侵害著作權？

 ## 相關條文

著作權法第3條（用詞定義）、第22條（重製權）、第51條（個人或家庭非營利目的之重製）、第65條（合理使用）

壹、問題

本件問題緣起於民眾有關線上電影網站之疑義，例如：http://dv.531.tw/網站，若該等網站上之影片未經合法授權，消費者於觀賞該影片時，所發生之「暫時性重製」，是否非屬「為網路合法中繼性傳輸」，而仍屬著作財產權人「重製權」之範疇？如肯定涉及重製權者，則消費者單純供個人或家庭收看之目的所發生「暫時性重製」，縱使來源為非法網站，可否主張著作權法第51條之合理使用？

貳、回答

一、本問題所涉及的著作權法思考點

一般民眾在非經合法授權的網站觀賞電影，事所常見，此種行為究竟有無侵害著作權，係一重要必須解決之問題。蓋如果係侵害著作權，可能人人皆罪；如果不侵害著作權，其理由為何？必須釐清。

此一問題，分兩個小問題：

(一) 民眾在網路瀏覽觀賞電影，是否屬於「暫時性重製」？有無落入重製權之範圍？

(二) 如果落入重製權的範圍，是否可以主張著作權法第51條之合理使用？如果不能的話，是否可以主張著作權法第65條之「其他合理使用」？

二、在非經合法授權的網站觀賞電影，是否屬於暫時性重製？

(一) 暫時性重製的意義

1. 民國81年著作權法第3條第1項第5款有關重製的定義，原規定為：「重製：指以印刷、複印、錄音、錄影、攝影、筆錄或其他方法有形之重複製作。於劇本、音樂著作或其他類似著作演出或播送時予以錄音或錄影；或依建築設計圖或建築模型建造建築物者，亦屬之。」而於民國92年著作權法修正時改為：「重製：指以印刷、複印、錄音、錄影、攝影、筆錄或其他方法直接、間接、永久或暫時之重複製作。於劇本、音樂著作或其他類似著作演出或播送時予以錄音或錄影；或依建築設計圖或建築模型建造建築物者，亦屬之。」原來為「有形之重複製作」，改為：「直接、間接、永久或暫時之重複製作」。

其理由為：

「修正第5款重製之定義，詳述如下：

(1)與貿易有關之智慧財產權協定（下稱TRIPS）第9條規定，會員應遵守1971年伯恩公約第1條至第21條規定。又伯恩公約第9條第(1)項規定『受本公約保護之文學及藝術著作之著作人應享有不論以任何方式或形式授權重製其著作之專有權利」，為因應數位化網路科技之發展，爰參酌歐盟2001年資訊社會著作權及相關權利協調指令（Directive 2001/29/EC of the European Parliament and of the Council of 22 May 2001 on the harmonisation of certain aspects of copyright and related rights in the information society，下稱歐盟2001年著作權指令）第2條及第5條第1項規定，修正『重製』之定義，使包括『直接、間接、永久或暫時』之重複製作。另並於第22條增訂第3項及第4項，使特定之暫時性重製情形不屬於『重製權』之範圍。

(2)又於數位化網路環境下，重製並不以『有形』之重複製作為限，爰將『有形』二字刪除[40]。」

2. 民國81年著作權法第22條原規定：「著作人專有重製其著作之權利。」民國87年著作權法修正，第22條改為：「著作人除本法另有規定外，專有重製其著作之權利。著作人專有以錄音、錄影或攝影重製其表演之權利。」民國92年著作權法修正，第22條改為：「著作人除本法另有規定外，專有重製其著

---

[40] 參見：立法院公報第92卷34期，頁9-11；經濟部智慧財產局編，《歷年著作權法規彙編專輯》，2版，2010年5月，頁324-325。

作之權利（第1項）。」「表演人專有以錄音、錄影或攝影重製其表演之權利（第2項）。」「前二項規定，於專爲網路中繼性傳輸，或使用合法著作，屬技術操作過程中必要之過渡性、附帶性而不具獨立經濟意義之暫時性重製，不適用之。但電腦程式不在此限（第3項）。」「前項網路中繼性傳輸之暫時性重製情形，包括網路瀏覽、快速存取或其他爲達成傳輸功能之電腦或機械本身技術上所不可避免之現象（第4項）。」

　　其中第3項、第4項修正之立法理由爲：「(1) 配合本法於第3條第1項第5款明確定義「暫時性重製」爲「重製」，照歐盟2001年著作權指令第5條第1項，就應特別排除而不屬於重製權範圍之「暫時性重製」情形，於第3項明定。(2) 第3項第1款所稱之「屬技術操作過程中必要之過渡性、附帶性而不具獨立經濟意義之暫時性重製」，雖合於第3條第1項第5款「重製」之定義，但因其係電腦或機械基於自身之功能所產生者，無行爲人行爲之涉入，並非合理使用，參考歐盟2001年著作權指令第5條第1項規定，排除於重製權之外。(3) 由於數位化之技術，各類著作均得被重製於數位化媒介物，而此等媒介物之讀取，往往發生暫時性重製，第3項第2款爰原則規定合法使用著作之情形，排除不賦予重製權。惟合法使用電腦程式著作過程中所爲之暫時性重製，參考歐盟1991年電腦程式指令第5條第1項規定係屬合理使用，故該項暫時性重製仍屬重製權之範圍，爰於同款增訂但書排除之。【本款「合法使用著作」之文字於立法院審議時委員修改爲「使用合法著作」】(4) 增訂第4項，就第3項第1款所載之暫時性重製情形，參考歐盟2001年著作權指令前言第33項說明予以例示，以期明確。(5) 至於歐盟2001年著作權指令第5條第2項、第3項所定之合理使用規定，在法律的適用上，現行法第三章第四節第四款「著作財產權之限制」內相關之列舉規定與第65條概括性的合理使用條款足資應用，無庸再另行增訂合理使用之條款。(6) 新增第3項及第4項所規範之權利排除及第三章第四節第四款「著作財產權之限制」（合理使用）之情形，著作權專責機關將以解釋令函、說帖、說明書或宣導手冊，就具體案例詳予解說，供國人參考遵行[41]。」

---

[41] 參見：立法院公報92卷34期，頁31-34；經濟部智慧財產局編，同前註，頁332-334。

(二) 在非經合法授權的網站觀賞電影，於現行著作權法意義下，屬於暫時性重製

1. 民國81年著作權法第3條第1項第5款有關重製的定義，原參考1970年（昭和45年）日本著作權法第2條第1項第15款而制定。日本著作權法第2條第1項第15款之規定，原為著作的有形重製而設，因具有永續、安定程度之必要，因此在1973年6月的著作權審議會第2小委員會（審議有關電腦程式）之報告書，即認為於電腦內部記憶裝置瞬間的、過渡的貯藏，不該當複製的要件。日本在1984、1995、2000、2001年等各著作權審議會，都採相同見解[42]。平成12年（2000年）5月16日東京地方法院平成10年第17018號判決，亦認為在RAM中的暫時性儲存，並非日本著作權法意義下之「複製」[43]。

基此而論，民國92年7月9日智慧局所公布「什麼是暫時性重製」所稱：「暫時性重製本來就是屬於重製的範圍，其實早就受到著作權法的保護了，只是在這一次修正著作權法的時候，把它明白的寫出來而已[44]」，並非的論。在RAM暫時儲存，本不應視為著作權法意義下之重製，其所以視為重製，乃民國92年著作權法修正之結果。

2. 由於在網路瀏覽影片在電腦RAM會有暫時性的儲存，而有暫時性重製的問題。民國92年修改著作權法第3條第1項第5款重製之定義，即暫時性重製，亦屬於著作權法意義下的「重製」，故應認為在網站上觀賞電影，無論觀賞者為合法授權之電影或未合法授權之非法電影，觀賞瀏覽者均為著作權法第3條第1項第5款之重製行為[45]。

---

[42] 詳見：半田正夫、松田政行主編，《著作權法コンメンタール》，第一冊，勁草書房，第1版，2009年1月，頁513-514。

[43] 本判決之中文詳細介紹，參見：陳錦全，〈論暫時性重製〉，輔仁大學法律系博士論文，2004年2月，頁190-193；藍弘仁，〈我國著作權法關於『暫時性重製』修正對於電腦程式著作影響之評析」一文，亦有提及，月旦法學，105期（2004年2月），頁113。

[44] 參見：經濟部智慧財產局網站，http://www.tipo.gov.tw/ch/Download_Download Page.aspx?Path=3618&UID=9&ClsID=35&ClsTwoID=83&ClsThreeID=60&KeyWord d=（最後瀏覽日：2013年2月8日）

[45] 民國92年修法後智慧局的「暫時性重製規定之相關說明」，亦謂：「(一)我們使用電腦或影音光碟機來看影片、聽音樂、閱讀文章的時候，這些影片、音樂、文字影像都是先重製儲存在電腦或影音光碟機內部的隨機取存記憶體（RAM）

三、在非經合法授權的網站觀賞電影，是否落入著作權法第22條重製權之範圍？

　　(一) 依著作權法第3條第1項第5款重製的定義及著作權法第22條重製權的規定的立法規範關係觀察，屬於著作權法意義下的重製，並不當然落入著作權法第22條重製權的範圍。在網路觀賞非經合法授權之電影，是否落入著作權法第22條重製權之範圍？

　　(二) 依著作權法第22條第3項規定：「前二項規定，於專為網路合法中繼性傳輸，或合法使用著作，屬技術操作過程中必要之過渡性、附帶性而不具獨立經濟意義之暫時性重製，不適用之。但電腦程式不在此限。」第4項規定：「前項網路合法中繼性傳輸之暫時性重製情形，包括網路瀏覽、快速存取或其他為達成傳輸功能之電腦或機械本身技術上所不可避免之現象。」即符合著作權法第22條第3項本文之「於專為網路合法中繼性傳輸」，或「合法使用著作，屬技術操作過程中必要之過渡性、附帶性而不具獨立經濟意義之暫時性重製」，不落入著作權法第22條第1項重製權之範圍。

　　其中屬於第22條第3項後段的「合法使用著作，屬技術操作過程中必要之過渡性、附帶性而不具獨立經濟意義之暫時性重製」，以「合法使用著作」為前提，本問題之事實前提為「在非法網站觀賞電影」，不符合上開「合法使用著作」之要件。而第22條第3項前段則應「專為網路合法中繼性傳輸」，著作權法第22條第4項又規定，網路合法中繼性傳輸之暫時性重製情形，包括網路瀏覽。於未經合法授權之網站瀏覽電影是否屬於「網路合法中繼性傳輸」頗有爭議。

　　(三) 有關於未經合法授權之網站瀏覽電影是否屬於「網路合法中繼性傳輸」？有二說：

裡面，再展示在螢幕上。同樣的，網路上傳送的影片、音樂、文字等種種資訊，也是透過RAM，達成傳送的效果。(二)所有儲存在RAM裡面的資訊，會因為關機電流中斷而消失，換句話說在開機的時候，處在重製的狀態，關機的同時這些資訊就消失了，這種情形就是一種暫時性重製的現象。(三)著作權法所稱的「重製」，就是把著作拿來重複製作而重現著作內容，不管重製的結果是永久的，或者是暫時的，都是重製，當然也就包含了前面所說的這種電腦RAM的暫時性重製的情形。」

1. 採否定說，認為此應落入重製權之範圍，問題在是否可能主張合法使用問題而已[46]。

2. 採肯定說，認為此應落入著作權法第22條第4項「網路合法中繼性傳輸」之範圍。依歐盟2001年「資訊社會中之著作權及其相關權利一致化指令」第5條第1項規定：「第2條所定之暫時性重製，如係短暫而附帶的重製，屬於專為著作或其他保護客體可以被使用之目的，而為技術程序之整體及必要之部分，且無獨立之經濟價值者，應被列為第二條所定權利之外[47]。」而依前述指令前言部分第33點之說明，快取（caching）以及瀏覽閱讀（browsing）等暫時性重製，基於其為「技術程序之整體及必要之部分」，且無獨立經濟價值的特性，因此在歐盟指令特別排除在重製權之外，因而網路瀏覽行為，不應構成著作權法第91條之重製罪[48]。

(四) 上述二說，本人主張肯定說，即在網路觀賞瀏覽未經合法授權的影片，應認為係「網路合法中繼性傳輸」，不宜落入重製權範圍，理由如下：

1. 著作權法第22條第3項規定：「前二項規定，於專為網路合法中繼性傳輸，或合法使用著作，屬技術操作過程中必要之過渡性、附帶性而不具獨立經濟意義之暫時性重製，不適用之。但電腦程式不在此限。」其中「專為網路合法中繼性傳輸」或「合法使用著作」，係屬互不隸屬、地位互相平行之規定，僅符合其一即可。而既然僅符合其一即可，則「專為網路合法中繼性傳輸」，即無須滿足「合法使用著作」之要件。第22條第4項又規定：「前項網路合法中繼性傳輸之暫時性重製情形，包括網路瀏覽、快速存取或其他為達成傳輸功能之電腦或機械本身技術上所不可避免之現象。」則所有網路瀏覽，無須符合「合法使用著作」之要件，當然均在「網路合法中繼性傳輸之暫時性重製」之範圍，此乃法律規定推理邏輯之結果。蓋網路合法中繼性傳輸，其傳輸並非當然指傳輸者為「合法使用著作」，而係中繼性傳輸過程之合法。

---

[46] 參見：陳錦全，同註43，頁256。

[47] 條文可參見智慧財產權月刊，第50期，頁98-99。

[48] 參見周裕暐，〈論網際網路資訊擷取行為與著作權法擅自重製罪——兼論RAM暫時性重製之刑事責任〉，台北大學法律研究所碩士論文，2003年，頁130、139、142。另見〈圓桌論壇：暫時性重製座談紀錄〉，蔡明誠教授之發言，智慧財產權月刊，第50期，頁89。

2. 民國92年我國著作權法第3條第1項第5款及第22條之修正，其立法之繼受依據均為歐盟指令，而依上述肯定說之理由，歐盟上述指令前言部分第33點之說明，快取（caching）以及瀏覽閱讀（browsing）等暫時性重製，基於其為「技術程序之整體及必要之部分」，且無獨立經濟價值的特性，因此在歐盟指令特別排除在重製權之外，我國自應作如此之解釋。

3. 如果有關在網路觀賞瀏覽未經合法授權的影片，我國解釋上仍落入著作權法第22條重製權之範圍，僅在如何以合理使用規定排除，則任何人均可能在網路作不同之瀏覽，且此瀏覽在電腦上均可能留下紀錄。在目前網路未經合法授權之影片、文字、照片如此眾多之情形下，則可能人人因瀏覽行為而入罪，在一次各種文字、圖片的龐大數量下，難以依著作權法第51條及第65條規定免責，而我國著作權法第91條第1項之重製罪，可處3年以下有期徒刑、拘役，或科或併科新臺幣75萬元以下罰金，且無連續犯之適用，目前法院採一罪一罰之情形下，在網路觀賞瀏覽未經合法授權的影片落入重製權之範圍，未來將人人自危，全民皆罪，難以想像。

4. 從文字解釋，似認為網路瀏覽觀賞電影，無論於網路瀏覽之電影係合法授權或非合法授權，均不落入著作權法第22條重製權之範圍，經濟部智慧財產局於立法時之說帖及在官方網站上之解釋，均屬如此[49]，此一見解，似不宜改變。

---

[49] 依經濟部智慧財產局民國92年修法所為「什麼是暫時性重製」之說明中謂：「(一)大致來說，日常生活中下列行為，所造成的「暫時性重製」，不違法也不會侵權：1.將買來的光碟，放在電腦或影音光碟機裡面，看影片、圖片、文字或聽音樂。2.在網路上瀏覽影片、圖片、文字或聽音樂。3.買來的電腦裡面已經安裝好了電腦程式而使用該程式，例如使用電腦裡面的Word、Excel程式。」其中對依光碟看電影及安裝word的程式，都以「買來」的為前提，但對於「網路瀏覽」，則未說明合法網站或未經授權之網站資料，另有關「暫時性重製之相關說明」亦然，似有使網路瀏覽不落入著作權法重製權範圍之意。參見：經濟部智慧財產局網站，http://www.tipo.gov.tw/ch/Download_DownloadPage.aspx?Path=3618&UID=9&ClsID=35&ClsTwoID=83&ClsThreeID=60&KeyWord=（最後瀏覽日：2013年2月8日）。

四、在網路觀賞瀏覽未經合法授權的影片，如果解釋為落入重製權之範圍，是否可以著作權法第51條及第65條主張合理使用？

（一）著作權法第51條規定：「供個人或家庭為非營利之目的，在合理範圍內，得利用圖書館及非供公眾使用之機器重製已公開發表之著作。」第65條規定：「著作之合理使用，不構成著作財產權之侵害。著作之利用是否合於第四十四條至第六十三條規定或其他合理使用之情形，應審酌一切情狀，尤應注意下列事項，以為判斷之基準：一、利用之目的及性質，包括係為商業目的或非營利教育目的。二、著作之性質。三、所利用之質量及其在整個著作所占之比例。四、利用結果對著作潛在市場與現在價值之影響。」有關在網路觀賞瀏覽未經合法授權的影片，本人認為不應落入著作權法第22條重製權之範圍，已如前述，但是如果被解釋為應落入重製權之範圍，在主張合理使用方面，應從寬認定。

（二）查臺灣高等法院85年上易字第2936號刑事判決謂：「著作權法第51條係規定：『供個人或家庭為非營利之目的，在合理範圍內，得利用圖書館及非供公眾使用之機器重製已公開發表之著作』，並非規定：『供教育等合理利用為目的…』。本案被告僅為自己觀賞之用而重製『阿甘正傳』錄影帶一份（上、下兩卷）而已，並無任何證據可資證明其有以營利為目的而重製該錄影帶，應屬著作權法第51條規定之合理使用範圍，應無疑義。」重製有形的影片一份，既屬合法，在網路觀賞一部未經授權之影片，更應認為屬於著作權法第51條及第65條之合理使用。而在不同日期之觀賞，每次均屬合理使用，是否累積經年，即屬非合理使用？解釋應亦屬否定。

附錄

經濟部智慧財產局民國94年12月22日電子郵件第941222號

一、按著作權法（下稱本法）規定，「重製」係指「以印刷、複印、錄音、錄影、攝影、筆錄或其他方法直接、間接、永久或暫時之重複製作。」；「公開播送」係指「指基於公眾直接收聽或收視為目的，以有線電、無線電或其他器材之廣播系統傳送訊息之方法，藉聲音或影像，向公

眾傳達著作內容。由原播送人以外之人，以有線電、無線電或其他器材之廣播系統傳送訊息之方法，將原播送之聲音或影像向公眾傳達者，亦屬之。」；「公開傳輸」係指「以有線電、無線電之網路或其他通訊方法，藉聲音或影像向公眾提供或傳達著作內容，包括使公眾得於其各自選定之時間或地點，以上述方法接收著作內容」，合先敘明。

　　二、網路上音樂歌曲的試聽服務，如果是這些音樂歌曲的著作財產權人爲促銷自己的音樂，而上載於網路上供一般人下載試聽者，則任何人均可任意下載試聽，沒有著作權侵害的問題。如果是網站業者將他人的音樂著作或錄音著作上載於網路上供一般人下載試聽者，因爲已經構成了「重製」及「公開傳輸」他人音樂著作的行爲，所以網站業者應該事先取得這些音樂歌曲及錄音著作的著作財產權人的同意或授權才可以，否則就會構成侵害著作財產權人的「重製權」及「公開傳輸權」。至於一般下載這些音樂歌曲試聽檔的人，同樣也會構成「重製」他人音樂著作的行爲，但如果只是供自己或家庭下載使用的話，在合理範圍內（例如，少量的下載），不至於對該音樂歌曲的市場銷售情形造成不良影響的情況下，是屬於合理使用的行爲，不會構成著作財產權的侵害。但是如果是超越了「合理範圍」的下載或少量下載後又轉寄給大量的朋友試聽時，還是會構成著作財產權的侵害。

　　三、至所詢問之利用網路上提供的軟體，當您在聽音樂時，您的朋友也可以在他的電腦上同時聽到您所聽到的音樂，這種軟體並不是一般在討論有關音樂或檔案下載的p to p（p2p）交換軟體，也無檔案搜尋、下載傳輸的功能，只有提供串流播放的功能，若您僅利用個人之電腦在網路上聽音樂，雖會有暫時性重製的情形，但依著作權法第51條規定，在未超越「合理範圍」內的利用，應不會有侵害著作權的問題；然而，若您利用這種軟體分享您電腦上您正上播放的音樂予您的朋友，很可能已涉及以公開傳輸之方法利用他人著作之問題，在未經音樂著作著作權人之同意或授權時，會有侵害著作權之問題。

　　四、另所詢有關學生自己開設自己的電台播放歌曲，是否違反著作權法之疑義，按任何人經由網路播放音樂，除非有音樂著作或錄音著作著作財產權人授權，否則就以可能涉及「重製」及「公開傳輸」他人音樂著作或錄音著作之違法行爲；若是利用廣播電台播放音樂，則涉及音樂著作、

錄音著作之「公開播送」，應獲得該著作之著作財產權人同意始得為之，不因是否為「學生」之身分，而異其法律評價。至於著作權法第47條校園內公開播送（與網路無涉）之合理使用，其主體為各級學校或教育機構，及出於「教育之必要」之目的，與您來函所述「學生自己開設網站」之情形有別。

　　五、以上說明，請參考著作權法第3條第1項第7款及第10款、第24條、第26條之1、第47條及第51條之規定。

民國92年7月9日修正公布著作權法經濟部智慧財產局公布什麼是「暫時性重製」之說明[50]

　　什麼是「暫時性重製」？著作權法在重製的定義裡加入暫時性重製的文字，與一般人的生活有什麼關係？對日常生活會不會造成什麼影響？

一、什麼是「暫時性重製」？

　　(一) 我們使用電腦或影音光碟機來看影片、聽音樂、閱讀文章的時候，這些影片、音樂、文字影像都是先重製儲存在電腦或影音光碟機內部的隨機取存記憶體（RAM）裡面，再展示在螢幕上。同樣的，網路上傳送的影片、音樂、文字等種種資訊，也是透過RAM，達成傳送的效果。

　　(二) 所有儲存在RAM裡面的資訊，會因為關機電流中斷而消失，換句話說在開機的時候，處在重製的狀態，關機的同時這些資訊就消失了，這種情形就是一種暫時性重製的現象。

　　(三) 著作權法所稱的「重製」，就是把著作拿來重複製作而重現著作內容，不管重製的結果是永久的，或者是暫時的，都是重製，當然也就包含了前面所說的這種電腦RAM的暫時性重製的情形。

---

[50] 參見經濟部智慧財產局網站：http://www.tipo.gov.tw/ch/Download_DownloadPage.aspx?Path=3618&UID=9&ClsID=35&ClsTwoID=83&ClsThreeID=60&KeyWord=（最後瀏覽日：2013/1/22）

二、暫時性重製與日常生活相關的問題

(一) 暫時性重製本來就是屬於重製的範圍,其實早就受到著作權法的保護了,只是在這一次修正著作權法的時候,把它明白的寫出來而已。

(二) 有人可能因此而想到電腦裡面RAM的重製,既然受著作權法的保護,那麼當我們日常生活中廣泛的使用電腦、影音光碟機來觀賞影片、聆聽音樂、傳遞資訊的這些日常行為,會不會違法侵害別人的著作權呢?

(三) 為了釐清大家的疑慮,著作權法配合做特別的規定,明定在網路傳輸過程中,或者合法使用著作時,操作上必然產生的過渡性質或附帶性質的暫時性重製情形,不屬於重製權的範圍。也就是說,在這種情況下產生的暫時性重製,不會發生違反著作權法侵害重製權的問題,因此,一般人使用電腦或數位光碟機等機具的行為,雖然會發生暫時性重製的現象,但是不會產生違法的問題,在生活上不至於發生任何不利的影響,或者造成任何不便的情形。

(四) 大致來說,日常生活中下列行為,所造成的「暫時性重製」,不違法也不會侵權:

1. 將買來的光碟,放在電腦或影音光碟機裡面,看影片、圖片、文字或聽音樂。
2. 在網路上瀏覽影片、圖片、文字或聽音樂。
3. 買來的電腦裡面已經安裝好了電腦程式而使用該程式,例如使用電腦裡面的Word、Excel程式。
4. 網路服務業者透過網際網路傳送資訊。
5. 校園、企業使用代理伺服器,因提供網路使用者瀏覽,而將資料存放在代理伺服器裡面。
6. 維修電腦程式。

民國92年7月9日修正公布著作權法經濟部智慧財產局公布「暫時性重製」規定之相關說明[51]

---

[51] 同上。

一、什麼是「暫時性重製」

(一) 著作權法所稱的「重製」，簡單的說就是把著作拿來重複製作而重現著作內容，不管重製的結果是永久的，或者是暫時的，都是重製。

(二) 我們使用電腦或影音光碟機來看影片、聽音樂、閱讀文章的時候，這些影片、音樂、文字影像都是先重製儲存在電腦或影音光碟機內部的隨機取存記憶體（RAM）裡面，再展示在螢幕上。同樣的，網路上傳送的影片、音樂、文字等種種資訊，也是透過RAM，達成傳送的效果。

(三) 所有儲存在RAM裡面的資訊，會因為關機電流中斷而消失，換句話說在開機的時候，處在重製的狀態，關機的同時這些資訊就消失了，這種情形就是一種暫時性重製的現象。

二、「暫時性重製」的著作權問題

(一) 著作權法給予著作權人重製權，當我們日常生活中廣泛的使用電腦、影音光碟機來觀賞影片、聆聽音樂、傳遞資訊的同時，由於影片、音樂、許多的文字圖片資訊，正好都是著作權法保護的著作，那麼我們日常行為，會不會侵害別人的著作權呢？這是每個人都會關切的問題。

(二) 其實大家不必過度的擔心，著作權法雖然保護著作人的權益，也同時兼顧社會公共利益，訂定了許多合理使用的規定，來限制著作人的權利，讓一般利用人在合理的範圍內，取得利用著作的權限。使用電腦和影音光碟機造成的暫時性重製狀況，當然也適用合理使用的規範。

(三) 不僅如此，著作權法更明定在網路傳輸過程中，或者合法使用著作時，操作上必然產生的過渡性質或附帶性質的暫時性重製情形，不屬於重製權的範圍。也就是說，在這種情況下產生的暫時性重製，不會發生違反著作權法侵害重製權的問題。

三、哪些「暫時性重製」不會發生違法侵權的情形

(一) 將買來的光碟，放在電腦或影音光碟機裡面，看影片、圖片、文字或聽音樂。

(二) 在網路上瀏覽影片、圖片、文字或聽音樂。

(三) 買來的電腦裡面已經安裝好了電腦程式而使用該程式，例如使用電腦

裡面的Word 、Excel程式。

(四) 網路服務業者透過網際網路傳送資訊。

(五) 校園、企業使用代理伺服器，因提供網路使用者瀏覽，而將資料存放在代理伺服器裡面。

(六) 維修電腦程式。

四、一般與「暫時性重製」有關的行為是否合法的說明

序號	行為態樣	行為結果
一	安裝合法授權的電腦程式	合法
二	安裝盜版的電腦程式	符合合理使用的規定才不違法
三	安裝合法授權電腦程式後予以使用	合法
四	不知電腦安裝的是盜版程式而予使用	合法
五	明知電腦安裝的是盜版程式而予使用	符合合理使用的規定才不違法
六	在電腦或影音光碟機上使用合法授權之影音光碟	合法
七	不知是盜版的影音光碟在電腦或影音光碟機上使用	合法
八	明知是盜版的影音光碟在電腦或影音光碟機上使用	符合合理使用的規定才不違法
九	瀏覽網路上的資料	合法
十	重製BBS、網頁、電子郵件信箱中他人的著作	符合合理使用的規定才不違法
十一	未取得著作權人的授權而透過網際網路傳送其著作資料	符合合理使用的規定才不違法
十二	ISP業者透過網際網路傳送著作資料	合法
十三	搜尋引擎業者將網路資料下載至伺服器中進行索引及處理	符合合理使用的規定才不違法
十四	搜尋引擎業者提供網頁暫存檔服務（CACHE）	符合合理使用的規定才不違法
十五	校園、企業網路將網站資料放置於代理伺服器（PROXY）供網友瀏覽	合法
十六	使用網咖業者所提供之合法授權遊戲軟體	合法
十七	使用網咖業者所提供之盜版遊戲軟體	符合合理使用的規定才不違法
十八	自行攜帶合法授權之遊戲軟體至網咖安裝使用	合法
十九	不知遊戲軟體為盜版軟體自行攜帶至網咖安裝使用	合法

二十	明知爲盜版遊戲軟體自行攜帶至網咖安裝使用	符合合理使用的規定才不違法
二一	透過P2P（交換軟體系統）業者下載授權重製之著作	合法
二二	透過P2P（交換軟體系統）業者下載未經授權重製之著作	符合合理使用的規定才不違法
二三	維修電腦程式	合法

五、符合合理使用規定的「暫時性重製」情形

(一) 中央或地方機關爲了立法和行政的目的，在合理範圍重製著作當作內部參考資料時，所發生的暫時性重製行爲。

(二) 爲了進行司法訴訟程序而重製著作時，所發生的暫時性重製行爲。

(三) 各級學校及學校裡的老師，爲了教書，在合理範圍重製著作時，所發生的暫時性重製行爲。

(四) 編製教科書或附屬之教學用品，在合理範圍內重製、改作或編輯著作時，所發生的暫時性重製行爲。

(五) 各級學校或教育機構，例如空中大學，在播送教學節目時所發生的暫時性重製行爲。

(六) 圖書館、博物館或其他文教機構應閱覽人供個人研究之要求，重製部分著作或期刊中單篇著作時，所發生的暫時性重製行爲。

(七) 中央機關、地方機關、教育機構或圖書館重製論文或研究報告等著作的摘要時，所發生的暫時性重製行爲。

(八) 新聞機構做時事報導時，在報導的必要範圍內利用過程中所接觸的著作時，所發生的暫時性重製行爲。

(九) 在合理範圍內，重製或公開播送中央機關、地方機關或公法人名義發表的著作時，所發生的暫時性重製行爲。

(十) 基於私人或家庭非營利之目的，使用自己的機器重製他人著作時，所發生的暫時性重製行爲。

(十一) 爲了報導、評論、教學、研究或者其他正當的目的，在合理範圍內引用著作，所發生的暫時性重製行爲。

(十二) 用錄音、電腦各種方法重製著作，以提供視覺障礙人和聽覺障礙人使用時，所發生的暫時性重製行爲。

(十三) 中央機關、地方機關、各級學校或教育機構辦理各類考試而重製著作作為試題時，所發生的暫時性重製行為。

(十四) 舉辦不以營利為目的，不收取任何費用，也不支付表演人任何報酬的活動，而公開播送、公開上映或公開演出著作時，所發生的暫時性重製行為。

(十五) 廣播電台或電視電台被授權播送節目，為了播送的需要，用自己的設備錄音或錄影時所發生的暫時性重製行為。

(十六) 舉辦美術展覽或攝影展覽製作說明書而重製展出的著作時，所發生的暫時性重製行為。

(十七) 重製公共場所或建築物的外牆長期展示的美術或建築著作，所發生的暫時性重製行為。

(十八) 報紙、雜誌轉載其他報刊雜誌上有關政治、經濟或社會上時事問題的論述時，所發生的暫時性重製行為。

(十九) 重製政治或宗教上之公開演說、裁判程序中的公開陳述，以及中央機關或地方機關的公開陳述時，所發生的暫時性重製行為。

(二十) 其他合理使用的情形，例如：基於諷刺漫畫、諷刺文章的目的所做的暫時性重製行為；為了重建、改建或修建房屋，使用建築物的圖片，所做的暫時性重製行為等。

（回覆於2013年2月10日）

第四章　著作財產權之保護期間

問題24：著作權法保護期間過渡條款的問題

 **相關條文**

著作權法第106條（過渡規定）、第33條（法人著作之著作財產權存續期間）
北美事務協調委員會與美國在臺協會著作權保護協定（台美著作權保護協定）第5條
與貿易有關之智慧財產權協定（TRIPS）第12條

壹、問題

　　本件問題緣起於：若某甲公司為著作人之著作，於民國50年1月1日完成，民國58年1月1日註冊並首次發行，其著作財產權存續期間如何計算？法律依據何在？茲因本案情形適用新法（此指民國79年1月24日修正施行之著作權法第50條之1第1項規定）結果，將使著作權保護期間提早屆至，對著作權人似有保護不周之嫌，是否生有違反憲法上信賴保護原則之虞？又79年修正之本法第50條之1規定，有無解釋為僅「期間長短」依79年新法規定，其期間之「起算點」仍依著作完成當時（民國53年）法律規定之餘地？

　　按本法歷經多次修正，民國74年7月10日修正施行前著作權法採註冊主義，之後改採創作保護主義，又法人著作其保護期間之起算點，由最初發行之日（參照民國53年修正施行之本法第11條規定），修改為自著作完成之日起算（參照74年本法第15條規定），又79年本法為明確規定53年舊法時期之權利保護期間究應如何計算，爰增訂第50條之1規定：「著作已完成註冊於中華民國七十四年四月十日本法修正施行前其著作權期間仍在存續中者，依本法所定期

間計算其著作權（第1項）」。據此，依照53年舊法規定，本案某甲公司之著作其保護期間原係自53年舊法規定之「最初發行之日」（58年1月1日）起算30年，而至88年1月1日始屆至，惟依79年修正施行增訂之第50條之1第1項規定，其著作權保護期間則改依79年本法規定計算，即其著作之保護期間起算點須向前推算自著作「完成之日」（50年1月1日）起算30年，而於80年1月1日即提前屆至，造成其著作保護期間實質縮短之結果，且其著作亦因而無法跨越本法於民國81年之修正生效日，因而，亦無法依81年本法修正規定延長其保護期間至50年（即無法依照新法規定計算其保護期間）。

貳、回答

一、系爭著作依歷次修正著作權法之法律適用情形

　　系爭著作係以公司為著作人之法人著作，其於民國50年1月1日完成，民國58年1月1日註冊並首次發行，關於其著作財產權保護期間，於目前是否已經屆滿之問題，其法律適用如下：

(一) 依現行著作權法之規定，系爭著作之著作財產權保障期間於民國108年12月31日屆滿

　　依現行著作權法第33條規定：「法人為著作人之著作，其著作財產權存續至其著作公開發表後五十年。但著作在創作完成時起算五十年內未公開發表者，其著作財產權存續至創作完成時起五十年。」同法第35條第1項規定：「第三十條至第三十四條所定存續期間，以該期間屆滿當年之末日為期間之終止。」據此，本件問題之系爭著作，若完全依現行著作權法之規定，則其著作財產權存續期間將於民國108年12月31日屆滿。

(二) 依現行著作權法第106條規定，系爭著作應得適用現行著作權法規定

　　惟系爭著作得否適用現行著作權法規定？查現行著作權法第106條規定：「著作完成於中華民國八十一年六月十日本法修正施行前，且合於中華民國八十七年一月二十一日修正施行前本法第一百零六條至第一百零九條規定之一者，除本章另有規定外，適用本法（第1項）。」「著作完成於中華民國八十一年六月十日本法修正施行後者，適用本法（第2項）。」據此，系爭著作既完成於民國50年1月1日，而屬民國81年6月10日前完成之著作，依現行著作權法第106條第1項規定，系爭著作應得適用現行著作權法規定。

再者，現行著作權法第106條第1項規定之「中華民國87年1月21日修正施行前本法第106條至第109條」，係指「民國81年修正之著作權法第106條至第109條規定」。

(三) 民國81年修正之著作權法第106條至第109條規定，僅第106條規定得適用於系爭著作

民國81年修正之著作權法第106條至第109條規定內，其中，第107條係適用於民國74年7月12日以後所完成著作之規定[1]，第108條是針對外國人著作之是用規定[2]，第109條則是適用於民國81年修法完成後所增訂著作之規定[3]，前揭三條規定於本件問題之系爭著作均不適用。系爭著作所能適用者，僅有民國81年修正之著作權法第106條，其揭定：「著作合於本法修正施行前第五十條之一規定，於本法修正施行後，依修正施行前之本法，其著作權期間仍在存續中者，除本章另有規定外，適用本法規定。」

(四) 民國79年修正之著作權法第50條之1規定，得適用於系爭著作

民國79年修正之著作權法第50條之1規定：「著作已完成註冊於中華民國七十四年七月十日本法修正施行前其著作權期間仍在存續中者，依本法所定期間計算其著作權（第1項）。」「完成於中華民國七十四年七月十日本法修正

---

[1] 民國81年修正之著作權法第107條規定：「著作於中華民國74年7月10日本法修正施行後完成者，除本章另有規定外，適用本法規定。」參閱：蕭雄淋主編，《著作權法判解決議、令函釋示、實務問題彙編》，初版，五南圖書出版有限公司，頁1251。

[2] 民國81年修正之著作權法第108條規定：「外國人之著作，合於本法修正施行前第17條第1項第1款或第2款之規定而未經註冊取得著作權，有左列情形之一者，除本章另有規定外，適用本法規定：一、於中華民國74年7月10日本法修正施行前發行未滿20年，依修正施行前之本法，著作權期間仍在存續中者。二、中華民國74年7月10日本法增訂之著作，於中華民國74年7月10日本法修正施行前完成，依修正施行前之本法，著作權期間仍在存續中者。三、於中華民國74年7月10日本法施行後完成者。」參閱：蕭雄淋主編，《著作權法判解決議、令函釋示、實務問題彙編》，初版，五南圖書出版有限公司，頁1252-1253。

[3] 民國81年修正之著作權法第109條規定：「本法增訂之著作，於本法修正施行前完成者，除本法另有規定外，適用本法規定。」參閱：蕭雄淋主編，《著作權法判解決議、令函釋示、實務問題彙編》，初版，五南圖書出版有限公司，頁1262。

施行前未經註冊取得著作權之著作，其發行未滿二十年者，於中華民國七十四年七月十日本法修正施行後適用本法之規定。但侵害行為之賠償及處罰，須該行為發生於本法修正施行後，始適用本法（第2項）。」「中華民國七十四年七月十日本法修正增訂之著作，依中華民國七十四年七月十日本法修正所定期間，其著作權仍在存續中者，適用本法規定。但侵害行為之賠償及處罰，須該行為發生於本法增訂該著作後，始適用本法（第3項）。」

上述規定之立法理由[4]為：「1、本條係新增。2、按53年舊著作權法所定著作權期間依其類別，分為終身加30年、30年、20年及10年；74年新修正著作權法所定著作權期間，依其類別，分為終身加30年及30年。74年新法修正施行後，對於依舊法著作權期間係終身加30年之著作固不生影響，惟對依舊法著作權期間係30年、20年或10年之著作，其權利期間究應如何計算，有予明確規定之必要。爰於第1項規定著作完成註冊於本法修正施行前，其著作權期間依修正前著作權法規定仍在存續中者，依本法所定期間計算其著作權期間，以資明確。 3、為銜接53年著作權法之適用，參照舊著作權法施行細則第4條『凡著作物未經註冊而已通行20年以上者，不得依本法（按指舊法）申請註冊，享有著作權』之規定，本條第2項規定完成於53年舊法時期未經註冊取得著作權之著作，其發行未滿20年者，於本法修正施行後，適用本法規定。以貫徹74年著作權法修正改採創作保護主義加強保護著作人著作權益之精神，並調和與53年採註冊保護主義之舊法間之基本歧異。又本條第2項並設但書，規定對於本項所定著作之侵害行為，需該行為發生於本法修正施行後，有關侵害行為之民事、刑事及行政上之賠償或處罰，始有本法之適用，以資明確。 4、按隨科技發展，各有不同類別著作產生，對於完成於舊法時期而為新法所增訂之著作，有無權利，有予明確規定之必要，爰於第3項規定此類著作，依新法所定期間，其著作權仍在存續中者，適用於新法規定。又本項並設但書規定對本項所定著作之侵害行為，需該行為發生於新法新增訂該著作後，有關侵害行為之民事、刑事及行政上之賠償或處罰，始有新法之適用，俾兼顧著作權法第一條所定保障著作人權益及調和社會公共利益之立法目的。」

本件問題之系爭著作，符合民國79年修正著作權法第50條之1第1項規定，

---

[4] 參閱：經濟部智慧財產局，《歷年著作權法規彙編專輯》，二版，經濟部智慧財產局，2010年5月，頁88-89。

其係屬「著作已完成註冊於中華民國74年7月10日本法修正施行前其著作權期間仍在存續中者」，因而應「依本法所定期間計算其著作權」。據此，其應屬民國81年修正著作權法第106條所言之「著作合於本法修正施行前第50條之1規定」。

(五) 對於民國81年修正著作權法第106條之「依修正施行前之本法」所指範圍，有肯定說與否定說二種見解

然而，民國81年修正之著作權法第106條雖規定：「著作合於本法修正施行前第五十條之一規定，於本法修正施行後，依修正施行前之本法，其著作權期間仍在存續中者，除本章另有規定外，適用本法規定。」惟對於該條文之「依修正施行前之本法」，是否僅限指民國79年修正之著作權法，論者生有爭議，而有下列肯定說與否定說二則見解：

1. 肯定說

持肯定說者認為：民國81年修正之著作權法第106條規定內之「依修正施行前之本法」，當然係指民國81年以前而與民國81年最為接近之修法，從而，其應是指民國79年修正之著作權法。蓋此應為立法文字解釋之慣例。尤其民國79年修正之著作權法第50條之1第1項中特別提及：「依本法所定期間計算其著作權」，該條項規定所言之「本法」，當然指民國79年之著作權法，亦即，以民國79年修正之著作權法規定來計算著作之保護期間。

從而，對於系爭著作其著作財產權保護期間之計算，持此見解者認為，應依民國79年之著作權法規定予以計算（依民國79年與民國74年之著作權法計算期間，其結果相同）。

2. 否定說

持否定說者認為：民國81年修正著作權法第106條規定，應係指於民國81年修正之著作權法施行前的任何著作權法修正版本之著作財產權保護期間計算規定。換言之，只要係屬民國81年修正著作權法施行前的舊著作權法，且依其計算方式，著作財產權保護期間得以跨越民國81年6月12日之規定，均應屬81年修正著作權法第106條規定之「依修正施行前之本法」，否則不足以保護著作權人，亦與信賴保護原則有違。

(六) 依民國81年修正著作權法第106條規定及53年著作權法第7條規定，系爭著作之著作財產權保護期間於民國108年12月31日屆滿

民國53年修正之著作權法第7條規定：「著作物用官署、學校、公司、會所或其他法人或團體名義者，其著作權之年限為三十年。」同法第11條規定：「著作權之年限，自最初發行之日起算。」民國53年修正之著作權法第7條係沿襲1910年大清著作權律第8條規定而來，1910年大清著作權律第8條即規定：「凡以官署、學堂、公司、局所、寺院、會所出名發表之著作，其著作權得專有至三十年。」依當時立法草案及學者見解，1910年大清著作權律第8條規定應係有關著作法人著作或非法人團體著作保護期間之規定[5]。據此，民國53年著作權法第7條，亦應理解為係有關著作法人著作或非法人團體著作保護期間之規定。

據此，系爭著作於民國50年1月1日完成，58年1月1日註冊並首次發行，依民國53年著作權法第7條規定，系爭著作之著作財產權保護期間應於88年1月1日屆滿，從而，系爭著作之著作財產權保護期間既已經跨越民國81年著作權法之修正，依民國81年著作權法第106條規定，系爭著作之著作財產權保護期間至民國108年12月31日屆滿。

(七) 依民國79年修正之著作權法第11條及第15條規定，系爭著作之著作財產權保護期間於民國80年1月1日屆滿

依民國79年修正之著作權法第11條規定：「著作權自始依法歸機關、學校、公司或其他法人或團體享有者，其期間為三十年。」[6]其第15條規定：「著作權之期間自著作完成之日起算。著作完成日期不詳者，依該著作最初發行之日起算。著作經增訂而新增部份性質上可以分割者，該部份視為新著作；其不能分割或係修訂者，視為原著作之一部。」[7]此二規定於民國74年著作權法修正時即已存在，民國79年未修正。依上開二規定，系爭著作之著作財產權保護期間於80年1月1日屆滿。

5　參閱：〈前清政治官報〉，1069號，頁527；秦瑞玠，《著作權律釋義》，初版，上海商務印書館，1912年7月，頁15；蕭雄淋，《著作權法職務著作之研究》，經濟部智慧財產局，2010年8月，頁114。

6　民國79年修正之著作權法第11條規定，參閱：蕭雄淋主編，《著作權法判解決議、令函釋示、實務問題彙編》，初版，五南圖書出版有限公司，頁286。

7　民國79年修正之著作權法第15條規定，參閱：蕭雄淋主編，《著作權法判解決議、令函釋示、實務問題彙編》，初版，五南圖書出版有限公司，頁298。

二、本件關鍵問題之討論

(一) 民國81年修正著作權法第106條「依修正施行前之本法」所指範圍之肯定說與否定說，其採行結果之差異

本件之關鍵問題，在於：民國81年修正之著作權法第106條規定之「依修正施行前之本法」，究係僅限指民國79年之著作權法，抑或不限於79年之著作權法，而應包含民國53年修正之著作權法等先於民國81年修正著作權法之任何舊著作權法規定？亦即，對於上述問題，應採肯定說或否定說之見解，將導致系爭著作著作財產權保護期間屆滿日期之不同結果。

如果從立法原意來看，應採肯定說，即認為系爭著作之著作財產權保護期間，應適用民國79年著作權法第11條及第15條計算，而應已於民國80年1月1日屆滿。然而，若從保護著作權權利人之觀點而言，則應採否定說，即認為系爭著作之著作財產權保護期間，應適用民國81年著作權法第106條及53年著作權法第7條規定計算，而於民國108年12月30日方屆滿。

(二) 民國74年修正著作權法第15條前段規定與台美著作權保護協定第5條規定

民國74年修正之著作權法第15條前段規定：「著作權之期間自著作完成之日起算。著作完成日期不詳者，依該著作最初發行之日起算。」係十分不當之立法，蓋世界各國對不以自然人生存期間計算保護期間者，鮮有以著作完成日作為計算起始基礎者。與貿易有關之智慧財產權協定（Trade-Related Aspects of Intellectual Property Rights, TRIPS）第12條規定：「在不以自然人之生存期間為計算標準之情況下，應自授權公開發表之年底起算至少50年」，學者認為TRIPS第12條規定明白承認允許法人著作之存在，而與伯恩公約大抵以自然人生存期間為計算基礎不同[8]，我國現行著作權法第33條規定[9]，即與此規定相符。

然而，台美著作權保護協定（全稱為：「北美事務協調委員會與美國在

---

[8] Carlos M. Correa ,*Trade-Related Aspects of Intellectual Property Rights – A Commentary on the TRIPS Agreement*, Oxford University Press, 2007, p132.

[9] 現行著作權法第33條規定：「法人為著作人之著作，其著作財產權存續至其著作公開發表後50年。但著作在創作完成時起算50年內未公開發表者，其著作財產權存續至創作完成時起50年。」

臺協會著作權保護協定」）第5條第1項規定：「保護期間不得短於著作人終身及其死亡後五十年。」第2項復規定：「如著作人係非自然人，其保護期間不得短於五十年，自著作完成之日或首次發行之日起算，以先到期者為準。」據此，台美著作權保護協定承認法人著作得「自著作完成之日或首次發行之日起算，以先到期者為準」，此可能與民國78年草簽台美著作權保護協定當時談判之背景有關。易言之，如果涉及過去過渡條款規定之解釋，則「自著作完成之日或首次發行之日起算，以先到期者為準」之原則，仍然可以適用。

(三) 系爭著作之著作財產權保護期間，應適用民國79年修正之著作權法第11條及第15條規定計算，而於民國80年1月1日屆滿

本件係屬十分罕見之特例，基於法律之安定性考量，本人採肯定說，認為民國81年修正之著作權法第106條中之「依修正施行前之本法」，僅係指民國74年修正，民國79年沿續適用之著作權法而言，而不包含民國53年之著作權法，亦即，系爭著作之著作財產權保護期間應於民國80年1月1日屆滿。

（回覆於2011年1月24日）

第五章　著作財產權之轉讓、行使與消滅

問題25：共同著作人之一得否就共同著作授權他人改作？

 相關條文

著作權法第40條之1（共有著作財產權之行使）、第92條（改作權之侵害）

壹、問題

　　共同著作人丙在未取得其他共有人甲、乙同意情形下，將三人之共同著作交由丁改作，甲、乙得否依著作權法第92條主張其權利？

一、丙之行為是否構成侵權？

　　依經濟部智慧財產局以往見解（詳後附），著作權法第40條之1第1項規定：「共有之著作財產權，非經著作財產權人全體同意，不得行使之」所稱之「行使」，指著作財產權本身之行使而言，包括著作財產權之讓與、授權及設質等。因此，丙未取得其他共同著作人同意而授權丁改作之行為，即屬侵害改作權之行為。

二、甲、乙得否依著作權法第92條主張其權利？

　　惟依著作權法第92條規定：「擅自以……改作……之方法侵害他人之著作財產權者……」，在本案例中，丙是否構成以改作之方法侵害「他人」著作財產權之行為，即不無疑義。

貳、回答

一、著作權法第19條規定：「共同著作之著作人格權，非經著作人全體同意，不得行使之。各著作人無正當理由者，不得拒絕同意（第1項）。」「共同著作之著作人，得於著作人中選定代表人行使著作人格權（第2項）。」「對於前項代表人之代表權所加限制，不得對抗善意第三人（第3項）。」同法第40條之1規定：「共同著作各著作人之應有部分，依共同著作人間之約定定之；無約定者，依各著作人參與創作之程度定之。各著作人參與創作之程度不明時，推定為均等（第1項）。」「共同著作之著作人拋棄其應有部分者，其應有部分由其他共同著作人依其應有部分之比例分享之（第2項）。」「前項規定，於共同著作之著作人死亡無繼承人或消滅後無承受人者，準用之（第3項）。」上述著作權法第19條第1項、第40條之1第1項之「行使」，係指積極的實現權利內容之行為，消極的保全權利之保存行為，無須著作人全體同意。著作權法第90條規定：「共同著作之各著作權人，對於侵害其著作權者，得各依本章之規定，請求救濟，並得按其應有部分，請求損害賠償。」「前項規定，於因其他關係成立之共有著作財產權或製版權之共有人，準用之。」著作權法第90條之「著作權」，包含著作財產權在內（本法第3條第1項第3款）[1]。

二、著作權法第40條之1第1項之行使，當然包含著作財產權之授權。共同著作人丙在未取得其他共有人甲、乙同意情形下，將三人之共同著作交由丁改作，係侵害甲乙之共有著作財產權，屬於著作權法第92條之擅自以改作之方法侵害他人之著作財產權。如果尚有侵害著作權法第17條之著作人格權者，則另有著作權法第93條第1款之責任。

三、如下所附最高法院90年度台上字第6863號刑事判決及最高法院87年度台上字第2922號民事判決，係本人所經手處理之案件。甲為作者，將其所作A書交給乙出版公司出版，約定著作財產權為甲乙共有。其後甲又寫B書，交給丙出版，內容與A書頗多雷同。乙乃以共有著作財產權人之地位告甲及丙違反著作權法及民事損害賠償，兩者官司均至第三審，法院均判乙勝訴。

---

[1] 參見拙著：著作權法逐條釋義，第二冊，頁32，五南圖書公司，民國85年5月初版。

參、參考資料

一、經濟部智慧財產局相關函釋

中華民國92年04月01日智著字第0920002642-0函

令函日期：中華民國92年04月01日
令函案號：智著字第0920002642-0
令函要旨：
　　關於貴院函詢著作權法第41條之1第1項前段所稱之「行使」是否包括「提起刑事告訴」，且與同法第90條之規定有何異同一案，復請查照。
說明：
一、復貴院92年3月19日院田刑明字第4100號函。
二、按著作權法（下稱本法）第40條之1前段規定：「共有之著作財產權，非經著作財產權人全體同意，不得行使之。」條文所稱之「行使」乃係指著作財產權本身之行使而言，包括著作財產權之讓與、授權及設質等。而本法第90條則為本法第六章「權利侵害之救濟」規定，指共同著作或共有著作權之各著作權人，對於侵害其著作權者，得各依本章之規定請求民事上之救濟，並得按其應有部分，請求損害賠償，與前開本法第40條之1之規範意旨尚有不同。至於共有人得否單獨對侵害其著作財產權之人提起刑事告訴，仍應依刑事訴訟法之規定辦理，與前開本法第40條之1及第90條之規定尚屬有間。

二、司法實務判決

(一) 最高法院90年度台上字第6863號刑事判決

【裁判字號】	90年度台上字第6863號
【裁判日期】	90/11/08
【案由】	違反著作權法

【相關法條】

【裁判全文】

最高法院刑事判決　　90度台上字第6863號

　上 訴 人 藺 ○

　選任辯護人　張○律師

右上訴人因違反著作權法案件，不服台灣高等法院中華民國87年9月25日第二審判決（86年度上訴字第1324號，起訴案號：台灣台北地方法院檢察署85年度偵字第16989號），提起上訴，本院判決如左：

　主　文

上訴駁回。

　理　由

按刑事訴訟法第377條規定，上訴於第三審法院，非以判決違背法令為理由，不得為之。是提起第三審上訴，應以原判決違背法令為理由，係屬法定要件。如果上訴理由狀並未依據卷內訴訟資料，具體指摘原判決不適用何種法則或如何適用不當，或所指摘原判決違法情事，顯與法律規定得為第三審上訴理由之違法情形，不相適合時，均應認其上訴為違背法律上之程式，予以駁回。本件原判決認定龍○國際有限公司（下稱龍○公司）設於台北市和平東路○段○巷2弄1號，係出版業者，方○○是龍○公司負責人（龍○公司與方○○部分業據原審判刑確定），上訴人藺○是電腦軟體教學業者。民國83年2月間，桑○文化有限公司（下稱桑○公司）有意出版美國電腦繪圖軟體ADOBE PHOTOSHOP（下簡稱美國電腦繪圖軟體）2.5.1中文版操作手冊，乃與藺○合作，由藺○負責企劃、拍攝影片、撰稿、美工設計、完稿，由桑○公司負責印刷、廣告、行銷，出版「PHOTOSHOP BIBEL FOR ADOBE PHOTOSOP 2.5.1」電腦繪圖中文操作手冊（下簡稱「2.5.1」版），雙方並約定共同擁有該操作手冊之著作權。84年間，美國電腦繪圖軟體3.0.1 版出版，藺○○受龍○公司負責人方○○之要求，擬針對該3.0.1版軟體再出版中文操作手冊，兩人明知該「PHOTOSHOP BIBEL2.5.1 」係桑○公司享有共同著作權，竟於84年9月間，未向桑○公司徵求同意授權，即擅自重製前開與桑○公司共享著作權之「 PHOTOSHOP BIBEL」即美國電腦繪圖2.5.1版中文操作手冊之內容，再就3.0.1版新增部分略加修訂後，取名為「PHOTOSHOP BIBEL FOR ADOBEPHO-TOSOP 3.0.1」（下簡稱「3.0.1」版），以龍○公司名義出版行銷於市面。當桑○公司發現「3.0.1」版有重製「2.5.1」版之情事時，及時於84年10月23日，

委託律師通知龍○公司表明與蘭○○共同擁有「2.5.1」版操作手冊之事實，請求停止銷售，詎龍○公司竟不理會，仍續為銷售「3.0.1」版操作手冊等情，因而撤銷第一審諭知上訴人無罪之判決，改論處共同因執行業務，意圖銷售而擅自以重製之方法侵害他人之著作財產權罪刑，已詳予說明其所憑之證據及其認定之理由。而以上訴人否認此部分之犯罪，係卸責之詞，不足採信，於理由內予以指駁說明。所為論斷，均有卷存資料可資覆按，從形式上觀察，並無所謂違背法令之情形存在。上訴意旨略以：(一)、原審就上訴人所提出之來源對照表及反抄襲對照表，未曾詳查，亦未於理由中說明何以不採該有利之證據，自有調查未盡及理由不備之違法。(二)、上訴人曾提出財團法人工業技術研究院工研政字第6337號函說明就本件「3.0.1」版與「2.5.1」版二書具有「無可避免的相似性」，並聲請將二書送該院鑑定，原審未送鑑定，亦未說明不採上開函之理由，亦屬調查未盡及理由不備。

(三)、上訴人於偵查中即稱有向告訴人提及出版「3.0.1」版，而告訴人於告訴中均未提及有何正當理由拒絕同意上訴人行使共有之著作權，此已足使上訴人認告訴人已默示同意，又告訴人曾將「2.5.1」版一書交予龍○公司合夥出版，嗣龍○公司亦曾告知要找上訴人出版「3.0.1」版一書，告訴人稱不會有問題，更見其已同意，此部分為上訴人於原審判決後始知悉之事實，請予發回就此為調查云云。惟查：(一)、原判決於理由二之　已就其認定「3.0.1」版一書係重製上訴人原編著之「2.5.1」版著作並新增部分內容，予以說明其所憑，所為論斷俱有卷內資料可稽，亦有告訴人所提出之抄襲對照表可參，自無不合。至上訴人所提出之來源對照表，無非指出「3.0.1」版係源自日本人遠藤悅郎所著之「ADOBE PHOTOSHOP AtoZ」操作手冊一書，但原判決亦於理由二之　已說明，上訴人自承前後二版本書籍，均係出自上開日本人遠藤悅郎之前開書籍，而有相同之處，上訴人就相同之處難諉為不知，乃認其有重製之明知，是其所提之來源對照表自難為有利之認定。另其所提出反抄襲對照表，固指出二版本有不同之處，但此亦不能排除「3.0.1」版一書有更多抄襲而足認係重製之處，是以此對照表亦難為有利之認定，原判決雖未對此二證據資料予以說明不足為上訴人有利之認定，既不影響其判決主旨，僅屬理由之疏略，難指為違法。(二)、原判決於理由二之　已就上訴人所辯二書係屬進階關係有不可避免之相似予以指駁，所為論斷與卷內資料相合。至上訴人所提之財團法人工業技術研究院工研政字第6337號函，依上訴人辯護人於一審所提出之辯護狀係載該函內稱：「電腦程式相似性……相似程度達何種比率即可認定為侵害，至今尚未有

一致的標準。……」（一審卷第103頁反面、107頁），依此，上開函顯係就電腦程式相似性而言，與本件係語文著作無關，難資為本件判斷之依據。又本件係語文著作，原判決已依二書之內容及其著作緣由而認定「3.0.1」版一書係重製「2.5.1」版一書並新增，至有無送鑑定之必要，乃屬事實審法院所得本於職權裁量之事項，原審未予送請鑑定，自不得指為違法。(三)、上訴人於原審已供稱，「當然沒有得到同意。要錢要不到，更別說談了。」（原審卷第204頁反面），原判決乃依此於理由二之就上訴人所辯及告訴人係共同著作權人不能拒絕其行使，其重製無須經告訴人同意等予以指駁，又依卷內資料，原審共同被告方○○從未稱與上訴人出版前曾訊問告訴人，告訴人表示沒問題，上訴意旨第三點稱告訴人已默示同意或已同意，尚與卷內資料不符。至上訴人所提出之「2.5.1」版一書之銷退貨報表及對帳單等其亦自陳為新事實及證據，本院為法律審，僅以審核下級法院裁判有無違背法令為職責，此非適法之第三審上訴理由。綜上，上訴俱不足據以辨認原判決已具備違背法令之形式，其上訴違背法律上之程式，應予駁回。

據上論結，應依刑事訴訟法第395條前段，判決如主文。

中　華　民　國　90　年　11　月　8　日

　　　　　　　　　最高法院刑事第二庭
　　　　　　　　　　審判長法官　莊來成
　　　　　　　　　　　　法官　謝俊雄
　　　　　　　　　　　　法官　白文漳
　　　　　　　　　　　　法官　蘇振堂
　　　　　　　　　　　　法官　吳昆仁

右正本證明與原本無異
　　　　　　　　　　書　記　官

中　華　民　國　90　年　11　月　15　日

(二) 最高法院87年度台上字第2922號民事判決

【裁判字號】	87年度台上字第2922號
【裁判日期】	87/12/17
【案由】	給付盈餘

【相關法條】

著作權法第88條第1項（0870121）著作權法第88條第3項第1款（0870121）

民事訴訟法第216條（0850925）

【裁判全文】

最高法院民事判決　　　　　　87年度台上字第2922號

　　上訴人　　　　藺○○

　　訴訟代理人　　張○律師

　　　　　　　　　林蓓玲律師

　　被上訴人　　　桑○文化有限公司

　　法定代理人　　施木懁

　　訴訟代理人　　蕭雄淋律師

　　　　　　　　　幸秋妙律師

右當事人間請求給付盈餘事件，上訴人對於中華民國86年7月30日台灣高等法院第二審判決（85年度上字第410號），提起一部上訴，本院判決如左：

　　主　　文

原判決關於駁回上訴人請求新臺幣87萬9695元本息之上訴及該訴訟費用部分廢棄，發回台灣高等法院。

　　理　　由

本件上訴人主張：伊於民國83年2月16日與被上訴人訂立合作契約，由伊負責「PHOTOSHOP BIBLE」乙書（下稱本書）之企劃、拍攝、撰稿、美工設計及完稿等工作，被上訴人則負責本書之廣告宣傳、運送及行銷等事宜，關於本書行銷之利潤分配，銷售在1000冊內，以伊百分之40、被上訴人百分之60之比例分配，若再版，其利潤則平均分配。由被上訴人於每月結算乙次，以結算日起120天期支票計付利潤予伊。其後伊另著作「PHOTOSHOP BIBLE II」及「ILLUSTRATOR 5.5版大全」二書，兩造亦以同上契約約定行銷及利潤分配方式。被上訴人初均按約定結算，扣除百分之10之稅金負擔後爲分配。詎自84年4月起，被上訴人即多次藉故拒絕計付利潤，經伊多次催促未果。而前開三類專書業經被上訴人售罄，其應給付伊之利潤計新臺幣（下同）947,369元等情，爰求爲命被上訴人如數給付及自訴狀繕本送達翌日即84年11月24日起按週年利率百分之5計算遲延利息之判決。（第一審爲上訴人全部敗訴之判決後，上訴人聲明不服提起第二審上訴，原審就其中65,180元本息部分，廢棄第一審所爲上訴人敗訴之判決，改判上訴人勝訴，並駁回上訴人之其餘上訴。被上訴

人就其敗訴部分，依法不得上訴，而上訴人就其敗訴部分，僅於879,695元本息之範圍內聲明不服。）

被上訴人則以：伊依約尚應給付上訴人之利潤雖為939,695元，但上訴人所著前揭三書有侵害他人著作權之情事，且伊就該三書與上訴人共同擁有著作權，上訴人竟擅將與「PHOTOSHOP BIBLE」類似之「PHOTOSHOP BIBLE 3」一書交與訴外人龍○國際圖書有限公司（下稱龍○公司）出版營利，違反雙方所立契約第1條之約定。故在上訴人擔保其所著該三書有著作權，並依約履行或賠償損害前，伊自得為同時履行之抗辯。縱認同時履行抗辯不成立，然上訴人違反契約第1條之約定，應依著作權法第40條、第88條第2項規定，賠償伊所失之利益為1,856,096元，伊仍得以之主張抵銷等語，資為抗辯。

原審就上訴人請求879,695元本息部分維持第一審所為上訴人敗訴之判決，駁回其上訴，無非以：上訴人主張兩造間就前揭三書，訂有合作契約，並依約定方式共同計算其損益等情，已經提出專書合約書為證，並為被上訴人所不爭執，堪信為真。上訴人雖主張被上訴人就前開三書販售結果所應分配予上訴人之利潤，計為947,369元，惟被上訴人抗辯依其計算結果，上訴人所得分配之利潤係939,695元，既為上訴人所不爭執，其得向被上訴人請求之利潤即應以939,695元為限。茲查上訴人所著前開三書之著作權由兩造共同擁有，任何一方如做商業營利用途均應得到對方承認之同意書，否則視同侵權，既為上揭合約書所明定。乃上訴人未經被上訴人之同意竟將其與被上訴人所共有著作權之「PHOTOSHOP BIBLE」乙書內容諸多雷同之「PHOTOSHOP BIBLE 3」乙書，交由龍○公司出版，自屬侵害被上訴人共有之著作權，對被上訴人即應負著作權法第88條第1項及第3項第1款及民法第216條所定之損害賠償責任。審酌龍○公司就「PHOTOSHOP BIBLE 3」乙書，交由訴外人沈氏藝術印刷股份有限公司印刷，計出版3000本，及依被上訴人之計算，兩造所共有之「PHOTOSHOP BIBLE」乙書銷售情況甚佳，該書總共出版9327冊，迄84年11月為止，銷售達9155冊，尚有存貨26冊，上訴人對被上訴人所主張該書之總收益達2,646,329元，每本平均收益為289元等情，如上訴人不將「PHOTOSHOP BIBLE 3」乙書，交由龍○公司出版3000冊，而由被上訴人繼續出版，以該書之銷售情況甚佳觀之，被上訴人當可預期出清上開26冊之存貨，且再銷售3000冊（即上訴人將PHOTOSHOP BIBLE 3交由龍○公司出版之冊數）。是被上訴人所受（未能出清存貨之）損害為7514元，加上其因未能再出版3000冊所失利益867,000元，合計874,514元。被上訴人在此範圍內，主張與其所欠上訴人之

939,695元，相互抵銷，尚無不合。經抵銷後，上訴人所得請求被上訴人給付之金額僅為65,180元本息，逾此部分上訴人所請求被上訴人給付之879,695元本息，為無理由，應予駁回等詞，為其判斷之基礎。

查上訴人因將其與被上訴人所共有著作權之「PHOTOSHOP BIBLE」乙書內容諸多雷同之「PHOTOSHOP BIBLE 3」乙書，交由訴外人龍○公司出版，侵害被上訴人之共有著作權，對被上訴人應依著作權法第88條第1項、第2項第1款及民法第216條規定，負損害賠償責任。因訴外人龍○公司就「PHO-TOSHOP BIBLE 3」乙書，計出版3000本，依被上訴人計算，兩造所共有之「PHOTOSHOP BIBLE」乙書總共出版9327冊，迄84年11月為止，銷售達9155冊，尚有存貨26冊。依上訴人對被上訴人所主張該書之總收益為2,646,329元核計，則每本平均收益為289元等情事，固為原審所認定。然查兩造關於「PHO-TOSHOP BIBLE」乙書行銷之利潤分配，銷售在1000冊內，以上訴人百分之40、被上訴人百分之60之比例分配，若再版，其利潤則平均分配，亦經原審認定屬實。則究竟上揭所稱「每本平均收益為289元」，是否已扣除應分配於上訴人之利潤，未據原審查明審認，徒以該每本平均收益為289元，為被上訴人所失利益計算之標準，已嫌疏略。況上訴人於原審主張：任何一本書於剛出版時，賣得比較多，後來即愈賣愈少等語（見原審卷(二)、276頁），徵諸訴外人龍○公司於84年9月間出版3000本，而該公司負責人方○○於原審證稱：迄今兩年賣出2300本左右云云（見原審卷(二)、305頁背面），上訴人之上開主張似非全然無據。究竟如上訴人未違約將其與被上訴人所共有著作權之前揭書，交由訴外人龍○公司出版3000本，被上訴人能否連同其尚有之存貨26本，計3026本全部售畢而獲利？抑或可能尚有存貨滯銷？非無疑問。原審對上揭上訴人之攻擊方法，既未調查審認，復未於判決理由項下說明其取捨意見，遽准被上訴人為抵銷之抗辯而就上訴人請求879,695元本息部分，為其敗訴之判決，亦有判決不備理由之違法。上訴論旨，執以指摘此部分之原判決為不當，求予廢棄，非無理由。

據上論結，本件上訴為有理由。依民事訴訟法第477條第1項、第478條第1項，判決如主文。

中　華　民　國　87　年　12　月　17　日
最高法院民事第七庭
審判長法官　蘇茂秋
法官　蘇達志

法官　顏南全
法官　葉賽鶯
法官　黃秀得

右正本證明與原本無異

書記官

中　華　民　國　87　年　12　月　31　日

（回覆於2009年6月11日）

問題26：著作財產權轉讓的登記對抗效力問題

 **相關條文**

> 民國53年舊著作權法第14條、民國74年舊著作權法第16條、民國79年舊著作權法第16條、民國81年舊著作權法第75條

壹、問題

近來，著作權集體管理團體MUST與TMCS就11首曲目之管理權限產生爭議，致利用人不知應向誰取得授權，以下僅就本案之事實、雙方主張及爭點說明如次：

一、事實部分

該11首曲目之原著作權人A先於民國72年間將權利讓與B（其為TMCS會員之授權人），但B受讓權利後並未依當時著作權法規定辦理註冊；A嗣後又於75年間將權利讓與C（其為MUST會員之授權人），且C有依當時規定辦理註冊。

二、MUST及TMCS雙方主張

(一) MUST之主張

按舊法規定，著作權之轉讓，非經註冊，不得對抗第三人，故B當時既未辦理註冊，自不能對抗受讓權利在後之C，故C得向利用人主張該11首曲目之權利，並收取使用報酬。

(二) TMCS之主張

A於民國72年間即將該11首曲目之權利轉讓予B，故C於75年間取得之權利係自始不存在。又當時規定之註冊制度，係由主管機關依申請人自行申報之內容而受理，對於申請人其究有無取得真正之權利，並不作實質審查，故該項註冊登記僅屬存證性質，並非權利取得之要件。

三、爭點部分

按民國53年著作權法第14條規定：「著作權之移轉，非經註冊，不得對抗第三人」、民國74年著作權法第16條規定：「著作權之轉讓……，非經註冊，不得對抗第三人」；復按內政部台（82）內著字第8223989號、台（83）內著字第8379155號函釋之說明，該第三人應限於主張該著作權未經登記具有法律上正當利益之人，例如：雙重讓與之受讓人、雙重設定質權之質權人或債權人，並非泛指任何第三人。

因而產生如下問題：

(一) 舊著作權法內著作權註冊或登記規定之「不得對抗第三人」，其效力究竟為何？

(二) 未辦理註冊之受讓人B是否即不得對外主張權利、收取使用報酬？

(三) 已辦理註冊之受讓人C是否即當然得對外主張權利、收取報酬？

(四) 上述之B、C又將權利專屬授權予他人或加入集管團體時，該他人或集管團體是否即因而取得B、C所得主張之對抗效力及權利？

貳、回答

一、我國著作權法自民國17年起，對著作權之權利轉讓，即採「註冊對抗主義」，亦即：著作權權利之轉讓，非經註冊，不得對抗第三人（第15條）。此在民國33年（第14條）、38年（14條）、53年（14條）、74年（16條）、79年（16條）歷來之著作權法規定均然。民國81年著作權法修正，將著作權註冊制度，修改為著作權登記制度，但仍於著作權法第75條規定，著作權轉讓之登記對抗主義，直至民國87年著作權法修正，始完全廢除著作權登記制度。

二、著作權轉讓之註冊對抗主義，係為著作權權利轉讓之「公示」效力而設。我國不動產轉讓之公示方法，採「登記生效主義」，動產之轉讓公示方法，則採「交付主義」，著作財產權之轉讓公示方法，在民國87年以前則採登記對抗主義，此有其一貫之立法依據。

三、各國著作權法之轉讓公示方法，採登記對抗主義之國家，首推日本。日本著作權法第77條第1款規定，著作權之移轉，未經登記，不得對抗第三人。故日本有關登記對抗主義之解釋及運作，值得觀察。

四、依日本學者通說，著作權轉讓登記，並非著作權權利移轉之成立要

件，而僅為得據以對抗第三人之對抗要件。如果未為轉讓登記，於著作權人與著作權權利受讓人之間，仍因其雙方之意思表示合致，即發生效力。所謂「未經登記，不得對抗第三人」，該「第三人」，一般係指於權利移轉當事人及包括的權利承繼人以外之人。日本通說更主張：該「第三人」應限於因主張登記之欠缺而享有正當利益之人[2]。因此，對於侵害著作權之侵權行為人及背信惡意之人，即使無著作權轉讓登記，著作權之受讓人，亦得加以對抗。所謂「對抗」，係指得向第三人主張已取得著作權，或著作權權利已經變動。於雙重轉讓之情形，先取得著作權登記之人，得向未取得著作權登記之第三人，主張其已取得著作權[3]——例如：A與B同樣受讓著作權，如果A未為著作權轉讓登記，則A不得對B主張自己為著作權人。相反的，B對A亦不得主張自己係著作權人，此時A、B於著作權權利之享有雙方並無優劣之處，亦即，於任何一方為轉讓登記之前，A、B雙方之不確定關係將繼續存續；若於A與B均接受同一著作權權利之轉讓，而B先為著作權之轉讓登記，則B得對A主張著作權轉讓效果，此時A僅得對原著作權權利人主張損害賠償，而不得主張自己為著作權人[4]。

　　五、有關我國舊著作權法之登記對抗主義，依當時主管機關內政部之函釋，所謂「第三人」，係指「主張未登記有法律上正當利益之人，例如雙重讓與之受讓人，並非泛指任何第三人」[5]。

　　六、綜上所述，對於前開問題，解答如下：

　　(一)「不得對抗第三人」之效力究竟為何？

　　所謂「不得對抗第三人」，其「第三人」係指：「主張著作權轉讓之未登記享有法律上正當利益之人，例如雙重讓與之受讓人，而非泛指任何第三

---

[2] 半田正夫、松田政行，著作權法コンメンタール，第二冊，勁草書房，2009年1月30日，頁726-727。

[3] 半田正夫、紋谷暢男，著作權のノウハウ（新　第4版），有斐閣，1990年10月30日。

[4] 參閱：加戶守行，著作權法逐條講義，著作權情報センター，新訂版，2006年5月，頁430。

[5] 參閱：內政部82年6月10日台82內著字第8213141號函；82年8月18日台82內著字第8221588號函；82年9月9日台82內著字第823989號函；82年9月14日台82內著字第8224410號函。以上函釋，參閱：蕭雄淋編，著作權法判解決議令函釋示實務問題彙編，五南出版公司，2001年10月3版，頁1071-1074。

人」。從而，如果A僅轉讓其著作權權利給B，未轉讓給C，而另有D違法重製B受著作權轉讓之著作，則B得對D提出訴訟，主張自己為著作權人[6]；然而，若A於轉讓著作權予B後，另將該著作權權利轉讓給C，則B將因為未為著作權轉讓之註冊，而不得對C主張自己受讓有A之著作權。

(二) 未辦理註冊之受讓人B，是否即不得對外主張權利、收取使用報酬？

如果未有C之著作權權利受讓並為轉讓登記之情形，則B受讓於A之著作權權利，縱然未經登記，仍有受讓之效力，B得對無關之第三人主張其所受讓之著作權權利，並收取正當報酬。然而，因為A另對C為著作權權利轉讓，且C先行辦理著作權轉讓註冊，故C得對B主張自己為正當之著作權人，較B享有著作權人之優先地位，此時B僅能對A主張債務不履行之損害賠償。

(三) 已辦理註冊之受讓人C是否即當然得對外主張權利、收取報酬？

依著作權轉讓之公示理論，C此時已為著作權權利之正當受讓人，其當然得對外主張權利、收取報酬。

(四) B、C又將著作權權利專屬授權予他人或加入集管團體時，該他人或集管團體是否即因而取得B、C所得主張之對抗效力及權利？

由於B、C均主張其具有著作權權利，依著作權之公示理論，本人認為，C之享有著作權權利主張應優先於B，故以C之專屬授權及加入集管團體為有效。

七、我國目前對於著作財產權之轉讓，並無公示制度，可能產生著作財產權交易之不安全。以歷史小說家高陽之著作權爭議案為例——高陽（以下略稱為：A）於民國（下同）70年離婚，與其妻（以下略稱為：B）在離婚協議書約定，高陽過去、現在、將來的著作權均歸其女兒（以下略稱為：C）所有。此離婚協議書曾至法院作認證，證據力並無爭議。

A於民國81年過世，其女C乃將A所有著作之著作財產權，至主管機關登記為自己所有，並對A之遺產辦理限定繼承；然而，A於民國70年後，陸續將其著作之著作財產權轉讓予聯經出版公司，並由聯經出版公司發行。C乃發函要求聯經公司停止發行A之著作，並向聯經公司請求損害賠償。聯經公司乃訴請法院確定C就A著作之著作財產權不存在。

---

[6] 日本大審院民事部昭和7年5月27日判決：「侵害著作權之侵權行為人，並非本條所稱之第三人。」參閱：日本著作權關係法令研究會編：著作權關係法令實務提要，1994年，頁905之2。

本件經三審訴訟判決確定，A著作之著作財產權，非C所有，仍為聯經出版公司所有。其理由為：A當時與B所訂之協議書，約定過去、現在、將來的著作權均歸其女C之所有，乃屬「第三人利益契約」，C僅對A有債之請求權，於其未向A為請求前，著作財產權仍歸A所有。在A生前，並無證據證明其女C或其妻B曾經向A為著作財產權轉讓之請求，法院因而判決C敗訴[7]。

本件若A當時並非與B訂立第三人利益契約，而係直接與C訂約，並約定過去、現在及未來之著作財產權均歸C所有，則訴訟結果可能即有不同，聯經出版公司將可能敗訴，不僅須支付A之費用而發生財務損失，且將因不能擁有A之著作財產權而不能發行其著作，亦須支付C賠償金。而聯經出版公司就A之著作財產權，是否曾經轉讓，亦因欠缺著作財產權公示制度，而無從查證。

因此，未來著作權法修正時，實須正視並檢討著作財產權轉讓之公示問題。

（回覆於2010年6月30日）

7　參閱：「蕭雄淋說法」網站，http://blog.ylib.com/nsgrotius/Archives/2006/05
/19/85；http://blog.ylib.com/nsgrotius/Archives/2006/05/19/86（最後瀏覽日期：
2010年11月11日）。

問題27：專屬之被授權人得否就其授權設定質權？

 **相關條文**

著作權法第37條（著作財產權之授權）、文化創意產業發展法第23條（因文化創意產業所生著作財產權之質權設定）

壹、問題

本件問題緣起於擬以電視公司節目製播合約向銀行設定質權之疑義，其相關問題如下：

一、如電視公司對節目之著作財產權係來自國外電視公司的授權，且該授權針對播放次數、播放期間及轉讓設有限制，則被授權之電視公司是否可以之作質權登記？

二、同上，但該授權並未就播放次數、時間及轉讓設有限制，則如何？

三、如電視公司對節目之著作財產權，係來自其與節目製作人間之製作合約，合約中並約定電視公司得享有一定期間或一定次數的公開播映權，則電視公司是否可以之作質權登記？

文化創意產業發展法第23條第1項規定：「以文化創意產業產生之著作財產權為標的之質權，其設定、讓與、變更、消滅或處分之限制，得向著作權專責機關登記；未經登記者，不得對抗善意第三人。但因混同、著作財產權或擔保債權之消滅而質權消滅者，不在此限。」[8]為配合文化創意產業發展法（以下略稱為：「文創法」）於2010年9月24日增訂「著作財產權質權登記及查閱辦法」[9]供民眾申請相關質權登記。又著作權法第37條第2項規定：「專屬授權

---

[8] 「文化創意產業發展法」條文全文，參閱：全國法規資料庫網站，「文化創意產業發展法」，http://law.moj.gov.tw/LawClass/LawAll.aspx?PCode=H0170075（最後瀏覽日期：2013年1月14日）。

[9] 「著作財產權質權登記及查閱辦法」條文全文，參閱：全國法規資料庫網站，「著作財產權質權登記及查閱辦法」，http://law.moj.gov.tw/LawClass/LawAll.aspx?PCode=J0070043（最後瀏覽日期：2013年1月14日）。

之被授權人在被授權範圍內，得以著作財產權人之地位行使權利，並得以自己名義為訴訟上之行為。著作財產權人在專屬授權範圍內，不得行使權利。就被專屬授權人得否設定質權，有下列問題想請教：

（一）因文創法第23條規定得申請質權登記者，限於以「著作財產權」為設質標的之情形。從而，著作財產權之被專屬授權人，其基於著作權法第37條第2項規定而屬債權契約之著作財產權專屬授權契約，所取得之著作財產權行使收益地位，得否作為文創法第23條規定之設質標的而向經濟部智慧財產局（以下略稱為：「智慧局」）申請質權登記？亦即，著作財產權之被專屬授權人經專屬授權之著作財產權範圍，是否為文創法之設質標的？

（二）對於前揭問題，若為肯定，則著作財產權之被專屬授權人是否僅得於其被授權之權利範圍（如種類、期間等）內向智財局申請質權設定（例如：取得專屬授權期間為2年，則僅得於該2年間設定質權）？又若其被專屬授權期間屆滿而未塗銷其質權設定登記，則後續權利又該如何歸屬（是否回歸至原著作財產權人）？

貳、回答

一、問題之層次

前揭問題所欲解決者，究係電視公司得否以其與節目製作人之「製播合約」設定質權之問題，抑或是電視公司得否就其經國外電視公司所授權之節目著作財產權，予以設定質權之問題？二者乃不同層次問題，應先予澄清。

(一) 電視公司「製播合約」所設定之質權，非屬文創法第23條「以文創產業所生著作財產權為標的之質權」

電視公司「製播合約」之合約權利乃屬債權之問題，得否以其設定權利質權，係「製播合約」得否被視為民法第900條[10]「可讓與之債權」的設定權利質權問題，而非文創法第23條「以文化創意產業產生之著作財產權為標的之質權」（以下略稱為：「以文創產業所生著作財產權為標的之質權」）或民法第900條「其他權利」之權利質權問題。

---

[10] 民法第900條規定：「稱權利質權者，謂以可讓與之債權或其他權利為標的物之質權。」

因此，以電視公司「製播合約」所設定之質權，既非屬文創法第23條之「以文化創意產業產生之著作財產權為標的之質權」，則其自不得依文創法第23條第1項規定為質權登記。

(二) 以國外電視公司節目著作財產權之專屬授權範圍設定之質權，係涉及文創法第23條第1項規定之問題

電視公司取得國外電視公司就其節目著作財產權之授權後，得否以其設定質權並為質權登記之問題，則是涉及文創法第23條第1項規定之「以文創產業所生著作財產權為標的之質權」權利質權問題。於此問題，則應進一步探討：對於文創法第23條第1項之「以文創產業所生著作財產權為標的之質權」，能否將之擴大解釋為包含著作權法第37條第4項之「著作財產權之專屬授權所授與之權利」在內？

如果採肯定說，則國外電視公司節目著作財產權之被專屬授權人，得依文創法第23條第1項規定，就其被專屬授權之節目著作財產權權利為質權登記。如果採否定說，則僅產生其被專屬授權之節目著作財產權權利，是否屬民法第900條之「其他權利」，進而其得否依民法第900條相關規定予以設定質權之問題而已，惟我國現行著作權法制已於民國87年廢除民國81年舊法第75條之質權登記制度，僅文創法第23條有質權登記規定，從而，其他屬於民法第900條之質權，即不得以被專屬授權之節目著作財產權權利，依著作權法為質權之登記。

二、著作財產權之專屬被授權人之被授與之權利，得否依文創法第23條為質權登記？

(一) 肯定說與否定說見解

文創法第23條第1項規定：「以文化創意產業產生之著作財產權為標的之質權，其設定、讓與、變更、消滅或處分之限制，得向著作權專責機關登記；未經登記者，不得對抗善意第三人。但因混同、著作財產權或擔保債權之消滅而質權消滅者，不在此限（第1項）。」「前項登記內容，任何人均得申請查閱（第2項）。」「第一項登記及前項查閱之辦法，由著作權法主管機關定之（第3項）。」「著作權專責機關得將第一項及第2項業務委託民間機構或團體辦理（第4項）。」又著作權法第37條第4項規定：「專屬授權之被授權人在被

授權範圍內，得以著作財產權人之地位行使權利，並得以自己名義為訴訟上之行為。著作財產權人在專屬授權範圍內，不得行使權利。」

　　因此，對於著作權法第37條第4項規定之著作財產權被專屬授權人所被授與之權利（以下略稱為：「著作財產權之專屬授權所授與權利」），得否解釋為文創法第23條第1項之「著作財產權」而得依同法規定為質權登記之問題，有肯定與否定兩說：

1. 肯定説

　　持肯定說者認為：著作權法第37條第4項既規定「專屬授權之被授權人在被授權範圍內，得以著作財產權人之地位行使權利」，且「著作財產權人在專屬授權範圍內，不得行使權利」，則著作財產權之被專屬授權人於其被專屬授權之範圍內，即取得與著作財產權人無異之地位，其自得就其被專屬授權之權利範圍，設定權利質權，並依文創法第23條第1項規定為質權登記。

2. 否定説

　　持否定說者認為：文創法第23條第1項既然僅規定「以文化創意產業產生之著作財產權為標的之質權」，則其得以設定質權之標的應未包含著作財產權被專屬授權人所被授與權利，從而，「因著作財產權之專屬授權所授與權利」自不應包含在內。而著作權法第37條第4項規定所謂之「專屬授權之被授權人在被授權範圍內，得以著作財產權人之地位行使權利」，此僅為「法定代位權」性質，著作財產權之被專屬授權人並未因而取得著作財產權[11]，於此情形，實不應適用文創法第23條第1項規定。至於著作財產權之被專屬授權人得否適用民法第900條之權利質權規定，乃係另一問題，而與文創法第23條之質權登記無關。

　　以上肯定與否定二說，筆者認為宜從下述兩個層次予以論斷，即：

　　1. 著作財產權之專屬授權所授與之權利，是否為民法第900條所謂之「其他權利」，若否，則著作財產權專屬授權所授與之權利，基本上即不適宜主張權利質權，其當然無法適用文創法第23條第1項規定。

　　2. 著作財產權之專屬授權所授與之權利，若為民法第900條之「其他權利」，而得成立權利質權，始能開啓其被專屬授權人能否依著作權法第37條第

---

[11] 參閱：章忠信，《著作權法逐條釋義》，初版，五南圖書出版股份有限公司，2007年3月，頁94。

4項規定，主張其得依文創法第23條第1項規定就其被專屬授權範圍爲質權登記之討論。

(二) 著作財產權之專屬授權所授與權利，應不得依文創法第23條第1項規定申請質權登記

1. 被專屬授權人就其著作財產權之專屬授權所授與權利，若未取得著作財產權人之轉讓同意，則非屬民法第900條之「其他權利」

　　民法第900條規定：「稱權利質權者，謂以可讓與之債權或其他權利爲標的物之質權。」第902條規定：「權利質權之設定，除依本節規定外，並應依關於其權利讓與之規定爲之。」著作財產權之專屬授權所授與權利，依著作權法第37條第3項規定之反面解釋，未經著作財產權人之同意，被專屬授權人仍得將之再轉授權予第三人，然而，未經著作財產權人同意之被專屬授權人，能否將其所被授與權利之全部均轉授權予第三人？目前之立法與學說見解，皆尚未論及。

　　對於著作權法第37條第4項規定之著作財產權專屬授權，一般認爲，其同時具有債權行爲與處分行爲之性質，民法上物權之「無因性原則」，於著作財產權之專屬授權，並無適用之餘地。從而，債權行爲無效、不成立或歸於消滅，著作財產權之被專屬授權人所取得之使用權限亦隨之消滅。[12]

　　據此，既然著作財產權之專屬授權同時具有債權行爲與處分行爲之性質，且無民法物權「無因性原則」之適用，著作財產權之專屬授權一般多有原因債權行爲，於此原因債權行爲中，基於著作財產權人（著作財產權之專屬授權人）與被專屬授權人間之信賴關係，著作財產權之被專屬授權人負有一定義務，此或爲支付權利金義務，或爲妥善管理著作財產權之善良管理人注意義務，或爲忠實使用著作義務及其他相關義務；而被專屬被授權人，得以將其被授與權利再轉授權予他人，亦係基於前述著作財產權人就其之信賴而生，蓋著作財產權人與再被授權人間並無權利義務關係。所有再被授權人之權利義務，均由原被專屬授權人所承受，著作財產權人僅能要求原被專屬授權人承擔相關責任。綜此以論，著作財產權之被專屬授權人，對於其經著作財產權人專屬授

---

[12] 參閱：謝銘洋，《智慧財產權之基礎理論》，著者發行，1995年7月，頁69-70；張文毓，《著作財產權授權契約之研究》，中原財經法律系碩士論文，2005年6月，頁46-47。

權而取得之「著作財產權之專屬授權所授與權利」，顯然與著作財產權人就之所享有的地位相異，蓋其未經著作財產權人之同意，即不得將之再轉讓予他人[13]。

依民法第902條規定，權利質權之設定應依其權利讓與之規定為之。惟著作財產權之被專屬授權人就其經授權之權利，若未得著作財產權人之同意，即不得將之再轉讓予他人，換言之，其所享有之「著作財產權之專屬授權所授與權利」，並非其得以任意讓與者，從而，著作財產權之被專屬授權人其經授權取得之「著作財產權之專屬授權所授與權利」，若是未經著作財產權人同意其再授權或讓與者，則與民法第900條權利質權標的物之性質（「⋯⋯可讓與之債權或其他權利」）有異，應非屬民法第900條之「其他權利」，無法成立權利質權。

2. 著作財產權之專屬授權所授與權利，不得依文創法第23條第1項規定為質權登記

承前所論，著作財產權之被專屬授權人所享有之「著作財產權之專屬授權所授與權利」，若是未經著作財產權人同意其讓與者，即非屬民法第900條之「其他權利」而無法成立權利質權，則其亦當然無法適用文創法第23條第1項規定，亦即，文創法第23條第1項之「著作財產權」，應不包含未經著作財產權人為讓與同意之「著作財產權之專屬授權所授與權利」在內。再者，筆者認為，著作財產權之被專屬授權人，就其因著作財產權人之專屬授權而取得之權利，縱已取得著作財產權人同意其得以設定質權，而屬民法第900條之「其他權利」而得成立權利質權，惟著作財產權之被專屬授權人所被授與之前揭權利僅屬「法定代位權」之性質，其與文創法第23條第1項規定之「著作財產權」權利性質仍有不同，其仍不得依文創法第23條第1項規定為質權登記。

（回覆於2010年12月20日）

---

[13] 黃銘傑教授於其〈品牌台灣發展計畫與商標法制因應之道——超越WTO/TRIPS規範、汲取自由貿易體系最大利益〉一文第67頁，提到：「依據日本商標法第30條第3項規定，專屬被授權人於取得商標權人同意後，得移轉其專屬授權。同樣地，專屬被授權人於取得商標權人同意後，亦得就其專屬授權設定質權（日本商標法第30條第4項準用發明專利法第77條第5項）」。參閱：http://www.tai-wanncf.org.tw/seminar/20070421/20070421-3.pdf（最後瀏覽日期：2013年1月15日）。

問題28：著作財產權轉讓合約是否及於大陸地區？

 **相關條文**

著作權法第11條（職務著作）、第12條（受聘著作）、第36條（著作財產權之讓與）

壹、問題

本件問題緣起於：國立空中大學（空大）與作者簽定之教科書撰寫合約及教學節目著作權合約中，約定該校享有書籍、教學節目之腳本及其視聽教材等著作之著作財產權，合約並未限定限於中華民國管轄區域內，則其權利範圍是否僅限台灣地區？如該校欲授權大陸天津廣播電視大學利用，是否仍需徵得原作者同意？

經查，前著作權業務主管機關內政部曾解釋：「按著作財產權得全部或部分讓與他人或與他人共有，著作權法第36條定有明文。如讓與人將著作財產權全部讓與者，受讓人即取得全部之著作財產權，不因嗣後兩岸關係之改變而受影響。至於當事人間就讓與範圍發生爭議時，應循司法途徑決定當事人眞意解決之。」（民國83年9月27日台（83）內著字第8320155號函）[14]亦即，如將著作財產權全部讓與即包括大陸地區，但如於合約中未限定讓與之區域，係全部讓與或僅讓與中華民國領域內之權利，則未敘明。

又臺灣高等法院94年度上更(二)字第792號刑事判決則認爲：「按著作權或出版權之轉讓，係指著作權或出版權終局、永久之轉讓，讓與人和受讓人如未約定將讓與之權利之有效範圍限於一定地區，依法理其讓與即屬無限制，受讓人取得之權利之有效範圍當然及於全世界，此乃各國著作權法解釋之通例。台灣地區作者將著作權或出版權轉讓予出版社時，如未限定地區範圍，自應解爲大陸地區之權利亦在讓與之列，……。」[15]

---

[14] 參閱：經濟部智慧財產局，解釋令函列表，http://www.tipo.gov.tw/ch/Enactment_LMExplainLookPrintPage.aspx?ID=1338&KeyCode=&KeyConten=（最後瀏覽日期：2013年1月24日）。

[15] 臺灣高等法院94年度上更（二）字792號刑事判決，參閱：司法院法學資料檢

綜上，如讓與契約中僅約定「甲方將著作財產權讓與乙方」，未言明係全部或部分，應如何解釋為宜？實務界之作法如何？茲列出以下三說：

一、甲說

　　讓與契約既未限定讓與範圍限於一定地區，其讓與即屬無限制，受讓人取得權利之範圍當然及於全世界（此與前述高等法院之見解相同）。故本案中，空大如已取得該等著作之著作財產權，則授權大陸之學校利用時，即無需再徵得原作者同意。

二、乙說

　　讓與契約在中華民國領域內簽署，其效力原則上應僅及於中華民國法域所及之範圍內。故空大欲再授權大陸之學校利用時，仍需再徵得原作者之同意。

三、丙說

　　契約解釋應探求當事人真意，故應先依當事人之真意定之；如雙方產生爭議時，約定不明則應依著作權法第36條之規定，推定為未讓與。
　　上述三說，究應如何取擇，擬回答如下。

貳、回答

一、空中大學與教師之間，是否適用著作權法第11、12條之問題

　　(一) 著作權法第11條規定：「受雇人於職務上完成之著作，以該受雇人為著作人。但契約約定以雇用人為著作人者，從其約定（第1項）。」「依前項規定，以受雇人為著作人者，其著作財產權歸雇用人享有。但契約約定其著作

財產權歸受雇人享有者,從其約定(第2項)。」「前二項所稱受雇人,包括公務員(第3項)。」第12條規定:「出資聘請他人完成之著作,除前條情形外,以該受聘人為著作人。但契約約定以出資人為著作人者,從其約定(第1項)。」「依前項規定,以受聘人為著作人者,其著作財產權依契約約定歸受聘人或出資人享有。未約定著作財產權之歸屬者,其著作財產權歸受聘人享有(第2項)。」「依前項規定著作財產權歸受聘人享有者,出資人得利用該著作(第3項)。」有著作權法第11條及第12條之關係,出資人若取得著作財產權或出資人成立著作人,可能有原始取得問題,不僅是受讓取得而已。

(二) 有關學校與教師之間,是否存在出資聘人完成著作之關係?分述如下:

我國立法及實務之見解

民國81年著作權法修正時,行政院草案第11條原規定:「法人之職員或其他受雇人,在法人之規劃及監督下,其職務上完成之著作,以法人為著作人。但法令另有規定,或契約另有約定,不適用之。」此草案理由中謂:「法人組織之教師,其著作並非在法人之規劃及監督下完成,故其完成之著作,仍以其個人為著作人。」

有關教師之講課或講義等,是否屬於職務著作?應適用著作權法第11條抑或第12條規定?經濟部智慧財產局有下列函釋:

(1) 民國97年4月1日電子郵件970401a號函

「有關上述授課之演講內容的著作權歸屬問題,可分為下列二種情形加以說明:(1) 屬僱傭關係完成之著作者:如老師是語文教學中心的受雇人,其授課之演講內容,是其職務上完成的著作的話,該演講內容之著作人、著作財產權歸屬的認定,首先應視雙方的約定來決定,若雙方沒有約定的話,原則上,老師為該演講內容的著作人,只享有著作人格權,語文教學中心為著作財產權人,享有著作財產權。(2) 屬承攬關係完成之著作者:如老師是語文教學中心所聘請,其授課之演講內容,是因語文教學中心出資聘請而完成,且雙方的法律關係屬「承攬」的話,其著作人、著作財產權人應由雙方約定來決定,若雙方未做任何約定,則老師為該授課之演講內容之著作人,享有著作人格權及著作財產權,但語文教學中心得在出資的目的和範圍內利用該演講內容。」[16]

---

[16] 參閱:經濟部智慧財產局,解釋令函列表,http://www.tipo.gov.tw/ch/Enactment

(2) 民國94年6月13日電子郵件940613A號函

「老師上課的內容是『語文著作』，受著作權法的保護，至何人有權利將其做其他利用，應視該著作之著作財產權歸屬何人。因此，受雇於補習班的老師，上課內容如為職務上完成的著作，在雙方無特別約定下，依著作權法第11條之規定，老師為著作人，補習班為著作財產權人，所以補習班可以為著作財產權之任何利用行為，含您來函所稱補習班上課時利用錄影設備將老師上課之情形錄製成錄影帶，並提供給補習班學生作為補課或複習之用，且該等利用行為係本於著作財產權人之地位行使權利，與合理使用無涉。」[17]

(三) 有關學校與教師之間是否依著作權法第11條及第12條之規定？理論上，應有下列四項關係：

1. 大學教師之自由著述，係非學校指定而自行創作完成者，其不僅創作不受學校之指揮監督，自由創作無另給報酬，創作係來自其自發性、獨立性，在社會評價上，著作權歸屬於著作人，故此大學教師之自由著述，應認為非職務著作，而以大學教師為著作人。

2. 高中以下教師之自由著述，縱然其著述與教學有關，亦應以教師為著作人，亦非屬於職務著作。

3. 學校指定教師編寫統一教學講義，此編寫過程係來自學校企劃指示，學校與教師間有一定的內容指揮監督關係，該講義供學校課程所用，且以學校或學校編委會名義公開發表，應認為係著作權法第11條之職務著作。

4. 學校教師之上課之口述，如果其內容係具有自主性，學校無指揮監督關係，不管是大學教師或中小學教師，依社會評價，著作權應歸教師所有，不宜認為係著作權法第11條之職務著作。補習班具有相當之營利性，教師如果係以鐘點費計付報酬，口述之著作權，如果無約定，應認為屬於教師，但補習班有使用權，如果以月薪給付報酬，其口述之著作權，如果無約定，依社會評價，應屬於僱用人所有。

(四) 本件空大與作者簽定之教科書撰寫合約，教師與空大的關係，是否屬

_LMExplainLookPrintPage.aspx?ID=2980&KeyCode=&KeyConten=（最後瀏覽日期：2013年1月24日）。

[17] 參閱：經濟部智慧財產局，解釋令函列表，http://www.tipo.gov.tw/ch/Enactment _LMExplainLookPrintPage.aspx?ID=2234&KeyCode=&KeyConten=（最後瀏覽日期：2013年1月24日）。

於「學校指定教師編寫統一教學講義，此編寫過程係來自學校企劃指示，有一定的內容指揮監督關係」，應依具體個案認定之。惟縱然認定屬於著作權法第11條或第12條之職務著作之關係，如果雙方有合約，自應以合約規定為優先，而排除著作權法之規定關係。亦即，如果雙方之著作財產權合約約定，係依著作財產權轉讓方式為之，自應依合約規定認定之，不受著作權法第11條及第12條規定之影響。

二、未限定著作財產權轉讓地區的轉讓效力範圍

(一) 著作權法第36條之解釋

1. 著作權法第36條規定：「著作財產權得全部或部分讓與他人或與他人共有（第1項）。」「著作財產權之受讓人，在其受讓範圍內，取得著作財產權（第2項）。」「著作財產權讓與之範圍依當事人之約定；其約定不明之部分，推定為未讓與（第3項）。」有關著作權法第36條第3項規定，係自民國74年著作權法第7條第2項而來，而民國74年著作權法增訂之第7條第2項「著作權讓與之範圍，依當事人之約定；其約定不明者，由讓與人享有。」規定，其究係依據何國立法例訂定，原行政院草案並未說明，當時實務上亦未見有任何案例解釋。

2. 然而，德國著作權法採一元說，著作權不得轉讓。日本著作權法第61條則規定：「著作權得全部或一部轉讓之。」「讓與著作權之契約，如無特別約定第27條及第28條規定之權利為讓與之標的者，該權利推定由讓與人保留。」[18]其中，第27條即翻譯、改編權；第28條之權利，即關於衍生著作之利用之原著作人之權利。前述二者均與本件有關著作財產權轉讓，是否係限於轉讓地方有轉讓效力無關。學者認為，著作權讓與契約的認定，一般應依契約之文字與對價之多寡而推測當事人之意思，而當事人主觀意思不明者，依契約所期達成之目的認定之。至於著作之著作權全部轉讓，是否包含外國的著作權當然轉讓，頗有爭議，日本的解說書少有人提及此一問題，一般認為應在讓與契約明確訂定。

---

[18] 「日本著作權法」，參閱：e-GOV電子政府の總合窗口，http://law.e-gov.go.jp/htmldata/S45/S45HO048.html（最後瀏覽日期：2013年1月24日）。

(二) 我國實務觀點

有關著作財產權轉讓，未明確約定轉讓地區，亦未有不轉讓之保留，僅約定「著作財產權轉讓」，是否包含大陸地區及外國之著作財產權之轉讓？實務上有不同見解：

1. 採肯定說者認為，著作財產權轉讓，當然包含全世界的轉讓。例如：

內政部83年9月27日台（83）內著字第8320155號函釋（「按著作財產權得全部或部分讓與他人或與他人共有，著作權法第36條定有明文。如讓與人將著作財產權全部讓與者，受讓人即取得全部之著作財產權，不因嗣後兩岸關係之改變而受影響。至於當事人間就讓與範圍發生爭議時，應循司法途徑決定當事人真意解決之。」），以及，臺灣高等法院94年度上更(二)字第792號刑事判決（「按著作權或出版權之轉讓，係指著作權或出版權終局、永久之轉讓，讓與人和受讓人如未約定將讓與之權利之有效範圍限於一定地區，依法理其讓與即屬無限制，受讓人取得之權利之有效範圍當然及於全世界，此乃各國著作權法解釋之通例。台灣地區作者將著作權或出版權轉讓予出版社時，如未限定地區範圍，自應解為大陸地區之權利亦在讓與之列。」）

其他有甚多在國外轉讓，而在我國得以受讓人身分主權權利之案例，此案例不一一列舉。

2. 採否定說見解者，則有下述三例：

(1) 臺灣高等法院92年度上更(一)字第501號刑事判決：「契約第1條約定：『本契約簽訂後，本著作物之著作權及一切權利，永為受讓人所有』……著作財產權為財產權之一種，與身分關係同屬重要之私權。當年時空背景，在大陸有配偶者，在台灣再婚、重婚者比比皆是。其重婚效力，依大法官釋字第242號解釋明確說明：『國家遭重大變故，在夫妻隔離，相聚無期之情況下，所生之重婚，與一般重婚案件究有不同』實為的論。故當年環境，國家重大變故，兩岸相隔遙遙無期，幾為兩個不同世界，不能以今日之交流，看當年之歷史。對與公序良俗有關最重大之婚姻夫妻身分，均無法顧及大陸地區，當年讓與著作財產權，何能顧及大陸地區？」「自訴人提出學者間之見解及內政部函文，僅係就一般情形所為之意見，尚不得拘束特殊個案間解釋其意思表示真意。綜上所述，關於本件著作物權讓與契約，依當時時空背景，探求當事人之真意，應認不可能顧及大陸地區之權利。當年將大陸地區視為另一鐵

幕世界。其讓與之權利，應不及於大陸地區，較爲合於實際情形。」[19]

(2) 最高法院91年台聲字第271號民事判決：「相對人之被繼承人牛鶴亭（筆名臥龍生）固於民國49年至55年間，將所著『天涯俠侶』（即「天馬霜衣」）、『還情劍』、『天劍絕刀』、『素手劫』及『無名簫』等武俠小說之著作財產權讓與眞善美出版社即聲請人之父宋今人，並簽訂著作物權讓與契約，嗣由聲請人繼承該著作財產權，且經另件第二審法院以86年度上字第958號判決確定聲請人就上開小說有著作財產權存在。惟兩造之被繼承人簽訂著作物權讓與契約時，因兩岸仍處戰爭狀態，其授權之地域是否包含大陸地區，即有所謂約定不明之處，依著作權法第37條第1項之規定，應推定未授權大陸地區發行系爭著作物。是以牛鶴亭再將其著作權授權大陸人民惠西平在大陸地區處理，並無侵害聲請人著作權之情事。」[20]

(3) 最高法院92年台上3863號刑事判決：「按解釋當事人之契約，應以當事人立約當時之眞意爲準，而眞意何在，又應以過去事實及其他一切證據資料爲斷定之標準，不能拘泥文字致失眞意；又『著作財產權得全部或部分讓與他人或與他人共有，著作財產權之受讓人，在其受讓範圍內，取得著作財產權。著作權讓與之範圍依當事人之約定，其約定不明之部分，推定爲未讓與」，著作權法第36條定有明文。查吳思明與吳今人於48年至58年間在台灣簽訂『著作物權讓與契約」第1條雖約定：「本契約簽訂後，本著作物之著作權及一切權利，永爲受讓人所有」。然是時環境，台灣地區仍屬動員戡亂時期，兩岸關係無交流之可能，因此依兩造簽訂契約當時之認知，其權利之範圍是否含蓋大陸地區，即非無疑。而內政部83年9月27日（83）台內著字第8320155號函雖釋

---

[19] 臺灣高等法院92年度上更(一)字第501號刑事判決，參閱：司法院法學資料檢索系統，http://jirs.judicial.gov.tw/FJUD/PrintFJUD03_0.aspx?jrecno=92%2c%E4%B8%8A%E6%9B%B4(%E4%B8%80)%2c501%2c20040929%2c1&v_court=TPH+%E8%87%BA%E7%81%A3%E9%AB%98%E7%AD%89%E6%B3%95%E9%99%A2&v_sys=M&jyear=92&jcase=%E4%B8%8A%E6%9B%B4(%E4%B8%80)&jno=501&jdate=930929&jcheck=1（最後瀏覽日期：2013年1月24日）。

[20] 最高法院91年台聲字第271號民事判決，參閱：司法院法學資料檢索系統，http://jirs.judicial.gov.tw/FJUD/PrintFJUD03_0.aspx?jrecno=91%2c%E5%8F%B0%E8%81%B2%2c271%2c20020516&v_court=TPS+%E6%9C%80%E9%AB%98%E6%B3%95%E9%99%A2&v_sys=V&jyear=91&jcase=%E5%8F%B0%E8%81%B2&jno=271&jdate=910516&jcheck=（最後瀏覽日期：2013年1月24日）。

示：『按著作財產權得全部或部分讓與他人或與他人共有，著作權法第36條定有明文。如讓與人將著作財產權全部讓與者，受讓人即取得全部之著作財產權，不因嗣後兩岸關係之改變而受影響」。然是項解釋既曰：『不因『嗣後』兩岸關係之改變而受影響」，能否溯及既往生效，亦有疑義。原判決援引該函據爲吳思明於48年至58年間在台灣將著作財產權讓與宋今人，其效力範圍包括大陸地區，是否與當事人立約之眞意契合？仍有深究之餘地。」[21]

3. 本人認爲，著作財產權轉讓如果未限制地區，除非有特別眞意不明的情事，否則應認爲係全世界之轉讓。理由如下：

(1) 著作人之著作財產權轉讓，應認爲係著作人有將關於著作之著作財產權全部賣斷之意思。如果謂著作財產權轉讓，對於轉讓當時未加來往之地區，或爲權利行使所難及之地區，著作人應仍保有權利，例如在戒嚴時期著作財產權轉讓，解釋上不包含大陸地區，則同理將亦可解釋爲，在戒嚴時期在台灣的著作財產權轉讓，不包含東歐及蘇聯地區。同理，二次大戰前，全世界未及50個國家，是否亦可謂在二次大戰前的著作財產權轉讓，不及於戰後新的獨立的國家？此種解釋，將衍生出極複雜的問題，並非安當。

(2) 在過去司法實務上，對於在國外著作財產權轉讓之受讓人，當然均可在台灣地區主張著作財產權，甚至在法院提出訴訟，從未有人主張在A國甲將著作財產權轉讓乙，僅承認在A國有效，B國不視爲轉讓。主張在A國甲將著作財產權轉讓乙，僅承認在A國有效，則任何著作財產權轉讓，其轉讓地如果在中華民國管轄區域內，僅於中華民國管轄區域內有效，如此一來，著作財產權轉讓在全世界近兩百個國家，僅轉讓200分之1，在其他國家的著作財產權，著作人仍可享有，甚不合理。

4. 在過去主管機關著作權註冊有關著作財產權轉讓，並不要求聲明全世界轉讓，此主管機關之轉讓註冊，如果經過公證、認證程序，在大陸著作權授權亦被承認。同樣地，大陸地區之著作財產權轉讓文件，如果經公證、認證程

---

[21] 最高法院92年台上3863號刑事判決，參閱：司法院法學資料檢索系統，http://jirs.judicial.gov.tw/FJUD/PrintFJUD03_0.aspx?jrecno=92%2c%E5%8F%B0%E4%B8%8A%2c3863%2c20030717&v_court=TPS+%E6%9C%80%E9%AB%98%E6%B3%95%E9%99%A2&v_sys=M&jyear=92&jcase=%E5%8F%B0%E4%B8%8A&jno=3863&jdate=920717&jcheck=（最後瀏覽日期：2013年1月24日）。

序，在台灣地區，亦被法院承認。故著作財產權轉讓，如果未聲明有所保留，則應認為其轉讓應包含全世界在內。

（回覆於2011年3月2日）

問題29：電腦伴唱機的增加使用音樂問題

 **相關條文**

著作權法第37條（著作財產權之授權）
著作權集管團體條例第38條（主管機關檢查、查核、命令權之行使）

壹、問題

依據經濟部智慧財產局民國97年1月14日智著字第09600116770號函[22]之說明，電腦伴唱機公開演出之授權，係以被授權人與利用場所爲授權對象，而非以伴唱機機型或機種爲授權對象，「電腦伴唱機台數」或「包廂數」僅係計算使用報酬之標準（收費方式），故利用人如已向集管團體支付電腦伴唱機概括授權公開演出之使用報酬，原則上已取得於該場所利用集管團體所管理之全部著作之公開演出授權，應無侵害公開演出權之情形。

惟如電腦伴唱機利用人在取得合法授權後，增加其營業場所之包廂數或機台數，但並未另行支付集管團體增加之使用報酬，則其原先於該場所取得之合法授權，是否會因後續之事實情狀改變，而受影響？亦即利用人如未支付集管團體增加之使用報酬，則其利用行爲是否將構成著作權侵害，而有民刑事責任？或利用人先前於該場所取得之合法授權不受影響，利用人未支付集管團體增加之使用報酬，僅屬未依授權費率核實計算使用報酬之問題，僅須負擔債務不履行之民事責任？

舉例而言，現有一家卡拉OK業者A在其營業場所擺放1台電腦伴唱機，並已向相關集管團體取得公開演出之授權，惟嗣後因其生意興隆，原有之空間及伴唱機已不敷使用，A乃將其營業場所隔成3間包廂，並另行購買2台伴唱機（每個包廂1台伴唱機），供消費者點唱使用。於此情形，A如未向集管團體另行支付2台伴唱機之公演費用，則A後續利用行爲是否構成著作權侵害，而

---

[22] 參閱：經濟部智慧財產局網站，解釋令函列表，http://www.tipo.gov.tw/ch/Enactment_LMExplainLookPrintPage.aspx?ID=2372&KeyCode=&KeyConten=（最後瀏覽日期：2013年1月24日）。

有民刑事責任？或A利用另2台伴唱機公開演出之行為仍在原先取得授權之範圍內，僅係未依集管團體所定費率付費，而應負擔契約民事責任？

貳、回答

一、本問題是否適用經濟部智慧財產局97年1月14日智著字第09600116770號函釋？

(一) 經濟部智慧財產局民國97年1月14日智著字第09600116770號函謂：「依著作權集管團體條例第38條第4項規定：『主管機關依集管團體之營運及財產狀況，認為有必要時得命集管團體變更業務執行之方法，或為其他必要之處置。』關於公演證之核發係以被授權人與利用場所為授權內容，而不宜以伴唱機機型或機種為授權內容，否則易滋有無取得授權之困擾，迭經本局要求各著作權集管團體改善在案。倘貴會授權業者公開演出係以『電腦伴唱機台』數量計算收費，若該業者之營業場所已取得合法授權，嗣後於授權期間僅更換伴唱機但台數不變時，仍屬合法授權利用，貴會針對業者更換伴唱機機型或機種之情事，不應進行取締而徒增合法取得授權業者之困擾。另貴會函稱業者特意以多報少或是A店已辦理之電腦伴唱機之公播證挪至B店使用一節，貴會自得針對該以多報少之店家或該B店因侵權而提起訴訟，此情況與前述所稱營業場所已取得合法授權之情形並不相同。」

(二) 上述函釋，主要是針對被授權人「於授權期間僅更換伴唱機但台數不變時」而言。在該函釋既謂：「業者特意以多報少或是A店已辦理之電腦伴唱機之公播證挪至B店使用一節，貴會自得針對該以多報少之店家或該B店因侵權而提起訴訟，此情況與前述所稱營業場所已取得合法授權之情形並不相同。」

其中認為「以多報少」，得另行提起訴訟，與「該業者之營業場所已取得合法授權，嗣後於授權期間僅更換伴唱機但台數不變時，仍屬合法授權利用」之情形不同，則於本問題自不宜引用經濟部智財局上開函釋，否則與上開函釋之「貴會自得針對該以多報少之店家或該B店因侵權而提起訴訟」之意旨，有所矛盾，對於本問題應另行認定法律見解。然而，另行認定法律見解，並非當然指「利用人如未支付集管團體增加之使用報酬」，則其利用行為即應構成著作權侵害，而應從雙方契約之約定、社會通念與認定侵害與否的利弊得失，作綜合判斷。

二、侵害說與違約說之理由

本問題係：「電腦伴唱機利用人在取得合法授權後，增加其營業場所之包廂數或機台數，但並未另行支付集管團體增加之使用報酬，則其原先於該場所取得之合法授權，是否會因後續之事實情狀改變，而受影響？亦即利用人如未支付集管團體增加之使用報酬，則其利用行為是否將構成著作權侵害，而有民刑事責任？或利用人先前於該場所取得之合法授權不受影響，利用人未支付集管團體增加之使用報酬，僅屬未依授權費率核實計算使用報酬之問題，僅須負擔債務不履行之民事責任？」茲分侵害說與違約說析述其利弊：

(一) 侵害說

此說認為，著作權法第37條第1項規定：「著作財產權人得授權他人利用著作，其授權利用之地域、時間、內容、利用方法或其他事項，依當事人之約定；其約定不明之部分，推定為未授權。」即營業場所音樂之利用所以合法，係因授權之地域、時間、利用方法及其他事項（包含包廂和機台數量）符合契約約定，未符契約約定者，即屬未授權。逾越授權的範圍，係屬著作權法第88條之侵害著作財產權，及第92條之擅自以公開演出之方法侵害他人之著作財產權。蓋如果未作此種解釋，則伴唱機業者，往往先以一機台或一包廂與集體管理團體（下稱「集管團體」）簽約，俟簽約後，再不斷增加包廂及伴唱機台數，如果被查獲，最多繳費，不被查獲則獲利過關。如此一來，將鼓勵業者投機，故如果未採侵害說，則無法使集體管理團體之收費機制順利運作。

(二) 違約說

此說認為，被授權人之增加包廂及伴唱機台數，是否同時構成著作權侵害，應由契約的授權內容與對象，以及如果違反此契約約定，是否契約得以充份救濟作綜合判斷。如果授權對象為整個營業場所，而且被授權人違約在契約中已足以救濟，並無使集體管理團體難以運作之情形，應認為僅係違約問題，而非侵害著作權問題。

上述二說，本人認為宜採違約說。

三、本件應認為僅係違約問題之理由

(一) 上述問題是否僅係違反契約問題，抑或另有侵害著作權，應由雙方授權契約內容作判斷，已如前述。茲以國內目前授權數最多的著作權集體管理團

體「社團法人中華音樂著作權協會」（下稱MUST）為例，加以說明。

(二) 依MUST的「電腦伴唱機機台音樂公開演出概括授權契約」（下稱「概括授權契約」）前言及第1條規定：「緣本會係為音樂著作財產權人行使權利、收受及分配使用報酬，經主管機關許可，依法所組成之著作權集體管理團體，而台端（貴單位）為就本會已得專屬授權之所有音樂著作於約定期限內作不限次數地公開演出，是雙方協議如下列約定：一、本會授權台端（貴單位），本契約期限內得不限次數地在台端（貴單位）之營業場所（前頁所指之營業場所地址）公開演出本會所管理之一切音樂著作（下稱契約標的）。」依此規定，授權之對象並非「伴唱機」，而係伴唱機之「營業場所」。經濟部智慧財產局民國97年1月14日智著字第09600116770號函之說明，電腦伴唱機公開演出之授權，係以被授權人與利用場所為授權對象，而非以伴唱機機型或機種為授權對象，「電腦伴唱機台數」或「包廂數」僅係計算使用報酬之標準（收費方式），在MUST的概括授權契約中，實有依據。

(三) 依概括授權契約書第2條規定：「台端（貴單位）同意按本會之使用報酬收受方法支付使用報酬予本會。契約存續期間如台端（貴單位）之門市、營業店有所增、減、遷移或停止使用音樂之情形，須即時以書面檢附相關證明文件通知本會，本會須將使用報酬依其增、減、遷移或停止使用音樂之情形，作加收、退費之計算（台端（貴單位）須檢附本契約授權期間之發票）。」第4條規定：「倘若台端（貴單位）已經繳付之使用報酬金額與實際應付之金額不符時，就不足欠繳之部分，本會應以書面通知台端（貴單位），台端（貴單位）應於送達日後之十四日內繳付差額；若台端（貴單位）有溢繳之情形，則必須由台端（貴單位）檢具相關證明文件以書面通知本會，本會即將溢繳之款項退還予台端（貴單位）。」第5條規定：「台端（貴單位）應依實際利用音樂之範圍向本會申請授權，惟本會得不定期至台端（貴單位）所申請授權之營業處所查核，如經查證台端（貴單位）實際使用之範圍與契約標的授權範圍不符者，台端（貴單位）除應依實際使用之情形做增、減授權契約標的外，若為短報者，另需給付短報差額之十倍數額作為賠償。」

(四) 上述概括授權契約書第2條，雖然規定在契約授權期間內，有增加使用音樂情形，被授權人有通知授權人的義務。然而此亦表明，授權人僅有通知的義務，在此概括授權契約中之增加使用音樂，亦應解為在概括授權契約的授權範圍內。此由概括授權契約的第4條中「倘若台端（貴單位）已經繳付之使用報酬金額與實際應付之金額不符時，就不足欠繳之部分，本會應以書面通知

台端（貴單位）」之規定文義，表明在營業場所欠費時應由集管團體來通知收費，故如果增加使用音樂，僅係營業場所欠繳費用，應由集管團體通知欠費而已，並非侵害著作權。況概括授權契約第6條規定，集管團體得不定期對營業場所查核，如果有短報，另需給付短報差額之10倍數額作為賠償。足見營業場所增加新的機器，依契約規定，仍屬被授權範圍，營所場所的漏報，被發現，需另給付短報差額十倍的賠償。因此，如果就本件問題採違約說，而不採侵害說，並不會造成業者的投機，亦即不致產生使集管團體無法順利運作的狀況。

(五) 況如果採侵害說，則營業場所可能本來有10個包廂，10台機器，僅因業務需要而多增加一個包廂或機器，即造成營業所場管理人需負著作權法第92條規定，擅自以公開演出之方法侵害他人之著作財產權者，處3年以下有期徒刑、拘役，或科或併科新臺幣75萬元以下罰金，未免處罰過重，與刑法上之「刑罰節約說」之理論有違，似非解釋法律之道。即使是民事上之侵害著作財產權，依著作權法第88條第3項規定，侵害人尚有法定賠償責任，依著作權法第89條規定，侵害人亦有負擔登載判決書費用義務，此均使違約者負擔極重之責任，採侵害說，實宜慎重。

（回覆於2011年9月）

第六章　著作財產權之限制（合理使用）

問題30：有關智慧財產局進行專利審查核駁時複製他人著作文獻的著作權問題

 **相關條文**

> 著作權法第52條（合理引用）、第65條第2項（合理使用之概括規定）

壹、問題

問題說明：

一、目前經濟部智慧財產（下稱智慧局）局專利組於進行專利審查核駁時，常引用他人之著作文獻（包括網路上文獻）並予複製（下載）後，發還申請人時並同時檢附該引證資料，此作法已行之有年。

二、就有關專利審查核駁檢附引證文件發還申請人一事，依日本2007年（平成19年）7月修正施行之日本著作權法第42條第2項規定，行政機關進行專利審查時，在必要的範圍內得複製他人之著作，此賦予專利審查機關檢附非專利文獻資料複本與特許案申請人之法源依據。於此之前，日本特許廳於審查專利案件並發給拒絕理由通知書時，該通知書所引用之文獻並未檢送給申請人，故申請人必須自行取得文獻，造成申請人困擾，日本方修正著作權法以為因應。

三、然就我國現行著作權法而言，著作權法第44條（81年修法新增規定，立法理由表明係參考日本著作權法第42條），並無日本法第42條第2項規定之明文，且現行專利審查核駁引證文獻資料發還申請人，依我國著作權法規定，是否得主張合理使用（例如第65條規定）？由於此涉行政機關審理案件之所需，就利用他人著作並發送申請人之行為，究應取得授權抑或可主張合理使用？

附錄

日本著作權法第42條

> 　　著作在被認定為審判程序中及立法或行政目的內內部資料所必要之情形中，在認定為必要的程度內係可複製的。但是，依該著作物之種類、用途及複製份數及態樣以不侵害著作權人之利益為限。
>
> 　　行政機關進行發明、新式樣及商標相關審查、新型相關技術評價或國際申請（基於專利合作條約的國際申請相關法律（昭和53年法律第30號）第2條時規定的國際申請。）相關國際調查或國際預備審查的手續。

貳、回答

　　一、我國現行著作權法第44條及第45條，係在民國81年著作權法修正時所新增，依當時立法理由說明，雖謂係參考西德著作權法第45條、日本著作權法第42條及南韓著作權法第22條規定。然而就立法文字觀察，此規定主要係來自日本著作權法第42條規定及南韓著作權法第22條。而南韓1987年著作權法，主要係仿自日本1970年著作權法規定。故我國著作權法第44條及第45條之解釋，從立法沿革而言，可參考日本著作權法之立法、學者及實務見解。

　　二、依日本1970年著作權法第42條規定：「於裁判程序目的之必要，及立法或行政程序作為內部資料之必要，在認為必要之限度內，得複製著作。但依該著作之種類及用途，以及該複製之份數及態樣觀察，不當有害著作權人之利益者，不在此限。」日本著作權法第42條之裁判程序，雖然包含「準裁判程序」（日本著作權法第40條第1項參照），然而發明專利審查手續，不包含在裁判程序及準裁判程序中[1]。

　　三、而日本著作權法第42條之行政程序之複製，限於作為內部資料之必要，凡資料有對外發布者，不包含在內[2]。學者認為審議會的審議資料對委員

---

[1] 參見半田正夫：著作權法概說，2007年6月13版，頁164。

[2] 見日本文化廳文化部著作權課內著作權法令研究會編：著作權關係法令實務提要，第42條有關立法理由之解說。第一法規出版株式會社，昭和55年發行。

發送，仍屬「內部資料」[3]。而有關特許審查手續，附加論文及參考文獻對申請人發送，非內部參考資料必要，故日本著作權法在平成18年（2006年）方在著作權法第42條追加第2項之修正（平成18年法律第121號）[4]。

四、我國著作權法第45條之「司法程序」，並未如日本著作權法第42條第1項規定，包含「準司法程序」之規定。即使有此規定，可能亦不能解為包含智慧局對有關專利之核駁程序在內。故有關智慧局專利組於進行專利審查核駁時，引用他人之著作文獻（包括網路上文獻）並予複製（下載）後，發還申請人時並同時檢附該引證資料，此不能引用我國著作權法第45條規定豁免。而我國著作權法第44條亦限於「列為內部參考資料」，與日本著作權法相同，故該行為亦不能主張第44條規定，以為豁免。

五、上述問題，能否主張著作權法第52條之引用，以為豁免？查著作權第52條規定：「為報導、評論、教學、研究或其他正當目的之必要，在合理範圍內，得引用已公開發表之著作。」此一規定之文字，主要在民國81年著作權法修正時確立，斯時立法理由謂本條係參考西德、日本、南韓、法國著作權法立法例。然本條與日本、南韓立法最為相似。南韓之立法，亦係來自日本，已如前述。依日本著作權法第32條第1項規定：「已公開發表之著作，得以引用利用之。於此情形，其引用，須合於公正慣行，且在報導、批評、研究或其他引用目的正當之範圍內為之。」

六、日本著作權法第32條之引用，須符合下列諸要件[5]：

(一) 須引用目的正當。

(二) 須引用與被引用之著作，有可區分性。

(三) 須引用與被引用之著作發生主從關係。易言之，即以引用之著作為主，被引用之著作為輔，兩者須處於非對等之關係，且被引用之著作，不具有獨立存在之意義[6]。

(四) 須被引用之著作在自己著作上出現，具有必然性及最小性。

(五) 須尊重被引用著作之著作人格權。

我國著作權法第52條，亦當作如此解釋。上述要件，其中要件(一)見於條

---

[3] 作花文雄：著作權法，2002年4月2版，頁339。

[4] 參見日本著作權法令研究會編：著作權關係法令集，2007年6月發行，頁26。

[5] 參見作花文雄著：前揭書，頁306-307。

[6] 參見日本東京法院昭和59年（1984年）8月31日判決（藤田畫伯事件）。

文文字本身；要件(二)，已見於最高法院84年台上字第419號刑事判決；要件(三)，已見於內政部台（82）內著字第8129310號函；要件(四)乃法理之當然；至於要件(五)，則係著作權法第66條所明定。智慧局專利組於進行專利審查核駁時，引用他人之著作文獻，如果被引用之著作係在核駁書內文本身，而註明出處，有可能可以全部符合上述五要件，然而如果文獻資料另行複印，則可能違反上述(三)、(四)要件。因而不能以我國著作權法第52條規定主張豁免。此乃日本著作權法所以另行增訂第42條第2項之理由。

　　七、值得討論者，即上述智慧局專利組於進行專利審查核駁時，引用他人之著作文獻（包況網路上文獻）並予複製（下載）後，發還申請人時並同時檢附該引證資料，此種複製行為，是否構成著作權法第65條第2項之合理使用？查民國81年我國著作權法第65條原只為著作權法第44條至第63條規定的合理範圍之審酌規定。但民國87年著作權法修正，在第65條另有著作權法第44條至第63條以外的獨立合理使用概括規定。故內政部於87年6月15日即以台（87）內著會發字第8704807號函謂：「按著作權法第65條之規定，除有為審酌著作之利用是否合於第44條至第63條規定之判斷標準外，另有概括性之規定，亦即利用之態樣，即使未符第44條至第63條規定，但如其利用之程度與第44條至第63條規定情形相類似或甚而更低，而以該條所定標準審酌亦屬合理者，則仍屬合理使用。」其後主管機關亦有若干類似函示。另最高法院96年台上字第3685號刑事判決謂：「在著作權法87年1月31日修正前，行為人若無當時著作權法第44條至第63條所列舉之合理使用情形，事實審法院即無依該法第65條所列四項標準逐一判斷之必要；然在著作權法為前述修正後，即使行為人未能符合該法所例示之合理使用情形，行為人所為仍有可能符合修正後著作權法第65條第2項所列之判斷標準，而成為同條項所稱之『其他合理使用之情形』，得據以免除行為人侵害著作權責任。」最高法院94年台上字第7127號刑事判決亦有相同旨意。

　　八、我國著作權法第65條之合理使用，係在補著作權法第44條至第63條之不足，凡利用他人著作，具有公益目的，並對著作權人之潛在市場損害甚微，如不符合著作權法第44條至第63條規定者，應適用著作權法第65條第2項規定。例如學校教師在課堂上利用他人之著作而講課，此公開口述他人著作，並不適用著作權法第46條規定，然適用著作權法第65條第2項規定是。而智慧局專利組於進行專利審查核駁時，引用他人之著作文獻（包括網路上文獻）並予複製（下載）後，發還申請人時並同時檢附該引證資料，此種複製行為，在

解釋上亦應構成著作權法第65條第2項之合理使用。其理由如下：

（一）日本於平成18年修正著作權法第42條，增列第2項規定，以解決有關專利審查附寄文件的著作權爭議，足見此一問題在法理上應屬列為合理使用範圍之事項。日本著作權法無一般合理使用規定，故須用立法解決，我國有一般合理使用規定，故宜引著作權法第65條規定以為解決。

（二）上述智慧局之利用，係為行政公務目的，具有公益性質，且檢附引證資料，一般僅影印一份給予申請人，對著作權人之潛在市場影響甚微。較諸著作權法第46條、第48條、第51條使用量更小，且能達成專利審查的專業功能，以促進國家經濟發展，應認為得適用著作權法第65條第2項規定，方屬符合著作權法第65條之立法目的。

（三）依目前法院實務，有若干涉及營利，較本件利用情節嚴重，尚認為係著作權法第65條第2項之獨立合理使用者，本件情形更宜認為係第65條第2項之合理使用（參見最高法院92年台上字第3344號刑事判決）（全文詳後附件）。

九、為杜爭議，我國著作權法亦當全面檢討自民國81年起迄今日本著作權法有關著作財產權限制之修正規定。

參、參考資料

司法實務判決

(一) 最高法院96年度台上字第3685號刑事判決

在著作權法87年1月31日修正前，行為人若無當時著作權法第44條至第63條所列舉之合理使用情形，事實審法院即無依該法第65條所列四項標準逐一判斷之必要；然在著作權法為前述修正後，即使行為人未能符合該法所例示之合理使用情形，行為人所為仍有可能符合修正後著作權法第65條第2項所列之判斷標準，而成為同條項所稱之「其他合理使用之情形」，得據以免除行為人侵害著作權責任。

(二) 最高法院94年度台上字第7127號刑事判決

著作權法於87年1月21日修正前，該法第65條係規定「著作之利用是否合於第

44條至第63條規定，應審酌一切情狀，尤應注意左列事項，以為判斷之標準：一、利用之目的及性質，包括係為商業目的或非營利教育目的。二、著作之性質。三、所利用之質量及其在整個著作所占之比例。四、利用結果對著作潛在市場與現在價值之影響。」當時所承認之合理使用情形，僅限於該法第44條至第63條所列之情形，且在判斷具體案例是否符合各該法條之規定，係以該法第65條所規定之四款要件作為主要判斷之標準。惟在87年1月21日著作權法修正後，新增第一項：「著作之合理使用，不構成著作財產權之侵害。」同條第2項則修正為：「著作之利用是否合於第44條至第63條規定或其他合理使用之情形，應審酌一切情狀，尤應注意下列事項，以為判斷之標準：一、利用之目的及性質，包括係為商業目的或非營利教育目的。二、……。四、利用結果對著作潛在市場與現在價值之影響。」修正後，我國著作權法除了第44條至第63條所列舉之「合理使用」事由外，尚承認其他「合理使用」事由，而其判斷標準同樣是依照該法第65條第2項所規定之要件，亦即著作權法第44條至第63條所規定之各項合理使用事由，已由修正前之列舉事由轉變為例示性質。申言之，在著作權法87年1月21日修正前，行為人若無當時著作權法第44條至第63條所列舉之合理使用情形，事實審法院即無依該法第65條所列四項標準逐一判斷之必要；然在著作權法為前述修正後，即使行為人未能符合該法所例示之合理使用情形，行為人所為仍有可能符合修正後著作權法第65條第2項所列之判斷標準，而成為同條項所稱之「其他合理使用之情形」，得據以免除行為人侵害著作權責任。

(三) 最高法院92年度台上字第3344號刑事判決

　　上　訴　人　民生報股份有限公司
　　代　表　人　王○成
　　被　　　告　沈○良
右上訴人因自訴被告違反著作權法案件，不服台灣高等法院中華民國92年3月18日第二審更審判決（92年度上更(一)字第96號，自訴案號：台灣台北地方法院88年度自字第139號），提起上訴，本院判決如左：
　　主　文
上訴駁回。
　　理　由

按刑事訴訟法第377條規定，上訴於第三審法院，非以判決違背法令爲理由，不得爲之。是提起第三審上訴，應以原判決違背法令爲理由，係屬法定要件。如果上訴理由狀並未依據卷內資料，具體指摘原判決不適用何種法則或如何適用不當，或所指摘原判決違法情事，顯與法律規定得爲第三審上訴理由之違法情形，不相適合時，均應認其上訴爲違背法律上之程序，予以駁回。本件上訴人即自訴人民生報股份有限公司（代表人王○成，下稱民生報）上訴意旨略稱：(一) 依鈞院84年台上字第419號判例所示，「『引用』，係援引他人著作用於自己著作之中。所引用他人創作之部分與自己創作之部分，必須可加以區辨，否則屬於『剽竊』、『抄襲』，而非『引用』。」本件被告沈○良未經上訴人同意即使用上訴人所擁有著作權之攝影著作，其翻拍動作係完全將系爭「攝影著作」重製後刊登，並針對特定部分作強調，根本未從事自己之創作，意即被告將上訴人之創作完全當作自己之創作使用，依前揭判例，係屬剽竊、抄襲，而非「引用」，且「引用」之目的係在於有建設性之使用，即「引用」後能產生有助於社會、國家建設之新著作，本件被告將影星曝光照大肆渲染，並誹謗原刊登報社，並不符合「引用」之本質與目的，故不符合「引用」之要件，原判決並未對著作權法「引用」之意義及被告之行爲符合「引用」之要件加以解釋、說明，且原審事實亦不符合「引用」之要件，遽認被告之行爲符合「引用」之要件，有判決適用法律不當及不備理由之違法。(二) 依徐○櫻在第一審之證詞：「陳○卿是有問我有何感想，我看到這些（指民生報刊出的圖片）是真的沒有特別感受」、「我不會跟一家報社說另一家報社太狠」，與被告於自由時報的報導有出入，顯見此篇報導有許多誇大捏造之處，其目的在妨害上訴人之報譽。且倘如被告所稱係報導徐女因遭上訴人刊登照片曝光，有不悅及沮喪之感受，根本無將徐女意外走光照片再次刊登之必要，避免讀者以有色眼光看待徐女，致使其名譽受損。惟被告將露點處塗深，使人加深印象，造成徐女之傷害，此舉顯然並非報導徐女不悅及沮喪所必要，其目的明顯地在打擊同業的聲譽與形象，無庸置疑。詎原判決未審酌上開徐女於第一審不利於被告之證詞，認定被告爲配合報導徐○櫻之反應，有使用上訴人享有著作權之徐女照片之必要，顯有判決不備理由之違法云云。

惟查本件原判決綜合其調查證據之結果，依憑民生報民國87年8月14日出版第9版影視娛樂版（刊登98/99台北設計師秋冬服飾發表會之消息）及記者郭○舫所拍攝五張攝影圖片之照片、證人郭○舫在原審更審之供述等證據，認郭○舫所拍攝徐○櫻走秀之照片具有原創性，而依約定由上訴人享有著作權，認上

訴人得提起自訴。又依憑自由時報87年8月15日第31版及該版刊登之徐○櫻照片，認上開自由時報之報導係陳○卿以民生報刊登徐女走秀之照片係露點照片，而查訪徐女對上開照片之反應所撰寫之內容，而在自由時報所刊登之徐女走秀照片，係為配合陳○卿報導之內容而為翻拍，並於照片下載明「記者沈○良翻拍自民生報」字樣。另從自由時報刊出之圖片觀察，小於民生報原刊出之圖片，顯示之人形完全一致，雖因翻拍而略有色差，尚無上訴人所指被告有特意予以強調特定部位而加以改造之情形。對於上訴人提出美國1994年最高法院在 Campbell v.Acuff-Music,Inc.,114S.CT.1164 一案之判決中，以單一「有益社會之目的」為合理使用之判斷標準，並未為我國著作權法所規定；是否有關社會利益，並不以個人標準及尺度定之，而刊登與徐女因「明星愛心服裝走秀」是否有公開裸裎走秀之新聞，亦不能指有違社會利益；且民生報係報導明星走秀新聞、自由時報係報導徐○櫻對於露點照片之反應及引起之爭議，兩者新聞內容並不相同，而該照片之露點曝光情形因各人看法不同，徐女之批評是否正確，可由讀者自行判斷。而有無露點曝光，自係以轉載刊登最為明確，是依其著作之性質，亦有配合刊登轉載上開照片以協助讀者明瞭之必要，自由時報並註明其出處來源，是依其使用之性質及目的、使用之方法、著作之性質等項，認合於著作權法第65條所規定之合理使用。又對於被告翻拍之徐女照片，自由時報以聳動標題指摘上訴人刊登該徐女照片之反應及批評露點照片一節，其所為之報導是否事實且公平，既有照片佐證在報端，自係可受讀者公評而屬各報媒體之「報譽之事」，尚不能以各報是否愛惜報譽而繩以罪刑。此外，上訴人指被告利用刊登翻拍系爭照片八卦炒作一節，並未據提出自由時報因而增加如何之銷路之證據，至於上訴人因上開照片之著作權有如何之潛在市場或現在價值影響，亦迄未據上訴人提出任何證明等情，因認不能證明被告有自訴意旨所指涉犯著作權法第91條、第92條之犯行，維持第一審諭知被告無罪之判決，駁回上訴人在第二審之上訴，已詳述其證據取捨及判斷之理由。原判決所為論述，核與卷證資料相符，從形式上觀察，並無違背法令之情形。按證據之取捨及證據證明力之判斷，俱屬事實審法院之職權，苟無違背經驗法則，自不能指為違法。查引用之著作，本不限於語文著作，照片、圖形、美術等都得於合理範圍內加以引用。原判決以本件自由時報之記者陳○卿為報導民生報所刊登之系爭照片是否露點及徐女對該照片之反應，為配合撰文輔以翻拍自民生報所享有之「攝影著作」於其創作之「語文著作」中，其撰文與照片部分亦可區辨，並已註明被引用之所有權人，亦即翻拍自民生報，而系爭照片中之徐女有無露

點曝光，自係以轉載刊登最為明確，且依其著作之性質，亦有配合刊登轉載上開照片以協助讀者明瞭之之必要，認合於著作權法第65條所規定之合理使用，經核並無上訴意旨(一)所指之違法。其餘上訴意旨對於被告被訴違反著作權法部分，或對原審已經調查並於判決理由指駁說明之事項，重為事實上之爭辯，或對事實審證據取捨及證據證明力判斷之職權行使，任意指為違法，核均非適法之第三審上訴理由，應認其上訴為違背法律上之程序，予以駁回。

據上論結，應依刑事訴訟法第395條前段，判決如主文。

中　華　民　國　92　年　6　月　19　日
　　　　　　　　最高法院刑事第八庭
　　　　　　　　審判長法官　莊登照
　　　　　　　　　　法官　洪明輝
　　　　　　　　　　法官　黃一鑫
　　　　　　　　　　法官　魏新和
　　　　　　　　　　法官　林秀夫
右正本證明與原本無異
　　　　　　　　　　　　　　書記官
中　華　民　國　92　年　6　月　26　日

(四) 臺灣高等法院刑事判決86年度上易字第235號

上　訴　人	臺灣臺北地方法院檢察署檢察官	
被　　　告	台灣卡○歐立信股份有限公司	
被　　　告	黃○祿	
選任辯護人	吳家業	
被　　　告	薛○昌	
選任辯護人	丁俊文	

右上訴人因被告違反著作權法案件，不服臺灣臺北地方法院85年度易字第751號，中華民國86年3月3日第一審判決（起訴案號：臺灣臺北地方法院檢察署85年度偵字第11365號、第13725號、第22236號），提起上訴，本院判決如左：

　主　文
上訴駁回。

理　由

一、公訴意旨略以：被告台灣卡○歐立信股份有限公司（以下簡稱卡○歐公司）為推銷其公司之「中英文電腦發聲辭典」產品，由其負責人張○弘，於民國85年4月初，委託向○傳播股份有限公司（以下簡稱向○公司）設計報紙平面廣告稿，薛○昌則係向○公司廣告設計人員，薛○昌未經遠東圖書股份有限公司（以下簡稱遠東圖書公司）授權，擅自以照相方式，重製遠東圖書公司享有著作權之「遠東袖珍英漢辭典」第284頁、第285頁之內容，作為廣告稿之主要內容，面積占整個稿面的三分之二。經張○弘與卡○歐公司企劃部副理黃○祿同意採用，基於共同犯意聯絡，連續刊登於85年4月29日至5月7日之民生報、工商時報、經濟日報等新聞刊物，足以使消費者誤信該中英文電腦發聲辭典之內容儲有遠東袖珍英漢辭典全部內容，足以生損害於遠東圖書公司。因認被告張○弘、黃○祿、薛○昌所為，均係犯著作權法第91條第1項之罪嫌；被告卡○歐公司則應依同法第101條第1項規定論科。

二、按犯罪事實應依證據認定之，無證據不得推定其犯罪事實，刑事訴訟法第154條定有明文。所謂證據，須適於為被告犯罪事實之證明者，始得採為斷罪資料，如未能發現相當證據，或證據不足以證明，自不能以推測或擬制之方法，以為裁判基礎。（最高法院53年台上字第2750號及40年台上字第86號判例參照）

三、訊據被告卡○歐公司、張○弘、黃○祿、薛○昌等固坦承有前開廣告情事，但均堅詞否認有侵害著作權之犯行。按著作權第91條第1項所謂之「重製」，其立法過程為原著作權法第33條第1項前段乃規定「擅自翻印他人業經註冊之著作物者……」，嗣後因著作物之多樣化，而於現行法第3條第1項第5款將從「重製」一詞，定義為亦印刷、複印、錄音、錄影、攝影、筆錄或其他方法有形之重複製作。故一行為是否符合著作權法第91條第1項之「重製」之要件，應考慮著作物本身之性質、重複製作之方法、目的及重複製作之質量等加以觀察，自不能以著作物一經他人以任何方式重製即認構成擅自重製罪，否則與著作權法調和著作權人保護及社會文化利益之立法本旨有違。經查，本件被告卡○歐公司委託被告薛○昌所設計之廣告，被告薛○昌雖以「照相」方式，以告訴人遠東圖書公司之享有著作權之「遠東袖珍英漢辭典」第284頁、第285頁之內容，作為新聞紙廣告之背景內容，並非翻印告訴人之辭典。另所廣告推銷者為與告訴人

著作物不同之產品－電子辭典，而該廣告並於畫面中加上4個開啓之窗戶及人物，以標榜該電子辭典具有「六十四重視窗集中英文交互查詢之功能」，另該廣告之右側版面（約三分之一版面）說明該電子辭典之電腦記事簿功能、電腦連線功能及繪圖功能等。再參以告訴人之著作物，出現在該廣告者僅整本著作中兩頁內容，所佔整本著作之比例不到百分之一，且字體並不明晰其上覆蓋4個開啓之窗戶及人物，也並未出現任何告訴人公司之字樣。故本件綜合觀察被告薛○昌該廣告之目的、製作方式、使用告訴人著作物之質量，應與著作權法第91條第1項之「重製」概念尚有未合。

四、原審以復查無其他積極證據足資證明被告卡○歐公司、張○弘、黃○祿、薛○昌等犯罪，而為被告等無罪之諭知。經核並無違誤。上訴意旨略以：本案被告薛○昌以照相方式，將告訴人之「遠東袖珍英漢辭典」第284、第285頁之內容作為新聞紙廣告之背景內容，其行為應已符合現行著作權法第3條第1項第5款所指重製用詞所列舉之攝影之方法，而重製告訴人之著作物。而被告重製之行為是否為法律所不罰，則須視其是否合乎著作權法第44條至第63條有關著作財產權限制之規定，而著作利用是否合於著作權法第44條至第63條之規定，則應以第65條所規定之「一、利用之目的及性質，二、著作之性質，三、所利用之質量及在整個著作所占之比例，四、利用結果對著作潛在市場與現在價值之影響。」，以為判斷之標準。然而本案被告重制情形並不符合著作權法第44條至第63條規定之合法利用情形，根本無需以著作權法第65條規定之情形加以判斷，乃原審謂觀察被告該廣告之目的、製作方式、使用告訴人著作物之質量，應與著作權法第91條第1項之「重製」概念尚有未合云云，顯然已誤用著作權法第65條之規定，即其誤將判斷第44條至第63條之合法利用標準，為「重製」概念之判斷標準，因認原審判決被告無罪，為有錯誤，而提起本件上訴。惟查前開涉案「廣告」所推銷者為與告訴人著作物不同之產品—電子辭典，而該廣告並於畫面中加上四個開啓之窗戶及人物，以標榜該電子辭典具有「六十四重視窗集中英文交互查詢之功能」換言之，僅係以告訴人辭典之兩頁做為案涉廣告之設計材料，且依卷附報紙廣告觀之，告訴人之著作物，出現在該廣告者僅整本著作中之兩頁而已，所占實不及整個廣告版面之五分之一，其餘大部分之廣告版面皆為被告薛○昌所設計創作。又案涉廣告雖係利用告訴人辭典之兩頁，然該被利用之兩頁辭典上並無告訴人公

司之名稱字樣，更且其上大部分字跡均十分模糊不清，難以辨識，若非經利害關係之有心人詳加比對，實難知悉案涉廣告係利用告訴人辭典之兩頁，是案涉廣告殊無使消費大眾將案涉廣告促銷之商品即被告台灣卡○歐立信股份有限公司進口銷售之中英文電腦發聲辭典（即前開所稱之電子辭典）與告訴人之辭典二者產生聯想之可能，因而案涉廣告並無影射上開電子辭典之內容儲有告訴人辭典全部內容之意，至為顯然。又本件利用告訴人著作之情形，其利用之目的在於創作設計（廣告），其利用之性質在於其辭典之形象，而非引用其辭典之內容，其所利用之質量及其在整個著作所占之比例極微，其利用之結果對著作之潛在市場與現在之價值更且毫無影響，是本件情形應係符合「合理使用原則」，原審因而為被告無罪之諭知，並無不當，從而上訴意旨所指諸點，為無理由，應予駁回。

據上論斷，應依刑事訴訟法第368條判決如主文。

本案經檢察官吳國南到庭執行職務。

中　華　民　國　86　年　8　月　13　日

（回覆於2008年2月25日）

問題31：借用社區場地播放電影招待親友的著作權問題

 **相關條文**

著作權法第3條第1項第4款（公眾之定義）、同條項第8款（公開上映之定義）、同條第2項（一定場所之定義）

壹、問題

問題說明：

一、本案緣起於民眾來函詢問「於居住的社區內向管委會借用社區場地，播放電影招待親友，得否因其播放對象僅限其親友，而排除於公開上映行為之外？」擬請教之問題為：依照本法「公開上映」行為之定義，本件民眾函詢情形得否因認定其不構成本法意義下之「公眾」，而逕行排除於本法公開上映之利用行為之外？抑或由於社區係屬公共場所，其於該場地播放影片，已涉及視聽著作之公開上映行為，只是有無依本法第44條至第65條規定主張合理使用之空間？

二、檢送本局96年5月22日智著字第09620030470號函、96年4月24日電子郵件、94年6月8日智著字第09400047250號函及93年2月2日智著字第0930000476-0號等相關函釋供參（如附件）。

貳、回答

一、我國著作權法第25條規定：「著作人專有公開上映其視聽著作之權利。」第55條規定：「非以營利為目的，未對觀眾或聽眾直接或間接收取任何費用，且未對表演人支付報酬者，得於活動中公開口述、公開播送、公開上映或公開演出他人已公開發表之著作。」於居住的社區內向管委會借用社區場地，播放電影招待親友，得否因其播放對象僅限其親友，而排除於公開上映行為之外？即依照本法「公開上映」行為之定義，本件得否因認定其不構成本法意義下之公眾，而逕行排除於本法公開上映之利用行為之外？抑或由於社區係

屬公共場所，其於該場地播放影片，已涉及視聽著作之公開上映行為，只是有無依本法第44條至第65條規定主張合理使用之空間？

二、查著作權法第3條第1項第8款規定：「公開上映：指以單一或多數視聽機或其他傳送影像之方法於同一時間向現場或現場以外一定場所之公眾傳達著作內容。」第2項規定：「前項第八款所稱之現場或現場以外一定場所，包含電影院、俱樂部、錄影帶或碟影片播映場所、旅館房間、供公眾使用之交通工具或其他供不特定人進出之場所。」著作權法第3條「公開上映」的定義，以向「公眾」傳達著作內容為要件。而著作權法第3條第1項第4款規定：「公眾：指不特定人或特定之多數人。但家庭及其正常社交之多數人，不在此限。」由於有關「公開上映」之定義，及有關「一定場所」之定義，主要文字係來自民國79年著作權法之修正，此修正文字，乃為因應台美著作權談判，為解決MTV之公開上映問題而設。故有關法條之解釋，不能忽略此一立法背景。MTV之公開上映，無論在MTV之個別房間內有多少人，無論該個別房間內之觀賞影片之人是否為親友，甚至僅夫妻二人（即使整個MTV僅此一房間在放映），此在MTV房間內之播放電影之行為均屬「公開上映」。此在實務上已成定論。

三、同理在KTV房間內之演唱或旅館房間內之收看有線電視節目，該個別房間內之人，無論有多少人，是否為親友，甚至僅夫妻二人，均應解為公開演出、公開上映或公開播送行為，在小吃店、卡拉OK店內均然。此在最高法院已形成通說。（參見後附諸案例）

四、由是而知，我國著作權法第3條第1項第4款：「公眾：指不特定人或特定之多數人。但家庭及其正常社交之多數人，不在此限。」其但書，僅限於特定多數人而言，而不包含「不特定人」在內。而在著作權法第3條第2項所定之場所之人，均為不特定之人。故縱旅館房間、MTV、KTV、卡拉OK店、小吃店中房間之人為夫妻或少數親友，此均為不特定人，均無著作權法第3條第1項第4款但書之適用。蓋對房間的單一行為的行為人來說，是特定人。但對場所來說，出入者是不特定人，此房間之行為人，亦為不特定人。因所謂特定人，須行為人之間，有個人的結合關係[7]，而在上述旅館房間、MTV、KTV、卡拉OK店、小吃店中房間之人與另一房間之人，無特定的結合關係。故就整

---

7 參見加戶守行：著作權法逐條講義，平成15年版，頁70。

體來說，該場所之人，均為不特定人之公眾。而第3條第1項第4款但書，係指在家庭內與朋友、親戚觀賞影片、唱卡拉OK之行為而言，在公共場所與朋友、親戚觀賞影片、唱卡拉OK之行為，則不與焉。

五、基此，本件於居住的社區內向管委會借用社區場地，播放電影招待親友，應解為著作權法之「公開上映」行為，所爭論者，乃此行為，是否構成著作權法第55條或第65條之合理使用，得加以豁免而已。至於實際上是否構成著作權法第55條或第65條之合理使用，因非貴局所詢，且貴局已有函示，茲不復贅。

參、參考資料

一、智慧財產局之相關函釋

(一) 中華民國96年05月22日智著字第09620030470號函

令函日期：中華民國96年05月22日
令函案號：智著字第09620030470號
主旨：
　　有關台端代表反映消費者於遊覽車上使用卡拉OK點歌機歌唱應無須支付公開演出使用報酬一事，復如說明，請查照。
說明：
一、依據立法院程序委員會96年5月16日台立程字第0962800163號函及行政院公平交易委員會96年5月7日公壹字第0960003965號函轉台端陳情函辦理。
二、按著作權法（下稱本法）規定，「公眾」指不特定人或特定之多數人，但家庭及其他正常社交之多數人，不在此限。社區活動中心或遊覽車內均屬本法所稱公開之場所，因此，社區民眾在社區活動中心或參加自強活動於遊覽車內，使用電腦伴唱機演唱歌曲，會涉及音樂著作（詞、曲）及錄音著作（唱片）之公開演出及視聽著作（影像畫面）之公開上映，另來函所稱歌廳樂隊在公開場所演奏流行歌曲及歌手演唱歌曲，亦涉及「公開演出」他人音樂著作之行為，「公開演出權」及「公開上映權」均為著作財產權人專有之權利，於公共場所公開上映他人視聽著作及公開演出他人音樂著作，應取得著作財產權人授權或經其授權的著作權集管團體之授權。

公開演出他人之錄音著作，著作人得請求行為人支付使用報酬。

三、另本法第55條規定：「非以營利為目的，未對觀眾或聽眾直接或間接收取任何費用，且未對表演人支付報酬者，得於活動中公開口述、公開播送、公開上映或公開演出他人已公開發表之著作。」社區活動中心或遊覽車內安裝電腦伴唱機供民眾演唱歌曲，係屬於公共場所公開上映他人視聽著作及公開演出他人音樂著作，除符合前揭第55條合理使用之規定外，應取得著作財產權人授權或與所加入的著作權集管團體之授權，惟如屬於經常性利用，則不符合本法第55條規定之合理使用情形，應取得著作財產權人授權或其所屬之著作權集管團體之授權，否則即屬侵害公開演出權及公開上映權之行為。又著作財產權之存續期間與專利權不同，依本法第30條至第35條規定，音樂著作之著作財產權原則上存續於著作人之生存期間及其死亡後50年，視聽著作及錄音著作之著作財產權存續至公開發表後50年。

四、依使用者付費原則，遊覽車業者如有提供他人使用電腦伴唱機演唱歌曲，應支付使用報酬，另參考其他國家就利用人於公開場所公開演出音樂著作亦有相關收費規定，例如：日本JASRAC音樂著作權集管團體就利用人於各種交通工具上公開演出音樂著作，即訂定相關收費表收取使用報酬。

五、有關遊覽車上使用伴唱機所涉及著作權法及相關收費項目，本局業於96年3月1日以智著字第09616000800號函說明釐清，並函請各遊覽車客運商業同業公會轉知所屬會員及各著作權集管團體參照（如附件），檢送前揭函文影本供貴會參考。

六、以上說明，請參考著作權法第3條、第25條、第26條、第30條至第35條及第55條規定。

(二) 中華民國96年04月24日電子郵件960424函

令函日期：96年04月24日

令函案號：電子郵件960424

主旨：

一、按著作權法（下稱本法）規定，公眾是指除不特定人或特定之多數人，但家庭及其社交之多數人，不在此限。來函所述「社區住戶」為非屬家庭及其正常社交的「特定之多數人」，應屬本法所稱之「公眾」，合先敘明。

二、以下就所詢「欲於每週六於社區視聽室播放出租店租來的DVD免費提供

社區住戶觀賞，是否觸犯著作權法？」乙節，分述之：

(一) 有關於社區視聽室播放DVD影片，涉及本法所定視聽著作的「公開上映」行為，除符合本法第44條至第65條所定合理使用情形外，應徵得著作財產權人或其授權之人的同意或授權後，始得為之。

(二) 次按本法第55條規定，對於非以營利為目的，未對觀眾直接或間接收取任何費用，且未對表演人支付報酬者，得於活動中公開上映他人已公開發表之著作。每週六於社區視聽室公開上映DVD影片的情形，已超越合理使用的範圍，宜取得授權或同意後為之。建議貴社區可以購買或租用「公播版」（即已授權放映給公眾欣賞的影片版本）影片來播放，俾免爭議。

三、以上說明，請參考著作權法第3條第1項、第8款、第25條、第88條、第92條等規定，又著作權屬私權，是否屬合理使用？是否構成著作權之侵害？涉及具體個案之認定問題，應於發生爭議時，由司法機關調查證據認定之。

(三) 中華民國94年06月08日智著字第09400047250號函

令函日期：94年06月08日

令函案號：智著字第09400047250號

主旨：有關貴社區使用點唱機及視聽設備之著作權相關疑義一案，復如說明，請查照。

說明：

一、復貴委員會94年5月31日百達富麗管字第940531號函。

二、按著作權法（以下簡稱本法）第3條第1項第4款規定：「公眾：指不特定人或特定之多數人。但家庭及其正常社交之多數人，不在此限。」來函所述「社區住戶」為「特定的多數人」，且並非家庭及其正常社交之多數人，應屬本法所稱之「公眾」，合先敘明。

三、有關社區內使用KTV點唱機一節，按於公開場所（不論係KTV室或1樓大廳）利用電腦伴唱機，涉及音樂著作之公開演出及視聽著作之公開上映，除有合理使用情形外，應徵得著作財產權人之授權後方得利用。於公共場所播放DVD影片，涉及視聽著作之公開上映，除有合理使用情形外，亦

應徵得著作財產權人之授權後方得利用。

四、復按本法第55條規定:「非以營利為目的,未對觀眾或聽眾直接或間接收取任何費用,且未對表演人支付報酬者,得於活動中公開口述、公開播送、公開上映或公開演出他人已公開發表之著作。」惟著作之利用是否合於上述規定之合理使用情形,仍須依下列事項具體判斷:(一) 利用之目的及性質。(二) 著作之性質。(三) 所利用之質量及其在整個著作所占之比例。(四) 利用結果對著作潛在市場與現在價值之影響。

五、因此,來函所稱於端午節聯歡活動中使用KTV點唱機及播放影片,如符合前述合理使用之規定,且並非經常性使用,則似有主張合理使用之空間。惟如係經常性於社區內公共場所使用,則已超越合理使用之範圍,應取得授權後方得利用。

六、有關如何取得授權一節,電腦點唱機部分,應向音樂著作之著作財產權人取得公開演出之授權(可逕洽音樂著作之著作權集管團體取得授權,經許可之著作權集管團體名冊詳如附件),及視聽著作之著作財產權人(通常為伴唱機之製造業者)取得公開上映之授權;播放DVD影片部分建議購買或租用「公播版」〈即已授權放映給公眾看的影片〉來播放。

七、又著作權係屬私權,是否為合理使用?是否構成著作權之侵害?涉及具體個案之認定問題,應於發生爭議時,由司法機關調查證據認定之。另本局「著作權資料檢索系統」已上載本局網站(http://www.tipo.gov.tw/search/copyright/search_copyright.asp)公開各界參考,其中包括有著作權法專責機關歷年所作法令解釋,歡迎檢索參考。

(四) 中華民國93年02月02日智著字第0930000476-0號函

令函日期:93年02月02日
令函案號:智著字第0930000476-0號
　　　　　所詢著作權法相關疑義一案,復如說明,請查照。
說明:
一、復台端93年1月13日函。
二、您所詢問之問題,說明如左:
　　1. 按所謂「智慧財產權」,係指人類精神活動之成果所產生財產上之價值,而由法律所創設之權利。包括專利權,商標權、著作權、營業秘

密、積體電路電路布局等，先予敘明。

2. 所謂合法或正版之卡拉OK光碟，係指光碟內灌錄之影片或歌曲，均係經權利人授權重製者，而無侵害著作權之情形。而所謂不合法盜版之卡拉OK光碟，則指光碟內灌錄之影片或歌曲係未取得著作權人之授權或同意灌錄重製而侵害他人著作財產權之光碟。

三、又著作權法（下稱本法）第3條第1項第8款及第9款分別規定：「公開上映：指以單一或多數視聽機或其他傳送影像之方法於同一時間向現場或現場以外一定場所之公眾傳達著作內容。」「公開演出：指以演技、舞蹈、歌唱、彈奏樂器或其他方法向現場之公眾傳達著作內容。以擴音器或其他器材，將原播送之聲音或影像向公眾傳達者，亦屬之。」來函所稱社區內之休閒活動中心，屬一公開之活動場所，故於該場所內播放卡拉OK內之影片及歌曲，已涉及「公開上映」及「公開演出」行為，如您所播放者係合法的卡拉OK光碟，而且也取得該光碟內影片及歌曲之「公開上映」、「公開演出」之授權，即無構成侵害著作權之虞。如您所播放者雖係合法的卡拉OK光碟，但未取得該光碟內影片及歌曲之「公開上映」、「公開演出」之授權時，即存在有是否侵害「公開上映」、「公開演出」等權利之考量。惟本法第55條規定：「非以營利為目的，未對觀眾或聽眾直接或間接收取任何費用，且未對表演人支付報酬者，得於活動中公開口述、公開播送、公開上映或公開演出他人已公開發表之著作。」您的利用行為如符合本條規定之要件者，即可主張為「合理使用」，屬於合法之利用行為。

四、查著作權係屬私權，利用他人著作是否構成著作權之侵害？以及是否屬一合理使用行為？於發生爭議時，應由司法機關依據具體個案之事實，調查認定之。

二、司法實務判決

最高法院90年度台上字第6050號刑事判決

裁判字號：90年台上字第6050號
案由摘要：因自訴被告等違反著作權法案件
裁判日期：民國90年10月03日

資料來源：最高法院刑事裁判書彙編第43期792-799頁
相關法條：著作權法第3條（87.01.21）
要旨：

　　著作權法第3條第2項固規定同條第1項第8款所稱之現場或現場以外一定場所，包括電影院、俱樂部、錄影帶或碟影片播映場所、旅館房間、供公眾使用之交通工具或其他供不特定人進出之場所。但查行為人仍須符合以單一或多數視聽機或其他傳送影像之方法向上述現場或現場以外之場所之公眾傳達著作內容，始為「公開上映」行為，故有線播送系統業者如基於公眾接收訊息為目的，僅以有線電器材傳送著作內容於旅館房間之電視機上直接供人觀看，並未替旅館業者另行裝置轉錄器等接收器及分配器等器材，而為另一在上述現場之放映行為，則屬「公開播送」行為，而非「公開上映」行為。

參考法條：著作權法第3條（87.01.21）

（回覆於2008年3月3日）

問題32：有關著作權法第47條法定報酬的計算標準

 **相關條文**

著作權法第47條第4項（審定教科書合理使用之法定報酬率）

壹、問題

因民眾函詢有關「著作權法第四十七條第四項之使用報酬率」第2點及第3點之計算標準。第2點之計算方式係指所重製或編輯之字數、張數或版面計算？還是以被利用之原著作的字數、圖形及版面等來計算？另第3點之改作之計算方式也和第2點一樣嗎？

貳、回答

一、依民國87年當時之著作權主管機關內政部，民國87年1月23日台（87）內著8702053號公告「著作權法第四十七條第四項之使用報酬率」（以下簡稱「使用報酬率」）

第2點規定：

「依本法第四十七條第一項規定重製或編輯者，其使用報酬，除本使用報酬率另有規定外，依下列情形分別計算之：

(一) 語文著作：以字數為計算標準，每千字新臺幣一千元，不滿一千字者以一千字計算。

(二) 攝影、美術或圖形著作：以張數為計算標準，不論為黑白或彩色、版面大小，每張新臺幣五百元。如使用於封面或封底每張新臺幣一千元。

(三) 音樂著作：詞曲分開計算，每首新臺幣二千元。

(四) 前三款以外之其他著作：以每頁版面新臺幣一千元為標準，依所占版面比例計算。如不能依版面計算者，每件新臺幣一千元。」

第3點規定：

「依本法第四十七條第一項規定改作者，其使用報酬，依第2點標準減半計算之。」

　　上述規定，究係以利用者的字數、張數、版面來計算，還是被利用者的字數、張數或版面來計算？

　　二、上述使用報酬率第2點及第3點之本文，對於係以利用者的字數、張數、版面來計算，還是被利用者的字數、張數或版面來計算？未明確規定。然而依第2點(2)部分規定：「如使用於封面或封底，每張新臺幣壹仟元。」顯然應指以利用者的著作為計算基礎。而依第2點(4)規定，於語文、攝影、美術、圖形、音樂以外之其他著作，「以每頁版面新臺幣一仟元為標準，依所占版面比例計算。」

　　在立法用意上，亦以利用者之版面為計算基礎。

　　三、查日本、南韓的教科書法定授權制度，原則上以利用者的書籍使用數量來計算報酬的標準，中國大陸的稿酬計算亦然。我國當初計算使用報酬率想當然亦為此種設計，無論重製、改作均如此。我國報紙、出版的計費慣例亦如此。如甲投稿乙報，共寫3000字，只有2000字被登出，則乙只付2000字之稿費；美國人A之英文著作被乙翻譯，乙之稿費以中文字數為準，而非以英文字數為準。

　　四、基此，有關「著作權法第47條第4項之使用報酬率」第2點及第3點之計算標準，應以利用者所重製或編輯之字數、張數或版面計算，而非以被利用之原著作的字數、圖形及版面等來計算。

（回覆於2008年10月15日）

問題33：街頭藝人之公開演出行為，是否得主張合理使用？

 **相關條文**

> 著作權法第55條（非營利活動之無形利用）、第65條第2項（合理使用之判斷基準）

壹、問題

台北縣政府函詢：「街頭藝人係指經由本府認證取得許可證，並於本府公告之戶外公共空間展演者。因街頭藝人不得向民眾募款，以民眾主動捐助打賞為其收入來源，並無營利的意圖或行為，縱有打賞其展演收入並不穩定，屬於經濟上之弱勢，如因公開演出另需支付著作人使用使用報酬，無異扼殺街頭藝人生存空間，……街頭藝人展演是否符合著作權法『合理使用』情形予以函示，……」函請釋義。街頭藝人於戶外公共空間公開演出過程，使用相關音樂著作，是否須支付著作人使用報酬？是否可以主張合理使用？

貳、回答

本題將街頭藝人定位為以民眾主動捐助打賞為其收入來源，在街頭演唱、表演之人。茲依次探討：

一、著作權法第3條第1項第9款規定：「公開演出：指以演技、舞蹈、歌唱、彈奏樂器或其他方法向現場之公眾傳達著作內容。以擴音器或其他器材，將原播送之聲音或影像向公眾傳達者，亦屬之。」同項第4款規定：「公眾：指不特定人或特定之多數人。但家庭及其正常社交之多數人，不在此限。」街頭藝人在街頭演唱他人音樂，屬於著作權法上之「公開演出」行為，如無合理使用之適用規定，自應給付使用報酬。

二、有關街頭藝人於戶外公共空間公開演出過程，使用相關音樂著作，其與合理使用規定相關者，為著作權法第55條及第65條規定。茲先就著作權法第55條討論之：

（一）現行著作權法第55條規定：「非以營利為目的，未對觀眾或聽眾直接或間接收取任何費用，且未對表演人支付報酬者，得於活動中公開口述、公開播送、公開上映或公開演出他人已公開發表之著作。」此一規定，係於民國87年就民國81年著作權法第55條規定所修正。而民國81年之著作權法第55條規定：「非以營利為目的，未對觀眾或聽眾直接或間接收取任何費用，且未對表演人支付報酬者，得於公益性之活動中公開口述、公開播送、公開上映或公開演出他人已公開發表之著作（第1項）。」「前項情形，利用人應支付使用報酬。使用報酬率，由主管機關定之（第2項）。」民國81年之著作權法第55條，係參考德國著作權法第52條規定所訂立[8]，而民國87年著作權法之修正，係參考美國著作權法第110條及日本著作權法第38條所修正[9]。

（二）民國81年之著作權法第55條，當時主管機關內政部之見解認為，該條之公益性活動，其認定要件為：1、非以營利為目的；2、未對觀眾或聽?直接或間接收取任何費用；3、未對表演人支付報酬。易言之，只要符合上述三要件，即成立「公益性活動」（參見內政部81、7、17台（81）內著字第8113099號函；內政部81、7、23台（81）內著字第8112959號函）[10]。民國87年著作權法修正後，主管機關經濟部智慧財產局早期之實務見解，亦認為著作權法第55條規定之適用要件為：1、非以營利為目的；2、未對觀眾或聽?直接或間接收取任何費用；3、未對表演人支付報酬。「活動」本身，不限於非經常性活動（參見88、8、31（88）智著字第88007631號函）[11]。惟近年來主管機關之實務見解，認為「活動」亦屬獨立之要件，即著作權法第55條之活動，限於非「經常性、常態性之活動」，如果常態性或經常性之活動，縱然符合下列三要件：1、非以營利為目的；2、未對觀眾或聽?直接或間接收取任何費用；3、未對表演人支付報酬，仍不得主張著作權法第55條規定（參見經濟部智慧財產局民國97年06月09日智著字第09700049370號函；中華民國96年10月15日智著字第09600090520號函）。

---

[8] 參見經濟部智慧財產權局編印：歷年著作權法規定彙編專輯，民國94年9月版，頁191-193。

[9] 同註8，頁299。

[10] 參見蕭雄淋編：著作權法判決決議、令函釋示、實務問題彙編，民國89年7月2版，頁988。

[11] 同註10，頁1585。

(三) 如果依主管機關近年來之見解，認為著作權法第55條之「活動」，亦屬著作權法在：1、非以營利為目的；2、未對觀眾或聽?直接或間接收取任何費用；3、未對表演人支付報酬以外之獨立要件，則街頭藝人之演唱，往往有經常性、常態性之時間及地點，屬於「經常性、常態性之活動」，僅此而言，街頭藝人難謂屬於著作權法第55條之合理使用。

(四) 民國87年我國著作權法第55條之修正，係參考美國著作權法第110條及日本著作權法第38條，已如前述。然而美國著作權法第110條第1項至第4項之排他權之限制：特定表演或展示之豁免，並未區分「經常性活動」，或「非經常性活動」。而日本著作權法第38條第1項規定：「不以營利為目的，且對於聽眾或觀眾亦無收取費用（不問任何名義，因著作物之提供或提示所受之對價，以下本條同）者，得公開上演、演奏、上映或口述已公開發表之著作物。但該上演、演奏、上映或口述，對於表演人或為口述之人支付報酬者，不在此限。」第2項規定：「不以營利為目的，且對於聽眾或觀眾亦無收取費用者，得對於已廣播之著作物為有線廣播，或專門以該廣播之對象地域受信為目的而為自動公眾受信（包含送信可能化中，在已連接供公眾用之電信網路之自動送信伺服器上輸入資訊）。」第3項規定：「不以營利為目的，且未對聽眾或觀眾收取費用，得以受信裝置公開傳達已廣播或有線廣播之著作物（包含已廣播之著作物而被自動公眾送信情形之該著作物）。以通常家庭用受信裝置所為者，亦同。」亦不以是否為「經常性活動」，而區分是否得適用日本著作權法第38條。依日本學者見解，大學通常之授課而口述教科書，或放錄音帶，係符合日本著作權法第38條規定[12]。大學教師雖有薪水，且學生須付學費，但此為大學人力、物力資源提供之對價，而非對著作物提供之對價[13]。我國著作權法第55條之立法，有關公開播送部分，固然較日本及美國為寬，在立法上須加以檢討，然而有關公開演出部分，行政函釋上解釋為經常性活動非屬著作權法第55條之範圍，則如宗教、老人福利機構等慈善團體非營利之經常性演出，亦不許適用著作權法第55條，其條件將較美、日為嚴格，此項解釋見解，並非妥適。

(五) 縱然著作權法第55條之「活動」，解釋上不以非經常性之活動為限，

---

[12] 作花文雄：詳解著作權法，2002年8月2版，頁329-330；加戶守行：著作權法逐條講義（2006年5訂版），頁274。
[13] 作花文雄，同註12。

然而街頭藝人於戶外公共空間公開演出，仍需檢視有無符合下列三要件：1、非以營利為目的；2、未對觀眾或聽?直接或間接收取任何費用；3、未對表演人支付報酬。而街頭藝人與一般藝人之不同，乃其非強制性之收費，而係不特定人之自由捐獻、打賞。此項捐獻、打賞行為，是否可解釋為非演唱之對價或報酬，使演唱者因此而符合著作權法第55條之豁免要件？查慈善義演募款，演唱者並無報酬，且其全部募款收入均捐作公益用途，此項義演行為，日本學者通說認為仍無法適用日本著作權法第38條之非營利之公開演出[14]。依此見解之標準，街頭藝人如果由路人自由主動捐助打賞，亦無法解釋為該當我國著作權法第55條之非營利之公開演出行為。蓋募款之義演，其收入亦屬非強制性，對觀眾或聽眾的非強制性的收入，亦屬違反著作權法第55條之非營利的公開演出的要件。

三、至於街頭藝人之演出行為，是否符合著作權法第65條第2項其他合理使用之情形之規定？查街頭藝人之表演，使用音樂，通常為整首，非屬一部分；且有收入，不是非營利教育目的。再者，其演唱非對音樂著作更作進一步創作上之有生產力之衍生，主張第65條之合理使用，頗不容易。台北縣政府不主張應對街頭藝人收費之理由，主要有二：一、街頭藝人為以民眾主動捐助打賞為其收入來源，非強制性收費，二為其為經濟上之弱勢者。茲討論如下：

(一) 如果以非強制性之收費，而以民眾主動捐助打賞為其收入來源，作為合理使用之理由，則目前坊間不少「紅包秀」，藝人之收入不是來自入場費，而是來自消費者之紅包，此種藝人收入頗豐，未來如果鋼管秀或名歌星在戶外亦以民眾打賞為號召，則與一般營利秀場有何區別？

(二) 目前街頭藝人固然多數收入不多，然而大學生以街頭藝人演唱打工賺學費收入或準備出國者，亦非乏有。其收入不多，並非因為收入的方式係因打賞，而係因知名度不佳。有相當知名度的街頭藝人，亦可能收入豐厚。環諸世界各國著作權法立法，對弱勢保護之立法，多在其對資訊之接觸上著手，使其有教育與知識學習的便利，而非以合理使用助其收入。故街頭藝人以路人的捐助或打賞的方式，作為使用他人著作得主張合理使用，豁免付費，其理由並非堅強。

---

[14] 中川善之助・阿部浩二：著作權（昭和55年版），頁187；齊滕博：著作權法，2007年4月3版，頁255-256。

四、街頭藝人使用他人音樂問題，似宜由主管機關以行政指導方式，請各音樂仲團（現改稱爲「著作權集體管理團體」）依據各種情況訂定較低之費率以解決之。

參、參考資料

經濟部智慧財產局相關函釋

(一) 中華民國97年06月09日智著字第09700049370號函

令函日期：中華民國97年06月09日

令函案號：智著字第09700049370號

令函要旨：

　　有關　貴處函詢合署辦公大樓利用既設廣播系統播放電台製播之節目所涉著作權法疑義一案，復如說明，請　查照。

說明：

一、復　貴處97年5月28日高市秘總字第0970002474號函。

二、有關非營利活動之合理使用，依著作權法（下稱本法）第55條規定，應符合「非以營利爲目的」、「未對觀眾或聽眾直接或間接收取任何費用」、「未對表演人支付報酬」、在「特定活動」中利用「已公開發表之著作」等要件方可主張合理使用。

三、來函所述　貴府合署辦公大樓於每日（上班日）之6個固定時間點，利用大樓廣播系統連播高雄廣播電台之節目（每次播放5或10分鐘），播放至府內各機關辦公室供同仁收聽一節，係屬常態性、經常性的利用，且非屬在活動中利用著作之情況，並不符合本法第55條所稱「合理使用」之情形。因此　貴府於接收廣播電台播送之訊號後，另以擴音設備將原播送之聲音再向府內各機關辦公室同仁傳達之行爲，通常會涉及公開演出音樂著作及錄音著作之行爲，應徵得著作權人之同意或授權，至錄音著作則應依本法第26條之規定向著作財產權人支付使用報酬。如需洽取授權，請參見本局網站經許可之「著作權集管團體之相關資料」」（http://www.tipo.gov.tw/copyright/copyright_team/copyright_team.asp）。

四、有關非營利活動之合理使用，本局已製作「非營利活動中如何使用他人

著作」說明，上載於下列網頁請參考：http://www.tipo.gov.tw/service/news/ShowNewsContent.asp?wantDate=false&otype=1&postnum=15718&from=board。

(二) 中華民國96年10月15日智著字第09600090520號函

令函日期：中華民國96年10月15日

令函案號：智著字第09600090520號

令函要旨：

　　所詢在老人福利機構播放電影片是否適用著作權法第55條規定之疑義，復如說明，請　查照。

說明：

一、依據　貴機構96年10月5日市家輔字第0960001915號函辦理。

二、所詢向圖書館或影碟出租店租借電影片，在老人福利機構院舍庭園播放供院民欣賞一事，依著作權法（下稱本法）規定，將電影利用視聽機器放映予不特定之多數人或特定之多數人觀看，屬「公開上映」之行為，而「公開上映」是著作財產權人專有之權利，因而欲公開上映他人影片者，除符合本法合理使用情形外，應事先取得該等著作之著作財產權人之同意或授權，始得為之。

三、著作權法第55條雖然規定：「非以營利為目的，未對觀眾或聽眾直接或間接收取任何費用，且未對表演人支付報酬者，得於活動中公開口述、公開播送、公開上映或公開演出他人已公開發表之著作。」若所稱「播放電影片」屬於經常性之利用（定期播放），就不符合上述第55條所定之合理使用之情形，應取得該電影片之權利人授權。

四、以上說明，請參考著作權法第3條、第25條及第55條之規定。另本局「著作權資料檢索系統」已上載本局網站（http://www.tipo.gov.tw/）公開各界參考，其中包括有著作權法專責機關歷年所作法令解釋，歡迎檢索參考。

（回覆於2009年1月22日）

問題34：行政機關以電子郵件方式內部傳送輿情簡報的著作權問題

 **相關條文**

著作權法第9條第1項（不得為著作權之標的）、第44條（機關內部之合理使用）、第65條第2項（合理使用之概括條款及判斷基準）

壹、問題

行政機關為了解輿情，會將新聞剪報之紙本資料印送各單位正、副主管參考，此舉應符合著作權法第44條「行政目的所需而列為內部參考資料」之合理使用規定。今如機關為落實環保及節能減碳政策，擬將原本之紙本印送作業方式，改以電子郵件傳送，另會涉及「公開傳輸」之行為，由於傳送對象不變，僅作業方式改變，是否符合著作權法第65條第2項之合理使用？

貳、回答

本問題依次討論如下：

一、新聞簡報資料有無著作權？

著作權法第9條規定：「下列各款不得為著作權之標的：一、憲法、法律、命令或公文。二、中央或地方機關就前款著作作成之翻譯物或編輯物。三、標語及通用之符號、名詞、公式、數表、表格、簿冊或時曆。四、單純為傳達事實之新聞報導所作成之語文著作。五、依法令舉行之各類考試試題及其備用試題（第1項）。」「前項第一款所稱公文，包括公務員於職務上草擬之文告、講稿、新聞稿及其他文書（第2項）。」上述「單純為傳達事實之新聞報導所作成之語文著作」，依世界各國著作權法解釋慣例，限於乾燥無味

（arid）、沒有個性（impersonal）之新聞文字[15]，不包含具有新聞記者創作之個性與風格之新聞描述在內。又依文義解釋本款亦不包含新聞照片、錄影畫面、漫畫等在內[16]。

如果了解輿情的新聞簡報，是屬於著作權法第9條第1項第4款不得為著作權標的之情形者，則行政機關得自由使用，無援引合理使用條款之必要。如果不屬於著作權法第9條第1項第4款之情形，則行政機關使用有著作權之著作，需考慮合理使用條款問題。

二、將新聞剪報之電子檔以電子郵件方式傳送各單位正、副主管，是否屬於公開傳輸？

著作權法第44條規定：「中央或地方機關，因立法或行政目的所需，認有必要將他人著作列為內部參考資料時，在合理範圍內，得重製他人之著作。但依該著作之種類、用途及其重製物之數量、方法，有害於著作財產權人之利益者，不在此限。」行政機關將新聞剪報之電子檔以電子郵件方式傳送各單位正、副主管，其每一封傳送在伺服器將多增加副本，有重製之行為，本屬著作權法第44條得適用之範圍。問題是「以電子郵件方式傳送各單位正、副主管」，如果被解釋為「公開傳輸」，則逾越著作權法第44條之範圍，蓋著作權法第44條僅規定「重製」，未規定「公開傳輸」。

「以電子郵件方式傳送各單位正、副主管」，是否屬於公開傳輸？查著作權法第3條第1項第10款規定：「公開傳輸：指以有線電、無線電之網路或其他通訊方法，藉聲音或影像向公眾提供或傳達著作內容，包括使公眾得於其各自選定之時間或地點，以上述方法接收著作內容。」另著作權法第3條第1項第4款規定：「公眾：指不特定人或特定之多數人。但家庭及其正常社交之多數人，不在此限。」以電子郵件方式傳達資料，是否符合著作權法第3條第1項第10款之「公開傳輸」定義，有肯定說與否定說兩說：

肯定說：此說認為「三人成眾」，「以電子郵件方式傳送各單位正、副主

---

[15] WIPO, Guide to the Berne Convention, pp.22-23 (1978)；黑川德太郎譯：ベルス逐條解說，頁26，著作權資料協會，昭和54年。

[16] 翁秀琪・蔡明誠主編：大眾傳播法手冊（國立政治大學新聞研究所印行，民國81年8月，頁190-191。

管」，人數一定超過三人，屬於特定多數人之「公眾」。因此，「以電子郵件方式傳送各單位正、副主管」，符合「公開傳輸」的定義。

否定說認爲：各單位之正、副主管，屬於特定人，而非屬於不特定人。而「三人成眾」，在著作權法上，並無法律依據。既然是機關「內部」需要，自然是少數且特定人，而非不特定人，亦非特定多數人，不宜認爲屬於「公開傳輸」。

如果機關正、副主管人數不多，本人較傾向否定說，理由如下：

（一）「三人成眾」此一見解，似有商榷餘地。而著作權法上之「公眾」與其他法律不同，不能以其他法律解釋之。著作權法「公眾」之定義，具有它特殊之意義[17]。查伯恩公約第3條第3項對「已發行之著作」有所定義，而依通說解釋，在某國一家書店擺上十幾本書，不算在該國發行[18]。如果三人以上即成「公眾」，則外國書商在台灣一書店販賣三本書，即屬滿足該三人成「公眾」之需要，達到我國著作權法第4條之「首次發行」之要求，與國際通說未符，似有未妥。在機關內部傳送文件，如果是特定少數人，不應解釋爲「公開傳輸」。

（二）我國著作權法第44條立法當初，係採德國著作權法第45條、日本著作權法第42條及南韓著作權法第22條而來[19]。而日本2008年修正之著作權法第42條第1項規定：「著作物於裁判程序目的，及立法或行政作爲內部資料認爲必要者，在其必要之範圍內，得加以複製。但依該著作物之種類、用途及其複製之部數、態樣上觀察，有害於著作權人之利益者，不在此限。」南韓2006年修正之著作權法第23條規定：「基於司法程序以及立法或行政機關內部使用目的之必要範圍內，得重製他人之著作。但如依該著作之種類、重製之數量與性質，對於著作財產權人的利益造成不合理損害者，不適用之。[20]」就此部分，均未修正及於「公開傳輸」。且此二國之著作權法，均未有如我國著作權法第

---

[17] 參見加戶守行：著作權法逐條講義，頁70，社團法人著作權情報センター，2006年5訂版。

[18] WIPO著，劉波林譯：保護文學和藝術作品伯爾尼公約（1971巴黎文本）指南（Guide to the Berne Convention for the Protection of Literary and Artistic Works (Paris Act, 1971），頁25，北京：中國人民大學出版社，2002年7月。

[19] 參見：經濟部智慧財產局編印：歷年著作權法規彙編專輯，民國94年9月，頁181。

[20] 原來爲22條，現爲23條。

65條之規定者,亦極可能其爲機關內部公務需要之傳輸,並未被解釋爲「公開傳輸」[21]。

　　(三) 或謂,如果機關內部基於公務需要之傳輸,不認爲公開傳輸,則企業內部對少數幹部之傳輸,是否合法?圖書館內資料之傳輸是否亦非爲公開傳輸?查企業內部之對少數幹部之傳輸,縱然解釋爲非公開傳輸,亦有重製之問題,無著作權法第44條及第51條得援引爲合理使用。而圖書館內針對讀者使用之傳輸,因涉及對象爲「不特定人」,而非「特定少數人」,本應解釋爲「公開傳輸」,需以立法解決。

　　基此,「以電子郵件方式傳送各單位正、副主管」,如果人數爲少數(如七、八人以下),宜解爲非屬「公開傳輸」。如果人數爲多數(如三十人以上),則解釋爲公開傳輸,甚或用著作權法第44條但書宜另外授權。至於多數、少數之標準,宜個案決定。

三、將新聞剪報之電子檔以電子郵件方式傳送各單位正、副主管,是否屬於著作權法第65條第2項之「其他合理使用」情形?

　　如果機關將新聞剪報之電子檔以電子郵件方式傳送各單位正、副主管,不能解釋爲著作權法第44條之合理使用,能否構成著作權法第65條第2項之「其他合理使用」?

　　查民國81年我國著作權法第65條原只爲著作權法第44條至第63條規定的合理範圍之審酌規定。但民國87年著作權法修正,在第65條另增訂著作權法第44條至第63條以外的獨立合理使用概括規定。故內政部於87年6月15日即以台(87)內著會發字第8704807號函謂:「按著作權法第65條之規定,除有爲審酌著作之利用是否合於第44條至第63條規定之判斷標準外,另有概括性之規定,亦即利用之態樣,即使未符第44條至第63條規定,但如其利用之程度與第44條至第63條規定情形相類似或甚而更低,而以該條所定標準審酌亦屬合理者,則仍屬合理使用。」其後主管機關亦有若干類似函示。另最高法院96年台上字第3685號刑事判決謂:「在著作權法87年1月31日修正前,行爲人若無當時著作權法第44條至第63條所列舉之合理使用情形,事實審法院即無依該法第

---

[21] 日本著作權法第38條之非營利之公開再現之規定,顯然亦不適用對於行政機關內部需要而公開傳輸之情形。

65條所列四項標準逐一判斷之必要；然在著作權法爲前述修正後，即使行爲人未能符合該法所例示之合理使用情形，行爲人所爲仍有可能符合修正後著作權法第65條第2項所列之判斷標準，而成爲同條項所稱之『其他合理使用之情形』，得據以免除行爲人侵害著作權責任。」亦有相同旨意。

我國著作權法第65條第2項之「其他合理使用」之情形，係在補著作權法第44條至第63條之不足，凡利用他人著作，具有公益目的，並對著作權人之潛在市場損害甚微，如不符合著作權法第44條至第63條規定者，應適用著作權法第65條第2項規定。如果機關將新聞剪報之電子檔以電子郵件方式傳送各單位正、副主管，不能解釋爲第44條之合理使用，本文認爲應構成著作權法第65條第2項之「其他合理使用」，其理由如下：

(一) 德國著作權法第45條（2008年最後修正）規定：「(1)爲法院、仲裁法庭或機關之程序使用而重製個別著作或使人重製者，得以爲之。(2)法院與機關得爲司法及公共安全之目的而重製肖像或使人重製。(3)著作之散布、公開展示及公開再現，在與重製相同之要件下得爲之。」而德國著作權法第45條第3項之「公開再現」，依德國著作權法第15條第2項，包括：公開口述權、公開演出權、公開上映（造型藝術、照片、影片、圖形）權、公開傳輸權、公開播送權等。即使德國著作權法規定，行政機關內部使用需要而以電子郵件傳送，假設被認爲是屬於「公開傳輸」，則仍得依德國著作權法第45條第3項規定免責。基於同一法理，我國亦當引第65條第2項以爲解決。

(二) 上述行政機關因行政目的內部需要之利用，係爲行政公務目的，具有公益性質，對著作權人之潛在市場影響甚微。較諸著作權法第46條、第48條、第51條使用量更小，且能達成行政的專業功能，以造福人民，調和社會公共利益，應認爲得適用著作權法第65條規定，方屬符合著作權法第65條之立法目的。

(三) 行政機關爲行政目的，以紙張印出，與以電子郵件傳送，其數目相當。且如果對外傳送，即屬非法。此一利用行爲，對著作權人，並無新的損害。則著作權法第44條所允許之行爲，在新科技發生，以電子郵件傳送，宜認爲著作權法第65條第2項之合理使用爲宜。

(四) 依目前法院實務，有若干涉及營利，較本件利用情節嚴重，尚認爲係著作權法第65條之獨立合理使用者，本件情形更宜認爲係第65條之合理使用（參見最高法院92年台上字第3344號刑事判決）。

（回覆於2009年2月19日）

問題35：出租店在市面上以一般人價格買視聽著作之光碟即得出租？

 **相關條文**

著作權法第60條（出租權耗盡原則）

壹、問題

民眾自行研製卡通動畫並以光碟形式銷售，惟經影音出租店以與一般消費者相同之價格購回後置於店內出租，造成著作權人卡通動畫光碟銷售量之下滑外，民眾並表示該等出租店對其出租權業造成侵害。著作權法第60條所揭示「出租權耗盡原則」，於此情形應做何種法理上之解釋？以及「出租權耗盡」，究有無區分為一般消費者及利用該商品後續從事營利行為商家之必要？

貳、回答

一、民法第765條規定：「所有人於法令限制之範圍內，得自由使用、收益、處分其所有物，並排除他人干涉。」民眾自行研製卡通動畫並以光碟形式銷售，影音出租店以與一般消費者相同之價格購回後，影音出租店就該視聽著作之光碟，有「所有權」，除非著作權法別有規定，影音出租店自得依民法第765條規定，本於物之所有人之身分，自由使用、收益、處分其所有物。

二、著作權法第29條規定：「著作人除本法另有規定外，專有出租其著作之權利（第1項）。」「表演人就其經重製於錄音著作之表演，專有出租之權利（第2項）。」此規定著作財產權人專有「出租權」，除非著作權法另有「著作財產權限制」規定，所有人就其所有物之出租，應得著作財產權人之同意，蓋著作權法第29條規定，即民法第765條之「法令限制」。

三、著作權法第60條規定：「著作原件或其合法著作重製物之所有人，得出租該原件或重製物。但錄音及電腦程式著作，不適用之（第1項）。」「附含於貨物、機器或設備之電腦程式著作重製物，隨同貨物、機器或設備合法出租且非該項出租之主要標的物者，不適用前項但書之規定（第2項）。」此即

一般學說所稱「第一次銷售理論」或「權利耗盡原則」。即著作權法第5條之著作中，除錄音及電腦程式著作以外之其他著作，只要擁有著作原件或合法著作重製物之所有權，即得出租該原件或重製物。此目的是在謀求著作財產權與所有權之平衡，使物盡其用[22]。而錄音著作及電腦程式著作所以為「第一次銷售理論」之例外，係受當時美國著作權法第109條（a）項之影響[23]，主要係當時美國曾經統計，CD及電腦程式之承租人，最可能自行拷貝承租物。

四、著作權法第60條之規定，旨在謀求所有權與著作財產權之平衡，所有人之物盡其用，當然將有損著作財產權人之利益。惟基於所有物之物盡其用原則，著作財產權人對於所有人之出租行為，應予容忍，無區分為一般消費者及利用該商品後續從事營利行為商家之必要。且著作權法第60條，係著作財產權人之出租權的法定例外，自不得以契約加以排除。

（回覆於2009年2月26日）

---

[22] 立法院秘書處編印：著作權法修正案（上），民國82年2月初版，頁62。
[23] 目前為第109條(b)項。

問題36：有關土風舞教學的著作權問題

 **相關條文**

著作權法第55條（非營利活動之無形利用）

壹、問題

　　本案緣於某土風舞協會詢問，該協會於例行教學活動中，由資深學員輪流擔任教學者，教導他人依據流行歌曲編成之舞蹈，惟此教學活動不支付酬勞或學費而具有非營利性質，是否侵害著作權？

　　按土風舞教學或公園常見之土風舞（團體）運動，通常涉及音樂、錄音、舞蹈三類著作之公開演出。此種非營利之教學或運動泰多為例行性活動，而與著作權法第55條限於「特定活動」顯有未合，似難依本條主張合理使用。然著作權法第65條第2項後段另有第44條至第63條以外的「其他合理使用」之規定，其判斷基準為：

　　一、利用之目的及性質，包括係為商業目的或非營利教育目的。

　　二、著作之性質。

　　三、所利用之質量及其在整個著作所占之比例。

　　四、利用結果對著作潛在市場與現在價值之影響。

　　如上述之利用情形得否依本條之規定主張合理使用，非無疑義。本組初擬意見如下：

　　如教學活動僅係同好間為了運動、健身等非營利目的所為之社交活動，既未向學員收費（包括入場費、會員費、清潔費、服務費、飲食費、器材費等與利用著作行為直接或間接相關之費用），亦未支付酬勞（包括工資、津貼、工作獎金）予教學之人，則於對著作財產權人之權益損害至微的情況下，應非不得主張合理使用；然若除了同好間的交流外，又兼有對外招生、推廣等其他目的，有侵害著作財產權人潛在利益之虞時，則仍應取得著作財產權人之授權。

　　以上意見，是否妥當？或逕認不合著作權法第55條有關合理使用之規定，而應向著作財產權人取得授權？

貳、回答

　　例行教學活動中，由資深學員輪流擔任教學者，教導他人依據流行歌曲編成之舞蹈，惟此教學活動不支付酬勞或學費而具有非營利性質，是否侵害著作權？茲依次探討：

　　一、著作權法第3條第1項第9款規定：「公開演出：指以演技、舞蹈、歌唱、彈奏樂器或其他方法向現場之公眾傳達著作內容。以擴音器或其他器材，將原播送之聲音或影像向公眾傳達者，亦屬之。」同項第4款規定：「公眾：指不特定人或特定之多數人。但家庭及其正常社交之多數人，不在此限。」由於我國有關「公開演出」的定義，實務上向採較寬鬆之見解。例行教學活動中，由資深學員輪流擔任教學者，教導他人依據流行歌曲編成之舞蹈，如果係在協會之教室或公園中，一般被認為係「公開演出」行為，如無合理使用之規定可以適用，自應獲得權利人的同意，給付使用報酬。

　　二、例行教學活動中，由資深學員輪流擔任教學者，教導他人依據流行歌曲編成之舞蹈，使用相關音樂、錄音、舞蹈著作，其與合理使用規定相關者，為著作權法第55條及第65條規定。茲先就著作權法第55條討論之：

　　(一) 現行著作權法第55條規定：「非以營利為目的，未對觀眾或聽眾直接或間接收取任何費用，且未對表演人支付報酬者，得於活動中公開口述、公開播送、公開上映或公開演出他人已公開發表之著作。」此一規定，係於民國87年就民國81年著作權法第55條規定所修正。而民國81年之著作權法第55條規定：「非以營利為目的，未對觀眾或聽眾直接或間接收取任何費用，且未對表演人支付報酬者，得於公益性之活動中公開口述、公開播送、公開上映或公開演出他人已公開發表之著作（第1項）。」「前項情形，利用人應支付使用報酬。使用報酬率，由主管機關定之（第2項）。」民國81年之著作權法第55條，係參考德國著作權法第52條規定所訂立[24]，而民國87年著作權法之修正，係參考美國著作權法第110條及日本著作權法第38條所修正[25]。

　　(二) 民國81年之著作權法第55條，當時主管機關內政部之見解認為，該條之公益性活動，其認定要件為：1、非以營利為目的；2、未對觀眾或聽?直接

---

[24] 參見經濟部智慧財產權局編印：歷年著作權法規定彙編專輯（民國94年9月版），頁191-193。

[25] 同註24，頁299。

或間接收取任何費用；3、未對表演人支付報酬。易言之，只要符合上述三要件，即成立「公益性活動」（參見內政部81、7、17台（81）內著字第8113099號函；內政部81、7、23台（81）內著字第8112959號函）[26]。民國87年著作權法修正後，主管機關經濟部智慧財產局早期之實務見解，亦認爲著作權法第55條規定之適用要件爲：1、非以營利爲目的；2、未對觀衆或聽?直接或間接收取任何費用；3、未對表演人支付報酬。「活動」本身，不限於非經常性活動（參見88、8、31（88）智著字第88007631號函）[27]。惟近年來主管機關之實務見解，認爲「活動」亦屬獨立之要件，即著作權法第55條之活動，限於非「經常性、常態性之活動」，如果常態性或經常性之活動，縱然符合下列三要件：1、非以營利爲目的；2、未對觀衆或聽?直接或間接收取任何費用；3、未對表演人支付報酬，仍不得主張著作權法第55條規定（參見經濟部智慧財產局民國97年06月09日智著字第09700049370號函；中華民國96年10月15日智著字第09600090520號函）。

三、如果依主管機關近年來之見解，認爲著作權法第55條之「活動」，亦屬著作權法在：1、非以營利爲目的；2、未對觀衆或聽?直接或間接收取任何費用；3、未對表演人支付報酬以外之獨立要件，則例行教學活動中，由資深學員輪流擔任教學者，教導他人依據流行歌曲編成之舞蹈，使用他人著作，往往有經常性、常態性之時間及地點，屬於「經常性、常態性之活動」，僅此而言，教學活動難謂屬於著作權法第55條之合理使用。

四、民國87年我國著作權法第55條之修正，係參考美國著作權法第110條及日本著作權法第38條，已如前述。然而美國著作權法第110條第1項至第4項之排他權之限制：特定表演或展示之豁免，並未區分經常性活動，或非經常性活動。而日本著作權法第38條第1項規定：「不以營利爲目的，且對於聽衆或觀衆亦無收取費用（不問任何名義，因著作物之提供或提示所受之對價，以下本條同）者，得公開上演、演奏、上映或口述已公開發表之著作物。但該上演、演奏、上映或口述，對於表演人或爲口述之人支付報酬者，不在此限。」第2項規定：「不以營利爲目的，且對於聽衆或觀衆亦無收取費用者，得對於已廣播之著作物爲有線廣播，或專門以該廣播之對象地域受信爲目的而爲自動

---

[26] 參見蕭雄淋編：著作權法判決決議、令函釋示、實務問題彙編，民國89年7月2版，頁988。

[27] 同註26：頁1585。

公眾受信（包含送信可能化中，在已連接供公眾用之電信網路之自動送信伺服器上輸入資訊）。」第3項規定：「不以營利爲目的，且未對聽眾或觀眾收取費用，得以受信裝置公開傳達已廣播或有線廣播之著作物（包含已廣播之著作物而被自動公眾送信情形之該著作物）。以通常家庭用受信裝置所爲者，亦同。」亦不以是否爲經常性活動，而區分是否得適用日本著作權法第38條。依日本學者見解，大學通常之授課而口述教科書，或放錄音帶，係符合日本著作權法第38條規定[28]。大學教師雖有薪水，且學生須付學費，但此爲大學人力、物力資源提供之對價，而非對著作物提供之對價[29]。我國著作權法第55條之立法，有關公開播送部分，固然較日本及美國爲寬鬆，在立法上須加以檢討，然而有關公開演出部分，行政函釋上解釋爲經常性活動非屬著作權法第55條之範圍，則如教育、宗教、老人福利機構等慈善團體非營利之經常性演出，亦不許適用著作權法第55條，其條件將較美、日爲嚴格，此項函釋見解，並非妥適。

　　五、查依美國著作權法第110條第1項，對於非營利教育機構，在教室或用於教學之類似場所中，教師或學生於面對面教學活動之公演，除非係使用非合法作成爲重製物，且教師知情，否則均非侵害著作權。又第110條第3項規定，教堂或宗教集會之活動，公演非戲劇性文學或音樂，或具宗教性質之戲劇、音樂著作，亦非侵害他人之著作權，與是否經常性之演出無關。

　　六、德國著作權法第52條規定：「(1)公開再現已公開發表之著作，如公開再現之主辦者非以營利爲目的，未向參與者收取費用，且未對公開口述或公開表演之表演者（第73條）支付報酬，則得爲之。公開再現應支付適當之報酬。有關少年扶助、社會救濟、老人照護、社會福利、監獄管理之機構所舉辦之活動，以及學校舉辦之活動，如依其社會或教育目的只對一定範圍之人開放者，其公開再現不須支付報酬。但活動如爲第三人之營利目的而舉辦者，不得免付報酬，於此情形，報酬應由該第三人支付。(2)在禮拜儀式、教會或宗教團體舉辦之宗教節日中，得公開再現已出版之著作。但活動主辦人應向著作人支付適當之報酬。(3)著作之舞台公開表演、公開傳輸、公開播送，以及電影著作之公開上映，一律應取得權利人之許可，始得爲之。」依德國實務運作，雖然這「活動」的意義，被解釋爲「僅僅在特定時間舉辦的單獨事件，而非經

---

[28] 作花文雄：詳解著作權法，2002年8月2版，頁329-330頁；加戶守行：著作權法逐條講義，2006年5訂版，頁274。
[29] 作花文雄，同註28。

常性的活動[30]」。然而青少年、旅行團或學校上課演奏音樂、社區歌詠活動，均不視爲公開表演行爲[31]。其有關認定公開演出的範圍，顯然較我國爲嚴格甚多。

　　七、個人認爲，本問題，宜從著作權法第55條考量，即如符合第55條之要件，1、非以營利爲目的；2、未對觀眾或聽?直接或間接收取任何費用；3、未對表演人支付報酬之三要件，即使經常性活動，亦應依第55條認爲合理使用[32]。而著作權法第65條之斟酌四要素，在此處無適用餘地。蓋著作權法第65條四要素，並非皆可適用於第44條至第63條每一條文，例如第59條之1、第60條，即絕無適用第65條之可能。而符合美國著作權法第110條規定者，即無須斟酌美國著作權法第107條合理使用規定。第55條係著作權法法定例外之自足規定，與第51、52條之要件，其「合理」與否需適用第65條之斟酌要件不同。

　　八、土風舞教學或公園常見之土風舞（團體）運動，通常涉及音樂、錄音、舞蹈三類著作之公開演出。此如符合第55條之要件，1、非以營利爲目的；2、未對觀眾或聽?直接或間接收取任何費用；3、未對表演人支付報酬之三要件，即得認爲合理使用，不問是否經常活動，已如前述。個人認爲，即使有所謂「招生」、「推廣」，亦應認爲符合著作權法第55條之合理使用。然而有招生、推廣者，多數有收費，而公園常見之土風舞（團體）運動，亦有不少收費者（如果只是象徵性之收取場地維護費，應不認爲收費），此當認爲不符合著作權法第55條，亦不符合第65條規定者，併此敘明。

（回覆於2009年3月11日）

---

[30] M. 雷炳德著，張恩民譯：著作權（Urheberrecht），頁343，法律出版社，2005年1月。

[31] 同註30，頁344。

[32] 參與民國81年與87年立法當時著作權主管機關之主管王全錄先生謂：「第55條『活動中』之文字，僅係爲使條文文字通順，並無別意義。」參見經濟部智慧局89年8月3日及90年10月17日召開之著作權法修正諮詢會議。另參見羅明通：著作權法論，第二冊，2005年9月6版，頁200。

問題37：廚師辦桌菜色之著作權問題

 **相關條文**

著作權法第3條第1項第5款（重製之定義）、第55條（非營利活動之無形利用）

壹、問題

一、辦桌菜色

廚師用卡通角色多拉A夢的圖形做出辦桌上的一道油飯菜色，有無侵害他人著作財產權的問題？

二、課後輔導諮商

學校為辦理學生之輔導、諮商，藉由成長團體或個別諮商的方式，於特別設計之抒壓空間（非會議室、教室或辦公室）進行輔導活動：

(一) 時間：採取週休2日全天或每週3小時，連續8週2類活動時間。

(二) 活動內容：利用書籍複印、藝術品、影音資料，以口述、播送、上映或演出等方式進行輔導。

上開輔導活動，可否主張著作權法第55條或有其他途徑解釋為「合理使用」？

貳、回答

一、問題

如果係食譜書，廚師按食譜的敘述方法煮成與食譜照片一樣的菜，是屬於「實施」。由於著作權法不保護「實施權」，因而不構成侵害。然而本題卡通角色多拉A夢的圖樣，係美術著作，以多拉A夢的圖樣做出辦桌宴席上的一道油飯菜色，並非按照一定敘述方法煮出，而係有意以食物為素材而製成圖案，

較難解釋爲「實施」,而應依其情節解爲「重製」或「改作」,除非有合理使用規定(如著作權法第51條個人或家庭使用等)的適用,否則構成著作權的侵害。

二、問題二

本題分兩個部分:

(一) 重製行為

1. 著作權法第46條第1項規定:「依法設立之各級學校及其擔任教學之人,爲學校授課需要,在合理範圍內,得重製他人已公開發表之著作。」第46條擔任教學之人,解釋上,不限於具有教師資格之人,如果係職員,而實際承擔教育工作,或職員爲教師教學之手足延伸者,亦屬之。故本題之關鍵在於所述者,是否乃「學校授課需要」。

2. 所謂「學校授課需要」,除了正常的教師教學活動外,尚包含「特別教育活動」,體育、實習、實驗等活動,但不包含學校的課外活動[33]。著作權法第46條是否包含特殊學生的假日心理輔導所爲之利用,立法不明。本文採否定說,認爲此宜落入著作權法第65條第2項之其他合理使用考量。

(二) 重製以外之無形利用(口述、播送、上映或演出等)

1. 著作權法第55條規定:「非以營利爲目的,未對觀衆或聽衆直接或間接收取任何費用,且未對表演人支付報酬者,得於活動中公開口述、公開播送、公開上映或公開演出他人已公開發表之著作。」此一規定,依經濟部智慧財產局通說之解釋,不包含經常性之活動,如依此見解,本題亦不符第55條規定。

2. 本人不贊同凡經常性活動,一律排除第55條合理使用範圍之見解,已如過去諸問題所述。本文認爲,如果本題係針對特殊學生的輔導活動,而該活動不因該學生之參加而另行收費,則宜認爲係符合第55條規定。如果認爲不符第55條規定,亦宜認爲得援引第65條第2項之其他合理使用爲宜。

3. 如果本題之學生,具有周末的娛樂性質,不宜適用第55條及第65條合理使用規定免責。

(回覆於2009年3月31日)

---

[33] 參見:加户守行:著作權法逐條講義,平成15年4訂版,頁253-254。

問題38：伴唱機所灌錄之歌曲於期間屆滿後是否須移除？

 **相關條文**

著作權法第59條之1（散布權耗盡原則）

壹、問題

　　伴唱機內於專屬授權重製期間內所灌錄之歌曲，於專屬期間屆滿後，伴唱機持有人或原取得重製權之專屬被授權人，有無義務將該等於專屬授權期間內所灌錄之歌曲移除？

貳、回答

　　一、本問題可分兩方面言之：一為權利人與利用人在合約約定，授權之專屬期間屆滿應移除灌錄歌曲，一為權利人與利用人未在合約約定，授權之專屬期間屆滿應移除灌錄歌曲。就後者而言，本人認為，利用者就未移除歌曲部分，既未違約，亦未違反著作權法。就前者而言，利用者為違約，然而有無違反著作權法？亦即利用者於授權期間內重製，但是於授權期間屆滿方散布，是否侵害權利人之重製權及散布權？

　　二、就重製權而言，既然在授權期間內重製，其重製行為為合法，而有關伴唱機之歌曲，並無類似著作權法第59條第2項重製電腦程式在一定情形下應銷燬重製程式之「不作為犯」之規定，則在授權期間內重製，而於授權期間後，未移除歌曲，除屬於違約外，並未另外侵害重製權。

　　三、至於在授權期間內重製，在授權期滿後另行銷售，屬於違約，然而是否侵害散布權？亦即適用著作權法第59條之1之權利耗盡理論，是否須以進入市場後所有物之買進者為限？抑或進入市場前之所有物之原始取得人，亦有適用？有肯定與否定兩說。著作權法第59條之1規定：「在中華民國管轄區域內取得著作原件或其合法重製物所有權之人，得以移轉所有權之方式散布之。」我國著作權法第59條之1無明文規定，必須是繼受取得所有權之人，方得主張

權利耗盡[34]。本文認為在授權期間內重製，在授權期滿後另行銷售，僅係違約問題，而非侵害散布權問題。

（回覆於2009年4月9日）

---

[34] 參見本書問題70：逾越授權範圍將合法重製之重製物輸出國外之責任問題。

問題39：將盜版CD光碟內之資料放置個人電腦中，得否主張合理使用？

 **相關條文**

> 著作權法第51條（個人或家庭之合理使用）、第65條第2項（合理使用之判斷基準）

壹、問題

如將盜版CD光碟內之資料，放置個人電腦中，該行為已涉及重製他人著作，惟該行為是否仍有著作權法第51條（供個人或家庭為非營利之目的，在合理範圍內，得利用圖書館及非供公眾使用之機器重製已公開發表之著作）之適用？

貳、回答

一、依德國現行著作權法第53條第1項但書規定，個人目的之合理使用，須以「非顯然違法製作」之樣本為限[35]。日本著作權法第30條最近亦作此修正（即以侵害著作權的自動公眾送信，在受信後知情以數位方式錄音或錄影，不得依第30條主張個人合理使用）[36]，顯然日本著作權法第30條，原亦不區分被個人複製的來源，是否正版。

二、我國著作權法第51條規定：「供個人或家庭為非營利之目的，在合理範圍內，得利用圖書館及非供公眾使用之機器重製已公開發表之著作。」當時文字主要係來自日本著作權法第30條。我國目前尚未區分被重製之樣本是否盜版，解釋上被重製之樣本如果是盜版的，該個人使用之重製，亦得適用著作權

---

[35] 德國著作權法參見：http://bundesrecht.juris.de/urhg/BJNR012730965.html（2009/1/28）

[36] 參見：http://www.bunka.go.jp/chosakuken/singikai/bunkakai/index.html有關第二十八回2009、3、25日提出。（按：目前已正式通過施行）

法第51條。民國90年之成大mp3事件，當時學者的多數說意見亦爲如此，監察院亦因此糾正台南地檢署。

三、著作權法第65條第1項規定：「著作之合理使用，不構成著作財產權之侵害。」第2項規定：「著作之利用是否合於第四十四條至第六十三條規定或其他合理使用之情形，應審酌一切情狀，尤應注意下列事項，以爲判斷之基準：一、利用之目的及性質，包括係爲商業目的或非營利教育目的。二、著作之性質。三、所利用之質量及其在整個著作所占之比例。四、利用結果對著作潛在市場與現在價值之影響。」目前較需思考的是，被重製之樣本如果是盜版的，在第65條之衡量上較爲不利。假設只是學術性之資料，且非大量，也許依第65條尚得主張合理使用。如果是欣賞目的，且光碟中音樂數量多，或是大補帖，可能會受到第65條的制約，較難通過著作權法第65條第2項4款判斷基準的檢驗，而目前實務上，著作權法第51條的「合理範圍」，仍須受第65條的限制。

（回覆於2009年4月24日）

問題40：法律上允許教師上課怎樣使用教材？

 **相關條文**

著作權法第46條（教師授課之合理使用）、第65條第2項（合理使用之判斷基準）

壹、問題

一、某學校為減輕家長經濟負擔，規劃各科目之教科書經定案後，由學校每年級購置1個班的數量（45本），供全年級班級學生（840名）上課借用。

二、各科老師並依教科書內容，擷取該版本相關資料，提供各科目各年級全體學生上課使用。

請問上開作法是否符合合理使用之規定？

貳、回答

一、關於第一點，我國著作權法第22條至第29條之1有關著作財產權之「專有權利」種類，並無「出借權」項目。再者，著作權法第87條第1項「視為侵害著作權」之項目，有關出借部分，限於違法盜版之著作。故學校購買合法版本圖書並對全班出借，無論數量有多少，都無侵害著作權之虞。

二、著作權法第46條規定：「依法設立之各級學校及其擔任教學之人，為學校授課需要，在合理範圍內，得重製他人已公開發表之著作（第1項）。」「第44條但書規定，於前項情形準用之。」所謂第44條但書，即是「但依該著作之種類、用途及其重製物之數量、方法，有害於著作財產權人之利益者，不在此限。」上述第46條規定，即有關教師上課使用教材之合理使用規定。此規定所謂「合理範圍」，尚須受著作權法第65條之拘束。著作權法第65條規定：「著作之合理使用，不構成著作財產權之侵害（第1項）。」「著作之利用是否合於第四十四條至第六十三條規定或其他合理使用之情形，應審酌一切情狀，尤應注意下列事項，以為判斷之基準：一、利用之目的及性質，包括係為商業目的或非營利教育目的。二、著作之性質。三、所利用之質量及其在

整個著作所占之比例。四、利用結果對著作潛在市場與現在價值之影響（第2項）。」「著作權人團體與利用人團體就著作之合理使用範圍達成協議者，得為前項判斷之參考（第3項）。」「前項協議過程中，得諮詢著作權專責機關之意見（第4項）。」

三、教科書本來即預定賣至學校，教科書在學校以外的市場較小，故教科書在學校之重製，其合理使用的解釋，應較從嚴認定，因其較有可能屬於「依該著作之種類、用途及其重製物之數量、方法，有害於著作財產權人之利益」之情形。本題全體學生上課使用之重製，除非使用的頁數少，否則可能屬於著作權法第46條第2項準用第44條但書之情形。且較難通過第65條第2項第4款「利用之結果對著作潛在市場與現在價值之影響」合理使用判斷基準之檢驗。

四、有關著作權法第46條之利用量的多寡問題，美國教育機構與組織之著作權法修正特別委員會、美國作家聯盟及美國出版商協會在1976年簽定的一份準則（Guideline）可供參考：

(一) 教師之單份影印（single copying for teachers）：

前述準則規定，教師為個人研究或教學準備之用，得自行影印或使人代為影印下列著作1份：書籍中單一章節；期刊或報紙中單篇文章；短篇小說、短文或短詩（是否收於選集中均可）；書籍、期刊或報紙中之地圖、數學圖、工程圖、素描、漫畫或照片。

(二) 供教室內（課堂上）使用之多份影印（multiple copies for classroom use）

教師為供教室內使用或課堂討論之用，得以每位學生1份為限，自行影印或使人代為影印前述著作1份以上，但應遵守下列原則：

簡短原則（Brevity）：小說、文章字數少於2500字者，得全文影印。字數如等於或多於2500字，至多僅得摘要影印1000字或全文10分之1，以1000字與全文10分之1兩者中較少者為準，但無論如何至少可以影印500字。

自發性原則（spontaneity）：依前述準則之規定，影印除符合簡短原則外，尚須「基於教師個人之示意和請求」，因此影印如係出於校長、教育委員會或其他上級機關之決定，即不能適用前述準則以免責。此外，教師影印之決定在時間上必須非常接近「其使用能發揮最大教學效果的時點」，以致「無法合理期待教師向權利人提出授權之請求後能獲得適時之答覆」。最後此一要件似有鼓勵教師不預先準備教材、臨陣磨槍之意味。

累積效果原則（cumutative effect）：除前述簡短性和自發性的要求外，準

則尚對教師為課堂使用從事多份影印所產生之累積效果設有若干限制。每位教師每堂課（any one class term）至多僅得從事9次的多份影印。其次，除報紙、新聞性雜誌和其他雜誌的時事報導以外，每位教師僅得影印著作用於單一門課程（only one course），在同一堂課上至多僅能影印同一著作人的1篇短詩，短文或短篇小說全文，且至多僅能摘要影印同一著作人2篇著作。另外，在同一堂課上，至多僅能從同一文集或期刊中摘要影印3次。

　　(三) 教師影印之其他限制：前二準則最後又設若干對單份影印和多份影印均有適用的限制（部分與前述之限制重覆）。任何影印均不得形成新的文集、編輯著作或集體著作，或者發生取代原被利用之文集、編輯著作或集體著作的效果。亦即不得取代對於書籍或期刊的購買需求。後面這項限制如果作廣義解釋，會使許多原本似乎在準則容許範圍內的影印行為喪失合法基礎。諸如工作手冊（workbook）、練習冊、標準化測驗、試題小冊子與擬答（answer sheet）等「消耗性」著作，應係不容許影印的，上級機關不得命令從事這類影印行為，教師亦不得先後在不同課堂上重覆影印同一著作。最後，教師不得向學生收取影印成本之外的費用。

（回覆於2009年6月9日）

問題41：賣場為展示電器設備目的而播放音樂，是否為合理使用？

 相關條文

著作權法第3條（著作權法之用詞定義）、第24條（公開播送權）、第25條（公開上映權）、第26條（公開演出權）、第65條（合理使用）。

壹、問題

一、問題背景

家電業者為展售電視、音響等設備，於賣場、百貨公司、家電展等公共場所，以展示用機器播放視聽、音樂及錄音等著作，若其目的僅係為展示機器之性能與品質，而非用以提供顧客觀賞、聆聽前揭著作者，則家電業者是否能主張合理使用？

經濟部智慧財產局於民國97年7月14日智著字第09700061250號函已就前揭問題，說明如下：「為銷售音響、電器等設備而對顧客提供音樂視聽及影像觀賞之服務，如僅係為提供顧客試看、視聽以測試機器品質或檢視機器功能之目的，隨機選取影片或音樂帶播放，而非長時間對不特定顧客播放，且對於該等著作之潛在市場與現在價值並無影響者，於個案情形亦有依著作權法第65條第2項主張合理使用之空間。」

二、設問

然而，一般賣場、展售會等場所基於展示目的，而利用視聽、音樂及錄音等著作之方式，有時並不限於前開經濟部智財局函釋內所例舉之隨機選取影片、音樂帶播放（公開上映、公開演出），亦可能以對電視、廣播等之（長時間）二次播送方式為之。再者，隨著近年來多媒體科技之發展，業者亦有以公開傳輸方式而利用者，例如：接收MOD頻道傳輸內容後，再經分線而透過電視、電腦等設備播放者。類此情形，家電業者是否亦有主張合理使用之空間？

三、外國立法例就系爭問題之說明

德國著作權法第56條規定：「銷售或維修用以製作或再現影像或錄音載體之設備、用以接收廣播電視播送訊號之設備、或用以處理電子資料之設備之營業場所，在爲向顧客展示設備或爲維修設備所必要之限度內，得將著作轉錄於影像、錄音或資料載體、藉影像、錄音或資料載體公開再現著作、將廣播電視播送之訊號公開再現，或者將著作公開傳輸。」[37]另美國著作權法第110條第7項亦規定：「對一般大眾開放，未收取任何直接或間接入場費之販賣場所對非戲劇音樂著作之演出，而其演出之唯一目的係促進該著作之重製物或影音著作之零售銷售，且該演出未播送至該業者所在位置以外之場所，並在該銷售所由發生之『直接區域』以內」，即可主張免責[38]。德國及美國著作權法規定，對於前揭基於展示所販售家電性能目的而利用他人著作之行爲，均認爲屬於合理使用範圍，我國似有予以參酌、援用之空間。此一見解，是否有當？

貳、回答

對於系爭問題，應區分爲下列二層次以思考之：

一、賣場因販賣著作而試播著作

例如：業者爲販賣CD而播放該CD，以供消費者試聽之情形。於此情形，業者播放其所販售CD之目的，係爲促銷，應得適用我國著作權法第65條第2項規定，業者對於其播放CD之行爲，應得主張屬合理使用。此類似美國著作權法第110條第7項規定。

二、賣場為販賣機器而播放著作

例如：業者爲展示音響、電視或其他電器設備之性能而播放他人之視聽、音樂或錄音著作之情形。就此，得再細分爲下列兩種情事：

---

37 參閱：蕭雄淋，各國著作權法合理使用條文翻譯，經濟部智慧財產局，頁20-21。
38 參閱：孫遠釗，美國著作權法令暨判決之研究，經濟部智慧財產局，2008年，頁45-48。

(一) 播放電視或廣播節目

此可能涉及二次公播問題，應視業者於播放時有無使用擴大設備而斷。亦即，業者若是販賣一般家用電視或家用音響而使用一般家用電器設備播放他人著作以供視聽者，依目前實務見解，其播放行為應視為「單純開機」，而不至於侵害其所播放著作之著作權；惟業者若非販賣一般家用電視或家用音響，而使用超越家用電器之設備以播放他人著作，且其播放行為，並非於顧客到來時始基於促銷目的而播放，而係就他人整體著作，整個鐘頭乃至整天予以播放，則業者此類播放行為即非屬第65條第2項規定之「其他合理使用」行為，而可能侵害他人著作之著作權。

(二) 播放CD或視聽著作

此應以業者是否有播放CD或視聽著作之「必要性」而判斷。蓋：業者若為販售家電用品而就整片CD或視聽著作，整個鐘頭甚至整天予以播放，該整個鐘頭乃至整天播放之行為，對於其販售家電用品之目的相較之下，顯不具有「必要性」，應不能構成合理使用，業者前揭播放行為應不得適用著作權法第65條第2項規定。然而，若是僅在客人詢問其所販售家電用品性能時，予以試播數分鐘，則業者該試播數分鐘之行為應得適用第65條第2項規定，而屬「其他合理使用」行為。

（回覆於2009年7月27日）

問題42：爲視聽覺障礙者福利目的之數位化重製的著作權問題

 **相關條文**

> 著作權法第3條（著作權法用詞定義）、第53條（增進盲人福利目的之重製及利用）。

壹、問題

一、問題背景

　　目前在有聲書製作科技（Digital Accessible Information System, DAISY）上，已得以將書籍電子檔直接轉換爲有聲書語料。鑑於此有聲書製作科技之發展，有聲書製作團體遂表示：因應該有聲書製作科技發展並精省製作書籍電子檔之成本，希望統由單一機構或團體提供或製作各類書籍電子檔，再交由經依法立案之非營利機構或團體，依著作權法第53條第2項規定製作爲視障者可得讀取、接收之內容。

　　視障團體對此則主張：出版商於出版書籍時，應同時繳交紙本及電子檔予國家圖書館，再由該館轉交有聲書製作機構或中央圖書館（建置有視障資料中心）等機關團體利用而製作爲視障者可得讀取之有聲書檔案，而請求修改圖書館法第15條之圖書送存規定。惟國家圖書館表示，由於圖書館法第15條規定之立法意旨在於法定送存（典藏），因而該館就出版商送存之紙本無法出借他人或其他圖書館使用。視障團體因而轉以著作權法第53條規定，作爲主張前揭出版商及國家圖書館應提供書籍紙本及電子檔予相關機關團體，製作有聲書檔案之依據。

二、設問

　　(一) 著作權法第53條第1項規定：「已公開發表之著作，得爲視覺障礙者……以點字、附加手語翻譯或文字重製之。」此所稱之「點字、附加手語翻譯或文字重製」行爲，究竟有無包括數位重製？

（二）若著作權法第53條第1項之「點字等重製」行為，得以涵括數位重製型態，則第1項之重製行為人得否將該數位重製內容交由其他機構或團體利用，俾專供視覺障礙者使用？

貳、回答

一、著作權法第53條第1項之重製行為，應不包括數位重製

（一）民國81年著作權法第53條第1項原規定：「已公開發表之著作，得為盲人以點字重製之。」此一規定，係來民國74年著作權法第30條第1項規定：「已發行之著作，得為盲人以點字重製之。」民國81年之舊規定係仿自昭和45年（1970年）日本著作權法第37條規定，係考量點字並非人人均知曉如何閱讀之媒介，因而於系爭規定內不限制重製之主體，而與民國74年著作權法第30條第2項「經政府許可以增進盲人福利為目的之機構，得錄音已發行之著作專供盲人使用」，以及，民國81年著作權法第53條第2項「經政府許可以增進盲人福利為目的之機構，得錄音已公開發表著作專供盲人使用」，限制「錄音」重製行為主體為「經政府許可以增進盲人福利為目的機構」之規定不同。因此，本條規定之重製利用行為，不宜擴大解釋。

（二）民國92年，著作權法第53條第1項規定經修改為：「已公開發表之著作，得為視覺障礙者、聽覺機能障礙者以點字、附加手語翻譯或文字重製之。」該次修法之修正理由，主要係因民國81年著作權法第53條第1項規定之適用主體僅限於「盲人」而未包括「聽覺障礙」者，於立法上有所不足，因而修正增訂之；再者，為配合「身心障礙保護法」之修正，亦於同條文內增列「附加手語翻譯或文字重製之」[39]文句。惟對於「附加手語翻譯或文字重製之」之意義內含為何，民國92年之修正理由並未說明，學者對此亦多未著墨[40]，僅有論者對於「以文字重製之」法條文義，舉例謂：「例如將一般字體，改以放大十倍字體，以利弱視者閱讀，或將無字幕之視聽著作打上字幕，

---

[39] 參閱：經濟部智慧財產局編印，歷年著作權法規彙編專輯，2005年9月，頁407。

[40] 羅明通，著作權法論，第二冊，第七版，台英國際商務法律事務所，2009年9月，頁164-165。蕭雄淋，著作權法論，增訂5版，五南圖書出版股份公司，2008年5月，頁212-213。

以供聽覺機能障礙者收視等」[41]。

(三) 我國著作權法第53條第1項之「附加手語翻譯或文字重製之」，係為聽障者所增加之條文文句，揆諸日本著作權法第37條之2規定，應予解釋為「得將供聽覺障礙者之聲音轉成文字或手語等」。至於，其有無包含為弱視者之閱讀而放大字體等意義內含，則仍有待斟酌。蓋我國著作權法第53條第1項規定，並未限制利用他人著作之主體，而日本著作權法第37條之2則係為聽覺障礙人士利用而變動字體之規定，如果利用主體係屬營利者，則採取法定授權方式為之。

(四) 目前在有聲書製作科技上，已得以將書籍電子檔直接轉換為有聲書語料，則為製作視聽覺障礙者得以讀取、接受之語音有聲檔案，而將一般書籍轉換為數位文字檔之行為，是否屬於著作權法第53條第1項之「重製」？無論從立法沿革歷程、立法者當時修正意思或比較法之觀察，均宜採取否定見解。蓋前揭轉換一般書籍為數位檔之行為，應認為係包括在著作權法第53條第2項規定之「以錄音、電腦、口述影像、附加手語翻譯或其他方式利用已公開發表之著作」的行為內，而直接適用第53條第2項規定。至於若是將聲音轉換成文字或手語之情形，該文字或手語如果係以數位方式呈現，則仍應屬於著作權法第53條第1項之範圍。僅有由書籍轉成數位文字檔之情形，在立法解釋上非屬於第53條第1項之範圍。

二、前揭數位重製行為應適用著作權法第53條第2項規定

(一) 現行著作權法第53條第2項規定：「以增進視覺障礙者、聽覺機能障礙者福利為目的，經依法立案之非營利機構或團體，得以錄音、電腦、口述影像、附加手語翻譯或其他方式利用已公開發表之著作，專供視覺障礙者、聽覺機能障礙者使用。」依經濟部智慧財產局民國94年5月11日智著字09400033510號函釋謂：「就貴會而言，如貴會屬以增進視覺障礙者、聽覺機能障礙者福利為目的，經依法立案之非營利機構或團體，就上載及網站上提供視障者下載之行為，可適用前述第2項之規定主張合理使用。」依此解釋之標準，著作權法第53條第2項，並未排斥電腦使用之重製行為。從而，若是基於增進視覺障礙

---

[41] 章忠信，著作權法逐條釋義，第3版，五南圖書出版股份有限公司，2007年，頁139。

者、聽覺機能障礙者福利為目的，經依法立案之非營利機構或團體（下稱「視聽覺障礙團體」）合法取得電子檔，而依DAISY技術轉換該電子檔為語音檔且專供視聽覺障礙者使用者，即得依據著作權法第53條第2項規定主張合理使用。而若視聽覺障礙團體合法取得一般紙本書籍，進而就該書籍予以數位化，此數位化之電子檔僅提供依DAISY技術轉換為語音檔而製作為有聲書，則該一般紙本書籍數位化之過程，應得予解釋為係利用已公開發表著作而轉換為語音檔流程之一部分，對於該轉換一般紙本書籍為數位電子檔之行為，應直接適用著作權法第53條第2項規定，而與著作權法第53條第1項規定無關。

　　(二) 至於視障團體要求修改圖書館法第15條規定，強制出版商繳交電子檔，以便利其取得書籍數位檔之部分，如果視障團體欲便利其取得書籍電子檔之管道，宜於「身心障礙者保護法」之修正解決，而與著作權法第53條規定無涉。

參、系爭問題相關法條

一、我國著作權法相關規定

著作權法第53條（增進盲人福利目的之重製及利用）

　　I 已公開發表之著作，得為視覺障礙者、學習障礙者、聽覺機能障礙者或其他視、聽覺認知有障礙者以點字、附加手語翻譯或文字重製之。

　　II 以增進視覺障礙者、學習障礙者、聽覺機能障礙者或其他視、聽覺認知有障礙者福利為目的，經依法立案之非營利機構或團體，得以錄音、電腦、口述影像、附加手語翻譯或其他方式利用已公開發表之著作，專供視覺障礙者、學習障礙者、聽覺機能障礙者或其他視、聽覺認知有障礙者使用。

圖書館法第15條（圖書法定送存）

　　I 為完整保存國家圖書文獻，國家圖書館為全國出版品之法定送存機關。

　　II 政府機關（構）、學校、個人、法人、團體或出版機構發行第二條第2項之出版品，出版人應於發行時送存國家圖書館及立法院圖書館各一份。但屬政府出版品者，依有關法令規定辦理。

二、日本著作權法相關條文

第33條之2（作成教科用擴大圖書等目的之複製等）

I 因視覺障礙、發展障礙或其他障礙，為供使用已揭載於教科用圖書發生困難之兒童或學生學習之目的，得將已揭載教科書之著作，以文字、圖形等加以放大或其他該兒童或學生使用該著作物目的必要之方式而為複製。

II 依前項規定複製而作成教科書或其他複製物（除以點字複製者外，限於該教科書揭載之著作全部或相當部分的加以複製者為限，以下本項稱「放大本教科書」）之人，應事先通知該發行教科書之人，如係以營利為目的而散布該放大本教科書者，並應支付該著作之著作權人準用前條第2項規定文化廳長官每年所定數額之補償金。

III 文化廳長官訂定前項數額者，應在政府公報上公告之。

IV 依關於障礙兒童及學生目的教科用圖書等之普及與促進之法律（平成20年法律81號）第5條第1項規定，提供在教科書上揭載之著作物之電磁記錄之人，在其提供目的認為必要之限度內，得利用該著作物。

（平成15法85‧追加、平成20法81標題1項2項一部改正4項追加、平成21法534項一部改正）

第37條（為視覺障礙者等之複製等）

I 已公開發表之著作物，得複製成點字。

II 已公開發表之著作物，得複製成以利用電腦處理方式之點字，而將其記錄於記錄媒體，或為公眾送信（播送或有線播送除外，於自動公眾送信者，包含送信可能化）。

III 點字圖書館或其他依政令所定為增進視覺障礙者福利為目的之設施，得將已公開發表之著作物，以專供盲人借用或自動公眾送信（包含送信可能化，於本項同）之用為目的，而加以錄音，或專供視覺障礙者之用，而將該錄音物為自動公眾送信。

IV 政令所定從事有關視覺障礙人士或其他視覺表現認知有障礙人士（於本項以下及第102條第4項，稱為「視覺障礙者等」）之福利事業者，就已公開發表且以視覺表現被認知之方式（包含依視覺及其他知覺被認知之方式）而對公眾提供或提示之著作物（包括以該著作物以外的著作物而對該著作物複製之物，或其他與該著作物作為一體而向公眾提供或提示之物，於本項以下及同條

第4項，稱爲「視覺著作物」），爲專供依該當方式利用該視覺著作物有困難之視覺障礙者等之用，得於必要之限度內，將該視覺著作物之文字做成聲音，或以其他爲該視覺障礙者等利用之必要方式而進行複製或公開傳輸（包括傳輸可能化）。但就該視覺著作物，其著作權人、取得授權之人或依第79條有出版權設定之人，如已依據該方式對公眾進行提供或提示之情形，不適用之。

（平成12法56・1項一部改正2項追加3項一部改正、平成18法121・3項一部改正、平成21法53・2項一部改正）

第37條之2（為聽覺障礙者等之複製等）

依以下各款所揭示之利用區分而爲政令所定從事有關聽覺障礙人士或其他聽覺表現認知有障礙人士（於本項以下及次條第5項，稱爲「聽覺障礙者等」）福利事業者，就已公開發表且以?覺表現被認知之方式（包含依聽覺及其他知覺被認知之方式）而對公眾提供或提示之著作物（包括以該著作物以外的著作物而對該著作物複製之物，或其他與該著作物作爲一體而向公眾提供或提示之物，於本條以下，稱爲「聽覺著作物」），爲專供依該當方式利用該聽覺著作物有困難之聽覺障礙者等之用，得於必要之限度內，進行以下各該項所揭示之利用。但是，就該聽覺著作物，其著作權人、取得授權之人或依第79條有出版權設定之人，如已依據該爲聽覺障礙者等利用必要之方式，對公眾進行提供或提示之情形，不適用之：

一、將該聽覺著作物之聲音做成文字，或以其他爲該聽覺障礙者等利用之必要方式而進行複製或公開傳輸（包括傳輸可能化）。

二、專供向該聽覺障礙者等出借之用，而予以複製（以將該?覺著作物之聲音做成文字、或以其他爲該?覺障礙者等利用之必要方式而對該聲音一併進行複製爲限）。

（平成12法56・追加、平成18法121・一部改正、平成21法53・一部改正）

（回覆於2009年9月20日）

問題43：著作權法第60條出租權耗盡原則所及的範圍

 **相關條文**

著作權法第28條之1（散布權）、第29條（出租權）、第59條之1（針對散布權之用盡原則）、第60條（針對出租權之用盡原則）、第87條（侵害著作權或製版權之擬制）、第87條之1（禁止平行輸入之例外）。

壹、問題

　　將自小說出租店租來之漫畫再行轉租，是否侵害著作財產權人之出租權？亦即：因向小說出租店租賃著作重製物而取得該著作重製物占有之占有人，得否不經著作財產權人之授權或同意逕行出租該著作重製物？

　　過去我國實務判決均認為依著作權法第60條第1項規定，原著作權人將其著作重製物出售後（錄音及電腦程式著作之重製物除外），對於該重製物之所有人或占有人，均不得再主張其出租權（如板橋地方法院92年度易字第341號、高雄地方法院90年度易字第3421號及台北地方法院89年度簡上字第306號等刑事判決）。惟近來智慧財產法院97年度刑智上易字第43號刑事判決及98年度刑智上易字第32號刑事判決，均認著作權法第60條第1項「第一次銷售理論」規定，其適用客體應為錄音及電腦程式著作以外著作之著作原件或其合法著作重製物，適用主體（對象）則為該著作原件或其合法著作重製物之所有人。至於何謂著作原件或其合法著作重製物之所有人，涉及所有權歸屬之判斷，因著作權法未予特別規定，即應適用民法物權編相關規定而判斷之。由此觀之，智慧財產法院似乎認為著作權法第60條第1項出租權耗盡規定適用對象不包括著作重製物占有人。

　　試問：

　　一、以上智慧財產法院判決內之個案事實，均為購買出租專用版光碟（上游廠商保留所有權）而再行轉租予他人者，而與本問題之將自小說出租店租來之漫畫（出租店買斷所有權）再行轉租予他人之事實不同，前揭智慧財產法院判決能否類推適用於本問題之解決？

　　二、經濟部智慧財產局對於本問題之初步意見，係認為：從美國及歐盟相

關規定及實務判決觀之，著作權人將著作重製物首次銷售後或移轉所有權後，其散布權或出租權即已耗盡，故取得該著作重製物之所有人或占有人即得自由處分該著作重製物。惟如此解釋是否與著作權法第60條第1項條文文義生有牴觸？

貳、回答

一、出租權與用盡原則（第一次銷售原則）

依現行著作權法第28條之1規定，著作人原則上專有以移轉所有權之方式散布著作之權利。又著作權法第29條規定，著作人原則上專有出租其著作之權利。該「散布權」及「出租權」二類著作財產權權利，均為著作人將其著作置於市面上予以流通之際，對於著作原件或著作重製物之所有人享有之「禁止權」。該二類著作財產權權利原本之用意，僅在於防止或阻止盜版物或竊盜物之流通[42]。惟此種禁止權，可能會致使著作商品之交易流通遭著作人設置不合理的障礙，而不利於文化發展，且著作人亦不宜就自己已於市場流通而成為著作商品之著作，向私人消費者收取多次報酬，因而針對著作人之散布權及出租權，有「用盡理論」（exhaustion theory）或「第一次銷售理論」（first sale doctrine）規定之設置[43]。我國著作權法第59條之1，即為對於散布權的用盡原則規定，第60條則為對於出租權的用盡原則規定。

---

[42] 依美國著作權法學者Melville B. Nimmer 在Nimmer on Copyright一書的看法，散布權原本係廣義重製權的補充權，目的在於補充廣義重製權之不足。蓋著作權為copyright，原則上是一種「重製（copying）」的「權利（right）」。著作權內容中的每一項權利，或多或少都與「重製」有關——例如：狹義重製權，是一種「有形、直接的重製」；公開口述權、公開播送權、公開演出權，係一種「無形的重製」；改作權是一種「間接的重製」。而散布權與重製無關，它的目的——即：其原始之用意——係為阻止或防止盜版或竊盜物的流傳，故為重製權之附屬權。因此散布權之禁止對象，主要係違法之重製品，對於合法之重製品則應以第一次銷售理論來限制其散布權。參閱：蕭雄淋，《著作權法逐條釋義》，第二冊，初版，五南出版公司，1996年5月，頁136-137；另參閱：蕭雄淋，〈散布權與第一次銷售原則〉一文，原載1980年4月23日自立晚報。

[43] 參閱：蔡明誠教授主持，《禁止平行輸入法制之研究》，經濟部智慧財權局，2007年2月，頁32-33；M・雷炳德（Rehbinder, Manfred），《著作權法（Urheberrecht）》，法律出版社，2005年1月，頁233-234。

二、我國實務對於著作權法第60條第1項「用盡原則」規定之適用及解釋

著作權法第60條第1項規定：「著作原件或其合法重製物之所有人，得出租該原件或重製物。但錄音及電腦程式著作，不適用之。」最高法院對於此項規定之見解，最早見於83年台上字第2331號判決，該判決謂：「著作權法第22條至第29條之規定，係列舉著作人之著作財產權種類，著作財產權人得依同法第36條規定將其著作財產權之全部或一部讓與他人或與他人共有，亦得依同法第37條規定，將上開著作財產權授權他人利用其著作，其授權利用之地域、時間、內容、利用方法或其他事項，依當事人之約定，其約定不明之部分，推定為未授權。著作權法第60條則為著作財產權之限制，係由舊著作權法第28條第3項修正移列，其立法意旨在著作財產權與著作重製物之所有權平衡，以適當限制著作權人之重製權，故依著作權法第60條規定，除錄音及電腦程式著作外，合法著作重製物之所有人，得出租該重製物，不受著作權法第29條規定「著作人專有出租其著作之權利」之限制；又因合法重製物所有人之出借或出售重製物，乃屬其所有權之行使，本不待規定，且與著作財產權之限制無關，於民國81年修正時，乃將舊著作權法第28條第3項所定合法重製物之出借權及出售權加以刪除，以求條文簡潔，非謂著作財產權人享有重製物所有權時，反不能將將重製物出售或出借，如著作財產權人享有重製物所有權時，自得行使所有權，即出借或出售著作重製物，僅原著作權人將其著作重製物出售後，法定保護權利已耗盡，此即所謂第一次銷售理論（耗盡原則），從而如加以購買、受讓或其他方式合法取得錄音、電腦程式以外之重製物所有權時，即可依著作權法第60條規定將其出租。此觀之上開法條及其立法意旨自明[44]。」此項判決雖未預設到民國92年我國著作權法28條之1及第59條之1，另行規範著作財產權人之散布權，及散布權之第一次銷售原則，然而，該判決對於民國81年修正之著作權法第60條規定之立法意旨及其適用，闡述甚明。最高法院83年台上字第6722號判決謂：「惟查錄音及電腦程式著作以外之合法著作重製物之所有人，得出租該重製物，為著作權法第60條所明定，合法著作重製物所有權人此項重製物出租權，與著作人依同法第29條規定專有出租其著作之權利區別，不

---

[44] 參閱：蕭雄淋編，《著作權裁判彙編(二)》，上冊，內政部，1996年10月，頁1283以下。

相排斥，其行使此項出租權，自更無所謂侵害他人之著作財產權可言。況著作權法第92條之犯罪，須有擅自以公開出租等方法侵害他人之著作財產權之故意始能成立，上訴人出租之系爭錄影帶，既係向陳保成購買，而該等錄影帶又係陳保成獲發行人授權合法重製，陳保成與發行人所謂契約，復無禁止其重製該錄影帶出賣之訂定，則上訴人出租該錄影帶，有無侵害他人之著作財產權之故意，原判決並未剖析明白，遽行判決，亦嫌速斷[45]。」此項判決與最高法院83年台上字第2331號判決，均已確認錄影帶出租店之流片合法。出租店只要取得正版錄影帶之所有權，不問有無與發行商簽約，亦不問該影帶是否直接向發行商購買，出租店將該錄影帶出租給客人，依著作權法第60條規定，均屬合法，不侵害著作財產權人之出租權[46]。

三、系爭問題之解決：租受人再予轉租之情形

系爭問題相關之智慧財產法院97年度刑智上易字第43號刑事判決謂：「所謂第一次銷售理論（First Sales Doctrine），學理上又稱耗盡理論、用盡理論（Exhaustion Doctrine），係指著作權人一旦出售其著作物或移轉其所有權，即喪失對該著作物（決定）應否散布、如何散布之控制力，亦即著作權人對於著作原件及合法重製著作物之散布權，於首次出售或移轉其所有權予他人時，即已耗盡，則取得著作原件及合法重製著作物之人將之再次出售或移轉所有權，著作權人不得再對其主張散布權，是以取得著作原件及合法重製著作物之人就該合法重製著作物享有完全之自由處分權。我國著作權法第60條即就著作物之出租部分予以規定，嗣於（民國）92年7月9日公布增訂散布權及散布權耗盡原則，使著作人就其著作應享有以買賣或其他移轉著作原件或其重製物所有權之

---

[45] 同註44，頁1290以下。

[46] 最高法院95年台上字第1471號判決謂：「著作權法第37條第1項規定：著作財產權人得授權他人利用著作，其授權利用之地域、時間、內容、利用方法或其他事項，依當事人之約定；其約定不明之部分，推定為未授權。故著作財產權人得為不同目的而為部分之授權。至同法第60條第1項前段有關著作原件或其合法著作重製物之所有人，得出租該原件或重製物之規定，在保護著作原件或其合法著作重製物所有人之出租權，與同法第37條第1項有關授權之規定，並無衝突，僅著作財產權人對於出租權之授予，不影響著作原件或其合法著作重製物所有人之出租權而已，非謂著作權法不保護視聽著作之出租權。」亦同旨趣。

方式加以散布之權利（著作權法第28條之1、第29條、第59條之1、第60條、第87條第4-6款、第87條之1規定參照）。」「觀諸著作權法第60條第1項規定，第一次銷售理論之適用客體為錄音及電腦程式著作以外之著作的著作原件或其合法著作重製物，而適用對象為該著作原件或其合法著作重製物之所有人。至如何認定著作、著作原件、合法著作重製物，悉依著作權法相關規定，而何謂所有人，涉及所有權歸屬之判斷，因著作權法未加以規定，即應適用民法物權編相關規定（著作權法第1條後段規定參照）。」（98年度刑智上易字第32號刑事判決同旨趣），而於事實認定上，均認為系爭視聽著作之合法重製物所有權尚在告訴人手中，被告並非善意，不得主張民法之善意受讓，故被告並未取得系爭視聽著作之合法重製物之所有權，故無著作權法第60條之適用。而被告有無取得所有權，亦即所有權是否經移轉？被告得否主張善意受讓？均應依民法物權編相關規定及原則予以判斷。

至於，板橋地方法院92年度易字第341號、高雄地方法院90年度易字第3421號及台北地方法院89年度簡上字第306號等刑事判決，其被告均已取得系爭著作之合法重製物所有權，因而該三則判決之個案事實自均有著作權法第60條規定之適用，其被告之行為係屬合法，上開諸判決與著作權法第60條第1項規定之文義間，並無矛盾之處。惟智慧財產法院97年度刑智上易字第43號刑事判決及98年刑智上易字第32號刑事判決，其個案事實乃係錄影帶出租店未取得合法著作重製物所有權之狀況，而與前揭漫畫出租店已經取得合法著作重製物所有權之狀況，顯有不同，不能類推適用之。

四、系爭問題之解決：轉租人再予轉租之情形

如果小說出租店乙，其購買著作財產權人甲在書店合法賣出之漫畫，進而於出租店內將該漫畫出租予客人丙，則不問出租店乙有無取得著作財產權人甲之出租授權，乙之行為依著作權法第60條第1項本文規定應為合法，並無疑義。至於丙僅為該漫畫著作重製物之承租人，其並未取得該漫畫著作重製物之所有權，而另行將漫畫再轉租予丁，則丙之再轉租行為是否有侵害甲之出租權？查：著作權法第60條第1項之第一次銷售理論（或用盡原則），係指著作財產權人若已將著作之合法重製物第一次銷售出去，則著作財產權人之出租權即已用盡，不得再據以就取得該著作合法重製物所有權之人及其他所有權行使後之占有人再主張其出租權。本文「一、出租權與用盡原則（第一次銷售

原則）」部分即已述及，著作財產權人之散布權或出租權係一種禁止權，其可能會使著作商品之交易流通遭著作權人設置不合理的障礙，而不利於文化發展，且著作人亦不宜就自己已於市場流通而成為著作商品之著作，向私人消費者收取多次報酬，因此針對著作人之散布權及出租權，有「用盡理論」（exhaustion theory）或「第一次銷售理論」（first sale doctrine）之設置。基此理論，前述著作財產權人甲已在市場上因出售漫畫而取得一定之對價，甲對乙之出租既不得主張出租權，對乙就丙之轉租行為亦不宜主張著作權法上之出租權，俾符合前述第一次銷售理論（用盡理論）之法理。

　　若著作財產權人甲已經失去著作重製物之所有權，其不得對出租店之客人丙之轉租行為，主張著作權法上之出租權，已如前述。但民法443條第1項規定：「承租人非經出租人承諾，不得將租賃物轉租於他人。但租賃物為房屋者，除有反對之約定外，承租人得將其一部分，轉租於他人。」第2項規定：「承租人違反前項規定，將租賃物轉租於他人者，出租人得終止契約。」則上開問題內之乙如果與丙未訂有特約，丙將漫畫著作重製物再轉租予丁，乙得以終止對丙的漫畫出租行為。此係民法問題，與著作權法無關。

（回覆於2009年12月15日）

問題44：政府機關將新聞剪報工作委外處理，得否主張合理使用？

 **相關條文**

> 著作權法第9條（不得作為著作權之標的）、第44條（立法行政目的所需之重製及限制）、第45條（專為司法程序使用必要之重製）、第48條（圖書館等收藏著作之重製）、第51條（個人或家庭非營利目的之重製）。

壹、問題

政府機關將部分業務委外辦理可達節省人力、經濟之效果，為各國之趨。然而，著作權法第44條基於立法或行政目的所需而重製他人著作之合理使用規定，其適用主體是否包含政府機關委外之廠商？例如：政府機關將新聞剪報工作交由委外廠商處理，該廠商是否得以主張著作權法第44條合理使用規定？目前學說及實務見解，對此存在有肯定說及否定說二類見解：

持肯定說者主張：只要符合著作權法第44條要件，不論該重製行為是由政府機關本身或由其委外廠商為之，所產生之結果相同。亦即，縱使由委外廠商為之亦不會因此造成市場替代效果，故委外廠商亦得依據著作權法第44條規定主張合理使用。持否定說者，則主張：縱使委外廠商之重製行為，係為提供政府機關符合著作權法第44條之利用而為者，惟委外廠商亦因此受有政府機關支付之報酬，從而其應無法主張合理使用。

上開二類見解應以何者為當？

貳、回答

一、「新聞剪報」之工作內容

政府機關委外處理之「新聞剪報」工作，若確是由委外廠商購買報紙，並就政府相關新聞予以「剪下」，分送政府機關參考，則因該剪下報紙新聞行為不涉重製，固無著作權侵害之問題。然而，於實務上，委外廠商所從事之新聞

剪報工作，並非前揭之單純「剪報」行為，而是經由向政府機關投標，收受報酬而承包剪報工作，進而將與該政府機關有關之新聞報導報紙，予以影印成紙張，或將該報導之電子報以關鍵字分類作成數位檔案，交予該政府機關。從而於此種情形，該委外廠商是否得以適用著作權法第44條規定，乃成問題。

二、著作權法第44條「立法行政目的所需之重製」之規定內容

查著作權法第44條規定：「中央或地方機關，因立法或行政目的所需，認有必要將他人著作列為內部參考資料時，在合理範圍內，得重製他人之著作。但依該著作之種類、用途及其重製物之數量、方法，有害於著作財產權人之利益者，不在此限。」本條規定之重製行為主體係以「中央或地方機關」為限，而與同法第45條為司法目的之重製規定，未就重製行為主體予以限制之規範方式不同。故除非承擔新聞剪報工作的委外廠商，其得以被解釋為「中央或地方機關」之手足，否則委外廠商為政府機關新聞剪報工作所為之重製行為，即不符第44條規定之要件，而無適用該合理使用規定之餘地。

三、新聞剪報工作委外廠商得否適用第44條規定

承擔新聞剪報工作之委外廠商，是否屬「中央或地方機關」之手足？由於著作權法第44條規定，並未與同法第51條有關個人或家庭目的之合理使用規定一般，具有限於以「非供公眾使用之機器」進行重製的要件，故如果就應予新聞剪報之每則消息選擇和應予重製範圍之指定，均係由政府機關內部為之，委外廠商僅係依據政府機關前揭選擇及指定範圍予以重製，則該委外廠商只是政府機關之重製手足，其應符合著作權法第44條之要件。此委外廠商作為政府機關重製手足之情形，即如同著作權法第48條文教機構重製收藏著作規定之重製主體為圖書館等文教機構，但圖書館等文教機構與影印廠商簽訂契約，於圖書館等文教機構館員的檢視與指揮監督下，從事著作權法第48條之重製，依手足理論，影印廠商之重製文教機構內收藏著作之行為，亦得予解釋為合法[47]，但若圖書館之委外影印廠商，並非受圖書館員之指揮監督和檢視，而係獨立進行重製作業程序，則縱使影印廠商係在圖書館館內為影印重製行為，亦無第48條

---

[47] 蕭雄淋，《著作權法論》，六版，台北市：五南圖書公司，2009年10月，頁162。

合理使用規定之適用，仍屬非法重製行為[48]。

因此，於系爭問題內，如果政府機關委外之影印廠商非屬政府機關之手足，其必須自行判斷、檢視新聞內容，進而決定何則新聞為「因立法或行政目的所需」、何則新聞為「有必要將他人著作列為內部參考必要」、如何的重製數量為「合理範圍」，再予進行重製行為，則該影印廠商為新聞剪報工作所為之重製行為，即不符於著作權法第44條規定要件。蓋第44條規定，所以於立法之際，將重製行為主體限於政府機關本身，即表示僅有政府機關本身，始能了解何者為「因立法或行政目的所需」、何者為「有必要將他人著作列為內部參考必要」、如何數量為「合理範圍」，從而，基於此目的之重製，所以得成立合理使用而予以免責，乃係因由政府機關本身判斷，方足以信任，委外廠商之重製，多數使用新聞關鍵字，而擴大重製之範圍，無法適當控制新聞則數，殊非著作權法第44條立法精神所許。

四、新聞剪報工作委外廠商非屬第44條規定之行為主體，應不得適用第44條規定

實務上，目前各大報社多設有新聞資料庫，亦提供代客搜尋新聞服務，而政府機關委外剪報之投標案，亦多由報社投標。查著作權法第9條第1項第4款雖規定：「單純為傳達事實之新聞報導所作成之語文著作」，不得為著作權之標的。此所謂「單純為傳達事實之新聞報導所作成之語文著作」，依世界各國著作權法解釋慣例，限於乾燥無味（arid）、沒有個性（impersonal）之新聞文字[49]。不包含具有新聞記者創作個性與風格之新聞描述在內。又依文義解釋，本款亦不包含新聞照片、錄影畫面、漫畫等在內[50]。故委外廠商的剪報工作，就報紙加以影印或數位重製行為，不可能不重製到有著作權之著作。而若於解

---

[48] 日本文化廳行政照會，〈昭和51年6月21日51地文著字第4號〉，出自：文化廳文化部著作權課內、著作權法令研究會編，《著作權關係法令實務提要》第一冊，昭和55年（西元1980年），頁509；蕭雄淋、嚴裕欽、幸秋妙，《國際著作權法合理使用立法趨勢之研究》，2009年12月，經濟部智慧財產局，頁100。

[49] WIPO, *Guide to the Berne Convention*, pp.22-23 (1978)；黑川德太郎譯，《ベルヌ約逐條解說》，頁26。

[50] 翁秀琪、蔡明誠主編，《大眾傳播法手冊》，1992年8月，頁191-192。蕭雄淋，同註47，頁113-114。

釋上，肯定委外廠商得以作為著作權法第44條規定之行為主體，則任何委外廠商，均可參加投標，就所有報紙加以剪報重製，而其剪報重製行為復得解釋為合理使用，將就報社資料庫的潛在市場構成影響，而與著作權法第44條但書所規定的「但依該著作之種類、用途及其重製物之數量、方法，有害於著作財產權人之利益者，不在此限」之立法意旨有違。

查日本著作權法第42條第1項規定：「著作物於裁判程序目的，及立法或行政作為內部資料認為必要者，在其必要之範圍內，得加以複製。但依該著作物之種類、用途及其複製之部數、態樣上觀察，有害於著作權人之利益者，不在此限。」我國著作權法第44及第45條，係仿自日本著作權法第42條規定而制定者[51]。而日本著作權法第42條第1項但書規定，與我國著作權法第44條但書相當。日本著作權法第42條第1項但書，依日本學者解釋，係「於著作之市場與經濟之利用相衝突，在著作之市場流通，有不良影響[52]」之情形。按「與貿易有關的智慧財產權協定」（TRIPS）第13條規定：「會員就專屬權所為限制或例外之規定，應以不違反著作之正常利用，且不至於不合理損害著作權人之合法權益之特殊情形為限。」台美著作權協定第13條規定：「在不與著作之正常利用相衝突，且不損害著作人或著作權人之合法權益情形下，締約各該方領域得立法對本協定第6至11條規定之專有權利，予以有限度之例外限制。」基於我國政府機關有關對外剪報工作廠商標案，其剪報內容亦可能對外國媒體進行之，而在資訊化社會，外國媒體亦多有販賣資料庫及從事授權工作，因而，如果就為政府機關剪報工作之委外廠商，其所為之重製行為，予以解釋為屬合理使用者，則不僅有損我國報業媒體的潛在市場，亦可能有害外國媒體販賣授權資料庫的正當權益。既然投標廠商獲有報酬，有關為政府機關進行新聞剪報工作之事，自應與媒體簽定授權合約，而不宜逕予援引著作權法第44條規定。綜此，應以否定說之見解為當。

（回覆於2010年1月11日）

---

[51] 經濟部智慧財產局編，《歷年著作權法規彙編專輯》，2005年4月，頁181-182。
[52] 半田正夫、松田政行，《著作權法コンメンタール》第二冊，2009年1月，勁草書房，頁347。

問題45：將正版音樂CD轉成MP3檔相關的著作權問題

 **相關條文**

著作權法第51條（個人或家庭非營利目的之重製）、第59條（電腦程式著作重製物所有人之修改或備用重製權）、第63條（依法利用他人著作者之翻譯及改作權）。

壹、問題

近日頃獲民眾詢及，將正版音樂CD轉成MP3檔供自行使用，嗣後將該音樂CD贈送他人，請問該留存之MP3檔案，是否能主張著作權法第51條之合理使用規定？

貳、回答

一、相關函釋及司法判決整理

現行著作權法第51條規定：「供個人或家庭為非營利之目的，在合理範圍內，得利用圖書館及非供公眾使用之機器重製已公開發表之著作。」將正版音樂CD，以自己的機器，轉成MP3檔供自行使用，是否屬於著作權法第51條之合理使用？依目前司法裁判實務及經濟部智慧財產局近來函釋，似均採肯定說，即承認此為合理使用。

經濟部智慧財產局之相關函釋如下：

(一) 98年09月25日電子郵件980925b號函

「來函所述向他人借來一套合法軟體，僅供個人練習術科使用一事，如果僅供個人或家庭非營利之目的，利用非供公眾使用之機械重製該軟體來用，似有主張本法第51條合理使用之空間。」

(二) 98年04月27日電子郵件980427b號函

「所詢將自行購入正版CD之內容放置個人電腦，該行為已涉及重製他人

著作，如您僅係『供個人或家庭非營利之目的』，在合理之範圍內，得利用非供公眾使用之機器（即您的個人電腦）重製該CD之內容，而得主張著作權法（下稱本法）第51條所規定之合理使用。」

(三) 98年01月08日電子郵件980108a號函

「所詢將音樂進行轉檔或剪輯後再加以使用一節，已涉及著作權法（下稱本法）規定之『重製』行為。音樂著作之著作人專有『重製』之權利，惟利用人如係基於個人或家庭為非營利之目的，應有本法第51條規定，在合理範圍內，得利用圖書館及非公眾使用之機器重製已公開著作之適用空間。」

(四) 97年04月21日電子郵件970421號函

「有關個人購買VCD或VCD後，為免原片損害而自行重製使用是否符合著作權法第51條1節，如果您使用圖書館或非供公眾使用之機器進行重製，又重製之結果，僅供個人或家庭非營利之目的，且對著作潛在市場與現在價值未造成影響，似有主張著作權法（下稱本法）第51條『家庭錄製』（hometaping）合理使用之空間。但如果您重製的目的涉及其他之利用行為，例如重製多片轉贈親友等，則屬違法重製之行為而構成著作權之侵害。」

司法實務判決則例如台灣高等法院85年上易字第2936號刑事判決：「著作權法第51條係規定：『供個人或家庭為非營利之目的，在合理範圍內，得利用圖書館及非供公眾使用之機器重製已公開發表之著作』，並非規定：『供教育等合理利用為目的，……』。本案被告僅為自己觀賞之用而重製『阿甘正傳』錄影帶一份（上、下兩卷）而已，並無任何證據可資證明其有以營利為目的而重製該錄影帶，應屬著作權法第51條規定之合理使用範圍。」

二、為供個人自行使用而將正版音樂CD轉成MP3檔，嗣後將該正版音樂CD贈送他人時，對於該留存之MP3檔案，個人得否主張著作權法第51條之合理使用規定？

對於此問題，有肯定及否定兩說，擬予分述如下：

(一) 肯定說

持肯定說者認為，著作權法第63條第3項規定：「依第46條至第50條、第52條至第54條、第57條第2項、第58條、第61條及第62條規定利用他人著作

者，得散布該著作。」依此規定之反面解釋，依第51條而重製之重製物，不得散布。重製物不得散布，正版物自應得加以散布。將正版音樂CD轉成MP3檔供自行使用，本為合理使用，嗣後將該音樂CD贈送他人，此原來轉成MP3檔供自行使用之行為，不得認為因嗣後將CD另贈送他人而變成非法。

（二）否定說

著作權法第59條規定：「合法電腦程式著作重製物之所有人得因配合其所使用機器之需要，修改其程式，或因備用存檔之需要重製其程式。但限於該所有人自行使用（第1項）。」「前項所有人因滅失以外之事由，喪失原重製物之所有權者，除經著作財產權人同意外，應將其修改或重製之程式銷燬之（第2項）。」依此規定之精神，行為人既將原版CD贈送他人，應認為原重製行為，不得主張合理使用。

本人同意採肯定說之見解，亦即：對於個人為供自己使用而轉換正版音樂CD成MP3檔，嗣後並將該正版音樂CD贈送他人，則該留存之MP3 檔案仍應認為得以主張合理使用。

三、採肯定說之理由

（一）著作權法第59條規定僅限於「電腦程式著作」適用，此或係因電腦程式著作經濟價值昂貴，或係因電腦程式著作之性質特殊，立法者因而基於特別予以明示列舉規定之。著作權法第59條既限於電腦程式著作始得適用，則基於「明示其一，排除其他」之立法理由，該條應無擴及適用於其他著作之理。況違反著作權法之罪，生有刑事責任，則依罪刑法定主義「不得為不利於被告之類推解釋」之基本原則，著作權法第59條規定，於本案應不得加以適用或類推適用。

（二）依著作權法第59條規定，如果備用存檔之所有人，喪失原版電腦程式著作之所有權而未銷燬重製之程式，僅構成第59條第2項未銷燬重製程式之不作為犯，而不致使同條第1項之重製行為成為非合理使用者。因此，依據著作權法第59條規定，推導本件重製行為係非屬第51條合理使用者，於論證上並非妥當。蓋：本件之行為，如果不構成合理使用，則應構成著作權法第91條第1項之刑事罪責，此與違反著作權法第59條第2項規定，應依著作權法第96條規定所科處之刑罰相較，二者間之刑度相差懸殊。

（三）如果本件將正版音樂CD轉成MP3檔供自行使用，解釋為第51條之合

理使用，而認為嗣後不得將該音樂CD贈送他人，或如果將正版CD贈送他人，應將原重製之重製物（MP3）加以銷燬，此「不得將該音樂CD贈送他人」之解釋，將違反民法第765條所有人得自由處分所有物之規定，且如果真的轉送他人，在著作權法上，亦無處罰之依據。另如果不銷燬原重製之MP3，亦無法依第96條加以處罰。因此，否定說，將無法解釋其違反之法律效果。

(四) 依日本著作權法第30條第1項第3款規定，明知所接收之著作係侵害他人著作權之著作，而仍以自動公眾送信接收者，不得主張個人之合理使用；德國著作權法第53條第1項則規定，主張個人之合理使用，須以來源為「非顯然違法」之著作為限。惟我國著作權法第51條規定，對於被他人重製之電腦程式著作並無前開日、德貳國立法例之限制，亦即：依據我國著作權法第51條規定，被重製之電腦程式著作不限於合法正版之電腦程式著作，若是購買非法重製之著作，另行以家庭之重製設備予以重製者，亦非違法。承此，非法之CD私下以非供公眾使用之機器予以重製為MP3檔之行為，既非違法，則何以重製合法CD為MP3檔，並將合法CD另行贈送他人之行為，即構成違法？

(五) 或謂若甲將正版音樂CD轉成MP3檔供自行使用，嗣後將該音樂CD贈送乙，乙亦如法泡製，將正版音樂CD轉為MP3檔供自行使用，嗣後復將該音樂CD贈送丙，此種情形接二連三發生，豈非著作權人之潛在市場有極大之損害？然此正為著作權法私人重製相關規範之立法政策最大難題。此難題或得以藉由向購買重製機器之消費者課徵相關稅捐、排除有科技保護措施之著作適用私人重製合理使用規定，或是，另以其他立法方式予以解決，實不得逕以行政解釋，就正版CD之所有權人，限制其對於正版CD為個人重製後，再贈送或販賣該正版CD予他人之行為，解決前開私人重製問題。蓋：本件之情形，對於正版音樂CD著作權權利人之權利危害，實遠低於圖書館將CD借予不特定之他人，由借予人私下重製，或違法MP3的下載或交換所帶來的危害。

（回覆於2010年3月22日）

問題46：縣政府將國小試題上網供人下載的著作權問題

 **相關條文**

著作權法第9條（不得作為著作權之標的）、第44條（為立法行政目的所需之重製及其限制）、第63條（依法利用他人著作者之翻譯及改作權）、第65條（合理使用）

壹、問題

花蓮縣政府建置之「花蓮縣學生教育長期資料庫」，係彙集花蓮縣國小國語領域輔導團，針對國小學生國語文能力所研發之試題，該試題中引用他人已公開發表之著作，花蓮縣政府並將上開試題公開於網頁上，供不特定人下載（http://teacher.hlc.edu.tw/imain10.asp?id=80）。花蓮縣政府所建構前開資料庫之行為，已涉及重製及公開傳輸之行為，而該重製行為應符合適用著作權法第54條合理使用之情形，惟其後續之公開傳輸行為，是否有依著作權法第65條第2項主張合理使用之空間？（該試題係由輔導團擬完試題後，發給各國小去做測驗，故應為著作權法第54條依法辦理之考試試題。）

貳、回答

對於系爭問題，以下擬區分為下列二段落闡述之：

一、如果試題本身符合著作權法第9條第1項第5款規定

(一) 本件花蓮縣國小國語領域輔導團，針對國小學生國語文能力所研發之試題係為供各國小測驗之用，而觀其試題內容，往往使用到他人之著作。以「花蓮縣93年國中小二年級學生國語文基本學力檢測」為例，即已使用兒童文學作家林良先生之小詩「樹葉船」。

查著作權法第54條規定：「中央或地方機關、依法設立之各級學校或教育機構辦理之各種考試，得重製已公開發表之著作，供為試題之用。但已公開發

表之著作如爲試題者，不適用之。」花蓮縣國小國語領域輔導團針對國小學生國語文能力所研發之試題，既係爲各國民小學辦理考試之用，其重製他人之著作（如林良之小詩），應認爲屬第54條之合理使用。

(二) 有疑問者爲，他人之著作經第54條之合理使用而成爲試題後，該試題本身是否擁有著作權？爲該試題所利用的著作，其著作權是否即因而消滅？

查著作權法第9條第1項規定：「下列各款不得爲著作權之標的：一、憲法、法律、命令或公文。二、中央或地方機關就前款著作作成之翻譯物或編輯物。三、標語及通用之符號、名詞、公式、數表、表格、簿冊或時曆。四、單純爲傳達事實之新聞報導所作成之語文著作。五、依法令舉行之各類考試試題及其備用試題。」依該規定，「依法令舉行之各類考試試題及其備用試題」，不得爲著作權之標的。

(三) 所謂「依法令舉行之各類考試試題及其備用試題」，主管機關經濟部智慧財產局之函釋如下：

1.96年11月19日電子郵件961119a號函

有關出版社如收錄各校之期中、期末考題作爲題庫加以販售，是否侵害出題教師之智慧財產權乙節，如其收錄者是各級學校全年級一致舉行之期中及期末考考題的話，因前揭考試是依我國教育相關法令所舉行之考試，依著作權法第9條第1項第5款之規定，該等試題並非著作權法所保護之標的，因而收錄並販售該等試題題庫，並不會有侵害著作權之問題。

2.96年01月09日電子郵件960109a號函

按著作權法（以下簡稱本法）所稱「著作」指屬於文學、科學、藝術或其他學術範圍之創作，而「試題」屬於語文著作，受本法所保護，因此，著作人於完成著作（試題）時，依本法第10條規定，即取得著作權。又本法第9條第1項第5款規定，依法令舉行之各類考試試題及其備用試題，不得作爲著作權之標的，而所稱「依法令舉行」係指依本國法令而言，因而各級學校全年級一致舉行之期中及期末考、國民中、小學依「國民中小學學生成績評量準則」實施之評量所使用試題及各公私立高中舉行之模擬考、複習考、隨堂測驗等，均係依我國教育相關法令所舉行之考試，其考試及其備用試題，均不得做爲著作權之標的。又考試試題之答案並不屬於本款規範之內容，併予敘明。

3.95年10月20日電子郵件951020d號函

著作權法（以下稱本法）第9條第1項第5款規定，依法令舉行之各類考試

試題及其備用試題，不得為著作權之標的。所稱「依法令舉行」係指依我國法令而言，不包含外國法令在內。例如：各級學校全年級一致舉行之期中、期末考；國民中小學依「國民中小學學生成績評量準則」實施之評量所使用試題及各公私立高中舉行之模擬考、複習考、隨堂測驗等，均係依我國教育相關法令所舉行之考試，其試題及其備用試題，均不得為著作權之標的，前經教育部函復在案。

4. 93年06月03日智著字第0931600503-0號函

有關各縣市國民中小學辦理之「定期評量」（例如月考或期中、期末考）與「平時評量」（例如隨堂考測驗）（來函問題1部分）以及「定期評量」或「平時評量」採口試、表演、作業等非筆試之評量方式（來函問題5部分）之考試、各縣市國中小所舉辦月考、期中考、期末考是否會因舉行考試次數不同，致對於本法第9條第1項第5款之判斷，有所不同（來函問題3部分），依教育部93年2月23日台國字第0930017385號函（詳附件）之意旨「國民中小學依『國民中小學學生成績評量準則』實施之評量所使用試題，應符合著作權法（下稱本法）第9條第1項第5款規定，不得為著作權之標的。」，故上開考試如係上述「國民中小學學生成績評量準則」實施之評量所使用試題，應屬本法第9條第1項第5款「依法令舉行之各類考試試題」，而不得為著作權之標的。

5. 89年05月15日（八九）智著字第89004016號函

按「依法令舉行之各類考試試題及其備用試題」不得為著作權之標的，著作權法第9條第1項第5款著有明文。復按依教育部前揭函旨，關於各公私立高中舉行之模擬考、複習考、隨堂測驗，係依據高級中學學生成績考查辦法第4條規定辦理之考試。準此，該等考試試題，依首揭著作權法規定，即不得為著作權之標的。

依據上開函釋，著作權法第9條第1項第5款之「依法令舉行之各類考試試題及其備用試題」，其範圍十分廣泛。不僅期中考、期末考、月考、模擬考、複習考、隨堂測驗，其他依「國民中小學學生成績評量準則」實施之評量所使用試題及其備用試題，亦均為著作權法第9條第1項第5款之「依法令舉行之各類考試試題及其備用試題」，不得為著作權之標的。

(四) 綜合前開論述，系爭花蓮縣國小國語領域輔導團針對國小學生國語文能力所研發之試題，極可能係各國小依法令測驗過的試題或其備用試題。如果

事實認定該試題本身，已符合著作權法第9條第1項第5款之「依法令舉行之各類考試試題及其備用試題」，則該試題本身即屬已不得作為著作權之標的者，任何人就該試題之利用，均不構成侵害。花蓮縣政府建置之「花蓮縣學生教育長期資料庫」，係彙集花蓮縣國小國語領域輔導團針對國小學生國語文能力所研發之試題而成，故花蓮縣政府亦不侵害試題創作者之著作權。

(五) 至於試題本身不得為著作權之標的，第三人利用該試題，是否亦可能侵害該試題內容所含有他人享有著作權之著作的著作權？（如「花蓮縣93年國中小二年級學生國語文基本學力檢測」中兒童文學作家林良先生之小詩「樹葉船」之著作權）？針對此一問題，經濟部智慧財產局有下列函釋：

1. 93年06月03日智著字第0931600503-0號函：

經提本局著作權審議及調解委員會會議專案討論，認「著作無論係出於授權利用、被合理使用或被侵權，而成為第9條第1項第5款之試題者，該著作本身仍維持為受著作權保護之標的，只有在成為第9條第1項第5款所規定之試題整體呈現時，始為不受著作權保護之標的」，故各縣市國民中小學舉行月考、期中或期末考等試題，雖屬本法第9條第1項第5款「依法令舉行之各類考試試題」，而不得為著作權之標的，即一般人皆可利用之。惟該等試題所使用其他出版社或教科書業者已公開發表之「著作」，並不因著作內容被利用成為「依法令舉行之各類考試試題」，而喪失該著作本身之著作財產權，亦即一般人如非直接利用各縣市國民中小學之月考、期中或期末考等試題之整體呈現，而係另有利用該著作內容本身之行為時，仍應取得該著作著作財產權人之同意或授權，始得為之。

2. 93年09月29日電子郵件930929號函

93年4月18日提本局著作權審議及調解委員會會議專案討論，認「著作無論係出於授權利用、被合理使用或被侵權，而成為第9條第1項第5款之試題者，該著作本身仍維持為受著作權保護之標的，只有在成為第9條第1項第5款所規定之試題整體呈現時，始為不受著作權保護之標的」，故各級學校舉行月考、期中或期末考等試題，雖屬本法第9條第1項第5款「依法令舉行之各類考試試題」，而不得為著作權之標的（即一般人皆可利用之）。惟該等試題所使用其他出版社或教科書業者已公開發表之「著作」，並不因著作內容被利用成為「依法令舉行之各類考試試題」，而喪失該著作本身之著作財產權，亦即一般人如非直接利用各校考試試題之整體內容，而係另有利用該著作內容本身之行為時，仍應取得該著作之著作財產權人的同意或授權。

3. 95年07月13日電子郵件950713號函

本局電子郵件「930929」文中說明：「著作無論係出於授權利用、被合理使用或被侵權，而成為第9條第1項第5款之試題者，該著作本身仍維持為受著作權保護之標的，只有在成為第9條第1項第5款所規定之試題整體呈現時，始為不受著作權保護之標的」，所謂「試題整體呈現」係指完整呈現原有之試題原貌而言，亦即利用他人之著作做成依法令舉行之考試試題時，就該考試試題本身不得為著作權之標的，該被利用之著作仍受著作權法保護，並不因被利用而喪失其著作權，此時試題之整體呈現係就單一之試題予以衡量，不涉及考試試題數量之問題。段考試題20題，全部使用，未變更任何試題之文字內容的任何一字，固屬之。使用其中任何一題或數題，而未變更該試題之文字內容的任何一字者，亦屬試題之整體呈現。

依據上開函釋，第三人利用不得為著作權標的之試題，而該試題如果係整體呈現，完整呈現原有之試題原貌，該利用試題之第三人，除不侵害試題之創作者之權利外，亦不侵害試題中所含有利用其他人既存著作而創作試題之既存著作之著作權。

(六) 基此而論，系爭花蓮縣國小國語領域輔導團針對國小學生國語文能力所研發之試題，如果係各國小依法令考過的試題或其備用試題，則花蓮縣政府建置「花蓮縣學生教育長期資料庫」，將該試題全文上網，並不侵害試題創作者之權利，亦不侵害試題中含有他人既存著作之著作權人之著作權。

二、如果試題本身不符合著作權法第9條第1項第5款之規定

(一) 著作權法第54條規定：「中央或地方機關、依法設立之各級學校或教育機構辦理之各種考試，得重製已公開發表之著作，供為試題之用。但已公開發表之著作如為試題者，不適用之。」依本規定由各學校舉辦之各種考試，其試題在要件上，非當然即為著作權法第9條第1項第5款之「依法令舉行之各類考試試題及其備用試題」。若系爭花蓮縣國小國語領域輔導團針對國小學生國語文能力所研發之試題，於事實上被認定為非著作權法第9條第1項第5款之「依法令舉行之各類考試試題及其備用試題」，而該試題全文並經花蓮縣政府建置之「花蓮縣學生教育長期資料庫」予以上網，則是否侵害試題創作者之權利？或是，侵害試題內容所含他人既存著作之著作權人之著作權？

(二) 查著作權法第63條第3項規定：「依第四十六條至第五十條、第

五十二條至第五十四條、第五十七條第二項、第五十八條、第六十一條及第六十二條規定利用他人著作者，得散布該著作。」所謂「散布」，依著作權法第3條第1項第12款規定，即：「指不問有償或無償，將著作之原件或重製物提供公眾交易或流通。」散布之意義，係指提供有形原件或重製物予公眾交易或流通之行為，而不包含將之上傳網路之公開傳輸行為。

然而，日本著作權法第36條第1項規定：「已公開發表之著作物，於入學考試或其他學識技能之考試或檢定之目的上認為必要之限度內，得作為考試或檢定問題，加以複製，或為公眾送信（廣播或有線廣播除外，於自動公眾送信者，包含送信可能化，於第2項同）。」此規定相當於我國著作權法第54條規定。而依日本著作權法第36條第1項之因考試而複製他人著作，得「向公眾提供」（參見：日本著作權法第47條之9），而不稱「向公眾頒布」（日本著作權法第2條第1項第19款）之用語以觀，其似含有該試題得加以公開傳輸之意。而著作權法第36條之規定，試題利用他人著作，試題本身即得以「公眾送信」（包含公開傳輸）。

(三) 著作權法第65條第2項規定：「著作之利用是否合於第四十四條至第六十三條規定或其他合理使用之情形，應審酌一切情狀，尤應注意下列事項，以為判斷之基準：一、利用之目的及性質，包括係為商業目的或非營利教育目的。二、著作之性質。三、所利用之質量及其在整個著作所占之比例。四、利用結果對著作潛在市場與現在價值之影響。」基此，系爭花蓮縣政府建置之「花蓮縣學生教育長期資料庫」，其將試題全文上網之行為，因係屬非為營利目的，且試題利用他人著作之量亦屬部分而少量，並有助於教學目的者，從而應係符合著作權法第65條第2項之合理使用者。

(四) 至於花蓮縣政府建置「花蓮縣學生教育長期資料庫」，將該試題全文上網，如果試題非屬著作權法第9條第1項第5款之試題，則因試題仍具有著作權且被使用量為全部，則若未取得試題著作權利人之同意，較難主張第65條第2項之合理使用[53]。

（回覆於2010年4月4日）

---

[53] 著作權法第44條規定：「中央或地方機關，因立法或行政目的所需，認有必要將他人著作列為內部參考資料時，在合理範圍內，得重製他人之著作。但依該著作之種類、用途及其重製物之數量、方法，有害於著作財產權人之利益者，不在此限。」機關之使用，往往有「內部參考」及「不得有害於著作財產權人利益」之限制，此在第65條第2項合理使用之斟酌上，可以參考。

問題47：告別式追思光碟使用他人音樂是否侵害著作權？

 **相關條文**

著作權法第3條（用詞定義）、第22條（重製權）、第25條（公開上映權）、第26條（公開演出權）、第51條（個人或家庭非營利目的之重製）、第55條（非營利之公演他人著作）、第65條（合理使用）

壹、問題

近日報載民眾在告別式中放映追思光碟，甚而將該等光碟上傳網路等行為可能涉及音樂著作、錄音著作之侵權問題，試問：

一、將音樂著作、錄音著作重製於追思光碟之行為

民眾在製作追思光碟時，有可能採取自行運用影音軟體、請求客製業者或殯葬業者進行製作等方式進行，從而，此類重製行為若係民眾自行選擇背景音樂，而自行或另指示業者製作光碟者，是否得以依據著作權法第51條或第65條第2項規定，主張合理使用？

二、於告別式中放映追思光碟之行為

於告別式時「公開上映」前開追思光碟之行為，是否僅涉及視聽著作之利用？蓋：音樂著作、錄音著作並無公開上映權，故無須向影片內音樂著作或錄音著作之著作財產權人取得授權。

三、將追思光碟公開傳輸之行為

將追思光碟上傳於網路之行為，是否應先獲得著作財產權人之同意或授權，始得為之？

貳、回答

一、關於追思光碟製作的著作權問題

(一) 追思光碟內容固係有關往生者一生行誼之影像、文件，惟往往搭配相關音樂而製作完成，此相關音樂極可能係他人有著作權之音樂及錄音著作[54]。從而，追思光碟之製作內容若含有他人之音樂及錄音著作，而未取得音樂及錄音之著作權人之同意，有無主張合理使用之空間？即得否主張著作權法第51條或第65條之合理使用？

(二) 查著作權法第51條規定：「供個人或家庭為非營利之目的，在合理範圍內，得利用圖書館及非供公眾使用之機器重製已公開發表之著作。」此規定原於民國81年參考日本及南韓著作權法之立法而來[55]。

(三) 查日本昭和45年（1970年）著作權法第30條規定：「為著作權標的之著作物（以下本款簡稱「著作物」），以個人、家庭或其他相類似之範圍內的使用目的，除以供公眾使用為目的而設置之複製機器（有複製之機能，關於其裝置之全部或主要部份係自動化之機器）而複製者外，其使用之人得加以複製。」上述日本著作權法第30條之複製，係指「於封閉的私的領域的零細複製，不承認外部之人介入複製」，故法律上之複製主體係使用人本身，如果請複製業者為複製則非該規定之使用人加以複製者[56]。而「個人」，係指「一個

---

[54] 2010年4月1日自由時報載：「往生告別式上，江蕙的『落雨聲』催淚，想起無法再對阿母盡孝道，陳小姐淚水決了堤；有愈來愈多的民眾跟陳小姐一樣，透過追思（生命）光碟送親友最後一程；但著作權團體日前已主動發文殯葬業者，要求光碟應使用授權音樂或歌曲，一般民眾也要留意網路放映的侵權問題。」「著作權團體指出，近年來播放追思光碟已成為喪禮上的特殊儀式，由於許多家屬不再忌諱公開往生者生平事蹟，除了在告別式上播放附有音樂、歌曲，卻未經授權的追思光碟，還進一步將光碟內容貼上部落格、影音網站公開分享，已侵害詞曲創作者的權利。」參閱：自由時報電子報網站，http://www.libertytimes.com.tw/2010/new/apr/1/today-life13.htm（最終瀏覽日期：2010年12月16日）。

[55] 參閱：立法院秘書處編印，《著作權法修正案法律案專輯》，第152輯（上），民國82年2月初版，頁54-55。在行政院草案說明中，著作權法第51條雖亦列參考德國著作權法第51條及法國著作權法第29條第2款規定，但是就立法文字而言，我國立法例最類似日本著作權法第30條規定。

[56] 參閱：加戶守行，《著作權法逐條講義》，五訂新版，著作權情報センター，2006年3月，頁226。

私人」而言[57]；所謂「家庭」係以同一家庭內為限，複數家庭之使用則不包含在內[58]；所謂「其他類似範圍內」，則係指以個人的結合關係為必要，例如：提供10人左右之俱樂部少數成員為同一活動目的而複製（如為練習演唱同一歌曲之目的而複製樂譜），不得對其他非內部成員的朋友發送[59]。亦有學者主張，此「類似範圍」，其人數應不超過通常一個家庭的人數[60]。

(四) 基此而論，上述追思光碟，若係由自己家庭內成員，或以朋友為家庭手足而免費代為重製，且重製數量於10份以下者，則得主張第51條之合理使用。如果係請求客製業者或殯葬業者進行製作，則不得主張著作權法第51條規定。至於得否主張著作權法第65條規定，則應視重製之份數而定。筆者認為，如果重製之數目在10份以上，應已逾越著作權法第65條第2項之其他合理使用之範圍。而重製之數目在10份以下，則應視利用音樂之數量而依第65條第2項1至4款規定斟酌之。

二、關於告別式中放映追思光碟行為之著作權問題

(一) 若係未經音樂或錄音著作之著作財產權人授權，重製該音樂或錄音著作而完成之追思光碟，其有無侵害著作權人之權利，已如前述。因而，若追思光碟之內容，係未經音樂或錄音著作之著作財產權人授權而重製者，且進一步於追思會現場放映該追思光碟，則追思光碟之製作人得否主張著作權法第55條或第65條之合理使用規定？抑或放映追思光碟行為本身，僅係公開上映而非屬公開演出行為，而音樂或錄音著作之著作權人並無公開上映權，因此無須取得音樂或錄音著作之著作權人之同意，而亦無侵害其公開上映權之可能？

(二) 首先須探究者為：於告別式放映追思光碟之行為，是否屬於「公開演出」音樂或錄音著作？於此分述如下：

---

[57] 此為日本昭和45年（1970年）眾議院文教委員會立法時，當時文化廳次長安達健二之發言。參閱：半田正夫、松田政行主編，《著作權法コンメンール》第二冊，勁草書房，2009年1月，轉引自：頁146之註29。

[58] 此為日本昭和45年（1970年）眾議院文教委員會立法時，當時文化廳次長安達健二之發言。參閱：半田正夫、松田政行主編，前揭書，頁147，該頁註35部分。

[59] 參閱：加戶守行，同註56，頁225-226。

[60] 參閱：田村善之，《著作權法概說》2版，有斐閣，2003年2月，頁199-200。

1. 查著作權法第25條規定：「著作人專有公開上映其視聽著作之權利。」公開上映僅限於就視聽著作為之，而不包含音樂著作及錄音著作，因而於告別式進行時，播放含有他人音樂或錄音著作內容之追思光碟行為，並不侵害該音樂或錄音著作之著作權人的公開上映權。惟該追思光碟之放映，是否屬就他人音樂著作或錄音著作之公開演出行為？亦即，該放映追思光碟行為是否涉及音樂著作及錄音著作之公開演出權問題？

2. 依經濟部智慧局92年9月18日智著字第0920008396-0號函釋：「……二、按『音樂著作』著作財產權包括有重製、公開播送、公開演出、公開傳輸、改作、編輯及出租權；『錄音著作』著作財產權包括有重製、公開播送、公開傳輸、改作、編輯及出租權；『視聽著作』著作財產權包括有重製、公開播送、公開上映、公開傳輸、改作、編輯及出租權，著作權法（以下稱本法）第22條至第29條定有明文。又重製、公開播送、公開上映、公開演出之定義，本法第3條第1項第5、7、8及9款均定有明文。因此，利用他人之著作，涉及上述著作財產權之權利，除有本法第44條至第65條合理使用之情形外，應分別取得各該著作著作財產權人或其授權之人或著作權集管團體之授權，否則即有侵害他人著作權之虞。另著作權法第37條明定著作財產權授權利用之原則，未經著作財產權人授權利用之權能，由著作財產權人專有與行使，因此，音樂著作授權灌錄（重製）為錄音著作或視聽著作後，並不喪失其後續公開播送、公開演出、公開傳輸等權利。……四、將音樂著作灌錄於電影、伴唱帶等視聽著作，亦屬音樂著作（包括曲譜及歌詞）之重製行為，應取得該音樂著作著作財產權人重製權之授權。又KTV業者於其營業場所播放上述伴唱帶供消費者演唱，除應徵得視聽著作公開上映之授權外，因消費者及KTV之行為亦屬音樂著作公開演出行為，應另行徵得伴唱帶內音樂著作之著作財產權人或經其授權之人或其所組成之音樂著作權集管團體之同意，始得為之。五、又前項KTV播放伴唱帶供消費者演唱之情形，其演出之行為人，並不限於實際唱歌之人（消費者），KTV業者亦屬之，因如無KTV業者播放伴唱帶（視聽著作），消費者當無法配合唱歌，二者均有參與公開演出之行為，惟因消費者於KTV營業場所唱歌均已支付相當費用，故應無違反著作權法之故意，併予敘明。」依此函釋，播放視聽著作，若該視聽著作中含有音樂著作及錄音著作，則該視聽著作之公開上映，亦對於視聽著作內含之音樂著作及錄音

著作構成公開演出，因而亦應處理音樂著作及錄音著作之權利問題[61]。此在學說及外國立法例亦採此見解[62]。

3. 基此，追思光碟在告別式會場放映，除認定在場與會者並非「公眾」，或是另有適用著作權法合理使用規定之情形外，應取得音樂及錄音著作著作權利人就「公開演出」權利之授權。

(三) 追思光碟在告別式會場放映，在場與會者是否屬「公眾」？即：在告別式放映追思光碟，是否係對追思光碟中之音樂或錄音著作予以「公開演出」？於此分述如下：

1. 著作權法第26條規定：「著作人除本法另有規定外，專有公開演出其語文、音樂或戲劇、舞蹈著作之權利（第1項）。」「表演人專有以擴音器或其他器材公開演出其表演之權利。但將表演重製後或公開播送後再以擴音器或其他器材公開演出者，不在此限（第2項）。」「錄音著作經公開演出者，著作人得請求公開演出之人支付使用報酬（第3項）。」依此規定，公開演出他人之音樂著作，除有合理使用之適用者外，應取得原音樂著作著作權利人之授權；而公開演出他人之錄音著作，則應給付錄音著作之著作權利人使用報酬。

2. 著作權法第3條第1項第9款規定：「公開演出：指以演技、舞蹈、歌唱、彈奏樂器或其他方法向現場之公眾傳達著作內容。以擴音器或其他器材，將原播送之聲音或影像向公眾傳達者，亦屬之。」公開演出行為，係以對現場之「公眾」傳達著作內容為前提。而此所謂「公眾」係

---

[61] 伯恩公約第14條之2(2)(b)款規定：「依同盟國之法令，就著作物之製作參加協力而亦屬於電影著作之著作權人之著作人，如無反對或特別之規定者，不得反對將其電影著作物，加以複製、頒布、公開上演及演奏、以有線方式公開傳達、廣播或以其他方法公開傳達或插入字幕或配音。」此規定不包含伯恩公約第14條之既有著作，如劇本、音樂著作在內，參閱：WIPO撰、劉波林譯，《保護文學及藝術作品伯爾尼公約指南》（Guide to the Berne Convention for the protection of Literary and Artistic Works , Paris Act, 1971），中國人民大學出版社，2002年7月，頁66、69。更何況，系爭問題於重製音樂或錄音著作時，本未經該音樂或錄音著作之著作財產權人授權，則更無適用伯恩公約上述第14條之2(2)(b)款「合法化推定」規定之餘地。

[62] 參閱：張懿云、陳錦全，《公開上映及公開演出涉及著作權問題之研究》，2005年經濟部智慧財產局委託研究，頁170以下。

指：「不特定人或特定之多數人。但家庭及其正常社交之多數人，不在此限[63]。」在告別式的觀衆是否屬「正常社交之多數人」，應依「社會通念、著作及行爲態樣相對決定之」[64]。筆者認爲，一般參加人數20、30人以內之封閉式而不對外開放的家祭告別式，應認爲參與家屬非屬「公衆」[65]，於該類家祭告別式放映追思光碟之行爲，則不應認爲屬公開演出；然而，於非屬家祭之公開告別式，且參與人數在幾十人以上之場合，放映追思光碟之行爲，則應認爲係屬「公開演出」行爲。

(四) 繼而須討論者，則係：於非家祭之公開告別式場合，放映追思光碟之行爲，應屬同時對音樂及錄音著作之公開演出，則該公開演出行爲，是否適用著作權法第55條規定或第65條第2項規定？此部分之說明如下：

1. 著作權法第55條規定：「非以營利爲目的，未對觀衆或聽衆直接或間接收取任何費用，且未對表演人支付報酬者，得於活動中公開口述、公開播送、公開上映或公開演出他人已公開發表之著作。」上述放映追思光碟之情形，姑且不問其是否符合在「活動中」之要件，該追思光碟如果係民衆請求客製業者或殯葬業者進行製作並代爲播放，則因播放者爲光碟客製業者或殯葬業者，且業者具有營利行爲，應認爲其不得主張第55條之合理使用規定。又因其營利行爲，並未取得音樂或錄音著作之著作財產權人之授權，使音樂或錄音著作之著作財產權人減少因其著作財產權可得之收入，亦應認爲不得主張第65條第2項之合理使用。

2. 反之，如果係由喪家自行製作之追思光碟，並由喪家自行播放或委託友人免費代爲播放者，則應認爲符合著作權法第55條規定[66]。

---

[63] 日本著作權法第2條第5項之「公衆」，包含「特定且多數人」。即在日本著作權法之公衆，包含與行爲人無特別關係之不特定人或與行爲人有特定關係之衆多人員，均屬公衆。所謂「家庭及其正常社交」之關係，即「與行爲人有特定關係」而屬特定人。特定多數人應仍屬公衆，但我國著作權法對於公衆之定義，則係排除正常社交生活之「特定」多數人，此立法似宜再斟酌。參閱：半田正夫、松田政行主編，同註57，第一冊，頁360-361。

[64] 參閱：半田正夫、松田政行主編，同註57，第一冊，頁361。

[65] 德國著作權法第15條第3項。參閱：張懿云、陳錦全，《著作權法公開播送之再播送研究》，經濟部智慧財產局，2009年3月2日，頁157-159。

[66] 此追思光碟播放行爲屬非經常性之活動，應認爲係第55條之活動，況依經濟部智慧財產局民國98年7月13日智著字第09800058270號函，已不認爲「活動中」

三、將追思光碟公開傳輸之行為

（一）著作權法第22條第1項規定：「著作人除本法另有規定外，專有重製其著作之權利。」第26條之1規定：「著作人除本法另有規定外，專有公開傳輸其著作之權利。」「表演人就其經重製於錄音著作之表演，專有公開傳輸之權利。」依據前開規定，上傳含有未經著作財產權人授權之音樂或錄音著作內容之追思光碟，至網路之行為，係構成對於該音樂著作或錄音著作之重製及公開傳輸行為，惟重製及公開傳輸該追思光碟之人，得否主張著作權法合理使用規定之適用？

（二）查著作權法第44條至63條並無上開情形足以適用之規定，至於是否適用著作權法第65條第2項其他合理使用之規定？基於網路之無遠弗屆，實務上對於上傳他人著作於網際網路供人公開傳輸之行為，得否構成合理使用，均採取較嚴格之解釋[67]。筆者認為：上傳含有未經著作財產權人授權之音樂或錄音

要件僅限於「非經常性之活動」。此部分理論參閱：蕭雄淋律師、幸秋妙律師、嚴裕欽律師，《國際著作權法合理使用立法趨勢之研究》，經濟部智慧財產局，2009年12月，頁55-56。另奠儀與追思影片放映二者間並非對價關係。

[67] 參閱下列二例：

事例一、智慧財產局民國98年7月22日智著字第09800060570號函釋：

「一、按著作權法（下稱本法）第46條規定，依法設立之各級學校及其擔任教學之人，為學校授課需要，在合理範圍內，得「重製」他人已公開發表之著作，並得依本法第63第2項規定「散布」該著作，無需經過著作財產權人之授權，但是應以合理方式明示其出處。惟依本條可主張合理使用者，僅限於「重製」、「散布」等著作財產權之利用行為，並不包含於網路上「公開傳輸」之行為。因此，所詢問題一部分，如於學校網站或部落格所登載之文章，係作者本身自行創作者，固屬著作財產權人本身權利之行使，並無侵害著作權之問題；惟如係登載他人之文章者，已涉及「公開傳輸」他人著作之行為，縱與授課行為有關，仍無法依上述規定主張合理使用，除該文章係「單純為傳達事實之新聞報導所作成之語文著作」（請參考本法第9條第1項第4款規定）而不受本法保護者，或係「揭載於新聞紙、雜誌或網路上有關政治、經濟或社會上時事問題之論述，並未註明不許公開傳輸者等情形」（請參考本法第61條規定），而得主張合理使用外，應事先取得著作財產權人之同意，始得為之。

二、所詢問題二將他人攝影著作重製於學校網站中之行為，縱行為人採取防止他人下載之措施，仍涉及「重製」、「公開傳輸」他人著作之行為，除有本法第44條至第65條合理使用之情形外，應事先徵得著作財產權人之同意，否則將構成侵害他人著作財產權之行為。」

著作內容之追思光碟，至網路之行為，應認為不得主張第65條第2項之合理使用。

（回覆於2010年4月6日）

事例二、智慧財產局民國97年5月1日電子郵件970501號函釋：

「一、教師摘要某課本內容為powerpoint屬於重製行為，刊登在網路上供學生下載屬於公開傳輸行為，而「重製權」、「公開傳輸權」均屬著作財產權人所專有，任何人若欲將他人享有著作財產權的著作加以「重製」、「公開傳輸」，除符合著作權法（以下簡稱本法）第44條至第65條合理使用之規定外，應事先取得該等著作之著作財產權人授權或同意，始得為之，否則即有可能構成侵害著作財產權之行為，而須負擔民、刑事責任。二、就摘要某課本之內容為power-point之行為，依本法第46條規定依法設立之各級學校老師，為學校授課需要，在合理範圍內，「重製」他人已公開發表之著作，並以合理方式明示其出處，得主張合理使用，因此，老師為上課需要而重製他人著作，如符合上述規定，自可主張合理使用。惟將其置於網路供學生下載之「公開傳輸」行為，並不在本條合理使用之範圍。鑑於網際網路無遠弗屆，該等「公開傳輸」行為對著作權人之權益影響甚大，可主張本法第44條至第65條合理使用之空間有限，建議事先向著作財產權人取得授權為宜。」

問題48：著作權法第52條之引用的若干內涵

 **相關條文**

著作權法第52條（合理引用）、第63條（合法利用他人著作者之翻譯及改作權）、第65條（合理使用）

壹、問題

一、問題背景

於符合著作權法第52條「引用」之前提下（例如：個人自行剪輯影片並製成短片之情形），該條所稱之「引用」可否包含後續之「公開上映」行為。多數意見認為如利用行為係於符合第52條合理引用之前提下，其後續因利用該教學教材所衍生之「公開上映」等問題，應可屬於係對於自己著作之利用行為，而不會構成著作權之侵害，亦無須主張合理使用。

二、經濟部智慧財產局之現行解釋及疑義

惟茲有疑義者乃：著作權法所稱之「引用」，究竟所指為何？經濟部智慧財產局目前之解釋，係以「節錄或抄錄他人著作，供自己創作之參證或註釋」為必要（詳如：經濟部智慧財產局「電子郵件961217b」、「電子郵件980722」及「電子郵件990107d」等函釋，參閱「附錄」部分），故於本案「於教學中純粹剪輯（重製）影片，製成5至10分鐘之短片」之情形，因無自己創作之部份，並無從主張本法第52條之「引用」。然依本法第52條規定觀之，只要係在「為報導、評論、教學、研究或其他正當目的之必要」，在合理範圍內即可「引用」他人已公開發表之著作，並無法於該條文得出有關「節錄或抄錄他人著作，供自己創作之參證或註釋」之限制；且所謂之「引用」亦未排除「重製」以外之其他著作利用型態。因而，現行解釋之利用情形，僅限縮在從事研究報告或其他須節錄或抄錄他人著作之類似情形，始有適用第52條餘地且其利用型態亦僅限於「重製」，似已限縮第52條之適用範圍。

再者，依民國81年修正公布之著作權法第52條（即現行條文內容）之立法

理由，謂：「（前略）二、按現行規定得引用他人著作之情形，限於『供自己著作之參證註釋』，範圍過於狹隘，基於促進國家文化發展之目的，凡為報導、評論、教學、研究或其他正當目的之必要，在合理範圍內，引用他人已公開發表著作之行為，均應予承認」，足見立法者已擴大得主張「引用」之範圍。

綜前所述，如有為報導、評論、教學、研究或其他正當目的之必要，而須利用他人著作之情形，僅須於具體個案判斷上通過本法第65條第2項之標準（即引用所占之比例甚低，不會就被引用著作造成市場替代效果等不利影響）而利用他人已公開發表之著作，似可認為即係「引用」他人著作，亦即，未必要以有自己著作之產生為前提，利用人即可依本法第52條主張合理使用，而無須以「節錄或抄錄他人著作，供自己創作之參證或註釋」為必要，上述見解是否妥適？

貳、回答

本問題，應區分為下列三方面予以論述：

一、著作權法第52條之引用，是否須以利用人有自己著作為主張前提？

(一) 依聯合國教科文組織（UNESCO）所出版，由Delia Lypzic 所著《Copyright and Neighboring Rights》一書所述，「引用」（quotations）係指：「選用另一部書面著作、有聲著作或視聽著作以及個別的美術著作之較短片段，用以證明著作人的判斷或使該判斷更加簡明易懂，或是，用以真實表明另一位著作人的觀點[68]。」Delia Lypzic所著之該書係論述國際著作權法普遍法理的權威著作，依其定義，引用係以引用人須有自己之著作為前提，若無自己之著作，而係單純利用他人之著作者，則不得主張引用。

(二) 伯恩公約（1971年巴黎修正案）第10條第1項規定：「已合法向公眾提供之著作，如其引用合於公正慣行，且其目的係屬正當之範圍內（包括以新

---

[68] 參閱：Delia Lypzic撰、中國對外出版公司譯，著作權和著作鄰接權（Copyright and Neighboring Rights），中國對外出版公司出版，2000年7月，頁176。

聞摘要形式對於新聞紙及其刊物之引用），得加以引用。」伯恩公約該規定，依世界智慧財產組織（WIPO）所著之《伯恩公約指南》所述，「引用係指重複他人所說或所寫，將他人著作中之一個或一個以上的段落，納入自己的著作內而使用。易言之，係指複製某一著作之片段，用以說明某一主題或為某一論點辯護，或用以描述、評論被引用之著作。引用之對象不限於文字著作，對於書籍、報紙雜誌、視聽著作、錄音物、廣播節目，均得予以引用[69]。」依此解釋，若無自己之創作，則不得主張引用。

(三) 某些國家之立法，亦以明文規定，引用須以有自己之著作為前提，例如[70]：

1. 德國著作權與著作鄰接權法第51條規定：

「為引用之目的，在合理之範圍內得重製、散布及公開再現已公開發表之著作。下列情形尤得引用：

(1) 獨立之學術著作為說明其內容而引用已公開發表之個別著作；

(2) 在獨立之語文著作中引用已公開發表著作之片段；

(3) 在獨立之音樂著作中引用已出版音樂著作之片段。」

2. 法國智慧財產權法第122之5條第3項A款規定：

「以明白標示著作人姓名及出處為條件，而於批評、評論、教育、學術或報導性著作所含合理的概要歸納及簡短引用，若該被引用之著作，係已公開發表之著作，則不得禁止。」

足見，德、法兩國著作權法明文規定，引用須以有自己著作為前提。

(四) 我國最高法院判決

最高法院84年台上第419號刑事判決謂：「所謂引用，係援引他人著作，用於自己著作之中。所引用他人著作之部分，與自己著作之部分，必須可以區辨，否則屬於剽竊、抄襲，而非引用[71]。」此亦證明，我國實務亦持若無自己之著作，則不得適用引用規定之見解。

---

[69] 參閱：WIPO撰、劉波林譯，保護文學及藝術作品伯爾尼公約指南（Guide to the Berne Convention for the protection of Literary and Artistic Works , Paris Act, 1971），中國人民大學出版社，2002年7月，頁47。

[70] 此德國著作權法及法國著作權法條文，參閱：北辰著作權事務所譯，各國著作權法合理使用條文翻譯，2009年10月20日，頁23、231。

[71] 參閱：蕭雄淋編，著作權法判決、決議、令函釋示、實務問題彙編，五南出版公司，2001年10月，頁979。

二、著作權法第52條之「引用」，其利用他人著作，是否限於「重製」方法？

著作權法第52條之引用，得利用他人之著作，然而此利用之方法及形態，是否限於重製？

查我國著作權法第52條之引用規定，其制定亦參酌日本著作權法第32條而定[72]。日本著作權法第32條第1項規定：「已公開發表之著作物，得加以引用。但其引用應屬公正慣行，並於報導、批評、研究或其他引用目的之正當範圍內為之。」此一規定，與我國著作權法第52條規定相當。

雖然我國著作權法第63條規定，第52條得引用他人著作者，亦得「翻譯」該被引用之著作，惟此並未明定原來「得利用他人著作」之利用範圍，亦未明定原來「得利用他人著作」之利用型態，應僅限於「翻譯」。日本著作權法第32條第1項之引用，依日本著作權法第43條第2款規定，亦規定得引用他人著作者，亦得「翻譯」該他人著作，而與我國著作權法同。然而依日本學者見解，日本著作權法第32條第1項之引用，其「得利用」之型態，不限於重製，尚包含公開口述、公開上映、公眾送信（即包含我國之公開播送和公開傳輸）等[73]。

我國著作權法亦應作如此解釋。舉例言之，如果教師甲教授撰寫論文時，引用一段乙之論述並註明其出處，此為著作權法第52條之「引用」；如果甲教授在上課教學或對外演講中，以口述引用一段乙所著某書之論述時，此亦應認為屬著作權法第52條之「引用」，惟此「引用」之利用型態並非「重製」，而係「公開口述」。

同樣的，如果甲之演說係於電台進行，則甲對於乙著作之利用型態，則係以「公開播送」之方式在引用；於公開傳輸之利用型態時，亦可類推適用第52條之規定。

三、依引用所完成之著作，除了得散布之外，是否尚得為其他行為？

我國著作權法第63條第3項規定，依第52條利用他人著作者，得散布該著

---

[72] 參閱：立法院秘書處，著作權法修正案，上冊，民國82年2月，頁55。

[73] 參閱：半田正夫、松田政行，著作權法コンメンタール，第二冊，勁草書房，2009年1月30日，頁193。

作。依此反面解釋，如果非「散布」，而係「公開上映」或「公開播送」其他方式，是否仍然允許[74]？

查德國著作權法第24條第1項規定：「本法允許以合理使用他人著作之方式所創作之獨立著作，在未經被使用著作之著作人同意下，得發表並予以利用。」日本著作權法第47條之9第1項規定，因適用日本著作權法第32條規定而複製他人著作而完成之著作，得因適用該規定而作成之複製物的讓與，而向公眾提供。

依德國法，則因引用而使用他人著作，其被使用之著作，得因自己完成之著作而加以「公開發表」利用；同樣情形，依日本法則得「向公眾提供」。我國著作權法第63條第3項之規定，將之僅限於「散布」顯然範圍過窄，係屬立法之錯誤，於修法時應予以檢討。於尚未修法前，此種散布以外方法之利用，應認為係著作權法第65條第2項之「其他合理使用」。

附錄

一、經濟部智慧財產局96年12月17日電子郵件961217b號函（摘錄）

轉載網路或書籍上圖片（部分截圖）、自行側錄音樂或電視影像或轉載Youtube網站上之影片：該等行為通常涉及「重製」行為，除有合理使用之情形外，原則上仍應徵得著作財產權人之同意或授權，始得為之。惟所稱之「轉載」如係指在學校報告內加以「引用」該等圖片／音樂／電視影像／影片時，其「引用」行為、將該報告置於網路上之「公開傳輸」行為，可分別依本法第52條及第65條第2項之規定，主張合理使用。又本法所稱之「引用」，係指利用他人著作，供自己創作之參證或註釋等（易言之，一定利用者本身要有創作，且以自己之創作為主，引用別人之著作為

---

[74] 本問題與二、「著作權法第52條之引用，其利用他人著作，是否限於重製型態？」之論述不同。問題二之情形，係指引用本身之利用型態，係重製、公開播送等方式，以形成自己的完整著作。而此情形係自己經利用後之完整著作，得否加以作散布以外之其他行為，如公開上映、公開播送等。例如就引用他人著作所完成的論文，得否以「公開口述」方法來宣讀，或以公開播送、公開傳輸方法來發表等。

輔），且必須客觀上使讀者可以判斷何者為被引用之部分，何者為作者自行創作部分，則在合理範圍內，得引用已公開發表之著作。

二、經濟部智慧財產局98年7月22日電子郵件980722號函

（一）按著作權法（下稱本法）第52條規定，為報導、評論、教學、研究或其他正當目的之必要，在合理範圍內，得引用已公開發表之著作。又本法所稱之「引用」，係指以節錄或抄錄他人著作，供自己創作之參證或註釋等，故如所引用之著作係附屬於自己創作之著作內供?證或註釋之用，且在合理範圍內，並註明其出處者（著作人如明示其姓名或別名者，亦須一併註明），即可主張本法第52條合理使用，與被引用著作之發行地區及是否具有商業利益無涉。

（二）所詢在演講中播放DVD影片的片段之行為，如符合前述規定，自可主張本法第52條合理使用，惟如演講內容與所播放之影片係各自獨立，非供自己創作之參證或註釋者，即不屬本法第52條所稱之引用，自無本法第52條之適用。

三、經濟部智慧財產局99年1月7日電子郵件990107d號函（摘錄）

依本法第52條規定，為報導、評論、教學、研究或其他正當目的之必要，在合理範圍內，得引用已公開發表之著作，又本法所稱之「引用」，係指以節錄或抄錄他人著作，供自己創作之參證或註釋等。也就是說，如果引述之文獻或圖片係附屬在著作財產權人之著作內供參證或註釋之用，且在合理範圍內者，其「重製」行為就可以主張本法第52條合理使用，而後續出版之散布行為，依本法第63條第3項規定，亦屬合理使用之範圍。至於後續利用型態如涉及於網路傳輸利用（即公開傳輸）行為，考量此等利用行為對著作權人所造成之影響尚屬有限，參考前述本法第52條規定，在符合本法第52條合理使用之前提下，其後續之「公開傳輸」行為依本法第65條第2項規定，應有主張合理使用之空間。

（回覆於2010年6月18日）

問題49：有關納骨塔每日播放宗教性CD與VCD的著作權問題

 **相關條文**

著作權法第3條（用詞定義）、第55條（非營利目的之公演）、第65條（合理使用）

壹、問題

由政府機關設立，具身分專屬之納骨塔非以營利為目的，對符合資格之亡故者家屬申請入塔，不收取任何費用，如於納骨塔園區內每日公開播放有著作權之宗教性音樂（例如：大悲咒、六字大明咒、阿彌陀佛心咒等）之CD、VCD或其他音樂，藉以慰祭亡故者及前來祭拜家屬之心靈，前述利用音樂之行為，是否有侵害著作權？

經查，佛經之經文部分，因多已成為公共財，故並無著作權，任何人得自由利用，惟宗教音樂所配之「曲」，雖多屬單調之曲調，惟如有創作性，仍可能涉有音樂著作之產生（曲）。又宗教VCD通常亦屬享有著作權之視聽著作。因此，每日於納骨塔（靈骨塔）園區內，公開演出享有著作權之宗教音樂（將佛經配上曲調之音樂），或公開上映享有著作權之宗教VCD，除合於合理使用之規定外，自應取得授權，始得為之，並無疑義。

惟有關上述利用行為，是否適用著作權法第65條合理使用之規定，容有疑義，茲分述如下：

問題一：政府機關設立之納骨塔（靈骨塔），於接受符合資格之亡故者家屬申請入塔，且不收取任何費用之情形，而於其園區內，每日播放享有著作權之宗教性音樂CD或VCD，以達慰藉家屬心靈之目的，則該政府機關設立之納骨塔可否主張著作權法第65條之合理使用？

問題二：非由政府機關設立之民間私人納骨塔（靈骨塔），大部分皆有向亡故者家屬收取相關入塔費用，而於其園區內，每日播放享有著作權之宗教性音樂CD或VCD，是否即無法主張著作權法第65條合理使用？

貳、回答

在CD、VCD均具有著作權情形下：

一、關於問題一

(一) 著作權法第55條規定：「非以營利為目的，未對觀眾或聽眾直接或間接收取任何費用，且未對表演人支付報酬者，得於活動中公開口述、公開播送、公開上映或公開演出他人已公開發表之著作。」惟第55條規定之「活動」，是否係一獨立合理使用要件？易言之，該「活動」是否僅限於「特定活動」，亦即限於「非經常性、常態性之活動」？若其係屬常態性或經常性之活動，則是否縱然符合下列三要件：「1. 非以營利為目的；2. 未向觀眾或聽? 直接或間接收取任何費用；3. 未對表演人支付報酬」，其仍不得主張著作權法第55條規定？自民國81年迄今，主管機關對此問題之見解曾相當分歧，有幾番周折[75]。本人一向主張，第55條規定之「活動」，應不限於「非經常性、常態性之活動」[76]，縱使是「經常性、常態性之活動」，亦得主張第55條之合理使用。

(二) 依此見解，於問題一之情形，應解為係符合著作權法第55條規定。亦即：「於接受符合資格之亡故者家屬申請入塔，且不收取任何費用之情形，而於其園區內，每日播放享有著作權之宗教性音樂CD或VCD，以達慰藉家屬心靈之目的」之政府機關設立之納骨塔（靈骨塔），其得主張著作權法第55條之合理使用。

(三) 依最近主管機關之見解，對於著作權法第55條之「活動」，仍認為其應屬於「非經常性、常態性之活動」，例如：

1. 經濟部智慧財產局99年5月3日電子郵件990503號函

「依本法第55條規定，凡符合『非以營利為目的』、『未對觀眾或聽眾直

---

[75] 參見蕭雄淋律師、幸秋妙律師、嚴裕欽律師主持：國際著作權合理使用立法趨勢之研究，頁52至56，經濟部智慧財產局，民國98年12月。http://www.tipo.gov.tw/ch/Download_DownloadPage.aspx?path=3343&Language=1&UID=9&ClsID=46&ClsTwoID=240&ClsThreeID=0（最後瀏覽日：2010/7/4）。

[76] 參閱：http://blog.ylib.com/nsgrotius/Archives/2009/01/22/8596（最後瀏覽日：2010/7/4）。

接或間接收取任何費用』及『未對表演人支付報酬』三項要件，得於特定活動中公開上映他人已發表之著作。若貴社區所詢之利用行為符合上述規定，自有主張合理使用之空間，惟若貴社區公開播放DVD係屬於經常性或常態性之活動，則主張合理使用之空間較小，建議貴社區應購買或租用『公播版』（即著作財產權人已授權放映給公眾看的影片），或事先徵得著作財產權人的授權，始得為之，否則即有可能構成侵害著作財產權之行為。」

2. 經濟部智慧財產局99年4月1日電子郵件990401b號函

「按本法第55條規定之意旨，除須符合『非以營利為目的』之要件外，尚須符合『未對觀眾或聽眾直接或間接收取任何費用』及『未對表演人支付報酬』等要件，且其所謂之『活動』，係指『特定活動』而言，始有依本條規定主張合理使用之空間，有關您來函所稱之『只要是在非營利之狀態下，均得公開上映非公播版（家用版）之電影著作』一節，應屬誤解。」

如果依經濟部智慧財產局之前開見解，則問題一因係屬「每日播放」之情形，而不符合著作權法第55條之要件；然而，其是否能符合著作權法第65條第2項之「其他合理使用」要件？

(四) 依外國立法例，宗教或政府之福利活動往往享有豁免規定，如美國著作權法第110條第3項規定，於教堂之儀式或其他宗教集會公演非戲劇性文學或音樂著作，或公演具有宗教性質之戲劇音樂著作或公開展示著作，不視為侵害著作權。另德國著作權法第52條第1項規定：「公開再現已公開發表之著作，如公開再現之主辦者非以營利為目的，未向參與者收取費用，且未對公開口述或公開表演之表演者（第73條）支付報酬，則得為之。公開再現應支付適當之報酬。有關少年扶助、社會救濟、老人照護、社會福利、監獄管理之機構所舉辦之活動，以及學校舉辦之活動，如依其社會或教育目的只對一定範圍之人開放者，其公開再現不須支付報酬。但活動如為第三人之營利目的而舉辦者，不得免付報酬，於此情形，報酬應由該第三人支付。」德國對非營利之公開再現他人已公開發表著作的無形利用者，原則上係採法定授權制度，惟對於社會救濟、社會福利之活動，則特別予以豁免。

(五) 承前所論，有鑒於問題一之活動，具有宗教性並具有政府福利行政之性質，且屬於政府非營利之社會福利方面活動。因此，若就此解釋為經常性活動，而排除其為第55條之活動，則對於問題一之情形，仍應認為係著作權法第65條第2項之「其他合理使用」。

二、關於問題二

(一) 著作權法第55條規定之活動，不問是否限於非「經常性、常態性之活動」，至少應符合下列三要件：「1、非以營利為目的；2、未對觀眾或聽?直接或間接收取任何費用；3、未對表演人支付報酬」。問題二之情形，係「非由政府機關設立之民間私人納骨塔（靈骨塔），大部分皆有向亡故者家屬收取相關入塔費用」，該納骨塔若係由非政府機關所設立，該非政府機關若又係屬公司或其他非類似財團法人之組織形態者，即不符合著作權法第55條規定之「非以營利為目的」，亦難解為係符合第65條第2項之「其他合理使用」之情形。

(二) 如果係非政府組織以外之其他如財團法人等組織所辦理者，其是否符合著作權法第55條或第65條規定，則應依具體個案認定之，此認定包含：向亡故者家屬收取相關入塔費用之金額額度，是否顯然逾越一般社會所認識之保管所需要金額、其於節慶祭拜是否另有收取各種名目之捐獻或收費等情形，似不宜一概而論，宜由司法個案認定之。

（回覆於2010年7月5日）

問題50：菸品業者申報資料所涉及之著作權問題

 **相關條文**

> 著作權法第44條（立法或行政目的所需之重製及限制）、第65條（合理使用）

壹、問題

本件問題緣起於：於品業者提交網路上所購得之期刊文獻資料，向國民健康局辦理菸品毒性資料申報作業，是否侵害著作權之疑義。按：由於菸害防制法第8條及菸品資料申報辦法規定，菸品製造及輸入業者應辦理菸品成分、添加物、排放物之相關資訊及其已知毒性資料申報作業，惟因部分菸品業者目前實驗室尚無檢測菸品毒性資料之技術與能力，因此，國民健康局同意其自行至網站搜尋大眾可及資料庫之菸品毒性資料期刊文獻，辦理菸品資料申報作業。

再者，對於學名藥廠商依藥事法及藥品查驗登記審查準則之相關規定，利用原廠仿單製作學名藥仿單所生著作權侵害爭議案，法院於民國96年間作成廠商行為係依法令之行為，因此不構成著作權侵害之判決結論（參照：臺灣高等法院台中分院95年度智上字第9號、台灣高等法院94年智上字第17號，以及台灣南投地方法院94年度智字第3號等判決）。惟經濟部智慧財產局對此則有不同見解，其認為，學名藥仿單之製作，因著作權法並沒有特別排除之規定，至於是否符合著作權法第65條合理使用，則仍應依個案判斷（95.10.31電子郵件951031d，如附件）。

綜此，如菸品業者以付費方式購買已公開發表之外文期刊全文文獻，並將該文獻依行政院衛生署公告之方式，併同菸品資料申報表格燒錄至光碟，進而繳交該光碟向國民健康局辦理菸品資料申報作業，以供該局進行內部審查之用，則菸品業者此種利用（重製）行為是否侵害著作權？菸品業者得否主張著作權法第65條規定之合理使用？

貳、回答

一、菸品業者之前揭利用行為是否屬於依法令之行為？

(一) 臺灣高等法院臺中分院95年度智上字第9號民事判決之見解

前開段落所提及之臺灣高等法院臺中分院95年度智上字第9號民事判決謂：「系爭上訴人仿單其原創不符合著作權法上之著作，尤其系爭仿單之內容又不具備何種學術性之價值，尤其無法獨立使用，祇能附隨主物之藥品，助主物之效用精神之作用極低，被上訴人所製之仿單係信賴藥事法相關規定而依之送請主管機關核定發給藥品許可證，而藥品查驗登記審查準則係屬法規命令，在填補藥事法，成為藥事法第39條之構成要件，法規命令既係規定有關人民權利義務之事項，既經公告，即具有法律上之效力，人民即應受其拘束，是被上訴人製作仿單，自有義務遵守之，亦自然取得權利，上訴人自然亦有容忍之義務而受該法之拘束，被上訴人自係合理之使用而無侵害其著作權之問題。是被上訴人之印製，既依法規命令而製作，且該學名藥之生產又合乎WTO TRIP[77]之規定，顯係為公共衛生、公共利益，不構成著作權侵害問題。」[78]據此，該判決認為，廠商利用原廠仿單之利用行為不構成著作權侵害之理由，主要為下列三者：1、該仿單無原創性；2、廠商之利用行為，為依法令之行為；3、廠商之利用行為屬著作權法上之合理使用。

系爭判決認為該仿單之利用行為屬「依法令之行為」之理由，尚有下列論述：「藥品查驗登記審查準則第20條第1項第3款（94.2.25修訂前為第4款）規定『監視藥品之學名藥仿單，應依已核准之首家仿單核定方式記載；非監視藥品應依原廠仿單據實翻譯』，否則衛生署將予否准，此有行政院衛生署藥政處89.12.16衛署藥處字第6100134號書函、93.11.02衛署藥處字第6100528號書函（見原審卷23頁被證二）、9500162號書函（見本院卷92至02頁被證

---

[77] 應為「TRIPS」，似為系爭判決之漏字。

[78] 臺灣高等法院臺中分院95年度智上字第9號民事判決，參閱：司法院法學資料檢索系統，http://jirs.judicial.gov.tw/FJUD/FJUDQRY03_1.aspx?id=1&v_court=TCH+%E8%87%BA%E7%81%A3%E9%AB%98%E7%AD%89%E6%B3%95%E9%99%A2+%E8%87%BA%E4%B8%AD%E5%88%86%E9%99%A2&v_sys=V&jud_year=95&jud_case=%E6%99%BA%E4%B8%8A&jud_no=9&jud_title=&keyword=&sdate=&edate=&page=&searchkw=#（最後瀏覽日期：2013年1月16日）。

六）及衛署藥字第0930319876號、0930042833號函（見原審卷24頁至27頁被證三）可稽，其所以作如此之規定者，以衛生署依據藥事法第42條『中央衛生主管機關對於製造、輸入之藥物，應訂定作業準則，作爲核發、變更及展延藥物許可證之基準。前項作業準則，由中央主管機關定之」訂有『藥品生體可用率及生體相等性試驗基準」，該準則第3條規定『本基準所稱生體相等性（Bioequivalence）爲二個具有化學相等性之同劑型藥品，當以相同條件投與同一組人體時，其藥理效應或有效成分吸收進入全身血液循環或作用部位之量與速率，無統計學上顯著之差異。」，第七條復規定：『試驗之設計與執行應至少包括下列各項：(一) 受試驗者之選擇：……(二) 對照藥品：……當廠商於依該準則規定試驗後，確認所試驗之藥品之安全及藥效均與對照藥品（原廠藥品）相同，衛生署方准予核發許可證，如是兩種藥品既完全相同，衛生署自然規定監視學名藥之仿單應依已核准之首家仿單核定方式記載，此爲其管制監視學名藥藥品製造須與原專利藥有相同品質與療效之方法。況既兩種藥品對人體試驗結果均相同，其成分、適應症、副作用、用法用量、禁忌……等自均應相同，仿單相同自屬當然也屬必然，若應記載事項（藥事法第75條）之成分、適應症、副作用、用法用量、禁忌……等與原廠之仿單記載不同，則已爲新藥之發明，而非監視學名藥之製造。是主管機關行政院衛生署分別依據藥事法第39條、第42條所授權訂立，均屬法規命令，其位階應與著作權法相等。其既規定監視藥品之學名藥仿單，應依已核准之首家仿單核定方式記載，被上訴人因信賴法規而辦理，尚難謂構成著作權之侵害。」「縱藥品仿單爲受著作權法保護之標的，利用人依藥政相關法令規定所爲之利用，爲依法令之行爲，依本局之意見，認不構成著作權侵害。」

(二) 臺灣高等法院94年度智上字第17號民事判決之見解

前開段落所論及之臺灣高等法院94年度智上字第17號民事判決，則認爲：仿單並非著作權法第9條第1項第1款之公文，且爲具有原創性受保護之著作。然而，「上訴人基於信賴法規，根據藥事法第39條、藥品查驗登記審查準則第20條第1項第3款，據實依原廠仿單即原證7、原證15製作如原證6、被證3之中譯文仿單，並依藥事法第42條及藥品生體可用率及生體相等性試驗基準規定，提出試驗報告，連同原廠仿單檢附衛生署審核准予備查後，發給藥品許可證，該藥品查驗登記審查準既屬法規命令，上訴人依法製成中譯文仿單以供審核，

自難認係不法侵害他人之著作權」[79]據此,該判決認為廠商利用原廠仿單之行為,係屬「依法令之行為」。

又該判決理由並表示:「況觀諸原證7、原證15仿單之內容,係記載關於『EbixaTablets（含memantine 10mg）」藥品之藥理作用、藥物動力學、藥物交互作用、適應症、用法用量、禁忌、警示、注意事項、不良副作用、過量等項,及其科學實驗、研究結論等數據資料,且係附隨於藥品而銷售,此等著作本身並無潛在之市場價值,仍須附隨於藥品銷售方有其價值存在。上訴人翻譯自原證7之原證6仿單既僅係其依法提供衛生署藥政處審核藥品應否許可之用,且申請當時並已檢附其著作原文供參考,為被上訴人於96年2月6日言詞辯論時陳明在卷,自已充份表明該已公開發表之外國著作之出處,本院審酌著作權法第65條第2項第4款規定,上訴人利用該外國著作之結果,對該著作潛在市場與現在價值尚不生影響,自應認屬著作權法第52條所定『為其他正當目的之必要』,所為合理利用之範疇,難謂具有違法性」據此,該判決因而認為,仿單文字之利用符合著作權法第52條及第65條第1項規定,而屬合理使用行為。

(三) 菸品業者前揭利用行為,非屬「依法令之行為」

從而,菸品業者提交網路上所購得之期刊文獻資料,向國民健康局辦理菸品毒性資料申報作業,是否侵害著作權?於本件問題中,利用人所使用者,為「期刊文獻資料」,其性質與前述兩項判決之被利用著作（原廠仿單）相異,因而,亦不生前述兩項判決之有無原創性及是否為著作權法第9條第1項第1款之「公文」之爭論,然而,仍生有其是否屬「依法令之行為」而阻卻違法之問題?對此,筆者採否定見解。

蓋菸害防制法第8條規定:「菸品製造及輸入業者應申報下列資料:一、菸品成分、添加物及其相關毒性資料。二、菸品排放物及其相關毒性資料。前項申報資料,中央主管機關應定期主動公開;必要時,並得派員取樣檢查（驗）。前二項應申報資料之內容、時間、程序、檢查（驗）及其他應遵行事

---

[79] 臺灣高等法院94年度智上字第17號民事判決,參閱:司法院法學資料檢索系統,http://jirs.judicial.gov.tw/FJUD/PrintFJUD03_0.aspx?jrecno=94%2c%E6%99%BA%E4%B8%8A%2c17%2c20070213%2c1&v_court=TPH+%E8%87%BA%E7%81%A3%E9%AB%98%E7%AD%89%E6%B3%95%E9%99%A2&v_sys=V&jyear=94&jcase=%E6%99%BA%E4%B8%8A&jno=17&jdate=960213&jcheck=1（最後瀏覽日期:2013年1月17日）。

項之辦法，由中央主管機關定之。」又菸品資料申請辦法內，均僅為菸品資料內容及格式之相關規定，並無申報資料得依他人資料內容取材之規定，亦無類似上述藥品仿單有關「監視藥品之學名藥仿單，應依已核准之首家仿單核定方式記載；非監視藥品應依原廠仿單據實翻譯」之規定，亦即，本案有關菸品業者申報資料所涉及之著作權問題，並無「依法令之行為」之阻卻違法問題，其與上述涉及藥品仿單之臺灣高等法院94年度智上字第17號民事判決及臺灣高等法院臺中分院95年度智上字第9號民事判決，情事迥有不同。

二、菸品業者就其前揭利用（重製）行為，得否主張著作權法第65條第2項之合理使用？

(一) 本件乃菸品業者就其利用（重製）行為，得否主張著作權法第65條合理使用規定之問題

本案之問題為：「如菸品業者以付費方式購買已公開發表之外文期刊全文文獻，並將該等文獻依行政院衛生署公告之方式，併同菸品資料申報表格燒錄至光碟，向國民健康局辦理菸品資料申報作業，供該局進行內部審查之用，菸品業者此種利用（重製）行為是否侵害著作權？得否主張著作權法第65條之合理使用？」其中，「購買已公開發表之外文期刊全文文獻」，似僅指購買該外文期刊文獻之所有權，而非指取得以重製方式利用該外文期刊文獻著作之著作權授權。從而，對於菸品業者將該外文期刊全文文獻「併同菸品資料申報表格燒錄至光碟」之利用行為，應予界定屬「重製」行為，因而，於此所應討論者，即為菸品業者就此重製之行為，得否主張著作權法第65條合理使用之問題而已。

(二) 菸品業者就其利用（重製）行為，得主張著作權法第65條之合理使用規定

筆者認為，菸品業者對於上述情形得主張著作權法第65條之合理使用。理由如下：

1. 菸品業者之利用（重製）行為，符合著作權法第44條規定之行政目的與公益性質

著作權法第65條第1項規定：「著作之合理使用，不構成著作財產權之侵害。」其第2項規定：「著作之利用是否合於第四十四條至第六十三條規定或

其他合理使用之情形，應審酌一切情狀，尤應注意下列事項，以為判斷之基準：一、利用之目的及性質，包括係為商業目的或非營利教育目的。二、著作之性質。三、所利用之質量及其在整個著作所占之比例。四、利用結果對著作潛在市場與現在價值之影響。」內政部於民國87年6月15日即以台（87）內著會發字促8704807號函謂：「按著作權法第65條之規定，除有為審酌著作之利用是否合於第44條至第63條規定之判斷標準外，另有概括性之規定，亦即利用之態樣，即使未符第44條至第63條規定，但如其利用之程度與第44條至第63條規定情形相類似或甚而更低，而以該條所定標準審酌亦屬合理者，則仍屬合理使用。」最高法院91年度台上字第837號刑事判決[80]謂：「舊法（指82年4月24日修正公布）有關著作財產權之限制（學理上所泛稱之合理使用）僅限於第44條至第63條規定之範圍，而第65條係為審酌著作之利用是否合於第44條至第63條規定所訂定之判斷標準。惟著作權利用之態樣日趨複雜，舊法第44條至第63條規定之合理使用範圍已顯僵化，無足肆應實際上之需要，為擴大合理使用之範圍，新法（指87年1月21日修正公布）將本條修正為概括性之規定，即使未符合第44條至第63條之規定，但如其利用之程度與第44條至第63條規定之情形相類似或甚至更低，而以本條所定標準審酌亦屬合理者，則仍屬合理使用。」

依著作權法第44條規定：「中央或地方機關，因立法或行政目的所需，認有必要將他人著作列為內部參考資料時，在合理範圍內，得重製他人之著作。但依該著作之種類、用途及其重製物之數量、方法，有害於著作財產權人之利益者，不在此限。」著作權法第44條規定之機關行政目的之利用，係為維繫機關內部運作，期以促進公共利益，乃有此項規定[81]。

本件問題中，菸品業者付費購買已公開發表之外文期刊全文文獻，並依行政院衛生署公告方式，將之併同菸品資料申報表格燒錄至光碟，向國民健康局辦理菸品資料申報作業，供該局進行內部審查之重製行為，其符合著作權法第

---

[80] 最高法院91年度台上字第837號刑事判決，參閱：司法院法學資料檢索系統，http://jirs.judicial.gov.tw/FJUD/FJUDQRY03_1.aspx?id=1&v_court=TPS+%E6%9C%80%E9%AB%98%E6%B3%95%E9%99%A2&v_sys=M&jud_year=91&jud_case=%E5%8F%B0%E4%B8%8A&jud_no=837&jud_title=&keyword=&sdate=&edate=&page=&searchkw=#（最後瀏覽日期：2013年1月17日）。

[81] 立法院秘書處編，《法律案專輯第152輯（上）──著作權法修正案》，初版，立法院秘書處，1993年2月，頁49。

44條規定之行政目的及公益性質，且係為國民健康局內部審查之用，依著作權法第65條之立法意旨及最高法院91年度台上字第837號刑事判決意旨，宜認為其有著作權法第65條第2項之其他合理使用規定之適用。

2. 菸品業者之利用（重製）行為，就原著作之潛在市場不生影響

依日本著作權法第42條之2規定：「行政機關之首長、獨立行政法人等、地方公共團體之機關或地方行政法人，依行政機關情報公開法、獨立行政法人等情報公開法或情報公開條例之規定，在行政機關情報公開法第十四條第一項規定（包含依同項規定之政令規定）之方法、獨立法人等情報公開法第十五條第一項規定之方法（包含依同項規定之該獨立行政法人等所定之方法（依行政機關情報公開法第14條第1項規定之政令所定之方法以外者除外））、或情報公開條例所定之方法（行政機關情報公開法第14條第1項（含依同項規定之政令規定）規定之方法以外者除外）上認為公開必要之限度內，得利用該著作物。」

依日本行政機關情報公開法、獨立行政法人等情報公開法或情報公開條例之規定，對於依法應公開之資訊的製作，尚得利用他人之著作為之，其規範目的亦係基於遂行行政運作之考量。從而，本件問題中，菸品業者利用（重製）他人著作之行為，僅係為供國民健康局機關內部審查之用，其對著作的潛在市場不生影響，宜認為其係屬合理使用。

3. 菸品業者就其利用（重製）行為，得主張合理使用

觀察臺灣高等法院94年度智上字第17號民事判決及臺灣高等法院臺中分院95年度智上字第9號民事判決，該二則判決均認為，藥商對於原廠藥品仿單之利用得主張合理使用。據此以論，雖然利用原廠藥品仿單之藥商與原廠商間，係屬彼此競爭的關係，且該仿單係公開於產品上，惟我國司法裁判實務仍肯定，利用原廠藥品仿單之藥商得主張著作權法上之合理使用，從而，反觀本件問題中，著作利用者（即菸品業者）與被利用者（期刊論文文獻之著作權人）間並不具競爭關係，且著作利用者之重製物係供國民健康局機關內部審查使用，更宜認為得主張合理使用，較為合理。

（回覆於2011年7月29日）

問題51：著作權法第56條電台及電視台的暫時重製問題

 相關條文

> 著作權法第56條（廣電播送目的而錄音錄影著作）、第3條（用詞定義）
> 北美事務協調委員會與美國在臺協會著作權保護協定（台美著作權協定）
> 第9條

壹、問題

本案緣起於：著作權法第56條合理使用之定義與範圍，其第1項規定，廣播或電視得錄製他人著作之要件有三：(一) 為播送之目的、(二) 以自己之設備錄音或錄影該著作、(三) 其播送該特定節目之行為業經著作財產權人之授權或合於本法規定。

又依據民國81年增訂之立法理由說明，本條係為使廣播或電視於異時播送之需而得「暫時錄製」保存之免責利用，並參考伯恩公約第11條之2第3項而制定，因此如係以永久固著之方式所為之重製，探究立法意旨應不在本條適用範圍內，且該錄製物原則上應於錄製後六個月內銷燬。

惟目前實務上，廣播或電視電台無論係暫時性錄製，或是錄製自製節目長久保存，多主張其錄製行為係為播送之目的，以自己之設備所為，且業已獲得公開播送之授權，故得按本條規定主張合理使用，未另外再向權利人取得重製權之授權另一方面，權利人亦難探究利用人之錄製行為是否僅為暫時性，且確實於錄製後6個月內銷燬，因而產生此問題：本法第56條第1項規定得否涵蓋「暫時性錄製」及「以永久固著之方式錄製」？

貳、回答

一、著作權法第56條之立法過程

(一) 欲了解著作權法第56條（下稱「本條」）之適用，須了解其立法過程、相關公約及外國立法例之規定。按民國74年舊著作權法無類似本條規定，

本條係民國81年舊法修正時所新增。本條於民國81年立法修正時規定：「廣播或電視，為播送之目的，得以自己之設備錄音或錄影該著作。但以其播送業經著作財產權人之授權或合於本法規定者為限（第1項）。」「前項錄製物除經主管機關核准保存於指定之處所外，應於錄音或錄影後一年內銷燬之（第2項）。」而於民國81年舊法修正時，本條行政院原草案規定：「得播送他人著作之廣播電臺或電視電臺，為播送之目的，得以自己之設備錄音或錄影該著作（第1項）。」「前項錄製物，除經主管機關核准保存於指定之處所者外，應於錄音或錄影後一年內銷燬之（第2項）。」其理由為：

1. 廣播電臺或電視電臺經著作財產權人之授權或依本法規定得播送他人著作（例如：本法第50條、第61條之情形）時，固得播送他人著作，惟於異時播送之情形，如廣播電臺或電視電臺不能將該著作先予錄製（即重製），則廣播電臺或電視臺公開播送之授權或合理使用，無異落空，故於此種情形，應允許得暫時錄製，爰參考伯恩公約第11條之2第1項第3款、日本著作權法第44條、德國著作權法第55條及韓國著作權法第34條之規定，規定如第1項。

2. 本條第2項規定錄製物之保存期間。按錄製物保存期間之久暫，各國著作權法規定不同，有1個月（德國）、6個月（日本）及1年（韓國）等，鑒於單純之保存行為對著作財產權人不生損害，乃採韓國立法例，規定為1年。又本項之除外規定係針對有保存價值之錄製物，得經主管機關核准保存於指定處所，不受一年保存期間屆滿後應銷燬之限制[82]。

　　(二) 按不論電台、電視台或有線電視均會播送歌曲，然而，不管電台或電視台播送歌曲事先均須一一徵求詞曲著作人之同意，勢不可能。既然廣播事業播送歌曲須得權利人之授權，而音樂著作人事實上亦不可能逐一授權，於是產生音樂著作權團體。由音樂著作人將詞曲權利概括授權音樂著作權團體，由音樂著作權團體將詞曲著作人之權利概括授權予廣播事業，如此廣播事業方能夠合法地播放歌曲。惟部分之音樂著作權團體均僅得詞曲著作人公開播送之授權，而未得到音樂著作人重製之授權，我國之音樂著作權團體部分亦如此。然而廣播事業（包含電台、電視台及有線電視台）播送歌曲一般須先錄製再播

---

[82] 參閱：民國81年著作權法第56條行政院修正草案說明；拙著「著作權法修正條文相對草案」，頁90-91。

送，即使播送後亦將錄音或錄影存查。例如：綜藝節目甚少現場演唱現場轉播，一般上尚須錄製後剪輯並搭配廣告，故廣播事業播送歌曲，無可避免地將對歌曲加以重製。

但此種歌曲之重製與一般製作唱片或伴唱帶歌曲之重製不同。廣播事業對音樂之重製係為播送目的之重製，一般伴唱帶公司和唱片公司之重製係為販賣目的之重製。然而，廣播事業為播送目的而重製，亦屬重製，音樂著作權團體無法給予重製之授權應如何解決此問題？在外國立法例，多將此種廣播企業為播送目的所為暫時性之錄音或錄影。例如：伯恩公約第11條之2第1項規定：「(1)文學及藝術著作物的著作人，享有下列授權之排他權利：(a)著作物之廣播，或以信號、音或影像之無線電廣播之其他方法向公眾傳達。(b)由原廣播機關以外之機關，將已廣播之著作物，以有線或無線廣播方法公開傳達。(c)將已廣播之著作物，以播音器或以傳達信號、音或影像之其他類似的器具公開傳達。」其第3項規定：「本條第一項之授權，如無反對之規定，不包括允許以錄音或錄影之器具，就已廣播之著作物加以錄製。廣播機關為自己廣播之目的，以自己之設備，所為之短暫的錄製，依同盟國之法令定之。該法令得允許具有特殊紀錄性質的錄製物在官方保存所保存。」台美著作權協定（全稱為：「北美事務協調委員會與美國在臺協會著作權保護協定」）第9條第3項規定：「廣播事業為自己廣播之目的，以本身之設備所為之暫時性錄製，依締約各該方領域內之法令規範之。該法令得允許具有特殊紀錄性質之上述錄製物，在官方檔案室保存。」故民國81年舊法本條行政院原草案乃係極合理之規定，得解決播送企業及音樂著作權團體在實務上之困難。

(三) 惟民國81年舊法本條行政院草案送立法院時，立法委員誤認為行政院草案係廣播事業使用他人音樂，在播送後得錄音或錄影再使用1年[83]，乃修改

---

[83] 在立法院審查會時，立法委員蔡璧煌發言謂：「主席、各位同仁。有關此條真正之意也是在保障廣播電台或電視台的錄音、錄影權，前面第55條已經講到公開播放的規範，但是第56條講到是否在播送時可以同時將它錄音下來再使用的問題，亦即說還可錄下再使用一年，我認為這個情況可能必須要做個考慮。如果這不是營利性質的行為，我想是沒有問題，如果是營利性質的行為，那我想非要付錢不可。第55條已經讓人公開播送了，然後第56條又可以再錄下來再使用一年，我覺得這種情況必須在第56條第1項中要有個但書。亦即前面第一項都不變，但在後面要加上『但有營利性質者應支付報酬，僅支付其使用報酬率的主管機關訂之。』像這樣的方式就可以把第56條改善，不但是保障電視台和

本條成為：「廣播電臺或電視電臺，為播送之目的，得以自己之設備錄音或錄影該著作。但以其播送業經著作財產權人之授權或合於本法規定者為限。（第1項）」「前項錄製物之使用次數及保存期間，依當事人之約定。（第2項）」由於這項規定在理論上及實務上均屬滯礙難行[84]。於是民國87年本法修正時，乃將民國81年舊法之規定加以修改，規定為：「廣播或電視，為播送之目的，得以自己之設備錄音或錄影該著作。但以其播送業經著作財產權人之授權或合於本法規定者為限（第1項）。」「前項錄製物除經主管機關核准保存於指定之處所外，應於錄音或錄影後一年內銷燬之（第2項）。」民國92年著作權法修正時，又修改第2項規定，將「主管機關」改為「著作權專責機關」，將「1年」改為「6個月」[85]。

廣播電台，也保護著作人。因此，我覺得在這個地方要加上一個條文。」「本席認為，如果可以在條文中作更為明確的規定，應該更好。按第56條第2項中有『一年內銷燬之』之規定，既然所謂之『得播送他人著作之廣播電台……得以自己之設備錄音或錄影該著作。』係以雙方之契約為據，則雙方即可自行約定使用之期限與次數，是以有關使用之期限與次數規定應明定於第56條之中，基於此一考慮，不知是否可以刪除第56條第2項規定，另於第1項中規定錄音或錄影之保存期限與使用次數從雙方之約定。若果如此應該較為周延，且便於日後司法機關面對有關訴訟時，得有明確的審判根據，否則若依行政院修正條文通過，則是否在一年之內，廣播電台或電台可無限制播放他人著作？本席認為修正條文文字曖昧，若照草案通過，恐將使司法機關就之作成不同的解釋．」參閱：立法院秘書處編，著作權法修正案，頁280-283。

[84] 民國83年7月11日自立晚報第20版拙文「廣播事業暫時性的錄音或錄影」一文中謂：「現行著作權法第56條立法文字與外國立法通例及立法原意完全走樣，如果光從字面上解釋，有訂等於沒有訂，因為第56條第1項但書『以其播送業經著作財產權人之授權或合於本法規定者為限。』如果將授權解釋為『重製』之授權，那麼依著作權法第37條授權就好了，何必依第56條第1項但書授權呢？所以從外國立法例及本條原意上看，本條第1項但書『經著作財產權人之授權』應解釋為『經著作財產權人』『公開播送』之授權，而不是重製之授權，這樣才能解決實務上的困難。至於如何解決上開著作權法第56條第2項立法拙劣的困難，本來得廣播的授權，使用一次就要付一次的費用，這是天經地義的。但錄製物的保存期間一般都未約定，如果未約定而廣播企業永遠保有，現行著作權法也沒有處罰及民事責任的規定，只是面對著作權法第56條第2項像盲腸般的立法，提醒音樂著作權團體在訂契約時多約定一項錄製物的保存期限而已（一般立法例多為半年至一年）。」參見：拙著，《著作權法漫談(三)》，頁121。

[85] 參閱：經濟部智慧財產局網站，92年著作權法修正總說明及條文對照表，http://

二、伯恩公約規定之解釋

(一) 本條依民國81年著作權法修正時行政院草案說明，係參考伯恩公約第11條之2第1項第3款規定。查伯恩公約第11條之2第1項規定：「(1)文學及藝術著作物的著作人，享有下列授權之排他權利：(a)著作物之廣播，或以信號、音或影像之無線電廣播之其他方法向公眾傳達。(b)由原廣播機關以外之機關，將已廣播之著作物，以有線或無線廣播方法公開傳達。(c)將已廣播之著作物，以播音器或以傳達信號、音或影像之其他類似的器具公開傳達。」其第3項規定：「本條第一項之授權，如無反對之規定，不包括允許以錄音或錄影之器具，就已廣播之著作物加以錄製。廣播機關為自己廣播之目的，以自己之設備，所為之短暫的錄製，依同盟國之法令定之。該法令得允許具有特殊紀錄性質的錄製物在官方保存所保存。」

(二) 伯恩公約第11條之2第1項第3款規定之立法精神，依伯恩公約指南所述，當公開播送某一廣播電視節目時，無論是直接播送或延時播送，接收此一節目的公眾都是同一批人。對於錄音物或錄影物的使用，取決於節目之安排及時間等因素，此種偶然原因，不要求另外支付任何報酬。此外，此一規定，有三要件：

1. 上開錄製必須是暫時性的，此暫時性，各國國內法規定不同，有1年，有6個月，有3個月，有1個月不等。
2. 暫時性錄製品，必須是廣播機關以自己的設備製作，而不得依賴某一外部機構提供。
3. 必須用於自己的廣播電視節目，而不能租借給或賣給另一個廣播電視組織，也不能用於交換[86]。

三、日本著作權法之解釋

(一) 本條依民國81年著作權法修正時行政院草案說明，係參考日本著作權

---

www.tipo.gov.tw/ch/MultiMedia_FileDownload.ashx?guid=2eb308ac-8075-420e-b4d4-8a13a07df46e.pdf（最終瀏覽日期：2013年1月18日）

[86] 參閱：WIPO撰，劉波林譯，《保護文學及藝術作品伯爾尼公約指南》（Guide to the Berne Convention for the protection of Literary and Artistic Works , Paris Act, 1971），中國人民大學出版社，2002年7月，頁58-59。

法第44條規定。日本著作權法第44條規定：「廣播事業者，於無害於第23條第1項規定之權利，得將得廣播之著作物，以自己廣播之目的，自己之技術設備或得將該廣播同時播送之他播送人之技術設備，短暫性地加以錄音或錄影（第1項）。」「有線廣播事業者，於無害於第23條第1項規定之權利，得將得有線廣播之著作物，以自己之有線播送（受信廣播所爲者除外）目的，自己之技術設備，暫時的加以錄音或錄影（第2項）。」「依前2項之規定作成之錄音物或錄影物，於其錄音或錄影之日起後6個月（於其期間內有以該錄音物或錄影物廣播或有線廣播者，自該播送或有線播送之日後6個月），不得保存。但於依命令規定之官方的記錄保存所保存者，不在此限。」

　　(二) 上述規定，在現場公開播送，或事先錄音、錄影而以該錄音物或錄影物加以公開播送，其短暫的錄製，係實務上運作之常態。由於此種情形，以公開播送爲目的，錄製只是暫時性，故有關錄製部分，不視爲侵害錄音權與錄影權。又上述規定，依日本學者解釋，第44條第1項所謂「於無害於第23條第1項規定之權利」，包含：

　　1. 廣播事業機構得著作權人公開播送之授權。

　　2. 依著作權限制之規定，承認得爲公開播送者。

　　3. 依第67條及第68條規定得文化廳長官強制授權者。

　　4. 錄音、錄影權已經消滅者。

　　5. 將公眾送信權讓渡給廣播機構，而著作權人自己保留錄音、錄影權者。[87]

　　(三) 上述規定，須「以自己廣播之目的，自己之技術設備或得將該廣播同時播送之他播送人之技術設備」，不包含自動公眾送信（公開傳輸）在內，IP的多重廣播（multicast），視爲公眾送信，不適用此爲廣播暫時性重製規定[88]。而以自己的技術設備，不包含委託外部的錄音、錄影業者製作[89]。

　　(四) 上述規定，係以爲播送目的而錄音、錄影，故是否構成第44條之要件，須以「是否以具體的公開播送爲通常必要範圍作爲考察的標準」，即「節目音樂保有在server中，應限定曲數，不可能用的曲數，應加以刪除」，如果

---

[87] 參閱：加戶守行，《著作權法逐條講義》，五訂新版，著作權情報センター，2006年3月，頁289。

[88] 參閱：中山信弘，《著作權法》，初版，有斐閣，2007年10月，頁292。

[89] 加戶守行，前揭書，頁290。

運用系統以泛用為目的而長期累積，則已超越暫時的固定的範圍[90]。

(五) 由於廣播的暫時性固定，係以公開播送為目的，而非以散布固定物為目的，故不承認固定者有權長時間保存，因而有在公開播送後一定時間應加以銷燬之性質。日本著作權法所以規定在6個以內可以保存，係因日本放送法第5條及放送法施行令第1條規定，廣播節目原則上3個月內有保存義務。又所謂廣播後6個月內不得保存，設若第一次廣播後5個月，再次廣播，則在該再次廣播後可以再保存6個月，實質上可以保存11個月。而如果於廣播後6個月內沒有再廣播，也沒有銷燬，則依日本著作權法第49條第1項第2款規定：「有下列規定之一者，視為構成第二十一條之複製：…(二) 廣播事業者違反第四十四條第三項之規定，將同項之錄音物或錄影物加以保存者。」因而侵害著作權人之重製權[91]。

(六) 上開著作權法第44條第3項的記錄保存所，規定於日本著作權法施行令第3條至第7條規定。

四、智慧局函釋之解釋

(一) 民國99年01月21日智著字第09916000250號函釋[92]

「……按著作權法（下稱本法）第56條規定：『廣播或電視，為公開播送之目的，得以自己之設備錄音或錄影該著作。但以其公開播送業經著作財產權人之授權或合於本法規定者為限（第1項）。前項錄製物除經著作權專責機關核准保存於指定之處所外，應於錄音或錄影後6個月內銷燬之（第2項）』。查本條係規定得播送他人著作之廣播電台或電視電台為異時播出之需而得暫時錄製保存之免責利用，其立法理由為廣播電台或電視電台經著作財產權人之授權或依本法規定得公開播送他人著作時，固得公開播送他人著作，惟於異時播送之情形，如廣播電台或電視電台不能將該著作先予錄製（即重製），則廣播

---

[90] 參閱：三山裕三，《著作權法詳說》，第8版第1刷，レクシスネクシスジャパン株式會社，2010年2月，頁309-310以下。

[91] 作花文雄，《詳解著作權法》，2版，株式會社ぎょうせい，2002年8月，頁342。

[92] 參閱：經濟部智慧財產局網站，解釋令函列表，http://www.tipo.gov.tw/ch/Enactment_LMExplainLookPrintPage.aspx?ID=3557&KeyCode=&KeyConten=（最終瀏覽日期：2013年1月19日）。

或電視公開播送之授權或合理使用，無異落空，故於此種情形，應允許得暫時錄製。爰參考伯恩公約第11條之2第2項第3款[93]、日本著作權法第44條、德國著作權法第55條及韓國著作權法第31條之規定予以新增。三、次按本條適用之主體限於廣播電台或電視電台，且其賦予廣播或電視電台得錄製他人著作之要件有三：(1) 為公開播送之目的、(2) 以自己之設備錄音或錄影該著作、(3) 其公開播送特定著作之行為業經著作財產權人之授權或合於本法規定。因此廣播或電視須在符合前述要件時，始可依該條規定就特定著作為播送目的之暫時性錄製，且該錄製物僅得作為經著作財產權人授權或合於本法規定之播送使用，不得再為其他利用。又該錄製物於錄製後一定之時間（依照本法同條第2項規定，僅得保存6個月），即應予以銷燬。因此若重製行為人並非廣播或電視電台（例如不具備廣播或電視節目執照之獨立節目製作業者）、或非屬暫時性的錄製，即不在本條適用範圍。

四、末按著作權係屬私權，所詢廣播電台或電視台之實際利用行為是否已逾越該條合理使用範圍，如有爭議，仍應由司法機關依具體個案事實認定之，至於著作財產權人是否因應現今實務上廣播或電視電台營運模式、利用型態之變更而調整授權範圍、使用報酬等，則屬民事契約自由範疇，與本法第56條規定之立法意旨尚無扞格。」

(二) 民國98年04月21日電子郵件980421b號函釋[94]

「本法第56條第1項規定：『廣播或電視，為公開播送之目的，得以自己之設備錄音或錄影該著作。但以其公開播送業經著作財產權人之授權或合於本法規定者為限。』係指廣播電台或電視台為異時播出之需要，得暫時錄製保存著作之利用行為，但以該公開播送行為須經著作財產權人之授權或符合本法規定者，始得為之。故本條所定得主張合理使用之行為為「重製（錄製）行為」，與來函所詢在歌唱比賽節目中公開演出之行為態樣有別，因此來函所述在歌唱比賽節目中表演他人著作之行為，仍應取得著作財產權人之同意，並無

---

[93] 應為「伯恩公約第11條之二第1項第3款」，參閱：World Intellectual Property Organization, http://www.wipo.int/wipolex/en/wipo_treaties/text.jsp?file_id=189921#P156_28886（最終瀏覽日期：2013年1月19日）。

[94] 參閱：經濟部智慧財產局網站，解釋令函列表，http://www.tipo.gov.tw/ch/Enactment_LMExplainLookPrintPage.aspx?ID=3286&KeyCode=&KeyConten=（最終瀏覽日期：2013年1月19日）。

上述第56條規定之適用。惟依照一般情況,通常是由負責舉辦歌唱比賽之主辦單位向著作財產權人或其所加入之著作權集管團體就節目中利用著作之情形洽商授權,而不需由參賽者個別洽談,惟實際上究應由何人取得授權以及負擔使用報酬,仍得透過參賽規則或於契約中自行約定。」

五、對於本條內容之解釋

(一) 依廣播電視法第2條規定:「一、稱廣播者,指以無線電或有線電傳播聲音,藉供公眾直接之收聽。二、稱電視者,指以無線電或有線電傳播聲音、影像,藉供公眾直接之收視與收聽。三、稱廣播、電視電台者,指依法核准設立之廣播電台與電視電台,簡稱電台。」本條之廣播或電視,是否以依法核准者為限?由於本法乃規律私權之法律,與廣播電視法係管制法規不同,故本條之廣播或電視,不以依法核准設立者為限,非依法核准設立之廣播或電視,亦得適用本條規定[95]。

(二) 本條之「播送」,係指著作權法第3條第1項第7款之「公開播送」之意義,即基於公眾直接收聽或收視為目的,以有線電、無線電或其他器材之廣播系統傳送訊息之方法,藉聲音或影像向公眾傳達著作內容。由原播送人以外之人,以有線電或無線電或其他器材之廣播系統傳送訊息之方法,將原播送之聲音或影像向公眾傳達者,亦屬之。凡為「公開播送」以外之目的,例如廣播事業為重製販賣錄音著作或視聽著作目的,或為公開演出、公開傳輸錄音著作或視聽著作目的,均無本條適用,不得援引本條規定而錄音或錄影。

(三) 本條稱「以自己之設備錄音或錄影該著作」,係指以廣播企業本身之設備而錄音或錄影該著作。例如:廣播企業A公司,傳播公司B欲購買時段上節目(外製節目),欲利用作曲家甲之音樂,此時因B公司與A公司非同一人

---

[95] 刑法第22條規定:「業務上之正當行為,不罰。」最高法院24年7月刑庭總會決定:「業務兩字採事實業務說,以實際上執行業務為標準,不以曾經官廳許可之業務為限。」最高法院54年台上字第1614號判決謂:「刑法上所謂業務,指以反覆同種類之行為為目的之社會活動而言,縱令其執行業務欠缺形式上之合法要件,於其業務上行為之性質,要無妨礙。被告雖非領有執照之醫師,如其平素以為人診病或打針為業,即不失為業務上之行為,應依刑法第276條第2項論處。」參閱:國立臺灣大學政治大學判例研究委員會編,《中華民國裁判類編:刑事法》第七冊,正中書局,1976年12月,頁84-85。

格，B公司並非廣播電台或電視台本身，故B公司利用甲之音樂重製後交A公司播送，縱B公司之重製主要目的在播送，然而B公司之重製行為，仍須得甲重製之授權，而非僅向音樂著作權團體給付公開播送之費用而已。

(四) 本條但書稱「但以其播送業經著作財產權人之授權」，係指播送業經著作財產權人「公開播送」之授權而言，而非「錄音」、「錄影」等「重製」之授權。蓋如此處「授權」解釋為「重製」之授權，則依本法第37條規定即足，本條本文並無訂定之必要。蓋本條之立法意旨，乃係以播送為目的之重製，僅須「公開播送」之授權即足，無須另有「重製」之授權[96]。本條第1項但書規定：「合於本法規定者」，係指本法中無須授權即可公開播送之規定，例如符合本法第47條（教育目的之公開播送）、第49條（時事事件報導目的之利用）、第50條（公法人名義公開發表著作之利用）、第52條（引用）、第55條（非營利之公開再現）、第58條（公開美術著作之利用）、第61條（時事論述之轉播）、第62條（特殊著作之利用）等是。故依本條第1項規定，凡廣播或電視如係為公開播送目的，而非為發行視聽著作、錄音著作或其他目的，且已得到著作財產權人公開播送之授權，或依本法規定無須得授權者，就以自己之設備而錄音或錄影之行為，無須另得著作財產權人重製之授權。

(五) 本條第2項規定：「前項錄製物除經著作權專責機關核准保存於指定之處所外，應於錄音或錄影後六個月內銷燬之。」此處所稱經主管機關核准與指定之處所，主管機關似應仿日本著作權施行令第3條至第7條規定，為文化保存目的而為核准。又廣播、電視播出後，為新聞管理之法令需要，亦有必要在一定期間內保存。例如廣播電視法施行細則第29條規定：「電台播送之節目，除新聞外，凡經本會依本法第25條指定事先審查者，應由電台於本會指定之期限前，檢具申請書表，連同錄音帶、錄影帶、影片、審查費及證照費等送請本會審查，取得准播證明後，始得播送。」「電台對前項審查結果有異議時，得於文到之日起十四日內以書面申請重行審查，逾期不予受理。重行審查於必要時得邀請學者專家參加。」「電台對未經指定事先審查之節目，應自行負責審查後播送。播送後之錄音帶、錄影帶、影片、節目文稿或其他有關資料，應保存15日，以備查考。」有線廣播電視法第44條第1項規定：「中央主管機關認為有必要時，得於節目播送後十五日內向系統經營者索取該節目及相關

---

[96] 同註84。

資料。」其第50條第1項規定：「第四十條、第四十一條第二項、第三項、第四十二條第四項及第四十四條之規定，於廣告準用之。」依上開規定而索取之視聽著作亦無須於錄影後6個月內銷燬之。除此之外，廣播或電視凡未經重製之授權而僅得公開播送之授權者，保存於廣播或電視本身之錄音著作或視聽著作，均應於錄音或錄影後6個月內銷燬之。

(六) 本條第2項類似著作權法第59條第2項規定，似屬於不作為犯。惟第59條第2項規定有違反者，第96條另有處罰規定，此處則無處罰規定，究係應依著作權法第91條處罰之，抑認為依罪刑法定主義，不應處罰。本人採後說。我國著作權法欠缺類似日本著作權法第49條第1項第2款規定，宜立法解決之。

（回覆於2011年7月17日）

問題52：社區裝置碟型天線接收中央電視台電視節目的著作權問題

 **相關條文**

著作權法第3條（用詞定義）、第56條之1（社區共同天線及有線電視系統同時轉播之限制）、第65條（合理使用）

壹、問題

本件問題緣起於「社區住戶如經由社區衛星碟型天線收視中央電視台等大陸節目，是否違法？社區管委會是否有權禁止住戶收視？」以及「同棟建築物中架設衛星共同天線，且在私人範圍內，由住戶自行使用衛星接收機（IRD）接收衛星所播放之免費衛星節目，是否違反著作權法之規定？」綜此，則社區大樓裝設碟型天線收視衛星電視，分別傳送住戶，是否屬於公開播送？如果答案為肯定，是否可以主張合理使用？

貳、回答

一、社區大樓裝設碟型天線收視衛星電視，分別傳送住戶，是否屬於公開播送？

此一問題，理論上應屬肯定，否則著作權法第56條之1規定：「為加強收視效能，得以依法令設立之社區共同天線同時轉播依法設立無線電視臺播送之著作，不得變更其形式或內容。」其規定於著作財產權限制條款中，立法即無意義。蓋此一規定所以會成為一種著作財產權限制（廣義之合理使用），基本上是以社區共同天線同時將無線電視臺播送之著作傳送各住戶，認為是屬於公開播送行為。社區大樓裝設碟型天線收視衛星電視，分別傳送住戶，亦屬於同一情形。

查著作權法第3條第1項第7款規定：「公開播送：指基於公眾直接收聽或收視為目的，以有線電、無線電或其他器材之廣播系統傳送訊息之方法，藉聲

音或影像,向公眾傳達著作內容。由原播送人以外之人,以有線電、無線電或其他器材之廣播系統傳送訊息之方法,將原播送之聲音影像向公眾傳達者,亦屬之。」上開社區大樓裝設碟型天線收視衛星電視,分別傳送住戶,應可解為著作權法第3條第1項第7款後段之「再播送」。

查日本著作權法第2條第1項第9之2款規定,所謂「有線放送」,係指「於公眾送信中,以由公眾將同一內容之傳輸同時接收為目的,所為之有線電氣通訊之傳輸」[97]。在日本著作權法中,「有線放送」係在「公眾送信」之概念中。而「公眾送信,係指以公眾直接接收為目的而為之無線通訊或有線電氣通訊之傳輸。於此公眾送信概念中,應排除「該建物係屬於同一人占有時,電氣通訊設備之一部分放置場所與他部分放置場所在同一建物內,而以該電氣通訊設備傳輸之情形」和「該建物係屬於二人以上之人占有時,電氣通訊設備之一部分放置場所與他部分放置場所在同一建物內且在屬於同一人占有之區域內,而以該電氣通訊設備傳輸之情形」。但以該電氣通訊設備所傳輸者係電腦程式著作時,即不論該電氣通訊設備是有線或無線設備,設備間對電腦程式著作之傳輸即仍屬公眾送信[98]。

據此,由於社區大樓裝設碟型天線收視衛星電視,分別傳送住戶,其傳訊之內容,多非電腦程式著作,且一棟大樓,所傳送之客戶樓層多分別非屬於同一人占有,故在日本著作權法,上述情形,亦屬於有線放送之範圍。

二、社區大樓裝設碟型天線收視中央電台衛星電視,分別傳送住戶,是否可以主張合理使用?

(一) 現行著作權法第56條之1規定:「為加強收視效能,得以依法令設立之社區共同天線同時轉播依法設立無線電視臺播送之著作,不得變更其形式或內容。」上述社區大樓裝設碟型天線收視中央電台衛星電視,分別傳送住戶,是否可以主張第56條之1的合理使用?

1.查著作權法第56條之1規定,依民國87年著作權法修正之立法原意,係

---

[97] 「日本著作權法」條文,參閱:e-GOV電子政府の總合窗口,http://law.e-gov.go.jp/htmldata/S45/S45HO048.html(最後瀏覽日期:2013年1月24日)。

[98] 參閱:張懿云主持,《著作權法公開播送再播送之研究》,經濟部智慧財產局,1999年3月,頁87。

來自有線電視法第32條第2項規定[99]。依現行有線廣播電視法全部條文並未提及「社會共同天線」，在法規中有提及社區共同天線者，僅於民國99年10月12日訂有「電視增力機、變頻機及社區共同天線電視設備設立辦法」[100]，而此辦法係依廣播電視法第11條規定而訂定。而依廣播電視法第11條規定：「電視增力機、變頻機及社區共同天線電視設備設立辦法，由主管機關會同交通部定之。」同法第45條之1規定：「未依法定程序架設電台、轉播站或其他播放系統者，處三萬元以上、四十萬元以下罰鍰，並沒入其設備（第1項）。」「未依法定程序架設電視增力機、變頻機或社區共同天線電視設備者，沒入其設備（第2項）。」「前二項沒入處分，得請當地該管警察機關協助執行之（第3項）。」至於衛星傳播法則無任何有關「社區共同天線」的規定。

2. 依「電視增力機、變頻機及社區共同天線電視設備設立辦法」第2條第3款規定：「社區共同天線電視設備：指自空間直接或間接接收無線電視電臺之電視信號，而以有線同軸電纜增力傳輸至接收用戶之設備。」第5條第1項規定：「社區共同天線電視設備，應由政府機關團體、中華民國國民組設之公司、財團法人或電氣行號申請設立。」第21條規定：「社區共同天線電視設備，應將依法設立無線電視電臺之電視訊號，以原內容傳輸至用戶。」[101]依此規定，社區共同天線，係「接收無線電視電臺之電視信號」，且須依廣播電視法事先申請。社區大樓裝設碟型天線收視中央電台衛星電視，其碟型天線顯然並非「電視增力機、變頻機及社區共同天線電視設備設立辦法」之社區共同天線，亦非著作權法第56條之1之「依法令設立之社區共同天線」。

3. 再者，經濟部智慧財產局民國98年04月13日電子郵件980413a號函謂：「一、按著作權法（下稱本法）第56條之1規定：『為加強收視效能，得以依法令設立之社區共同天線同時轉播依法設立無線電視台播送之著

---

[99] 參閱：經濟部智慧財產局編，《歷年著作權法規彙編專輯》，二版，經濟部智慧財產局，2010年5月，頁242。

[100] 「電視增力機變頻機及社區共同天線電視設備設立辦法」，參閱：全國法規資料庫入口網站，http://law.moj.gov.tw/LawClass/LawAll_print.aspx?PCode=K0060016（最後瀏覽日期：2013年1月24日）

[101] 同前註。

作，不得變更其形式或內容。」按該條規定係參考當時有線電視法第32條第2項規定，而所稱『無線電視台』，依行政院新聞局90年11月30日（90）正廣五字第15662號函示略以，『有關『無線電視台』之定義，依廣播電視法第2條規定，係指以無線電傳播聲音、影像，藉供公眾直接之收視與收聽，且依法核准設立之電視電台，亦即指台灣電視事業股份有限公司、中國電視事業股份有限公司、中華電視股份有限公司、民間全民電視股份有限公司及財團法人公共電視文化事業基金會等5家公司，並不包括利用衛星進行聲音或視訊信號之播送，以供公眾收聽或收視之『衛星廣播電視』。」二、來函所詢著作權法第56條之1規定所稱『無線電視台播送之著作』究僅指無線類比電視節目，抑或包含無線數位電視節目一節，依前揭新聞局之說明，只要以無線電傳播聲音、影像，藉供公眾直接之收視與收聽者，即屬無線電視台。由於無線電視台所播放之數位與類比電視節目均透過無線電波發送，僅係發送技術上有所不同，且均有可能會面臨訊號無法到達所有用戶的問題，因而本條所稱『無線電視台播送之著作』應包含無線類比電視節目及無線數位電視節目，並無區隔之必要。」[102]

依此函釋，著作權法第56條之1之「依法設立無線電視臺」，亦不包含中國大陸之中央電視台在內。易言之，社區大樓裝設碟型天線收視中央電台衛星電視，分別傳送住戶，不能依著作權法第56條之1主張合理使用。

（二）社區大樓裝設碟型天線收視中央電台衛星電視，分別傳送住戶，是否可以主張現行著作權法第65條第2項之合理使用？

查著作權法第65條規定：「著作之合理使用，不構成著作財產權之侵害（第1項）。」「著作之利用是否合於第四十四條至第四十六條規定或其他合理使用之情形，應審酌一切情狀，尤應注意下列事項，以為判斷之基準：一、利用之目的及性質，包括係為商業目的或非營利教育目的。二、著作之性質。三、所利用之質量及其在整個著作所占之比例。四、利用結果對著作潛在市場與現在價值之影響。（第2項）」由於目前大陸中央電視台並未在台灣地區收取衛星傳訊費用，無「潛在市場」影響的問題，且我國目前衛星傳播法並無任

---

[102] 參閱：經濟部智慧財產局，解釋令函列表，http://www.tipo.gov.tw/ch/Enactment_LMExplainLookPrintPage.aspx?ID=3275&KeyCode=&KeyConten=（最後瀏覽日期：2013年1月24日）。

何有關「社區共同天線」的規定，社區無從依法而為申請，該社區共同天線並無營利。

　　基於社區大樓裝設碟型天線收視中央電台衛星電視，其情節與第56條之1規定有部分的類似性，故社區大樓裝設碟型天線收視中央電台衛星電視，可能有成立著作權法第65條第2項「其他合理使用」之空間。惟個案仍應由法院判斷之，政府對此，不宜加以鼓勵。

（回覆於2011年7月29日）

問題53：有關使用他人論文作為專利舉發之證據的著作權問題

 相關條文

著作權法第44條（立法行政目的所需之重製及限制）、第45條（專為司法程序使用必要之重製）、第52條（合理引用）、第63條（依法利用他人著作者之翻譯及改作權）、第65條（合理使用）

壹、問題

本件問題緣起於，著作權法第45條規定係限定適用於「司法程序」，並未及於「行政程序」，故倘使用他人之論文作為專利「舉發」之證據，是否得依著作權法第45條主張合理使用？抑或須依著作權法第52條主張合理使用？ 對於此問題，得以再細分為下列二層面：

一、著作權法第45條規定，專為司法程序使用之必要，在合理範圍內，得重製他人之著作。本條所謂專為「司法程序」目的，除民刑事案件之裁判外，是否亦包含訴願、再訴願等行政機關所為之「準司法程序」？

二、又對於專利「舉發」之審定不服者，得於30日內向經濟部提起訴願，故舉發應係訴願之「先行程序」，從而專利之「舉發」是否亦屬「準司法程序」？

貳、回答

一、我國現行著作權法第44條及第45條規定，係在民國81年著作權法修正時所新增，依當時立法理由說明，雖謂係參考西德著作權法第45條、日本著作權法第42條及南韓著作權法第22條規定，然而，就立法文字觀察，此規定主要係來自日本著作權法第42條及南韓著作權法第22條。而南韓1987年著作權法，主要係仿自日本1970年著作權法規定。故我國著作權法第44條及第45條之解釋，從立法沿革而言，可參考日本著作權法之立法、學說及實務見解。

二、日本著作權法第42條第1項規定：「於裁判程序目的之必要，及立法

或行政程序作爲內部資料之必要，在認爲必要之限度內，得複製著作。但依該著作之種類及用途，以及該複製之份數及態樣觀察，不當有害著作權人之利益者，不在此限。」[103]日本著作權法第42條之裁判程序，應包含「準裁判程序」[104]，然而發明專利審查手續，不包含在裁判程序及準裁判程序中[105]。

三、日本著作權法第42條第2項規定：「於下列手續認爲必要者，與前項同：一、行政機關進行發明、新式樣及商標相關審查、新型相關技術評價或國際申請（基於專利合作條約的國際申請相關法律（昭和53年法律第30號）第2條規定的國際申請。）相關國際調查或國際預備審查的手續。二、行政廳或獨立行政法人所爲有關藥事（包含關於醫療機器（藥事法（昭和35年法律第145號）第2條第4項規定之醫療機器）事項，於以下本款同）之審查或調查，或對行政廳或獨立行政法人有關藥事報告之手續。（平成18法121‧2項追加）」日本著作權法第42條第2項係爲因應非司法程序，而係專利申請程序中申請人及專利局複製非專利文獻且非內部使用而設。

四、我國著作權法第44條規定係行政機關內部使用之複製，第45條係司法程序之使用。我國著作權法第45條之司法程序，解釋上應包含準司法程序在內[106]，然而專利之舉發，解釋上應不包含在準司法程序之內。

五、上述問題，能否主張著作權法第52條之引用，以爲豁免？查著作權第52條規定：「爲報導、評論、教學、研究或其他正當目的之必要，在合理範圍內，得引用已公開發表之著作。」此一規定之文字，主要在民國81年著作權法修正時確立，斯時立法理由謂本條係參考西德、日本、南韓及法國著作權法立法例。然本條與日本、南韓立法最爲相似。南韓之立法，亦係來自日本，已如前述。依日本著作權法第32條第1項規定：「已公開發表之著作，得以引用利用之。於此情形，其引用，須合於公正慣行，且在報導、批評、研究或其他引

---

[103] 參閱：十二國著作權法翻譯組編，《十二國著作權法》，第1版，北京清華大學出版社，2011年6月，頁381-382。

[104] 日本著作權法第40條第1項規定：「公開爲政治上演說或陳述及於裁判程序（包括行政機關所爲之審判或其他準用裁判之程序，第42條第1項同）之公開陳述，除編輯同一著作人之著作物者外，不問以任何方法，得加以利用。」

[105] 參閱：半田正夫，《著作權法概說》，第13版，法學書院，2007年6月，頁164。

[106] 參閱：蕭雄淋，《著作權法論》，7版，五南圖書出版股份有限公司，2010年8月，頁153。

用目的正當之範圍內爲之。」[107]

六、日本著作權法第32條之引用，須符合下列諸要件[108]：

(一) 須引用目的正當。

(二) 須引用與被引用之著作，有可區分性。

(三) 須引用與被引用之著作發生主從關係。易言之，即以引用之著作爲主，被引用之著作爲輔，兩者須處於非對等之關係，且被引用之著作，不具有獨立存在之意義。參見日本東京法院昭和59年（1984年）8月31日判決（藤田畫伯事件）。

(四) 須被引用之著作在自己著作上出現，具有必然性及最小性。

(五) 須尊重被引用著作之著作人格權。

我國著作權法第52條，亦當作如此解釋。上述5項要件中，要件(一) 已見於系爭條文文字本身；要件(二) 已見於最高法院84年台上字第419號判決；要件(三) 已見於內政部台（82）內著字第8129310號函[109]；要件(四) 乃法理之當然；至於要件(五)，則係著作權法第66條所明定。專利申請人利用他人文獻而爲舉發，其引用他人之著作文獻，如果是在舉發書內文本身，而註明出處，有可能可以全部符合上述五要件，然而如果文獻資料另行複印，則可能違反上述(三)、(四) 要件。因而，不能以我國著作權法第52條規定主張豁免。此乃日本著作權法所以另行增訂第42條第2項之理由。

七、值得討論者，上述申請人使用他人之論文作爲專利「舉發」之證據，其使用他人論文係屬複製，此種複製行爲，是否構成著作權法第65條第2項之「其他合理使用」？查民國81年我國著作權法第65條原只爲著作權法第44條至第63條規定的合理範圍之審酌規定。但民國87年著作權法修正，在第65條另有著作權法第44條至第63條以外的獨立合理使用概括規定，故內政部於民國87年6月15日即以台（87）內著會發字促8704807號函謂：「按著作權法第65條

---

[107] 參閱：十二國著作權法翻譯組編，《十二國著作權法》，第1版，北京清華大學出版社，2011年6月，頁377。

[108] 參閱：作花文雄，《詳解著作權法》，第2版，株式會社ぎょうせい，2002年4月，頁306-307。

[109] 參閱：經濟部智慧財產局，解釋令函列表，http://www.tipo.gov.tw/ch/Enactment_LMExplainLookPrintPage.aspx?ID=974&KeyCode=&KeyConten= （最後瀏覽日期：2013年1月24日）。

之規定，除有爲審酌著作之利用是否合於第44條至第63條規定之判斷標準外，另有概括性之規定，亦即利用之態樣，即使未符第44條至第63條規定，但如其利用之程度與第44條至第63條規定情形相類似或甚而更低，而以該條所定標準審酌亦屬合理者，則仍屬合理使用。」[110]其後主管機關亦有若干類似函示。另最高法院96年台上字第3685號刑事判決謂：「在著作權法87年1月31日修正前，行爲人若無當時著作權法第44條至第63條所列舉之合理使用情形，事實審法院即無依該法第65條所列四項標準逐一判斷之必要；然在著作權法爲前述修正後，即使行爲人未能符合該法所例示之合理使用情形，行爲人所爲仍有可能符合修正後著作權法第65條第2項所列之判斷標準，而成爲同條項所稱之『其他合理使用之情形』，得據以免除行爲人侵害著作權責任。」[111]最高法院96年台上字第3685號判決亦有相同旨意。

八、我國著作權法第65條第2項之「其他合理使用」，係在彌補著作權法第44條至第63條之不足，凡利用他人著作，具有公益目的，並對著作權人之潛在市場損害甚微，如不符合著作權法第44條至第63條規定者，應適用著作權法第65條第2項規定。例如，學校教師在課堂上利用他人之著作而講課，此公開口述他人著作，並不適用著作權法第46條規定，然適用著作權法第65條第2項之其他合理使用規定是。故上述申請人使用他人之論文作爲專利「舉發」之證據，其使用他人論文之複製行爲，在解釋上亦應認爲構成著作權法第65條第2項之「其他合理使用」。

九、爲杜爭議，我國著作權法允當全面檢討自民國81年起迄今日本著作權法有關著作財產權限制之修正規定。

[110] 參閱：經濟部智慧財產局，解釋令函列表，http://www.tipo.gov.tw/ch/Enactment_LMExplainLookPrintPage.aspx?ID=1828&KeyCode=&KeyConten=（最後瀏覽日期：2013年1月24日）。

[111] 最高法院96年度台上字第3685號刑事判決，參閱：司法院法學資料檢索系統，http://jirs.judicial.gov.tw/FJUD/PrintFJUD03_0.aspx?jrecno=96%2c%E5%8F%B0%E4%B8%8A%2c3685%2c20070706&v_court=TPS+%E6%9C%80%E9%AB%98%E6%B3%95%E9%99%A2&v_sys=M&jyear=96&jcase=%E5%8F%B0%E4%B8%8A&jno=3685&jdate=960706&jcheck=（最後瀏覽日期：2013年1月24日）。

附錄

一、最高法院96年台上字第3685號判決（節錄）

　　在著作權法87年1月31日修正前，行為人若無當時著作權法第44條至第63條所列舉之合理使用情形，事實審法院即無依該法第65條所列四項標準逐一判斷之必要；然在著作權法為前述修正後，即使行為人未能符合該法所例示之合理使用情形，行為人所為仍有可能符合修正後著作權法第65條第2項所列之判斷標準，而成為同條項所稱之「其他合理使用之情形」，得據以免除行為人侵害著作權責任。

二、最高法院94年台上字第7127號判決（節錄）

　　著作權法於87年1月21日修正前，該法第65條係規定「著作之利用是否合於第44條至第63條規定，應審酌一切情狀，尤應注意左列事項，以為判斷之標準：一、利用之目的及性質，包括係為商業目的或非營利教育目的。二、著作之性質。三、所利用之質量及其在整個著作所占之比例。四、利用結果對著作潛在市場與現在價值之影響。」當時所承認之合理使用情形，僅限於該法第44條至第63條所列之情形，且在判斷具體案例是否符合各該法條之規定，係以該法第65條所規定之四款要件作為主要判斷之標準。惟在87年1月21日著作權法修正後，新增第1項：「著作之合理使用，不構成著作財產權之侵害。」同條第2項則修正為：「著作之利用是否合於第44條至第63條規定或其他合理使用之情形，應審酌一切情狀，尤應注意下列事項，以為判斷之標準：一、利用之目的及性質，包括係為商業目的或非營利教育目的。二、……。四、利用結果對著作潛在市場與現在價值之影響。」修正後，我國著作權法除了第44條至第63條所列舉之「合理使用」事由外，尚承認其他「合理使用」事由，而其判斷標準同樣是依照該法第65條第2項所規定之要件，亦即著作權法第44條至第63條所規定之各項合理使用事由，已由修正前之列舉事由轉變為例示性質。申言之，在著作權法87年1月31日修正前，行為人若無當時著作權法第44條至第63條所列舉之合理使用情形，事實審法院即無依該法第65條所列四項標準逐一判斷之必要；然在著作權法為前述修正後，即使行為人未能符合該法所例示之合理使用情形，行為人所為仍有可能符合修正後著作權法第65條第2項所列之判斷標準，而

成為同條項所稱之「其他合理使用之情形」，得據以免除行為人侵害著作權責任。

（回覆於2011年6月16日）

問題54：選舉造勢場合之播放CD，得否主張合理使用？

 **相關條文**

> 著作權法第55條（非營利目的之公開口述、播送、上映或演出他人著作）、第65條（合理使用）

壹、問題

本件問題緣起於，經濟部智慧財產局局曾針對選舉活動涉及之著作權問題製作「選舉活動利用他人著作之說明」宣導資料[112]，其中提及造勢場合或募款餐會播放音樂CD如符合著作權法第55條之要件者，得依該條主張合理使用，惟權利人團體表示選舉造勢場合係短期間大量利用著作，而募款餐會更是營利行為，無法符合第55條規定之要件，因而產生下列二則問題：

（一）選舉造勢場合是否得主張著作權法第55條合理使用？（利用人有提出日本JASRAC的回函，據以表示選舉活動符合日本著作權法第38條【相當我國著作權法第55條】）

（二）募款餐會是否得主張著作權法第55條合理使用？

貳、回答

一、選舉活動之使用他人歌曲，如果係為適應候選人的特殊需求而改編，此種情形不單純係著作權法第55條問題，而係涉及改作與重製問題，自應徵得著作權人同意。

二、有關選舉活動造勢場合或募款餐會播放音樂CD，是否符合著作權法第55條規定。查著作權法第55條規定：「非以營利為目的，未對觀眾或聽眾直接或間接收取任何費用，且未對表演人支付報酬者，得於活動中公開口述、公

---

112 參閱：經濟部智慧財產局，「選舉活動利用他人著作之說明」，http://www.tipo.gov.tw/ch/News_NewsPrint.aspx?NewsID=4676（最後瀏覽日期：2013年1月24日）。

開播送、公開上映或公開演出他人已公開發表之著作。」上開規定，對於非募款活動的造勢場合，未對觀眾或聽眾直接或間接收取任何費用，應可以適用著作權法第55條規定[113]。

三、日本著作權法第38條第1項規定：「不以營利為目的，且對於聽眾或觀眾亦無收取費用（不問任何名義，因著作物之提供或提示所受之對價，以下本條同）者，得公開上演、演奏、上映或口述已公開發表之著作物。但該上演、演奏、上映或口述，對於表演人或為口述之人支付報酬者，不在此限。」[114]上述規定，與我國著作權法第55條規定相當。我國著作權法第55條於民國87年修正時，亦表明係參考日本著作權法第38條規定[115]。

四、日本著作權法第38條有關「對於聽眾或觀眾亦無收取費用」之解釋，認為即使慈善活動，如果受有費用，亦非不以營利為目的之利用[116]。如果該慈善義演，其所有收益（所有收入減去支出的餘額），均贈給公益事業，不屬於營利，但是因有向觀眾或聽眾收取費用，因而不能主張著作權法第38條之合理使用[117]。

五、基此解釋，選舉活動的募款餐會，因觀眾或聽眾解釋上有支付費用，不符著作權法第55條之「未對觀眾或聽眾直接或間接收取任何費用」之要件，應不得主張著作權法第55條之合理使用規定。蓋在選舉活動的募款餐會，選擇動聽歌曲，有增加募款之作用，與餐廳播放好聽歌曲，有招徠顧客之作用相當。至於是否符合著作權法第65條之「其他合理使用」之規定，應由法院綜合各種情形而判斷之。一般情形，本人較傾向否定說。

（回覆於2011年6月14日）

---

[113] 本人一向見解認為，著作權法第55條之「活動中」，不應區分為經常性活動或非經常性之活動，參閱：蕭雄淋、幸秋妙、嚴裕欽，《國際著作權法合理使用立法趨勢之研究》，經濟部智慧財產局，1999年12月，頁52-56。

[114] 參閱：十二國著作權法翻譯組編，《十二國著作權法》，第1版，北京清華大學出版社，2011年6月，頁380-381。

[115] 參閱：經濟部智慧財產局編，《歷年著作權法規彙編專輯》，2版，2010年5月，頁241。

[116] 參閱：齊藤博，《著作權法》，第3版，有斐閣，2007年4月，頁256。

[117] 參閱：半田正夫、紋谷暢男，《著作權のノウハウ》，新裝第4版，有斐閣，1990年10月30日，頁204。

問題55：大專學生齋戒學會播放影片的著作權問題

 **相關條文**

著作權法第55條（非營利目的之公開口述、播送、上映或演出他人著作）、第65條（合理使用）

壹、問題

本件問題緣起於寺院欲於所舉辦之「大專學生齋戒學會」播放一部與佛法有關的影片，從而，於以下二種情形，該寺院是否均得依著作權法第55條主張合理使用而播放「家用版」之影片？

一、於所舉辦之「大專學生齋戒學會」播放一部與佛法有關的影片，且

1.該活動本身是非營利性質。

2.學員活動期間的開銷均由寺院負擔，僅對學員收取100元報名費補貼開銷。

3.影片的播放爲非例行性的播放，亦即一部影片可能僅播放一次而不會在下次的活動繼續播放。

4.不對觀眾（學員）另外收取觀賞影片之費用。

二、寺院本身的住眾（約十位，另外可能有少數幾位來寺院短期居住者），爲了審核該影片是否適於該活動中播放之目的而共同觀賞影片，且未對觀眾（住眾）收取觀賞費用。

貳、回答

一、著作權法第55條係著作權法有關「法定例外」之要件，係自足規定，故符合著作權法第55條之要件者，在公開場所以家用版公開上映影片，不違反著作權法規定。

二、著作權法第55條規定：「非以營利爲目的，未對觀眾或聽眾直接或間接收取任何費用，且未對表演人支付報酬者，得於活動中公開口述、公開播送、公開上映或公開演出他人已公開發表之著作。」依經濟部智慧財產局宣導

資料「非營利性活動中如何合理使用他人著作？」[118]所示，其要件如下：

(一) 非「以營利為目的」

　　所謂「以營利為目的」，非僅指經濟上利益可立即實現者，並包含經濟上利益可能轉換為無形或延後發生者，如企業形象活動、商業與公益結合之活動等，均屬以營利為目的之行為。例如：在「產品的記者說明會」之場所播放背景音樂，雖主辦者對與會人員及來賓未收取費用，也沒有對表演人支付報酬（因是主辦者攜帶CD播放），惟該說明會係為獲取經濟上之利益所舉辦，即不符合本項要件。

(二) 未對觀眾或聽眾直接或間接收取任何費用

　　解釋上應指未對觀眾或聽眾收取入場費、會員費、清潔費、服務費、飲食（料）費或器材費等與利用著作行為有關之直接或間接之相關費用。例如：剪集報上刊載之印花兌換入場券，原則上仍須購買報紙而取得該項印花，則其入場券之取得難謂未支付費用。

(三) 未對表演人支付報酬

　　指未對表演人在活動中所為之表演支付相當之酬勞或對價。此所稱報酬或對價可能包含工資、津貼、抽紅或工作獎金（非中獎之獎金）等，不論其名目為何，只要個案上得認定係相當於其表演勞務之對價者，均屬之。因而，所支付表演人「交通費」（或車馬費）之價額如超乎一般舟車往返之標準時，仍可能被認定為屬酬勞之性質而與本項要件不符；但所支付者如未具有相對價值者（如中獎或獲得名次之獎金），由於其不具有表演之對價關係，則可認定為「未對表演人支付報酬」。

(四) 必須是「已公開發表」之著作

　　亦即，所利用之著作必需經權利人以發行、播送、上映、口述、演出、展出或其他方法向公眾公開提示著作內容者。

---

[118] 參閱：經濟部智慧財產局，「非營利性活動中如何合理使用他人著作？」，http://www.tipo.gov.tw/ch/AllInOne_Print.aspx?guid=3b692701-0316-4fa0-85df-5e0fc731cdb8&lang=zh-tw （最後瀏覽日期：2013年1月24日）。

(五) 必須是「特定活動」

所舉辦者如係經常性活動，於此類活動中利用著作者，即不符合本條所定之合理使用要件，例如：

1. 以個人購買的CD音樂，於辦公場所午休或下班時段對公司員工播放，因屬經常性之使用，不符合本條「合理使用」之情形。

2. 機關、團體或社區提供電腦伴唱機，供員工或所屬社區成員點歌演唱，均屬經常性的利用活動，不符本條規定之「特定活動」要件。

3. 學校於午休時間或課間播放音樂，亦屬經常性播放情形，不符合本條規定之要件。

三、前揭問題二「寺院本身的住眾（約十位，另外可能有少數幾位來寺院短期居住者），為了審核該影片是否適於該活動中播放之目的而共同觀賞影片，且未對觀眾（住眾）收取觀賞費用」所示情形，似乎完全符合上述五要件，應得主張著作權法第55條之法定例外規定予以免責。

四、惟前揭問題一所述之「學員活動期間的開銷均由寺院負擔，僅對學員收取100元報名費補貼開銷」情形，則應予討論商榷：由於寺廟一般為財團法人，且大專學生齋戒學會之活動應係「非以營利為目的」，故本問題爭執是否適用第55條，僅在於收取100元報名費是否可能解釋為「間接收費」而已。

五、著作權法第55條之「未對觀眾或聽眾直接或間接收取任何費用」。在解釋上，所謂「觀眾或聽眾」係指參與聆賞之人；「直接費用」係指入場費而言；「間接費用」，係指雖然非入場費，但以會員費、場地費、清潔費、飲食費、管理費、維護費或其他任何名目收取之費用。故如該場演奏會等雖無收費，但限於繳交有特定年費之會員方得入場者，乃屬間接收取費用。經濟部民國89年9月19日（89）智著字第89600755號函謂：「所指『任何費用』，在解釋上應係指入場費、會員費、清潔費、設備費、服務費、飲食費等等與利用著作行為有關之直接、間接之相關費用。」[119]即表示斯旨。

六、問題一所述「學員活動期間的開銷均由寺院負擔，僅對學員收取100元報名費補貼開銷」，此100元之收入，是否僅係補貼寺院舉辦活動食宿負擔

---

[119] 參閱：經濟部智慧財產局，解釋令函列表，http://www.tipo.gov.tw/ch/Enactment_LMExplainLookPrintPage.aspx?ID=2007&KeyCode=&KeyConten=（最後瀏覽日期：2013年1月24日）。

之不足，抑或與上述入場費、會員費、清潔費、設備費、服務費、飲食費等間接費用相當的收費？有肯定、否定兩說：

(一) 肯定說

持此見解者認為，收取100元報名費補貼開銷，具有相當於入場費、會員費、清潔費、設備費、服務費、飲食費等間接費用收費之性質。

(二) 否定說

持此見解者認為，上述所稱之入場費、會員費、清潔費、設備費、服務費、飲食費等所以為間接費用，係指上述費用均係為公開上映之對價，僅是名目不同，而且上述之活動收費，均係以公開上映活動為主，而非以其他活動為主，公開上映僅是其中一個小項目而已。而本案收取100元報名費補貼開銷，係以一天或數天的大專學生齋戒活動為主，觀賞佛學影片，只是其中一個小項目，不應認為係公開上映之間接收費。況光一天或數天的活動，100元收費決不足以支應食宿生活開支，從而，不能認為係間接收費。

七、日本著作權法第38條第1項規定：「不以營利為目的，且對於聽眾或觀眾亦無收取費用（不問任何名義，因著作物之提供或提示所受之對價，以下本條同）者，得公開上演、演奏、上映或口述已公開發表之著作物。但該上演、演奏、上映或口述，對於表演人或為口述之人支付報酬者，不在此限。」[120]我國著作權法第55條規定，於民國87年修正時，立法說明係採日本著作權法第38條及美國著作權法第110條之立法例而修正。依日本學者見解，大學通常之授課而口述教科書或播放錄音帶，係符合日本著作權法第38條規定。大學教師雖有薪水，且學生須付學費，但此為大學人力、物力資源提供之對價，而非對著作物提供之對價。本件大專學生齋戒學會播放影片，相當於教師之教學，旨在加強學生的佛法知識，應認為符合著作權法第55條規定，本人採上述之否定說。

八、退步言之，上述否定說如果不能成立，應認為其仍符合著作權法第65條第2項之「其他合理使用」為妥。

120

附錄

一、最高法院96年台上字第3685號判決（節錄）

在著作權法87年1月31日修正前，行為人若無當時著作權法第44條至第63條所列舉之合理使用情形，事實審法院即無依該法第65條所列四項標準逐一判斷之必要；然在著作權法為前述修正後，即使行為人未能符合該法所例示之合理使用情形，行為人所為仍有可能符合修正後著作權法第65條第2項所列之判斷標準，而成為同條項所稱之「其他合理使用之情形」，得據以免除行為人侵害著作權責任。

二、最高法院94年台上字第7127號判決（節錄）

著作權法於87年1月21日修正前，該法第65條係規定「著作之利用是否合於第44條至第63條規定，應審酌一切情狀，尤應注意左列事項，以為判斷之標準：一、利用之目的及性質，包括係為商業目的或非營利教育目的。二、著作之性質。三、所利用之質量及其在整個著作所占之比例。四、利用結果對著作潛在市場與現在價值之影響。」當時所承認之合理使用情形，僅限於該法第44條至第63條所列之情形，且在判斷具體案例是否符合各該法條之規定，係以該法第65條所規定之四款要件作為主要判斷之標準。惟在87年1月21日著作權法修正後，新增第一項：「著作之合理使用，不構成著作財產權之侵害。」同條第2項則修正為：「著作之利用是否合於第44條至第63條規定或其他合理使用之情形，應審酌一切情狀，尤應注意下列事項，以為判斷之標準：一、利用之目的及性質，包括係為商業目的或非營利教育目的。二、……。四、利用結果對著作潛在市場與現在價值之影響。」修正後，我國著作權法除了第44條至第63條所列舉之「合理使用」事由外，尚承認其他「合理使用」事由，而其判斷標準同樣是依照該法第65條第2項所規定之要件，亦即著作權法第44條至第63條所規定之各項合理使用事由，已由修正前之列舉事由轉變為例示性質。申言之，在著作權法87年1月31日修正前，行為人若無當時著作權法第44條至第63條所列舉之合理使用情形，事實審法院即無依該法第65條所列四項標準逐一判斷之必要；然在著作權法為前述修正後，即使行為人未能符合該法所例示之合理使用情形，行為人所為仍有可能符合修正後著作權法第65條第2項所列之判斷標準，而

成為同條項所稱之「其他合理使用之情形」，得據以免除行為人侵害著作權責任。

（回覆於2011年8月5日）

問題56：明示出處義務與合理使用

 **相關條文**

> 著作權法第64條（明示出處義務）、第96條（未銷燬修改備用重製程式及未標明出處之罰則）

壹、問題

著作權法第64條規定，利用他人著作者，應明示其出處。經濟部智慧財產局民國99年4月22日智著字第09900034750號曾解釋：利用行為如係符合本法第44條至第65條規定之情形而得主張合理使用，並請注意第64條明示出處之規定。[121]但並非標明出處後即可主張合理使用。而近年多數說、學者亦多採智財局見解，認為合理使用之成立無須考慮利用人是否明示出處，因著作權人是否因違反第64規定之行為而受侵害，與著作之利用是否構成合理使用，並無必然關係，本條之規定並非著作合理使用之必要條件。惟司法實務上，多因著作權法第64條有合理使用明示出處之規定，故有相當數量之關於合理使用判決，均會判斷利用人是否明示出處。

從而產生下列二則問題：明示出處對合理使用判斷之影響？是否明示出處即得主張合理使用？抑或未明示出處僅係違反著作權法第64條規定，對於著作之利用是否構成合理使用，並無必然關係？

貳、回答

一、著作權法第64條規定：「依第四十四至第四十七條、第四十八條之一至第五十條、第五十二條、第五十三條、第五十五條、第五十七條、第五十八條、第六十條至第六十三條規定利用他人著作者，應明示其出處（第1

---

[121] 參閱：經濟部智慧財產局網站，解釋令函列表，http://www.tipo.gov.tw/ch/Enactment_LMExplainLookPrintPage.aspx?ID=3626&KeyCode=&KeyConten=（最後瀏覽日期：2013年1月25日）。

項）。」「前項明示出處，就著作人之姓名或名稱，除不具名著作或著作人不明者外，應以合理之方式爲之（第2項）。」註明出處之義務，著作權法第64條已有明文，此一規定，不含著作權法第65條規定之一般合理使用。故符合著作權法第65條之規定者，非以註明出處爲必要，不註明出處，亦可能得適用著作權法第65條規定。

二、違反著作權法第44條之註明出處義務，其利用行爲本身，究竟是否侵害著作財產權？有無同時構成著作權法第91條侵害重製權，或是第92條侵害其他著作財產權？抑或僅有著作權法第96條之責任？

本人認爲，單純違反著作權法第64條之註明出處義務，並非侵害著作權，在刑事上僅有第96條之責任。惟若於違反註明出處義務外，尚不符著作財產權限制之其他要件，例如第52條之引用，須符合正當目的之必要，且須有自己創作，而非僅羅列他人創作，此外，所引用他人創作部分與自己創作部分，須得加以區辨，從而，凡不符合前開要件者，即不符第52條之規定，凡不符第52條之要件，即已構成著作權之侵害，故有著作權法第91條及第92條之違反問題。反支，如第52條之要件已完全符合，僅不符合著作權法第64條要件者，即非侵害著作權，其不僅無第91條及第92條之適用問題，且無第88條之民事損害賠償問題。著作權人如有受損害，僅限於未註明出處，是否有著作人格權（姓名表示權）侵害之賠償問題而已。

（回覆於2011年12月26日）

問題57：有關新聞媒體引用網路影片或他台報導內容產生的著作權問題

 **相關條文**

著作權法第49條（時事報導之利用）、第52條（合理引用）

壹、問題

近來發現許多媒體大量引用網路上的著作為自己之報導內容，或將其他媒體所報導之內容引為自己報導所用，以電視台播放Youtube當紅影片為例，該媒體之報導可能僅因Youtube有一正當紅之影片，遂以之作為新聞報導主要內容並據以評析，抑或其於報導過程中，刻意將Youtube當紅影片做為報導之一部分，並據以完成新聞之報導。由於利用他人之影片，涉及著作權法上「重製」與「公開播送」他人視聽著作之問題，雖目前著作權法已有第49條及第52條針對報導之合理使用規範，惟因此種新聞報導模式有越來越多之情況，故其著作權法適用上所產生之爭議已愈趨重要，從而產生下列二則問題：

一、過往媒體間相互引用報導內容，實務上或採新聞合作契約來解決著作權授權爭議，惟若無合作之約定，則其有無主張著作權法第49條或第52條合理使用之空間？

二、另新聞媒體使用網路內容為報導之主要內容，由於網路上資料來源眾多，恐難以所謂合作契約方式發展授權模式，則媒體有無主張著作權法第49條或第52條合理使用之空間？如無，則其取得授權之途徑是否有更便利之模式？

貳、回答

有關新聞媒體引用網路影片或他台報導內容產生的著作權問題，牽涉到著作權法第49條及第52條之要件，茲分述如下：

一、著作權法第49條之要件

著作權法第49條規定：「以廣播、攝影、錄影、新聞紙、網路或其他方法為時事報導者，在報導之必要範圍內，得利用其報導過程中所接觸之著作。」此規定要件如下：

(一) 本規定係民國81年著作權法修正時新增，依當時行政院草案說明，係參考伯恩公約第10條之2第2項、德國著作權法第50條、日本著作權法第41條及南韓著作權法第24條之規定。因此伯恩公約及日本著作權法規定之立法意旨及學說，值得參考。

(二) 伯恩公約（1971年巴黎修正條款）第10條之2第2項規定：「以攝影、電影、廣播或有線廣播報導時事事件者，於報導目的正當之範圍內，將該事件過程所見所聞之文學或藝術著作複製及向公眾提供，其條件亦依同盟國之法令定之。」[122]伯恩公約第10條之2第2項規定之立法意旨，乃在於以廣播、攝影、錄影、新聞紙或其他方法為時事報導時，常會自然聽到或見到受保護之著作，此著作之出現係偶然的（fortuitous）、附隨的（subsidiary），例如國家元首之訪問，國家迎賓儀隊演奏軍樂，或運動大會儀隊演奏進行曲，新聞記者為報導目的錄音或錄影時，麥克風無法選擇不把音樂錄進。然而，錄進音樂如需尋求音樂權利人之授權，勢不可能，伯恩公約因而設置前開條文。依公約規定，該條得自由利用之範圍，限於該事件本身所見所聞之著作，不得事後附加，例如：一名作曲家半身像揭幕，當場演奏作曲家音樂，新聞記者為報導目的得加以錄進後播出，如當場未演奏作曲家音樂而事後由電視台自行加入該作曲家之音樂，即不符本條之立法意旨。

(三) 著作權法第49條所稱「所接觸之著作」，依民國81年修法時行政院原草案說明，係指報導過程中，感官所得知覺存在之著作。例如：新聞紙報導畫展時事，為使讀者瞭解展出內容，於是將展出現場之美術著作攝入照片，刊載於新聞紙上；廣播電臺或電視報導歌唱比賽時事，為使聽眾或觀眾瞭解比賽情形，於是將比賽會場之音樂予以錄音，於廣播或電視中予以播送等，為確達報導之目的，對該等著作有允許利用之必要。因此，如A新聞紙欲報導一火山爆

---

[122] 參閱：經濟部智慧財產局，「保護文學及藝術著作之伯恩公約1979年巴黎修正案」，http://www.tipo.gov.tw/ch/AllInOne_Print.aspx?guid=fcd89516-05ef-4ee2-8579-3fc33f52759e&lang=zh-tw（最後瀏覽日期：2013年1月25日）。

發之事件，採用B新聞紙過去曾報導之一火山爆發照片在本事件中使用刊出，或甚至以B新聞紙在本事件中所攝之火山爆發照片刊登使用，並不符本條之要件，蓋B新聞紙在事件現場所攝之照片本身，對A新聞紙而言，並非事件報導過程中所接觸之著作。

(四) 日本著作權法第41條規定：「以攝影、錄影、廣播或其他方法報導時事事件者，在報導目的上認為正當之範圍內，得複製及利用構成該事件之著作物或該事件所見所聞過程之著作。」[123]依本條之立法原意，「報導過程所接觸之著作」，包含「構成該事件之著作（a work implicated in the event）」或「該事件所見所聞之著作（a work seen or heard in the course of the event）」。例如：報導某畫家藏在別墅之名畫被盜20幅，另有10幅未被盜，電視將該10幅攝入播出；或報導某作家自殺死亡留有遺書，將遺書報導公佈，均為本條典型事例。

惟我國著作權法第66條規定：「第四十四條至第六十三條規定，對著作人之著作人格權不生影響。」故上述二例雖均未侵害著作財產權，但須注意有無侵害著作人之著作人格權中的公開發表權（本法第15條）。例如：前揭名畫被盜事件，如電視採訪時，畫家在現場，即足以推知畫家有允許報導公開發表之默示同意；在作家自殺事件，如作家之遺書欲公布於世，在報導上自得公開發表是。惟如作家之遺書僅留其女友，無公開發表之意思，媒體加以公開發表，仍可能侵害作家生前之公開發表權（本法第18條）。

(五) 本條所稱「時事報導」，係指現在或最近所發生而為社會人眾關心之報導，其對象不問政治、社會、經濟、文化、體育等均屬之。本法所稱「其他方法」，例如有線廣播、衛星廣播等。本法所稱「報導之必要範圍內」，須依報導之態樣、報導之時間等綜合客觀觀察以為決定，如在為欣賞目的，且時間逾越一般正常的報導範圍，例如報導在國父紀念館之舞蹈或奧運，同一節目電視畫面超出5分鐘，顯然即已逾越報導之必要範圍，而具有節目欣賞價值是。

(六) 依本條規定利用報導過程所接觸之著作，解釋上不限於重製及公開播送，尚包含以翻譯方式的利用，例如：報導外國作家死亡，留有遺囑公諸於世，得將該遺囑翻譯刊登是（本法第63條）。

---

[123] 參閱：十二國著作權法翻譯組編，《十二國著作權法》，第1版，北京清華大學出版社，頁381。

(七) 依本條利用他人著作者，應明示其出處。上述明示出處，就著作人之姓名或名稱，除不具名著作或著作人不明者外，應以合理方式爲之（第64條）。

二、著作權法第52條之要件

著作權法第52條規定：「爲報導、評論、教學、研究或其他正當目的之必要，在合理範圍內，得引用已公開發表之著作。」上述規定，要件如下：

(一) 本條「引用」，須「爲報導、評論、教學、研究或其他正當目的」，所謂「其他正當目的」，例如：民國74年舊著作權法第29條第1項第2款之「供自己著作之參證註釋」是。如將學術著作之一部引用在商業宣傳廣告中，不符合本文之引用目的。又將他人美術著作用於書籍之封面，實有鑑賞目的，不符本條之正當目的範圍。

(二) 本條之「引用」，須有自己之創作，如僅羅列他人之創作，而無自己之創作，不符引用之要件。故翻譯他人名言，而輯成名言集，縱所翻譯名言皆註明出處（著作權法第63條、第64條），仍非本條之引用。惟如引用他人之名言加以解說，解說部分屬於自己之創作，且全文客觀判斷係以自己解說爲主，而非以名言爲主，則符合引用規定。故引用須以自己創作部分爲主，被引用之他人著作僅爲自己著作之附屬部分，故如以全部著作觀察，被引用之他人著作有獨立存在之意義，甚至與自己創作部分有對等關係，不得主張引用。

(三) 本條之「引用」，須所引用他人創作之部分與自己創作部分，得加以區辨。如不能區辨何者爲自己之創作，何者爲別人之創作，亦即將他人之創作當作自己創作加以利用，此爲抄襲之方法，而非引用。最高法院84年台上字第419號判決謂：「又所謂『引用』，係援引他人著作用於自己著作之中。所引用他人創作之部分與自己創作之部分，必須可加以區辨，否則屬於『剽竊』、『抄襲』而非「引用」。再所謂『合理範圍』內，除與利用之『量』有關外，尚須審究利用之『質』。巫維標獨創之例題及圖形，似爲其書之精華所在，具有『質』之絕對重要性，黃新春將該等例題、圖形全數抄襲，得否主張爲合理利用，饒有研求之餘地。原審就此未加深入調查，勾稽明白，竟認黃新春之行爲符合著作權法第52條及第65條『合理利用』之規定，不構成擅自重製，而維

持第一審判決論知高進華無罪,適用法則尚有不當。」[124]此係極有見解之判決,值得參考。另日本最高法院昭和55年3月28日判決(パロデイ・モンタージュ寫眞事件)謂:「著作權法(舊)第30條第1項第2款中允許在正當範圍內將已發行之他人著作自由節錄引用於自己之著作中。此所謂引用由於係指基於介紹、參照、評論及其他目的而摘錄他人之部分著作而符合引用規定。故在著作之表現形式上應得以清楚區分辨識引用之著作及被引用之著作,且雙方應屬前者為主,後者為從之關係。」

(四) 著作權法不保護觀念(idea)、事實(fact)本身,僅保護著作之表現形式(expression)。因此,對他人之著作有自己之見解,於是以自己之文筆、表現形式簡單介紹他人著作之見解,然後加以評論,此種以自己之表現形式介紹他人著作之行為,已非引用,而本身已係一種新的創作行為,無須再援用本條「引用」之規定來豁免。同理,引用他人著作之原理、方法、公式、數表、發現、發明之本身,因該原理、方法、公式、數表、發現、發明之本身,非著作權法保護之對象,故無須援引本條即得自由使用。惟由上述原理、方法、公式、數表、發現、發明所形成之論文、圖表、圖面等表現,則係屬於著作範圍,加以引用,仍須符合本條之要件方可。

(五) 本條「引用」的對象,不限於語文著作,照片、圖形、美術、樂譜都得加以引用。例如寫張大千傳,引用張大千之繪畫;寫台灣民謠史,引用民謠作家之樂譜等,都屬於合法引用。惟必須注意引用的量,必須限於「必要」、「最小」的程度,且自己之著作與被引用之著作須有關連。所謂「必要」、「最小」,乃本條所稱之合理範圍,即斟酌下列事項,以為判斷之標準:一、利用之目的及性質,包括係為商業目的或非營利教育目的。二、著作之性質。三、所利用之質量及其在整個著作所占之比例。四、利用結果對著作潛在市場與現在價值之影響(著作權法第65條第2項)。

(六) 「引用」非必一字不漏、原封不動照抄,加以省略部分文字或摘要、濃縮亦可,惟不能與被引用之著作意思有出入。如果與原來著作有實質內容之改變致影響著作人之名譽,可能侵害原來著作之著作人格權(同一性保持權)(著作權法第17條)。

---

[124] 參閱:蕭雄淋主編,《著作權法判解決議、令函釋示、實務問題彙編》,初版,五南圖書出版有限公司,1999年4月,頁958。

（七）本條被引用之著作，限於已公開發表之著作，故未公開發表之著作，不得依本條加以引用。而所謂「公開發表」，係指權利人以發行、播送、上映、口述、演出、展示或其他方法向公眾公開提示著作內容（著作權法第3條第1項第13款）。所謂「公眾」，係指不特定人或特定之多數人，但家庭及其正常社交之多數人並非公眾（著作權法第3條第1項第4款）。參見下列二例：

1. 最高法院84年台上字第4570號判決謂：「按為報導、評論、教學、研究或其他正當目的之必要，在合理範圍內，依著作權法第52條規定，固得引用已公開發表之著作，然此所稱『已公開發表』者，依同法第3條第1項第14款之立法解釋，係指權利人以發行、播送、上映、口述、演出、展示或其他方法向公眾提示著作內容者而言。又所謂『公眾』之涵意，於同條例第4款亦明定，應係指不特定人或特定之多數人。本件上訴人將上揭函件送交公平交易委員會，副本抄送被告所經營之均威公司雖已明確，然單此得否遽認上訴人已向公眾公開發表，非無疑義。原審就此未於判決理由內詳加論敘憑以認定之依據，已難謂適法，況參諸上訴人除向公平交易委員會及均威公司提示該函件，究竟有無另向其他不特定人或以公開的方式，向特定之多數人提示該函件內容，顯欠明瞭。此攸關影響判決之結果，且與判斷上訴人之上述函件已否向公眾提示內容，而屬『已公開發表之著作』至有關係，自仍有待詳予勾稽查明之必要，原審在真相尚未究明前，遽行判決，尚嫌速斷。」

2. 最高法院85年台上字第2831號民事判決：「為報導、評論、教學、研究或其他正當目的之必要，在合理範圍內，得引用之著作，以已公開發表者為限，著作權法第52條定有明文。被告交付康津，刊登於大明報之上開照片，是否如自訴人所稱為未曾公開發表之攝影著作？被告如何取得？自訴人有無授權使用？攸關被告是否犯罪，均待深究明白，並為相當之論證。原審未遑作進一步之調查，已有審理未盡之可議。」[125]

（八）本條之「引用」，包含以翻譯加以引用（著作權法第63條）。

（九）依本條引用他人著作，應明示其出處（著作權法第64條第1項）。上述明示出處，就著作人之姓名或名稱，除不具名著作或著作人不明者外，應以合理之方式為之（同法第64條第2項）。

---

[125] 同前註，頁961。

三、媒體間相互引用報導內容，有無適用著作權法第49條或第52條之空間？

媒體間相互引用報導內容，如係依相互新聞合作契約，乃屬著作權法第37條之授權問題，無適用著作權法第49條或第52條合理使用規定之必要。惟如無相互新聞合作契約，倘符合著作權法第49條至第52條規定，仍有適用著作權法第49條或第52條之可能。例如：A媒體跟拍某立法委員外遇，在某賓館拍到外遇女主角之照片，如果B媒體係報導「媒體跟拍事件」，則該A媒體如何跟拍事件之過程，及A媒體之報導內容本身，即為報導之對象，得依著作權法第49條加以利用。

至於，如果C媒體係報導「該立法委員之外遇誹聞事件」，C媒體不得依著作權法第49條為利用，最多僅能依著作權法第52條為引用，而須符合著作權法上述著作權法第52條之諸多要件，例如：該外遇女主角之照片須與自己的報導有關連，且須以自己的報導為主，他人的照片為輔，並符合一般引用慣例，及註明出處等。

四、新聞媒體使用網路內容為報導之主要內容

目前國內許多媒體報導，常使用網路內容，由於網路內容著作權人往往匿名，尋求授權常有困難，然而，此種情形如果符合著作權法第49條及第52條之要件，亦有合理使用之空間。例如：A媒體報導教育部重申重視品德教育，而報導時下學子重智育，不重德育之現象，剛好Youtube有學生自曝買春，而賣春者亦為學生之影片，A媒體乃部分剪輯以佐證時下學子品德風氣不佳之現象，此Youtube影片即得依著作權法第52條而為引用。再者，如果某部落格人氣鼎盛，且因部落格經營而日進斗金，B報以此網路賺錢方法為報導對象，因而重製部落格之首頁及部分內容，此得適用著作權法第49條是。

（回覆於2011年12月14日）

問題58：有關教科書上網供學生下載的著作權問題

 相關條文

> 著作權法第46條（學校授課需要之重製）、第47條（編製教科書目的之重製、改作或編輯及使用報酬之支付）、第65條（合理使用）

壹、問題

著作權法第47條教科書利用他人著作之合理使用，有下列二則問題：

一、教育部研商將中小學電子教科書納入審定之可行性一案。所謂電子教科書大致分成二類，一僅為紙本教科書之數位版，二係納入紙本教科書內容並擴充其他數位內容，後者因非僅單純紙本之數位化，係擴充紙本內容，是否予以審定及其範圍等係屬教育部職權；至於前者，因數位版之教科書與紙本相同，因此仍係依據教育部發布之各級學校課程綱要編輯、審定，且在編製時如有利用他人著作之情形，有著作權法（下稱本法）第47條合理使用規定之適用，至於此等教科書所衍生後續適用本法之問題，例如：置於網路上供學生下載使用是否仍有本法合理使用之適用？

二、針對上述所涉著作權問題：即本法第47條及第63條第3項僅就編製教科書者規定得「重製」、「改作」或「編輯」他人已公開發表之著作及後續「散布」此等教科書之行為得主張合理使用，並不包括網路上之「公開傳輸」，經濟部智慧財產局民國98年7月24日電子郵件980724號函，及100年6月15日智著字第10000056860號函皆明確排除「公開傳輸」可主張合理使用之空間（詳附錄），從而：以公開傳輸之方式傳播依本法第47條規定所編製之教科書，於現行法下是否有本法第65條第2項合理使用之空間？又未來將此等情形明文納入合理使用，是否適宜？

貳、回答

對於上述問題，應分為下列層次討論。

一、著作權法第47條之法定授權，是否及於上網供人下載？

(一) 著作權法第47條規定：「為編製依法令應經教育行政機關審定之教科用書，或教育行政機關編製教科用書者，在合理範圍內，得重製、改作或編輯他人已公開發表之著作（第1項）。」「前項規定，於編製附隨於該教科用書且專供教學之人教學用之輔助用品，準用之。但以由該教科用書編製者編製為限（第2項）。」「依法設立之各級學校或教育機構，為教育目的之必要，在合理範圍內，得公開播送他人已公開發表之著作（第3項）。」「前三項情形，利用人應將利用情形通知著作財產權人並支付使用報酬。使用報酬率，由主管機關定之（第4項）。」

由於著作權法第47條第1項之利用型態限於「重製、改作或編輯」，而第3項之利用型態限於「公開播送」，而不及於網路的「公開傳輸」。有鑒於著作權法的權能，係採法定方式，著作權法第22條至第29條定有明文，故將教科書置於網路上供學生下載，基本上不符著作權法第47條之教科書的法定授權規定，經濟部智慧財產局民國98年7月24日電子郵件第980724號函[126]及100年6月15日智著字第10000056860號函[127]之見解，應無違誤。

(二) 至於此一問題，是否適於以修法解決？在本人與幸秋妙律師、嚴裕欽律師所主持之「國際著作權法合理使用立法趨勢之研究」中曾謂：

「現行著作權法第47條有關教科書使用他人著作，僅限制其目的，即限於『為編製依法令應經教育行政機關審定之教科用書，或教育行政機關編製教科用書者」，而非限制其利用主體。任何教科書業者，均得編製此一審定教科書，而對他人已公開發表之著作，予以『重製、改作或編輯』，而將此教科書『散布』（第63條第3項）。此散布係對有形物而言（參見著作權法第3條第1項第12款），解釋上不得公開傳輸。日本著作權法第33條，南韓著作權法第25條第1項規定，均不及於『公開傳輸』。中國大陸的信息網路傳播保護條例第八條規定，雖及於公開傳輸，但限於向註冊學生提供，而德國著作權法第46條

---

[126] 參閱：經濟部智慧財產局網站，解釋令函列表，http://www.tipo.gov.tw/ch/Enactment_LMExplainLookPrintPage.aspx?ID=3397&KeyCode=&KeyConten=（最後瀏覽日期：2013年1月25日）。

[127] 參閱：經濟部智慧財產局網站，解釋令函列表，http://www.tipo.gov.tw/ch/Enactment_LMExplainLookPrintPage.aspx?ID=4047&KeyCode=&KeyConten=（最後瀏覽日期：2013年1月25日）。

雖亦及於公開傳輸，然而此公開傳輸之對象，亦限於亦限於供學校、非營利之教育或進修機構、職業訓練機構之教學使用，或供教會使用。

由於教科書之公開傳輸，如果不限定於學校、教育機構等，而對於被傳輸之對象有一定之限制，可能有違反公約之『三步測試原則』之可能。中國大陸之信息網路傳播保護條例，即限於向註冊學生提供。

由於目前教科書業者，在實際上不容易控制公開傳輸之對象，如果非透過47條第1項，而係透過著作權法第46條之公開傳輸，或第47條第3項擴大到同步公開傳輸，則較能達到控制特定公開傳輸對象之目的。故著作權法第47條第1項暫以不擴及於著作之公開傳輸為宜。」[128]

由於我國教科書開放民營，與中國大陸教科書係國營不同，有關學生教科書上網問題，不宜於著作權法第47條解決，宜由著作權法第46條規定，以為解決。

二、以公開傳輸之方式傳播依本法第47條規定所編製之教科書，於現行法下是否有本法第65條第2項合理使用之空間？

著作權法第65條第1項規定：「著作之合理使用，不構成著作財產權之侵害。」其第2項規定：「著作之利用是否合於第四十四條至第六十三條規定或其他合理使用之情形，應審酌一切情狀，尤應注意下列事項，以為判斷之基準：一、利用之目的及性質，包括係為商業目的或非營利教育目的。二、著作之性質。三、所利用之質量及其在整個著作所占之比例。四、利用結果對著作潛在市場與現在價值之影響。」從而，以公開傳輸之方式傳播依本法第47條規定所編製之教科書，於現行法下是否有本法第65條第2項合理使用之空間？

此一問題，應視公開傳輸者為印製教科書之業者，抑或學校教師而定。亦即係屬著作權法第47條之擴大，抑或係屬著作權法第46條之擴大而定。如果公開傳輸者係著作權法第47條之擴大，亦即由教科書業者進行公開傳輸，由於著作權法第47條係法定授權，其必須對著作權人支付使用報酬，而若依著作權法第65條第2項「其他合理使用」規定，則無須對著作權人支付使用報酬；據此，著作權法第47條之教科書印製業者，多係販售營利且數量龐大，從而，教

---

128 參閱：蕭雄淋、幸秋妙、嚴裕欽主持，《國際著作權法合理使用立法趨勢之研究》，經濟部智慧財產局，2009年12月，頁61。

科書業者依第47條爲法定授權，應支付使用報酬，而不應依著作權法第65條第2項規定無須支付使用報酬，否則於法律解釋上即不合理，故由教科書業者爲公開傳輸，應難通過著作權法第65條第2項4款規定之檢驗。

而著作權法第46條規定：「依法設立之各級學校及其擔任教學之人，爲學校授課需要，在合理範圍內，得重製他人已公開發表之著作（第1項）。」「第44條但書規定，於前項情形準用之（第2項）。」上述規定，依經濟部智慧財產局民國98年7月22日智著字第09800060570號函[129]及97年5月1日電子郵件970501號函[130]，均不及於公開傳輸。至於是否有著作權法第65條第2項之「其他合理使用」規定適用空間？

查日本著作權法第35條規定：「於學校或其他教育機關（以營利爲目的之設置者除外）擔任教育之人或授課之人，以供其授業過程使用爲目的，於認爲必要之限度內，得複製已公開發表之著作物。但依該著作物之種類、用途及複製的數目、態樣觀察，不當的損害著作權人之利益者，不在此限（第1項）。」「已公開發表之著作物，於前項教育機關授業過程，對直接接受該授業之人，提供或提示該著作物之原作品或複製物，或將該著作物依第38條規定上演、演奏、上映或口述利用者，得於該授業所爲之場所以外之場所，對同時接受該授業之人爲公眾送信（於自動公眾送信者，包含送信可能化）。但依該著作物之種類及用途及公眾送信之態樣，不當地有害於著作權人之利益者，不在此限（第2項）。」[131]中國大陸信息網絡傳播權保護條例第6條規定：「通過信息網絡提供他人作品，屬於下列情形的，可以不經著作權人許可，不向其支付報酬：……(三) 爲學校課堂教學或者科學研究，向少數教學、科研人員提供少量已經發表的作品。」[132]據此，有關教科書的公開傳輸，如果係著作權法

---

[129] 參閱：經濟部智慧財產局網站，解釋令函列表，http://www.tipo.gov.tw/ch/Enactment_LMExplainLookPrintPage.aspx?ID=3371&KeyCode=&KeyConten=（最後瀏覽日期：2013年1月25日）。

[130] 參閱：經濟部智慧財產局網站，解釋令函列表，http://www.tipo.gov.tw/ch/Enactment_LMExplainLookPrintPage.aspx?ID=3007&KeyCode=&KeyConten=（最後瀏覽日期：2013年1月25日）。

[131] 參閱：十二國著作權法翻譯組編，《十二國著作權法》，第1版，北京清華大學出版社，2011年6月，頁378。

[132] 中國大陸「信息網絡傳播權保護條例」，參閱：中華人民共和國中央人民政府，http://www.gov.cn/zwgk/2006-05/29/content_294000.htm（最後瀏覽日期：2013年1月26日）。

第46條之擴大，而以教室教科書利用之主場所，因中繼傳輸至另一個副場所，依日本著作權法係屬合法，此種情形，在我國可能亦有著作權法第65條第2項之「其他合理使用」適用之空間。

　　在世界各國立法例之情形，美、日、英對授課公開傳輸，採無須給付使用報酬之合理使用方式，而德國及南韓係採法定授權方式，故如教科書之公開傳輸係由教師或學校爲傳輸之主體，如果符合美國著作權法第110條第2項或英國著作權法在機構內上線、有防護措施且不能讓機構外接收，均有適用著作權法第65條第2項之空間，惟實際上著作權法第65條第2項之適用，係屬法院職權，宜由法院就個案判斷之。

附錄

著作權法第47條相關函釋

一、經濟部智慧財產局民國100年06月15日智著字第10000056860號

　　所詢有關貴公司編製之教學資源光碟內上傳網路，是否適用著作權法第47條第2項規定之疑義，復如說明，請查照。

　　依據貴公司100年6月8日（100）強版字號030號函辦理。

　　按編製依法令應經教育行政機關審定之教科用書，及爲編製附隨於該教科用書且專供教學之人教學用之輔助用品，依著作權法（下稱本法）第47條第1、2項及第63條之規定，得「重製」、「改作」、「編輯」、「散布」他人已公開發表之著作，未包括「公開傳輸」之情形，貴公司將編製之教學資源光碟內容上傳貴公司網站，無論是只有教師有權登入使用，或一般人皆可用，均無上述規定適用。

二、經濟部智慧財產局民國98年07月24日電子郵件980724號

　　(一) 所詢之作品、漫畫是否須取得授權，首先須先釐清其是否仍在著作財產權之存續期間，依著作權法（下稱本法）第30條規定：「著作財產權，除本法另有規定外，存續於著作人之生存期間及其死亡後50年（第1項）。著作於著作人死亡後40年至50年間首次公開發表者，著作財產權之期

間，自公開發表時起存續10年（第2項）」。亦即原則上著作財產權存續於著作人之生存期間及其死亡後50年或公開發表後50年，著作財產權因存續期間屆滿而消滅，對於著作財產權消滅之著作屬公共財產，除不得侵害其著作人格權外，原則上任何人均得自由利用。惟如仍受著作權法保護，則應經著作財產權人授權或符合合理使用之情形，始得為其他利用，否則將構成侵害著作權的行為，而需負擔民、刑事責任，合先說明。

（二）又如上述作品、漫畫仍在著作財產權之存續期間，自仍受本法之保護。任何人如欲利用該等作品收錄於高中國文課本，可能涉及「重製」、「改作」、「編輯」及「散布」之著作財產權之利用型態，除該等利用行為係為編製依法令應經教育行政機關審定之教科用書，及為編製附隨於該教科用書且專供教學之人教學用之輔助用品，在合理範圍內，得依本法第47條第1、2項及第63條之規定主張合理使用外，應事先徵得該作品之著作財產權人之同意，始得為之。又如利用人之利用行為符合本法第47條第1、2項之合理使用者，仍須依同條第4項之規定，應將利用情形通知著作財產權人，並依主管機關公告之「著作權法第47條第4項之使用報酬率」支付使用報酬。

（三）至所詢利用他人之漫畫製作多媒體成品，亦有可能涉及「重製」、「改作」、「編輯」及「散布」之利用型態，仍請參考上述說明。如利用人欲將該多媒體成品置於網路上供公眾閱覽，尚涉及「公開傳輸」之行為，縱該等多媒體成品係本法第47條第1項或第2項所稱之「教科書」或「教學輔助用品」，因該條規定合理使用之型態，並未包括「公開傳輸」之情形，恐無法主張合理使用，而須事先取得著作財產權人之同意，始得為之。

（四）至來函所稱之「自然拋棄權」，本法並未有此規定，無從答覆。

三、經濟部智慧財產局民國98年07月22日智著字第09800060570號

（一）按著作權法（下稱本法）第46條規定，依法設立之各級學校及其擔任教學之人，為學校授課需要，在合理範圍內，得「重製」他人已公開發表之著作，並得依本法第63第2項規定「散布」該著作，無需經過著作財產權人之授權，但是應以合理方式明示其出處。惟依本條可主張合理使用

者，僅限於「重製」、「散布」等著作財產權之利用行為，並不包含於網路上「公開傳輸」之行為。因此。所詢問題一部分，如於學校網站或部落格所登載之文章，係作者本身自行創作者，固屬著作財產權人本身權利之行使，並無侵害著作權之問題；惟如係登載他人之文章者，已涉及「公開傳輸」他人著作之行為，縱與授課行為有關，仍無法依上述規定主張合理使用，除該文章係「單純為傳達事實之新聞報導所作成之語文著作」（請參考本法第9條第1項第4款規定）而不受本法保護者，或係「揭載於新聞紙、雜誌或網路上有關政治、經濟或社會上時事問題之論述，並未註明不許公開傳輸者等情形」（請參考本法第61條規定），而得主張合理使用外，應事先取得著作財產權人之同意，始得為之。

(二) 所詢問題二將他人攝影著作重製於學校網站中之行為，縱行為人採取防止他人下載之措施，仍涉及「重製」、「公開傳輸」他人著作之行為，除有本法第44條至第65條合理使用之情形外，應事先徵得著作財產權人之同意，否則將構成侵害他人著作財產權之行為。又所詢問題三「公開傳輸」有無合理使用之情形，請參考本法第50條、第61條及第65條之規定。又利用他人之著作可否主張合理使用，須依實際個案情形加以判斷，無法一概而論，如發生爭議時，應由司法機關於具體個案調查事實認定之。

(三) 所詢問題四至六，只有符合本法第44條至第65條所定之合理使用情形，並註明出處者，始能主張合理使用，並非任何情形只要註明出處即得主張合理使用。換言之，如實際之利用行為已構成侵害他人著作財產權之行為，縱註明其出處，仍須負擔侵害著作財產權之民、刑事責任。至本法第44條至第65條合理使用規定中所稱之「合理範圍」，本法第65條第1項規定，應審酌一切情狀，尤應注意同項所列之4款判斷標準，惟尚須於具體個案中加以判斷，前已敘明。此外，如符合合理使用卻未註明出處者，依本法第96條規定，科以新臺幣5萬元以下的罰金。

四、經濟部智慧財產局民國97年5月1日電子郵件970501號函

教師摘要某課本內容為powerpoint屬於重製行為，刊登在網路上供學生下載屬於公開傳輸行為，而「重製權」、「公開傳輸權」均屬著作財產權人所專有，任何人若欲將他人享有著作財產權的著作加以「重製」、「公

開傳輸」，除符合著作權法（以下簡稱本法）第44條至第65條合理使用之規定外，應事先取得該等著作之著作財產權人授權或同意，始得為之，否則即有可能構成侵害著作財產權之行為，而須負擔民、刑事責任。

就摘要某課本之內容為powerpoint之行為，依本法第46條規定依法設立之各級學校老師，為學校授課需要，在合理範圍內，「重製」他人已公開發表之著作，並以合理方式明示其出處，得主張合理使用，因此，老師為上課需要而重製他人著作，如符合上述規定，自可主張合理使用。惟將其置於網路供學生下載之「公開傳輸」行為，並不在本條合理使用之範圍。鑑於網際網路無遠弗屆，該等「公開傳輸」行為對著作權人之權益影響甚大，可主張本法第44條至第65條合理使用之空間有限，建議事先向著作財產權人取得授權為宜。」

（回覆於2011年12月13日）

問題59：私人公司舉辦猜燈謎活動的著作權法問題

壹、問題

　　私人公司於元宵節舉辦猜燈謎活動，欲自有關燈謎之書籍直接予以引用（重製或公開口述），如該燈謎所引用者確屬著作權法所保護之語文著作，是否有侵害著作權之問題？可否主張合理使用？

貳、回答

一、個別燈謎是否享有著作權的問題

　　(一) 市面上的燈謎書，係就多數燈謎集合而成，一般上皆有「編輯著作」之著作權。至於燈謎書之個別的燈謎有無「語文著作」的著作權？此應就該個別燈謎是否具有原創性及著作財產權保護期間是否屆滿而定。

　　(二) 有關著作財產權保護期間，原則上為著作人終身及其死亡後50年，已無疑義（著作權法第30條、第35條）。個別的燈謎，如果係前人所創作，而創作者已死亡超過50年，自無保護可言。

　　(三) 又個別的燈謎欲加以保護，亦必須該個別的燈謎，具備著作保護所須的原創性始可。而所謂「原創性」（originality）分為「原始性」與「創作性」，所謂創作性，依經濟部智慧財產局民國95年7月28日智著字第09500070820號函謂：「係指須符合一定之『創作高度』。至於所須之創作高度究竟為何，有事實認定權利之人，例如法官或檢察官須自予以定。又司法實務上，對於『創作高度』之闡述及判斷相當分歧，本局則認為著作權法係採最低創作性、最起碼創作（minimal requirement of creativity）之創意高度（或稱美學不歧視原則），請參考。」[133]

　　一般而言，「短句」欠缺創作高度，不得享有著作權，著作權法第9條第

---

[133] 參閱：經濟部智慧財產局網站，解釋令函列表，http://www.tipo.gov.tw/ch/Enactment_LMExplainLookPrintPage.aspx?ID=2408&KeyCode=&KeyConten=（最後瀏覽日期：2013年1月26日）。

1項第3款之「標語」，不得爲著作權之標的，即因欠缺一定創作高度之故，因此，個別的謎語，如果像短句、標語一樣，欠缺創作高度，不得享有著作權。

二、私人公司元宵猜謎活動，是否得主張著作權法第52條或第55條之合理使用規定？

私人公司於元宵節舉辦猜燈謎活動，欲自有關燈謎之書籍直接予以引用涉及重製或公開口述，得否主張著作權法第52條及第55條之合理使用規定？

(一) 公司元宵猜謎活動，得否主張著作權法第52條規定？

著作權法第52條規定：「爲報導、評論、教學、研究或其他正當目的之必要，在合理範圍內，得引用已公開發表之著作。」著作權法第52條規定，有下列七項要件。

1. 引用目的須正當

換句話說，引用目的，須「爲報導、評論、教學、研究或其他正當目的之必要」。所謂「其他正當目的」，是指「與報導、評論、教學、研究相同或類似之正當目的」。如果將他人的學術著作的一部分引用在商業宣傳廣告中，不符合引用的目的。此外，將他人的美術著作用在書籍的封面，實有鑑賞目的，而不是供自己著作的參證註釋目的，並非屬於上述的正當目的之範圍。

2. 引用須有自己的著作

引用須援引他人著作用於自己的著作中（參見最高法院84年台上字第419號判決），所以引用人須有自己的創作爲前提。如果引用人沒有自己的創作，而僅重製他人著作，不符合引用的要件。

3. 須被引用的著作與自己的創作，可以區辨

4. 須以自己的創作爲主，被引用的對象爲輔

經濟部智慧財產局民國99年1月7日電子郵件990107d號函謂：「本法所稱之『引用』，係指以節錄或抄錄他人著作，供自己創作之參證或註釋等。也就是說，如果引述之文獻或圖片係附屬在著作財產權人之著作內供證或註釋之用，且在合理範圍內者，其『重製』行爲就可以主張本法第52條合理使用。」[134]引用必須以讀者的觀點來看，全文以自己的創作爲主，被引用的對

---

[134] 參閱：經濟部智慧財產局網站，解釋令函列表，http://www.tipo.gov.tw/ch/Enact

象只是輔助。換句話說，自己創作的質量，必須遠遠超過被引用的質量，如果自己創作質量，小於被引用的質量，也是一種抄襲，不是引用。引用他人著作，必須屬於「必要」、「最小」的合理範圍，所謂「合理範圍」，應參酌著作權法第65條第2項的四款標準：「一、利用之目的及性質，包括係為商業目的或非營利教育目的。二、著作之性質。三、所利用之質量及其在整個著作所占之比例。四、利用結果對著作潛在市場與現在價值之影響。」

5. 被引用的對象，必須與自己的創作內容有關聯

主張「引用」，必須被引用的對象的出場有其必要性或必然性，足以為自己創作的參證、說明或註解。例如寫台灣畫家席德進傳，在描述席德進的繪畫風格時可以引席德進的畫來輔助自己作說明。如果是寫小說，用席德進的畫作為章節的美編用，與該小說毫無關聯，縱使註明出處，也不是引用。

6. 被引用的對象，必須是「已經公開發表的著作」

7. 被引用的著作，須註明出處來源

私人公司於元宵節舉辦猜燈謎活動，欲自有關燈謎之書籍直接予以引用，恐不符合「報導、評論、教學、研究或其他正當目的」，且未見得有自己之創作，又以燈謎為主，非以自己的節目為主。再者，即使自己有活動節目（如歌唱），燈謎活動亦未必須與自己的活動節目（歌唱）有關聯，故無論在重製或公開口述，均難以符合著作權法第52條「引用」之要件。

(二) 公司元宵猜謎活動，得否主張著作權法第55條規定。

1. 著作權法第55條規定：「非以營利為目的，未對觀眾或聽眾直接或間接收取任何費用，且未對表演人支付報酬者，得於活動中公開口述、公開播送、公開上映或公開演出他人已公開發表之著作。」上述「非以營利為目的」之要件，係獨立於「未對觀眾或聽眾直接或間接收取任何費用」之要件，故以公司或商品宣傳為目的之免費演奏會、在工廠內為增進職員或工人工作效率為目的播放環境音樂，以及咖啡廳、百貨公司播放輕鬆音樂，皆非本條之「非以營利為目的」，而係以營利為目的[135]。經濟部民國89年9月19日(89)智著字

---

ment_LMExplainLookPrintPage.aspx?ID=3561&KeyCode=&KeyConten=（最後瀏覽日期：2013年1月26日）。

[135] 日本著作權法研究會編，《著作權關係法令實務提要》，文化廳，1994年，頁617-2；半田正夫、松田正行主編，著作權法コメンタール2，第1版，勁草書

第89600755號函謂：「其指稱『營利目的』並非專指經濟上利益可以立即實現者，例如企業形象活動、商業與公益結合之活動等等，雖然經濟上利益可能轉換為無形或者延後發生，惟此均應視為以營利為目的」[136]，即表斯旨[137]。

2. 又日本著作權法第38條與我國著作權法第55條相當。我國著作權法第55條之立法，亦仿日本著作權法第38條規定[138]。而日本著作權法第38條第1項規定：「不以營利為目的，且對於聽眾或觀眾亦無收取費用（不問任何名義，因著作物之提供或提示所受之對價，以下本條同）者，得公開上演、演奏、上映或口述已公開發表之著作物。但該上演、演奏、上映或口述，對於表演人或為口述之人支付報酬者，不在此限。」[139]日本學者通說認為，日本著作權法第38條第1項，應採嚴格解釋。理由是因為伯恩公約於1948年布魯塞爾之修正會議，曾經對於伯恩公約承認排他的公演權，是否應對公演權提出一般的限制規定，加以保留。為了擔心有了一般限制的規定，將使公演流於濫用。因此，公司之使用他人著作，往往難以認為係著作權法第38條，即使公營事業交通機關之火車、捷運、電車上之音樂，均非「不以營利為目的」[140]。

3. 基此，私人公司於元宵節舉辦猜燈謎活動，係公司內部為激勵士氣之聯誼活動，不適宜主張著作權法第55條規定。況著作權法第55條限於著作之無形利用（如公開口述、公開演出、公開播送、公開上映等），不包含著作之有形利用（如重製等），而私人公司於元宵節舉辦猜燈謎活動，一般多有將燈謎加以重製之行為，亦不得主張著作權法第55條規定。

房，2009年1月，頁315、513-514。

[136] 參閱：經濟部智慧財產局網站，解釋令函列表，http://www.tipo.gov.tw/ch/Enactment_LMExplainLookPrintPage.aspx?ID=2007&KeyCode=&KeyConten=（最後瀏覽日期：2013年1月26日）。

[137] 參閱：蕭雄淋、幸秋妙、嚴裕欽，《國際著作權法第合理使用立法趨勢之研究》，經濟部智慧財產局，2009年12月頁51至52。

[138] 經濟部智慧財產局編，《歷年著作權法規彙編專輯》，二版，經濟部智慧財產局2010年5月，頁241。

[139] 參閱：十二國著作權法翻譯組編，《十二國著作權法》，第1版，北京清華大學出版社，2011年6月，頁380-381。

[140] 半田正夫、松田政行，同註135，頁308-309、316。

三、私人公司元宵猜謎活動，是否得主張著作權法第65條？

(一) 公司之行爲，是否即不得主張著作權法第65條第2項之「其他合理使用」？查國外大陸法系國家，並無一般合理使用規定，僅對著作財產權限制規定作列舉，對著作財產權限制漏未規定者，可能以各種民法或刑法理論彌補[141]，亦得運作良好。以日本爲例，該國並未有一般合理使用之規定，而以下列理論彌補著作財產權條款之不足：1、著作財產權限制規定的擴大解釋。2、著作財產權限制規定的類推適用。3、權利濫用。4、默示授權。5、其他理論。

(二) 事實上，日本近年來在擬訂定類似美國著作權法第107條合理使用規定時，曾舉甚多社會上常見使用他人著作，卻並未見授權之案例，例如：

1. 電影公司拍攝影片，拍攝男女主角在欣賞畫展之畫面，其中遠遠拍攝兩秒鐘掛在畫廊室內之美術圖畫（即附帶重製）。
2. 電腦程式、新技術及機器的研究、開發、設計、製造、販賣、故障原因之分析過程，爲新機器之維修及檢查目的，而重製、上映、傳輸著作。
3. 爲發現自己的著作是否被侵害目的，而對他人的著作加以分析、重製（尚未至司法訴訟程度）。
4. 商店爲在販賣合法美術品原作，而在自己商店的網站把該美術品照像作爲目錄。
5. 影印機、錄音機、錄影機等之研發，爲確認其性能，而就他人著作影印、錄音或錄影。
6. 公司董事長不諳英文，秘書自外國電視中翻譯重要新聞供董事長作決策參考。就與公司相關之他人網頁或電視新聞，在公司內部會議放映出來。
7. 唱片行爲促進唱片販賣目的，而就販賣中的CD播放給來店客人試聽。
8. 家電量販店爲向來店顧客訴求高畫質之電視，而將DVD在店頭上映。
9. 小兒科護士手縫受歡迎的性格流行布偶娃娃，給入院的兒童。

上述例子，如果單純依著作財產權限制規定的法律邏輯形式，可能是侵害

---

[141] 參閱：日本文化廳，「著作權制度における權利制限規定に關する調查研究報告書」，http://www.bunka.go.jp/chosakuken/pdf/houkokusho_090601.pdf（最後瀏覽日期：2013年1月26日）。

著作權，但是實際上卻是對著作權人無甚損害，有一般合理使用規定，在實務運作上將較為方便[142]。

(三) 依著作權法第65條規定：「著作之合理使用，不構成著作財產權之侵害害（第1項）。」「著作之利用是否合於第四十四條至第六十三條規定或其他合理使用之情形，應審酌一切情狀，尤應注意下列事項，以為判斷之基準：一、利用之目的及性質，包括係為商業目的或非營利教育目的。二、著作之性質。三、所利用之質量及其在整個著作所占之比例。四、利用結果對著作潛在市場與現在價值之影響。（第2項）」燈謎書一般係為供他人猜謎用，在社會慣例上，亦未見有燈謎書授權他人作猜謎活動之慣例，故私人公司於元宵節舉辦猜燈謎活動，欲自有關燈謎之書籍，宜解為著作權法第65條之一般合理使用。惟著作權法第65條之一般合理使用之認定，係屬法院之職權，宜由法院判斷之。

附錄

民國95年07月28日智著字09500070820號

貴署偵辦95年度他字第208號著作權法案件函詢事項，復如說明，請查照。

說明：

一、復貴署95年7月18日板檢榮公95他2085字第61103號函。

二、按我國著作權法（下稱本法）所稱之攝影著作，係指包括照片、幻燈片及其他以攝影之製作方法所創作之著作。一般而言，著作人以照相機（不論相機類別係傳統相機或數位相機）拍攝之照片是否享有著作權？須視該「照片」是否為「著作」而定。而欲該當一個「著作」，須該標的符合「原創性」及「創作性」二項要件。所謂「原創性」，係指為著作人自己之創作（非抄襲他人之創作）；所謂「創作性」，係指須符合一定之「創作高度」。至於所須之創作高度究竟為何，有事實認定權利之人，例如法官或檢察官須自予以定。又司法實務上，對於「創作高度」之闡

---

[142] 參閱：蕭雄淋、幸秋妙、嚴裕欽，同註137，頁236至237頁。

述及判斷相當分歧，本局則認為著作權法係採最低創作性、最起碼創作（minimal requirement of creativity）之創意高度（或稱美學不歧視原則），請參考。

三、依通常情形，以數位相機拍攝之生活照片，雖未作任何特殊影像處理，仍可能構成著作從而受著作權法之保護。至於貴署前揭函檢附之「牛頭梗」照片2張，是否有「原創性」及「創作性」從而為攝影著作，請參考上述說明予以判斷。

四、隨函檢還「牛頭梗」照片2張。

（回覆於2012年1月4日）

問題60：蔣介石日記得否引用的著作權問題

 **相關條文**

著作權法第3條（定義）、第15條（公開發表權及公開發表之推定）、第18條（著作人死亡或消滅之著作人格權保護）、第21條（著作人格權之專屬性）、第52條（合理引用）、第65條（合理使用）、第86條（著作人死亡後之著作人格權侵害請求權人）

壹、問題

　　本件問題緣起於：電視台記者其所屬電視台，因製作「蔣介石日記」專題，引用學者著作中抄錄蔣介石日記之部分內容（關於學者著作部分，已獲學者授權），而蔣介石日記現存放於胡佛研究所，該所業已將該日記開放供人檢閱，從而，蔣介石日記是否可視為已公開發表之著作，使該電視台得依據著作權法第52條規定引用部分內容於專題報導中播出？

　　再者，著作權法第52條規定，為報導、評論、教學、研究或其他正當目的之必要，在合理範圍內，得引用「已公開發表」之著作。復按本法所稱「公開發表」，係指「權利人」以發行、播送、上映、口述、演出、展示或其他方法向公眾公開提示著作內容，又公開發表權是著作人格權之一，具一身專屬性，不得讓與或繼承，而該日記之著作人業於民國64年死亡，自已無從行使其公開發表權。而該日記事實上已處於「公開發表」之狀態，從而，未經著作人本人同意之公開發表（例如：由著作財產權之被繼承人、本法第86條所定之親屬或第三人所為），是否亦屬「已公開發表」之著作？而得成為本法著作財產權限制規定（例如第52條）之適用標的？

貳、回答

一、蔣介石日記尚有著作權保護

　　(一) 蔣介石為中華民國總統，生於1887年10月31日，死於1975年4月5日，

此為公眾所周知之事實[143]。蔣介石之日記並非國家出資在公務上之職務著作，乃為其私人所寫，且未聞其作者曾經向主管機關註冊登記，其保護期間應為終身加死亡後50年（著作權法第30條、第106條、第106條之1規定）。依著作權法第35條第1項規定：「第30條至第34條所定存續期間，以該期間屆滿當年之末日為期間之終止。」據此，蔣介石日記之保護期間，應於2025年12月31日屆滿。

（二）依民法第1148條第1項規定：「繼承人自繼承開始時，除本法另有規定外，承受被繼承人財產上之一切權利義務。但權利義務專屬於被繼承人者，不在此限。」第1151條規定：「繼承人有數人時，在分割遺產前，各繼承人對於遺產全部，為公同共有。」因此蔣介石日記之著作財產權，為蔣介石日記之全體繼承人所公同共有。

（三）依著作權法第21條規定：「著作人格權專屬於著作人本身，不得讓與或繼承。」著作人格權專屬於著作人本身，依民法第1148條第1項及著作權法第21條規定，不得繼承，因而，蔣介石日記之著作人格權，不屬於蔣介石之繼承人。惟著作權法第18條規定：「著作人死亡或消滅者，關於其著作人格權之保護，視同生存或存續，任何人不得侵害。但依利用行為之性質及程度、社會之變動或其他情事可認為不違反該著作人之意思者，不構成侵害。」第86條規定：「著作人死亡後，除其遺囑另有指定外，下列之人，依順序對於違反第十八條或有違反之虞者，得依第八十四條及前條第二項規定，請求救濟：一、配偶。二、子女。三、父母。四、孫子女。五、兄弟姐妹。六、祖父母。」著作權法第18條有關著作人死亡，其著作人格權擬制存續之規定，並非著作人死亡，其著作人格權由繼承人繼承，乃因為著作人死亡，如果著作人格權均不加以保護，不利於國家文化秩序，基於公益規定而加以擬制存續而已[144]，由著作權法第86條一定順位之人來對著作人生存時期的著作人格權加以救濟。此一定順位之人，並非民法第1138條之繼承順序，而係另有考量。蓋第86條之一定

---

[143] 參閱：維基百科，「蔣中正」條目，http://zh.wikipedia.org/wiki/%E8%94%A3%E4%BB%8B%E7%9F%B3；中國國民黨全球資訊網，「總裁　蔣中正先生」，http://www.kmt.org.tw/hc.aspx?id=17&cid=36（最後瀏覽日期：2013年1月26日）。

[144] 參閱：蕭雄淋，《著作權法逐條釋義(一)》，修正再版，五南出版有限公司公司，1998年7月，頁232-233；半田正夫，《著作權法概說》，第13版，法學書院，2007年6月，頁124-125。

順序之人，是被推定最了解著作人生前的意思之人，因此乃賦與一定之救濟權[145]。

二、著作權法第52條之引用對象，以公開發表之著作為前提

(一) 著作權法第52條規定：「為報導、評論、教學、研究或其他正當目的之必要，在合理範圍內，得引用已公開發表之著作。」依著作權法第52條規定而為引用，以已公開發表之著作為前提，未公開發表之著作，原則上不能依著作權法第52條為引用。惟著作權法第44條至第65條規定之對他人著作之法定例外或合理使用規定，其適用對象不完全為已公開發表之著作，例如著作權法第44條、第45條、第49條、第57條、第65條等之適用對象，不限於已公開發表之著作。

(二) 著作權法第52條規定所以限於「已公開發表」之著作，係因著作之引用將使著作人未公開發表之著作因被利用而公開發表，有損著作人之著作人格權[146]，倘著作人已經死亡，而依著作權法第18條但書之規定[147]加以觀察，利用人加以發表，不應認為對著作人人格利益造成損害，則利用人之引用，雖不得援引著作權法第52條規定，仍得援引著作權法第65條第2項之「其他合理使用」之規定。蓋著作權法第52條之必須以公開發表之著作之前提理由既然喪失，則利用人之利用，雖然仍不符著作權法第52條規定，解釋上卻可能符合著作權法第65條之「其他合理使用」之規定。

三、著作權法第52條之「公開發表」定義，須符合著作權法第3條第1項第15款之定義

(一) 著作權法第3條第1項第15款規定：「公開發表：指權利人以發行、播

---

[145] 參閱：加戶守行，《著作權法逐條講義》，五訂新版，著作權情報センター，2006年3月，頁237以下。

[146] 著作權法第66條規定：「依利用行為之性質及程度、社會之變動或其他情事可認為不違反該著作人之意思者，不構成侵害。」

[147] 著作權法第18條規定：「著作人死亡或消滅者，關於其著作人格權之保護，視同生存或存續，任何人不得侵害。但依利用行為之性質及程度、社會之變動或其他情事可認為不違反該著作人之意思者，不構成侵害。」

送、上映、口述、演出、展示或其他方法向公眾公開提示著作內容。」著作權法第52條規定之「得引用已公開發表之著作」，其「公開發表」須符合著作權法第3條第1項第15款之定義。蓋非「權利人」向公眾公開提示著作內容，而係盜版者或非法者向公眾提示著作內容，此盜版者或非法者者，本身即屬侵害著作人之著作人格權，其著作並非合法，自不宜認為得為合法引用之標的。

　　(二) 著作權法第3條第1項第15款規定，係來自日本著作權法第4條規定及德國著作權法第6條第1項規定[148]。日本著作權法第4條所規定之權利人，皆指著作財產權人或得其許諾之人，或衍生著作之著作財產權行使，亦視為原著作之公開發表[149]，而非指「著作人」。基此理由，我國著作權法第3條第1項第15款之「權利人」，應指著作財產權人中的發行權人及有公開播送、公開上映、公開口述、公開演出或公開展示權利之人，或得其同意或授權之人。因此，著作權法第15條第3項規定：「依第十一條第二項及第十二條第二項規定，由雇用人或出資人自始取得尚未公開發表著作之著作財產權者，因其著作財產權之讓與、行使或利用而公開發表者，視為著作人同意公開發表其著作。」此之「公開發表」既係著作財產權人之發表，自係「權利人」之公開發表，而非僅係「公開發表」之事實而已。

　　(三) 日本著作權法第67條第1項規定：「已公開發表之著作，或其已經相當期間被提供或提示於公眾之事實明顯之著作，因著作權人不明或其他理由，而有政令所定之經相當之努力仍無法與著作權人連絡之情形者，得經文化廳長官之裁定，並為著作權人提存文化廳長官所定之相當於通常使用費數額之補償金，而依其裁定之利用方法利用該著作。」[150]上述之「其已經相當期間被提供或提示於公眾之事實明顯之著作」，即所謂「事實之公開發表之著作」，蓋此種著作（例如市面上流傳之歌曲），是否由權利人公開發表，並不明確，但由於社會上的大量使用，已經失其內秘之性格，對著作人之人格利益，並無實害[151]，此時主管機關得加以強制授權。因此，所謂「事實上之公開發表」之

[148] 參閱：蕭雄淋，《著作權修正條文相對草案》，內政部，1990年3月，頁29。

[149] 亦包含日本著作權法第45條之美術或攝影著作之原件所有人，相當於我國著作權法第57條之得公開展示之人。

[150] 參閱：十二國著作權法翻譯組編，《十二國著作權法》，第1版，北京清華大學出版社，2011年6月，頁393。

[151] 加戶守行，同註145，頁400。

概念，必須法律有所明定。我國著作權法第52條未明定如日本著作權法第67條之事實上公開發表之概念，不宜認為包含事實上公開發表之概念。

四、蔣介石日記是否已經公開發表？

(一) 或謂著作權法第15條第2項第1款規定：「有下列情形之一者，推定著作人同意公開發表其著作：一、著作人將其尚未公開發表著作之著作財產權讓與他人或授權他人利用時，因著作財產權之行使或利用而公開發表者。」此著作財產權讓與他人或授權他人利用，推定著作人同意公開發表著作之規定，得類推適用有關繼承之規定，即著作經繼承，即推定著作人同意公開發表。

對此，本人採否定見解。蓋如果「著作經繼承，即推定著作人同意公開發表」，則著作權法第18條即無特別訂定之必要，惟如繼承人全體同意公開發表，則理論上著作權法第86條之人較多為繼承人，無人因此提出救濟；再者，即使承認「著作經繼承，即推定著作人同意公開發表」此一理論成立，在繼承人未為公開發表前，著作人之著作，亦屬尚未公開發表，亦無法解決著作權法第52條之限於「已公開發表」之著作方能加以引用之問題。

(二) 依現況，蔣介石日記部分已經放置國史館請專人批註整理，其本人應默示同意由國史館公開發表。然而，部分日記原稿由蔣家後人蔣方智怡帶至美國胡佛研究所收藏，雖然須經過批准後方得在指定之地點參閱並抄錄，惟此是否屬於著作權法第3條第1項第15款認為已經「公開發表」？由於蔣方智怡之行為，是否得其他蔣介石日記之繼承人同意而無異議，並不明確，然而有學者之著述，透過在胡佛研究所之抄錄加以引用，電視公司製作節目，就學者引用之蔣介石日記加以轉引，基於引用並非轉載，數量微小，且蔣介石之日記公開，有利於還原歷史真相，滿足人民知的權利，有助公益，應認為符合著作權法第65條「其他合理使用」之規定。

五、引用蔣介石日記，是否侵害著作人格權？

著作權法第18條規定：「著作人死亡或消滅者，關於其著作人格權之保護，視同生存或存續，任何人不得侵害。但依利用行為之性質及程度、社會之變動或其他情事可認為不違反該著作人之意思者，不構成侵害。」此一規定與日本著作權法第60條規定相當。而上述所稱「社會之變動或其他情事可認為不違反該著作人之意思」，學者認為如果在當時記載是屬於高度機密事項之日

記，於當時著作人死亡即貿然加以發表，固屬不宜，然而事過境遷，當時內秘之性質，因時代的變遷而失去意義，則不應認為有損著作人人格之利益[152]。

　　本件問題中，電視台對著作人著作之利用，係屬少量之引用，且因時代之推移，蔣介石之日記往往對各界了解中國近代史有所助益，傳播媒體製作節目加以引用，應認為不違反著作權法第18條之規定，亦即不侵害著作人之著作人格的利益。

（回覆於2012年1月13日）

---

[152] 加戶守行，同註145，頁367-368。

問題61：有關教科書法定授權使用兩種以上著作之問題

 **相關條文**

著作權法第47條（編製教科書目的之重製、改作或編輯及使用報酬）

壹、問題

內政部民國87年1月23日台（87）內著字第8702053號公告之「著作權法第四十七條第四項之使用報酬率」，其第6點規定：「依本法第四十七條第一項或第二項規定重製、編輯教科用書或編製教學輔助用品，其所利用之著作為衍生著作時，如對原著作及衍生著作應支付二筆以上之使用報酬者，其每筆使用報酬，依第2點或第4點標準之百分之七十五計算之。」[153]則：該規定內之「百分之七十五」其計算方式為何？該規定之立法目的與背景為何？

貳、回答

一、我國著作權法第47條之法定授權規定，本係源於民國81年著作權法修正之原行政院草案。該草案規定：「依法設立之各級學校或教育機構及其擔任教學之人，於教育目的必要之範圍內，得公開播送他人已公表之著作，或將其揭載於教育行政機關審定之教科書或教師手冊中（第1項）。」「前項情形，於公開播送或揭載者，應將其情形通知著作財產權人，並支付使用報酬。使用報酬率由主管機關定之（第2項）。」此草案規定係參考日本著作權法第33條、第34條，以及南韓著作權法第23條規定之立法例所增訂[154]。

其後，系爭條文於立法院被改為：「依法設立之各級學校或教育機構及其

---

[153] 參閱：經濟部智慧財產局，「著作權法第四十七條第四項之使用報酬率」，http://www.tipo.gov.tw/ch/AllInOne_Print.aspx?guid=103b464b-4ee9-4ebf-8be3-31ca8cdb4e29&lang=zh-tw（最後瀏覽日期：2013年1月28日）。

[154] 參閱：立法院秘書處編，《法律案專輯第一百五十二輯（上）—著作權法修正案》，初版，立法院秘書處，1993年2月，頁50-51。

擔任教學之人，爲教育目的之必要，在合理範圍內，得公開播送他人已公開發表之著作，或將其揭載於教育行政機關審定之教科書或教師手冊中。但依著作之種類、用途及其公開播送或揭載之方法，有害於著作財產權之利益者，不在此限。」[155]

民國81年著作權法第47條規定，已將原行政院草案的教科書「法定授權」之立法精神，改爲「合理使用」規定。因教科書之印量皆極龐大，不可能「無害於著作財產權之利益」，依民國81年著作權法第47條但書規定[156]，教科書之合理使用規定，幾無適用可能，故民國87年著作權法予以修正，就第47條規定，再次修改爲日韓的「法定授權」方式，而依著作權法第47條第4項授權而公告之「著作權法第四十七條第四項之使用報酬率」，亦多採自日本之實務運作之規定。

二、我國民國87年1月23日內政部台（87）內著字第8702053號公告之「著作權法第四十七條第四項之使用報酬率」第6點規定：「依本法第四十七條第一項或第二項規定重製、編輯教科用書或編製教學輔助用品，其所利用之著作爲衍生著作時，如對原著作及衍生著作應支付二筆以上之使用報酬者，其每筆使用報酬，依第二點或第四點標準之百分之七十五計算之。」[157]亦係採自日本實務作法。

三、依日本教科書法定授權公告之補償金，如涉及使用原著作與衍生著作兩種著作時，大抵皆以原著作與衍生著作其各自金額之百分之75作爲計算基礎。茲以本人受經濟部智慧財產局委託所作「著作權法第四十七條第四項使用報酬率之修正評估」附錄中所附爲例：

（一）附錄一「日本平成7年（1995年）使用教科書等揭載補償金規定」中「語文著作」備考之7：「將已翻譯或改作之著作在教科書等揭載之情形，如

---

155 參閱：立法院秘書處編，《法律案專輯第一百五十二輯（下）——著作權法修正案》，初版，立法院秘書處，1993年2月，頁609-610。

156 民國81年著作權法第47條規定：「依法設立之各級學校或教育機構及其擔任教學之人，爲教育目的之必要，在合理範圍內，得公開播送他人已公開發表之著作，或將其揭載於教育行政機關審定之教科書或教師手冊中。但依著作之種類、用途及其公開播送或揭載之方法，有害於著作財產權人之利益者，不在此限。」參閱：蕭雄淋主編，《著作權法判解決議、令函釋示、實務問題彙編》，初版，五南圖書出版有限公司，1999年4月，頁945。

157 同註153。

原著作之著作權及第二次著作之著作權均屬存在。該原著作物及第二次著作物各為上表規定補償金額數之百分之七十五。」[158]另在高等學校用之補償金備考之3，則謂：「以攝影著作對美術著作複製，而該攝影著作在教科書等揭載之補償金數額，如該攝影著作及美術著作之著作權均屬存在，該攝影著作及美術著作各為上表規定補償金數額之百分之七十五。」[159]

(二) 附錄二「日本平成16年（2004年）使用教科書等揭載補償金規定」中「語文著作」之備註7亦規定：「當翻譯或改編之著作被刊載於教科書時，因有原著作之著作權及第二次改作之著作權共存之情形下，補償金之金額以原著作及第二次著作，各自以此對照表之補償金之百分之七十五。」[160]另在「高等學校」用之補償金備考之3中謂：「以攝影著作對美術著作複製，而該攝影著作在教科書等揭載之補償金數額，如該攝影著作及美術著作之著作權均屬存在，該攝影著作及美術著作各為上表規定補償金數額之百分之七十五。」[161]

(三) 相類似之規定，在附錄二第16頁之備註7，附錄三5頁之備註7、第11頁之備註3、第15頁之備註3等皆有。

（回覆於2012年3月15日）

---

[158] 蕭雄淋，《著作權法第47條第4項使用報酬率之修正評估》：附錄一，經濟部智慧財產局，民國97年12月，頁3。

[159] 蕭雄淋，同前註，頁10。

[160] 蕭雄淋，同前：附錄二，頁6。

[161] 蕭雄淋，同前註，頁14。

問題62：影音產品販售店在店內播放音樂或影片之責任

 **相關條文**

著作權法第65條（合理使用）

壹、問題

　　影音產品販售店，因販售需要，在店內以播放設備播放音樂或影片光碟之下列行為，得否主張著作權法合理使用規定：

　　一、非為顧客要求才播放，而是為了招覽顧客「整天長時間播放」音樂或影片。

　　二、僅在顧客購買時，應顧客要求試聽音樂或試看影片，以確定商品是否符合需求及有無瑕疵，業者才播放供顧客聆聽或觀賞。

　　依經濟部智慧財產局民國95年9月8日電子郵件950908號函釋[162]，針對在賣場要求店家播放CD以供顧客試聽或自行攜帶CD前往試聽是否違法之疑義，參考美國著作權法第110條第7項「在對外開放且未直接或間接收取進場費用之營業場所內，且播放音樂之目的若僅係為促銷唱片或視聽產品，則該公開演出音樂之行為可認為係音樂著作之合理使用」之規定，認為有合理使用之空間。

　　惟上述美國著作權法第110條第7項之規定，是否對於在賣場內之所有播放音樂行為，只要是基於「促銷唱片或視聽產品」均可適用？播放之數量、時間有無限制？有無區分是否應顧客要求而播放？

貳、回答

　　一、民國98年經濟部智慧財產局曾經針對「賣場為展示電器設備目的而播放音樂，是否合理使用」之問題詢問顧問意見。針對該問題，本人曾予答覆如下：

---

[162] 參閱：經濟部智慧財產局，解釋令函列表，http://www.tipo.gov.tw/ch/Enactment
_LMExplainLookPrintPage.aspx?ID=2731&KeyCode=&KeyConten=（最後瀏覽日期：2013年1月28日）。

此問題似應區分為下列二個層次，予以思考：

(一) 賣場因販賣著作而試播著作

例如為賣CD而播放該CD。此目的係在促銷該CD唱片，應可解為我國著作權法第65條第2項規定之合理使用，此類似美國110條第7項之規定。

(二) 賣場為販賣機器而播放著作

例如為展示賣場內音響、電視或其他電器設備之性能而播放。此得再區分為下列兩種情形：

1. 播放電視或廣播節目

此可能為二次公播問題，應視展示賣場有無使用擴大設備予以播放。如果仍是使用一般家用電器設備播放，例如販賣一般家用電視或家用音響之情形，則依目前實務意見，此可視為「單純開機」，不認為是侵害著作權；然而，如果非販賣一般家用電視或家用音響，而是使用超越家用電器層級之播放設備播放音樂，且其播放，並非為顧客到來時才播放，而係整片、整點、整天播放，則非屬合理使用，可能有侵害著作權問題。

2. 播放CD或視聽著作

此應以展示賣場是否有播放「必要性」而判斷。從而，如果展示賣場係整片、整點，甚至整天播放，則應非「必要性」，不能認為係合理使用；如果其僅在客人詢問時試播數分鐘，以使客人了解產品性能，則應解為著作權法第65條第2項之「其他合理使用」。

二、本件問題，牽涉到德國著作權法第56條及美國著作權法第110條第7項之規定。

查德國著作權法第56條第1項規定：「銷售或維修用以製作或再現影像或錄音載體之設備、用以接收廣播電視播送訊號之設備、或用以處理電子資料之設備之營業場所，在為向顧客展示設備或為維修設備所必要之限度內，得將著作轉錄於影像、錄音或資料載體、藉影像、錄音或資料載體公開再現著作、將廣播電視播送之訊號公開再現，或者將著作公開傳輸。」[163]此一規定，主要

---

163 參閱：十二國著作權法翻譯組編，《十二國著作權法》，第1版，北京清華大學出版社，2011年6月，頁167；German Federal Ministry of Justice, "Gesetz über Urheberrecht und verwandte Schutzrechte (Act on Copyright and Related Rights, Copyright Act)", http://www.gesetze-im-internet.de/englisch_urhg/englisch_urhg.

係爲販賣或維修機器（如電視機、音響設備），在營業場所而公開上映、公開演出、公開播送（含將開傳輸）他人著作而設。此一規定以「必要範圍」爲限度，所謂「必要範圍」，例如：顧客爲了解電視機的放映效果，而試映一段影片，如果有多組客人來營業場所，電視機可以同時在不同機具放映影片，此皆爲德國著作權法第56條之允許範圍，然而，電器販賣營業場所爲招徠顧客，而整片、整點、整天播放影片之情形，則不在此規定之允許範圍內。

三、美國著作權法第110條第7項規定：「無論第106條如何規定，下列情形非屬對於著作權之侵害：……(7)在對外公開的營業販賣場所，未直接或間接收取入場費，且唯一目的係爲促進該著作之重製物，或影音機器或其他設備之零售，且公開演出、上映、播送係在該銷售所由發生之『直接區域（immediate area）』以內，其公開演出、上映、播送得主張免責。」[164]此一規定與德國著作權法第56條規定稍有不同，德國第56條規定，主要是爲販賣機器而設，而美國著作權法110條在1976年之修法，主要係賣場爲促銷著作而設，在1998年之修法，更增加爲賣場販賣機器而設。

在德國法爲機器的販賣和維修目的，得公開演出、公開上映他人著作，以「向顧客展示設備或爲維修設備所必要之限度內」，如果係整片、整點、整天播放，並非「爲向顧客展示設備或爲維修設備所必要之限度內」，我國著作權法第65條之「其他合理使用」，亦應作如此解釋。然而美國著作權法第110條第7項規定，是否包含爲促銷目的之「整片、整點、整天」之公開上映、公開演出或公開播送在內？

四、按美國著作權法第110條第7項的三要件中，其中一要件係：「唯一目的係爲促進該著作之重製物，或影音機器或其他設備之零售」，而「其他設備」尚包含個人電腦在內。而要件中使用「唯一目的（the sole purpose）」之

---

html#p0363（最後瀏覽日期：2013年1月28日）。

[164] "Notwithstanding the provisions of section 106, the following are not infringements of copyright: (7) performance of a nondramatic musical work by a vending establishment open to the public at large without any direct or indirect admission charge,where the sole purpose of the performance is to promote the retail sale of copies or phonorecords of the work, or of the audiovisual or other devices utilized in such performance, and the performance is not transmitted beyond the place where the establishment is located and is within the immediate area where the sale is occurring;" 參閱：*Paul Goldstein, Goldstein on Copyright*, 7:191-7:192 , VolumeⅡ, 3rd Edition,(2011).

用語，而不是「主要目的（primary purpose）」，於解釋上，則應僅限於因應客戶需要或要求而公開演出、上映或播送者，而不能延伸至非因客戶要求而由店家主動提供的公開演出、上映或播送在內（unsolicited performance）。雖然，非因客戶需要而主動所作的公開演出、上映或播送，亦可能係為促銷著作之目的，但其亦有成為娛樂一般顧客的背景音樂的功能[165]。

　　五、綜上所述，在營業場所，無論係為促銷機器或著作目的，本人認為「僅在顧客購買時，應顧客要求或需要，試聽音樂或試看影片，以確定商品是否符合需求及有無瑕疵，業者在營業場所內之公開演出、上映或播放供顧客聆聽或觀賞」，方得主張著作權法第65條第2項之「其他合理使用」，「非為顧客要求才播放，而是為了招徠顧客而整片、整點、整天的長時間的公開演出、上映或播放」，係具有供顧客作娛樂的音樂或影片用途，應與一般營業場所之使用著作，作相同之處理，不能特別主張著作權法第65條第2項之「其他合理使用」。

附錄

經濟部智慧財產局民國95年09月08日電子郵件950908號函

　　(一) 於賣場播放CD之音樂著作以供顧客試聽一節，係屬著作權法所定「公開演出」行為，除有合理使用的情形外，應取得著作財產權人之授權，否則有侵權之虞，合先敘明。

　　(二) 來函所詢於賣場要求店家播放CD以供顧客試聽或自行攜帶CD前往試聽是否違法一節，查美國著作權法第110條第7項規定，在對外開放且未直接或間接收取進場費用之營業場所內，且播放音樂之目的若僅係為促銷唱片或視聽產品，則該公開演出音樂之行為可認為係音樂著作之合理使用；我國著作權法第65條第2項亦明定有「其他合理使用」之概括性規定，上述播放CD之行為，參酌外國立法例，亦應有合理使用之空間，供利用人免授權而得利用著作。

　　(三) 上述說明僅屬行政機關的意見，由於著作權是私權，利用著作的行

---

[165] 同前註。

爲是否屬於合理使用？如有爭議，仍應於發生爭議時，由司法機關就具體各案審判認定。

　　(四) 以上說明，請參考著作權法第3條、第5條、第10條、第26條、第44-65條、第88條、第91條及第92條之規定。

（回覆於2012年4月2日）

問題63：著作權法第47條利用著作是否排除同為教科書業者？

 **相關條文**

著作權法第47條（編製教科書目的之重製、改作或編輯及使用報酬）、第65條（合理使用）

壹、問題

A教科書業者為出版教科用書，依據著作權法第47條規定，要求某出版公司授權使用其出版之著作，惟該出版公司主張，該被申請授權之著作係該公司耗費龐大人力與財力所製作（包括精裝紙本書、DVD多媒體影片及教學影片100張），且該出版公司亦為教科書業者，其主要市場為各級學校及政府機關等環境教育用之公播版及家庭版，該出版公司並主張科技網路時代各種學習工具越來越多樣化，無論是否為「教學輔助品」，皆不能強制授權及明文規範使用報酬率之計算，而應讓雙方自已洽談。從而，產生下列二則問題：

一、著作權法第47條是否為強制規定？

二、編製依法令應經教育行政機關審定之教科用書，及為編製附隨於該教科用書且專供教學之人教學用之輔助用品，而需利用他人著作時，若被利用著作係著作人耗費龐大人力與財力所製作，且該著作人與利用人同為教科書業者，具競爭關係時，是否仍得適用著作權法第47條之規定？抑或需考量被利用著作之著作財產權人亦為教科書業者，其利用結果即使利用人利用之比例甚低，亦可能影響被利用著作之潛在市場及現在價值，而必須限縮著作權法第47條之適用？

貳、回答

一、我國著作權法第47條之法定授權規定，本係源於民國81年著作權法修正之原行政院草案。該草案規定：「依法設立之各級學校或教育機構及其擔任教學之人，於教育目的必要之範圍內，得公開播送他人已公表之著作，或將其

揭載於教育行政機關審定之教科書或教師手冊中（第1項）。」「前項情形，於公開播送或揭載者，應將其情形通知著作財產權人，並支付使用報酬。使用報酬率由主管機關定之（第2項）。」此規定係考日本著作權法第33條、第34條及南韓著作權法第23條規定之立法例所增訂[166]。

　　前揭草案規定，其後於立法院被改為：「依法設立之各級學校或教育機構及其擔任教學之人，為教育目的之必要，在合理範圍內，得公開播送他人已公開發表之著作，或將其揭載於教育行政機關審定之教科書或教師手冊中。但依著作之種類、用途及其公開播送或揭載之方法，有害於著作財產權之利益者，不在此限。」[167]

　　民國81年著作權法第47條此一規定，將原行政院草案的教科書「法定授權」之立法精神，改為「合理使用」規定。因教科書之印量皆極龐大，不可能「無害於著作財產權之利益」，依民國81年著作權法但書規定，教科書之合理使用規定，幾無適用可能，故民國87年著作權法修正，就著作權法第47條規定，再次改為日韓的「法定授權」方式，而依著作權法第47條第4項授權而公告之「著作權法第47條第4項之使用報酬率」[168]，亦極多採自日本之實務運作之規定。

　　二、現行著作權法第47條第1項係規定教科書之法定授權，第2項係規定教學輔助用品之法定授權。現行著作權法第47條第1項規定：「為編製依法令應經教育行政機關審定之教科用書，或教育行政機關編製教科用書者，在合理範圍內，得重製、改作或編輯他人已公開發表之著作。」第2項規定：「前項規定，於編製附隨於該教科用書且專供教學之人教學用之輔助用品，準用之。但以由該教科用書編製者編製為限。」上述第1項之「得重製、改作或編輯他人已公開發表之著作」，其中的「他人著作」，是否包含其他教科書業者之同性質之著作？在第2項之準用，是否亦如此，可分為下列兩說：

---

[166] 參閱：立法院秘書處編，《法律案專輯第一百五十二輯（上）——著作權法修正案》，初版，立法院秘書處，1993年2月，頁50-51。

[167] 參閱：立法院秘書處編，《法律案專輯第一百五十二輯（下）——著作權法修正案》，初版，立法院秘書處，1993年2月，頁609-610。

[168] 參閱：經濟部智慧財產局，「著作權法第四十七條第四項之使用報酬率」，http://www.tipo.gov.tw/ch/AllInOne_Print.aspx?guid=103b464b-4ee9-4ebf-8be3-31ca8cdb4e29&lang=zh-tw（最後瀏覽日期：2013年1月28日）。

(一) 甲說

　　持此見解者認為，著作權法第47條第1項之「他人已公開發表之著作」，既然法律未作任何限縮，即表示包含任何已公開發表之著作均可。縱使其他教科書業者的同性質教科書，亦包含在內，得作為法定授權之標的。其理由如下：

　　1. 教科書本來印量即大，而作為教科書使用他人著作，均選擇市面上最優秀之作品而為法定授權，以利國家栽培優秀下一代之教育所需。而市面上最優秀之作品，一般製作費用或授權費，均不低廉，故原被使用之著作，作為教科書之法定授權之標的，不能以耗費龐大人力與財力所製作，作為拒絕適用教科書之法定授權規定之理由。如果因為耗費龐大人力與財力所製作，即可作為拒絕適用法定授權之理由，則有可能導致教科書業者以法定授權方式欲使用任何非教科書業者之著作時，均因前揭理由而遭拒絕，且復產生有意定授權費用與法定授權費用價格不相當之情形，如此一來，著作權法第47條即難有適用之可能。況是否「耗費龐大人力與財力所製作」，實際上亦難以認定，實際適用將產生許多糾紛。

　　2. 依著作權法第47條規定之文義觀察，凡為編製依法令應經教育行政機關審定之教科用書，或教育行政機關編製教科用書者，在合理範圍內，均得重製、改作或編輯他人已公開發表之著作。此規定在文義上，並未特別排除教科書業者同性質之教科書。按著作權法第54條規定：「中央或地方機關、依法設立之各級學校或教育機構辦理之各種考試，得重製已公開發表之著作，供為試題之用。但已公開發表之著作如為試題者，不適用之。」同法第60條第1項規定：「著作原件或其合法著作重製物之所有人，得出租該原件或重製物。但錄音及電腦程式著作，不適用之。」第61條規定：「揭載於新聞紙、雜誌或網路上有關政治、經濟或社會上時事問題之論述，得由其他新聞紙、雜誌轉載或由廣播或電視公開播送，或於網路上公開傳輸。但經註明不許轉載、公開播送或公開傳輸者，不在此限。」第62條規定：「政治或宗教上之公開演說、裁判程序及中央或地方機關之公開陳述，任何人得利用之。但專就特定人之演說或陳述，編輯成編輯著作者，應經著作財產權人之同意。」著作權法有關合理使用之規定，凡有例外排除者，應以法律明文規定，加以排除上述第54條、第60條第1項、第61條及第62條規定，即為如此。而著作權法第47條第1項既未明文排除教科書業者同性質之教科書，則第47條第1項及第2項之法定授權對象，自然包含同性質之教科書及教學輔助用品在內。

3. 從而，A教科書業者在製作教科書時，既然得依前揭法定授權規定而使用非教科業者的著作，則A教科書業者自我創作而製作之教科書或教學輔助用品，有何理由拒絕B教科書業者，同樣依法定授權規定為依據而付費使用之？蓋教科書業者既然可以使用非教科書業者之著作，何以其本身自創之著作，可以排除他人以法定授權方式使用？

4. 著作權法第65條第1項規定：「著作之合理使用，不構成著作財產權之侵害。」其第2項規定：「著作之利用是否合於第四十四條至第六十三條規定或其他合理使用之情形，應審酌一切情狀，尤應注意下列事項，以為判斷之基準：一、利用之目的及性質，包括係為商業目的或非營利教育目的。二、著作之性質。三、所利用之質量及其在整個著作所占之比例。四、利用結果對著作潛在市場與現在價值之影響。（第2項）」著作權法第47條為法定授權之規定，第65條為合理使用之規定，法定授權與合理使用之不同，乃在於前者須付費，後者無須付費，從而，著作權法第47條在性質上實難同時以著作權法第65條加以評價。因為，凡符合第65條合理使用規定者，即無須付費即得加以使用，無須再援引著作權法第47條規定，故著作權法第65條規定，與著作權法第47條規定需付費兩不相同，第47條規定，應不受著作權法第65條第2項之檢驗。故著作權法第65條第2項第3款、第4款，雖然規定「所利用之質量及其在整個著作所占之比例」、「利用結果對著作潛在市場與現在價值之影響」係合理使用的評估標準，但此標準在解釋上，應不適用於著作權法第47條之規定，故著作權法第47條中被法定授權之對象，與是否「因為耗費龐大人力與財力所製作」，應無關係。

（二）乙說

持此見解者認為，著作權法第47條第1項之「他人已公開發表之著作」，在解釋上應作目的性限縮，即應認為其僅係「同性質教科書以外之其他已公開發表之著作」，方符合立法目的及精神。其理由如下：

1. 教科書之法定授權規定，其立法目的，乃在教科書一般多有議價計價制度，教科書的售價，而此議價計價受到家長代表很大的制約，加以教科書其對象為學生，而教科書業者為國家百年教育大計，編製教科書需要用到最優秀的作品，該作品授權費一般均屬高昂，或其著作權人根本無意授權，為使國家下一代有最好的作品可讀，且又無能力作過多的費用負擔，乃有教科書的法定授權制度。當初設計此制度，著作權法第47條規定「得重製、改作或編輯他人已

公開發表之著作」，解釋上當然排除其他教科書業者同性質之教科書在內。蓋其他教科書業者既然花費鉅資而製作教科書，如果其他教科書業者即得依第47條而為法定授權，則只要第一家教科書業者製作某一有特點之作品，其他教科書者即得以「法定授權」利用該著作，則開放教科書多元教材之良法美意，即不存在；而且，A教科書在限制售價下，既然願意花鉅資自行創作優秀作品，如果B教科書即得「法定授權」，則將使先製作教科書之業者，無努力創作好作品之意願，教科書品質即因此降落，B教科書以低廉之成本，即得取得與A業者相同品質之教科書，因而產生「劣幣驅逐良幣」之現象。因此，如果教科書法定授權之對象包含教科書業者之其他同性質之教科書，則教科書法定授權目的在提昇教科書水準之良法美意將落空，此誠非立法之本意。

2. 如果A教科書業者之創作，B教科書業者得對同性質之教科書以「法定授權」方式利用，則教科書之間將可能產生無侵害著作權之現象，蓋所有教科書間之抄襲，皆有可能被主張為教科書法定授權，而僅係有無依著作權法第64條註明出處之問題。如此一來，此風一開，將使教科書的品質更形下降。一些小資金之出版社，即得以法定授權之方式，以低廉之成本製作相同水準之教科書，此種現象，與著作權法第1條之立法目的有違。

3. 或謂著作權法第47條第1項規定「得重製、改作或編輯他人已公開發表之著作」，既未明定排除同性質已公開發表之教科書在內，解釋上得利用之已公開發表之著作，應包含同性質之教科書在內。然而著作權法之解釋，主管機關作為當初之立法參與者及立法執行者，自得表示法律之精確適當之解釋。對於若干法令應作目的性限縮解釋者，自得本於職權而為函釋。

按著作權法第9條第1項規定：「下列各款不得為著作權之標的：一、憲法、法律、命令或公文。二、中央或地方機關就前款著作作成之翻譯物或編輯物。三、標語及通用之符號、名詞、公式、數表、表格、簿冊或時曆。四、單純為傳達事實之新聞報導所作成之語文著作。五、依法令舉行之各類考試試題及其備用試題。」依目前經濟部智慧財產局之行政函釋，即對著作權法第9條第1項之「憲法、法律、命令或公文」，解釋為包含本國及外國之「憲法、法律、命令或公文」（民國98年11月13日電子郵件981113a號[169]、民國98年6月08

---

[169] 參閱：經濟部智慧財產局，解釋令函列表，http://www.tipo.gov.tw/ch/Enactment_LMExplainLookPrintPage.aspx?ID=3512&KeyCode=&KeyConten= （最後瀏覽日期：2013年1月28日）。

日智著字第09800044630號函[170]）。而針對著作權法第9條第1項第5款之「依法令舉行之各類考試試題及其備用試題」，解釋為僅限於「依本國法令舉行之各類考試試題及其備用試題」，而不包含「依外國法令舉行之各類考試試題及其備用試題在內」（民國90年3月26日（90）智著字第09000023360號[171]、民國95年10月20日電子郵件951020d號函[172]）。智慧局針對著作權法第9條第1項第5款有關之「依法令舉行之各類考試試題及其備用試題」，僅限於「依本國法令舉行之各類考試試題及其備用試題」之函釋，此即「目的性限縮」之解釋。

　　三、上述甲、乙二說，各有理由，本人認為，應採乙說較符立法目的。

附錄

一、經濟部智慧財產局民國99年07月26日電子郵件990726a號函

　　(一) 依著作權法（以下稱本法）第9條第1項第5款規定，依法令舉行之各類考試試題及其備用試題，不得為著作權之標的。所稱之「依法令舉行」係指依我國法令而言，不包含外國〈含中國大陸〉法令在內。又依「台灣地區與大陸地區人民關係條例」第78條規定，大陸地區人民之著作，在台灣地區係依我著作權法受保護。因此，有關您所詢之「中國大考試題是否受到台灣著作權法保護」一節，因中國大考乃非依我國法令所舉行之考試，其考試試題及其備用試題，如合於本法第3條對於「著作」之定義者，依上述說明即享有著作權。任何人如欲將享有著作財產權之試題加以「重製」或作其他使用，除有合於本法第44條至第65條合理使用之情形，應取得著作財產權人之同意或授權，始得為之。

---

[170] 參閱：經濟部智慧財產局，解釋令函列表，http://www.tipo.gov.tw/ch/Enactment_LMExplainLookPrintPage.aspx?ID=3326&KeyCode=&KeyConten=（最後瀏覽日期：2013年1月28日）。

[171] 參閱：經濟部智慧財產局，解釋令函列表，http://www.tipo.gov.tw/ch/Enactment_LMExplainLookPrintPage.aspx?ID=2025&KeyCode=&KeyConten=（最後瀏覽日期：2013年1月28日）。

[172] 參閱：經濟部智慧財產局，解釋令函列表，http://www.tipo.gov.tw/ch/Enactment_LMExplainLookPrintPage.aspx?ID=2781&KeyCode=&KeyConten=（最後瀏覽日期：2013年1月28日）。

(二) 以上說明，請參考著作權法第3條、第4條、第9條、第44條至第65條及台灣地區與大陸地區人民關係條例第78條之規定。

二、經濟部智慧財產局民國98年11月13日電子郵件981113a號函

(一) 按著作權法（下稱本法）第9條第1項第1款規定，「憲法、法律、命令或公文不得為著作權之標的」，其範圍包括本國及外國部分，是所詢擬翻譯之「外國政府公佈之施政大綱」（以下簡稱施政大綱），如屬本條款所稱之內容，自不得為著作權標的，任何人均得自由利用，無需徵得該國政府之同意或授權，即得逕行翻譯。

(二) 復按本法第9條第1項第2款規定，「中央或地方機關就前款著作作成之翻譯物或編輯物不得為著作權之標的」，因此若所詢之「外國政府施政大綱」本身即為翻譯物，如其係由外國政府所作成者，該翻譯物自亦不得為著作權之標的；反之，如該「施政大綱」翻譯物係由外國政府以外之所作成，則其仍屬受本法之保護。因此您於翻譯（改作）前，除有本法第44條至第65條合理使用之情形外，自應事先徵得該著作之著作財產權人之同意，始得為之。

(三) 以上說明，請參考本法第9條、第28條、第44條至第65條之規定。

三、經濟部智慧財產局民國98年6月8日智著字第09800044630號函

所詢有關外國法規翻譯、出版等著作權疑義，復如說明，請查照。
說明：
參、依據貴會98年5月22日消保法字第0980004526號函辦理。
肆、按著作權法（下稱本法）第9條第1項第1款規定，「憲法、法律、命令或公文不得為著作權之標的」，其範圍包括本國及外國部分，是所詢貴會將外國法律、命令（以下簡稱法令）譯成中文一節，由於外國法令不得為著作權之標的，得自由利用，自無需徵該國政府之同意或授權，即得逕行翻譯。

伍、復按本法第9條第1項第2款規定，「中央或地方機關就前款著作作成之翻譯物或編輯物不得為著作權之標的」。故所詢有關韓國等國家之

法令原文非以英語呈現，如以其政府機關網站中查詢獲知之英文版法令作爲中文翻譯之版本，是否需獲得該國政府同意或授權一節，如該英文版之法令翻譯，符合上述規定者，亦不得爲著作權之標的。反之，則須取得該英文版之法令翻譯之著作財產權人（不一定爲該國政府機關）之同意或授權，始得爲之。

四、經濟部智慧財產局民國95年10月20日電子郵件951020d號函

　　著作權法（以下稱本法）第9條第1項第5款規定，依法令舉行之各類考試試題及其備用試題，不得爲著作權之標的。所稱「依法令舉行」係指依我國法令而言，不包含外國法令在內。例如：各級學校全年級一致舉行之期中、期末考；國民中小學依「國民中小學學生成績評量準則」實施之評量所使用試題及各公私立高中舉行之模擬考、複習考、隨堂測驗等，均係依我國教育相關法令所舉行之考試，其試題及其備用試題，均不得爲著作權之標的，前經教育部函復在案。又考試試題之答案並不屬於本款規範之內容，併予敘明。

　　(一) 所詢收集歷屆微積分考題，除聯考外、各校獨招、轉學考是否屬於前揭依法令舉行之考試一節，請參考上述說明，倘尚有疑義，因本局非各類考試所主管法令之單位，請逕洽詢前述各該考試之主管機關或教育部。

　　(二) 如卜述考試並非依法令舉行之考試，任何人若欲將他人享有著作財產權的著作加以「重製」，除有本法第44條至第65條合理使用之規定（例如：第46條規定，依法設立之各級學校及其擔任教學之人，爲學校授課需要，在合理範圍內，得重製他人已公開發表之著作，並應以合理方式明示其出處）外，應事先取得該著作之著作財產權人授權的同意，始得爲之，否則即有可能構成侵害著作財產權之行爲，而須依法負擔法律責任，併予敘明。

　　(三) 以上說明，請參考著作權法第9條及第44條至65條之規定。

五、經濟部智慧財產局民國90年3月26日（90）智著字第09000023360號函

　　所詢有關著作權法第9條第1項第5款之立法意旨一案，復如說明，請查照。

說明：

一、復大部90年3月6日選規字第0901300082號函。

二、按著作權法（下稱本法）於74年7月10日修正時，由立法委員主動增訂第5條第4款規定：「各類考試試題，不得為著作權之標的。」其立法過程請參照74年6月4日立法院第75會期第28次院會紀錄。81年6月10日修正本法時，移列該條款至第9條第5款，並修正其內容為：「依法令舉行之各類考試試題，不得為著作權之標的。」其立法說明為：「考試試題實際上仍具有著作人心智創作之性質，現行法第5條第4款一概否定其創作之價值，甚為不安，惟為顧及我國考試主義盛行，眾多應考者普遍使用試題的必需性，爰將現行條文第4款規定加以限制，修正為『依法令舉行之各類考試試題』，使非依法令舉行之各類考試試題仍能享有著作權之保護。」依上述規定，題庫之題目如係作為考試題目之用，不論其是否經採用為考試試題，均屬上述條文所定之「試題」。（請參照內政部82年12月4日台內著字第8229771號函）87年1月21日修正本法時，第9條第1項第5款修正為：「依法令舉行之各類考試試題及其備用試題，不得為著作權之標的。」其立法說明為：「81年舊法第9條第5款係為顧及我國依法令舉行之各類考試甚多，眾多應考者普遍使用考試試題之必需性，爰規定依法令舉行之各類考試試題不得為著作權之標的。惟近來各類考試傾向以題庫方式出題，由於應考者對於已為題庫所涵蓋，然尚未正式成為考試試題者亦有使用之必要，爰增訂各類考試之備用試題亦不得為著作權標的。」

三、本法第9條第1項第5款之立法似無可供參酌之外國立法例。另該條款所稱「法令」，係指本國法令而言，不包含外國法令在內，是以國外考試如非依本國法令所舉行之考試，其考試試題及其備用試題如合於本法第3條第1項第1款著作之規定，及本法對外國人著作保護之規定者，即享有著作權。（請參照內政部81年8月21日台(81)內著字第8112063號函）。

（回覆於2012年3月15日）

問題64：影印店影印教學講義的著作權法問題

 **相關條文**

著作權法第46條（學校授課需要之重製）、第48條之1（公開發表著作摘要之重製）、第51條（個人或家庭非營利目的之重製）、第65條（合理使用）、第91條（侵害重製權之罰則）

壹、問題

　　本件問題緣起於：台灣國際圖書業交流協會（Taiwan Book Publishers Association，下稱TBPA），曾向經濟部智慧財產局反映有關查緝盜印書籍所面臨之執法與司法問題，TBPA提及一件司法個案（智慧財產法院99年度刑智上易字第61號刑事判決[173]），就影印店受大學生委託影印期刊中之兩篇論文全文作為上課講義之行為，承審法官以整本講義共計248頁而該兩篇論文僅佔20頁，比例甚低，認定屬合理使用。惟TBPA則認為期刊內之每一篇論文著作皆係各自分別獨立存在一個著作權，當其中一篇文章完整被盜印時，應認為該論文的著作權已被侵害，而根本無須斟酌該論文是否占整本期刊總頁數之百分比來推論是否有合理使用的問題。

　　查本案法院認定本案符合著作權法第65條第2項第4款合理使用之見解，略以：

　　一、被告受託影印之「弘光科技大學產科護理學講義」已開宗明義載明為弘光科技大學護理系民國98年度教學計劃使用，足認該講義係為學校授課需要所製作。而告訴人系爭兩篇論文所編輯之位置，均在各講師所製作講義內容之

---

[173] 智慧財產法院99年度刑智上易字第61號刑事判決，參閱：司法院法學資料檢索系統，http://jirs.judicial.gov.tw/FJUD/PrintFJUD03_0.aspx?jrecno=99%2c%E5%88%91%E6%99%BA%E4%B8%8A%E6%98%93%2c61%2c20100927%2c1&v_court=IPC+%E6%99%BA%E6%85%A7%E8%B2%A1%E7%94%A2%E6%B3%95%E9%99%A2&v_sys=M&jyear=99&jcase=%E5%88%91%E6%99%BA%E4%B8%8A%E6%98%93&jno=61&jdate=990927&jcheck=1（最後瀏覽日期：2013年1月29日）。

後,顯係供學生研究、參考所用,而非為商業目的。

　　二、告訴人自承系爭兩篇論文並無單獨發行,僅係分別依附於上開「Journal of Advanced Nursing」及「Journal of Nursing Scholarship」外國期刊中,而上開期刊除系爭兩篇論文之外,尚含有其他多篇論文。是以就市場之替代性而言,益證被告所受託影印之系爭兩篇文章無法影響告訴人系爭文章之經濟市場。

　　三、系爭兩篇論文於248頁之「弘光科技大學產科護理學講義」中僅佔有20頁,比例甚低。

　　四、被告受託影印之講義,除該校所屬科系之學生上課使用外,對他人而言並無使用價值,且扣案數量僅有7本,依市場交易經驗判斷,該講義因屬學生教學目的不具市場流通性,致無法產生市場替代性,對原著作之市場價值並無影響。

　　從而,本案法官以被重製之論文佔刊登該論文之整本期刊比例甚低(即248頁中的20頁,按比例換算不及百分之10),而非以系爭論文本身被利用之質量(整篇論文全文被影印)之見解是否妥適?

貳、回答

一、本問題之爭點

　　本問題依智慧財產權法院99年度刑智上易字第61號判決,係以合理使用作認定基礎,其適用之法條有著作權法第91條第4項、第46條前段、第48條之一第2款、第65條規定,而未援引著作權法第51條規定。茲有爭議者有下列六項:

　　(一) 本件得否逕行適用著作權法第91條第4項規定而主張合理使用?

　　(二) 本件得否適用著作權法第46條規定而主張合理使用?

　　(三) 本件得否逕行適用著作權法第48條之1第2款規定而主張合理使用?

　　(四) 本件得否適用著作權法第51條規定而主張合理使用?

　　(五) 本件是否符合著作權法第65條之其他合理使用之要件?

　　(六) 如何解決目前台灣盛行的教科書之影印問題?

二、本件得否逕行引用著作權法第91條第4項規定而主張合理使用？

著作權法第91條第4項規定：「著作僅供個人參考或合理使用者，不構成著作權侵害。」該規定係民國93年著作權法修正時所新增。查著作是否係「僅供個人參考」，著作權法第51條對個人使用是否構成合理使用，已有要件，著作權法是否構成合理使用，著作權法第44條至第65條亦有要件規定。著作權法第91條第4項之規範，是否得獨立於著作權法第44條至第65條規定之外而適用，本即有疑義。

依經濟部智慧財產局之意見，著作權法第91條第4項「僅供個人參考」之規定，乃屬合理使用之例示規定，本身並未擴大或限縮第44條至第65條合理使用之範圍，於判斷有無違反第91條之1、第92條、第93條等規定時，仍應判斷有無第44條至第65條規定而構成合理使用，以決定其是否違反各該條規定[174]。本人認為，著作權法第91條第4項之「僅供個人參考」之規定，其內涵仍應適用著作權法第48條、第50條、第51條、第52條、第58條、第59條及第65條等可能有個人合理使用相關情形之要件，否則上述規定，將可能成為具文，並非立法本意，亦非解釋法律之道。

故上開智慧財產權法院99年度刑智上易字第61號判決，其適用著作權法第91條第4項規定，並非妥當，然而上開判決，並非僅援引著作權法第91條第4項規定而主張合理使用，而主要係依據著作權法第65條之要件，而認定本件為合理使用，在法律推理上，仍可接受。

三、本件得否引用著作權法第46條規定而主張合理使用？

(一) 著作權法第46條第1項規定：「依法設立之各級學校及其擔任教學之人，為學校授課需要，在合理範圍內，得重製他人已公開發表之著作（第1項）。」「第四十四條但書規定，於前項情形準用之（第2項）。」上開智慧財產權法院99年度刑智上易字第61號判決，亦引著作權法第46條前段規定，而主張合理使用。然而，著作權法第46條本身，並無前後段之分，上開判決引著作權法第46條前段規定，亦有未妥。

---

[174] 參閱：章忠信，《著作權法逐條釋義》，初版，五南圖書出版股份有限公司，2007年3月，頁241。

(二) 著作權法第46條第2項規定：「第四十四條但書規定，於前項情形準用之。」第44條但書，即：「但依該著作之種類、用途及其重製物之數量、方法，有害於著作財產權人之利益者，不在此限。」教科書本來是賣給學校用，學校以外之人較不會購買該教科書，如果系爭被影印之論文具有教科書性質，較易符合著作權法第46條第2項規定，較不易成立著作權法第46條之合理使用規定[175]，判決書對此應加以斟酌。合理使用本來即爲抗辯原則，應由被告主張之，而被告如果主張著作權法第46條規定，應依著作權法第46條規定，主張重製者，或重製的委託者爲學校或學校教師。上開智慧財產權法院99年度刑智上易字第61號判決所認定之事實，其重製者爲影印店，而委託者不明。主張著作權法第46條，似有困難。

四、本件得否逕行引用著作權法第48條之1第2款規定而主張合理使用？

著作權法第48條之1規定：「中央或地方機關、依法設立之教育機構或供公衆使用之圖書館，得重製下列已公開發表之著作所附之摘要：一、依學位授予法撰寫之碩士、博士論文，著作人已取得學位者。二、刊載於期刊中之學術論文。三、已公開發表之研討會論文集或研究報告。」著作權法第48條之一第2款雖規定「刊載於期刊中之學術論文」得爲重製之標的，但是第48條之一規定之重製主體應爲「中央或地方機關、依法設立之教育機構或供公衆使用之圖書館」。

本件問題之重製主體爲「影印店」，並非「中央或地方機關、依法設立之教育機構或供公衆使用之圖書館」，亦無證據證明委託者爲學校教師，從而，本件智慧財產權法院99年度智上易字第61號判決引著作權法第48條之1第2款規定，亦有未當。

五、本件得否引用著作權法第51條規定而主張合理使用？

著作權法第51條規定：「供個人或家庭爲非營利之目的，在合理範圍內，

---

[175] 參閱：蕭雄淋，《著作權法逐條釋義(二)》，二版，五南圖書出版股份有限公司，2001年9月，頁84-85。

得利用圖書館及非供公眾使用之機器重製已公開發表之著作。」本件系爭著作之重製，其委託者為個人，身分不明，而委託者利用影印店之機器而重製，係用「非供公眾使用之機器」而重製，且重製之份數為達七份之多，可見非為個人目的而重製，可能為班級同學使用目的而重製，如果引用著作權法第51條規定，亦有未洽。

　　按著作權法第51條既有「得利用圖書館及非供公眾使用之機器重製」之要件，則利用影印店之機器而影印，實不適宜解為個人之手足，而仍適用著作權法第51條之規定。

六、本件是否符合著作權法第65條之其他合理使用之要件？

　　(一) 本件智慧財產權法院99年度刑智上易字第61號判決謂：

　　「著作之合理使用，不構成著作財產權之侵害，著作之利用是否合於第44條至第63條規定或其他合理使用之情形，應審酌一切情狀，尤應注意下列事項，以為判斷之標準：一、利用之目的及性質，包括係為商業目的或非營利教育目的；二、著作之性質；三、所利用之質量及其在整個著作所占之比例；四、利用結果對著作潛在市場與現在價值之影響，著作權法第65條亦有明文。該修法理由中認為：為擴大合理使用之範圍，新法將本條修正改為概括性之規定，亦即利用之態樣，即使未符合第44條至第63條規定，但如其利用之程度與第44條至第63條規定情形相類似或甚而更低，而以本條所定標準審酌亦屬合理者，則仍屬合理使用。」

　　「系爭講義既已開宗明義載明為弘光科技大學護理系98年度教學計劃使，足認該講義係為學校授課需要所製作。而告訴人所有上開兩篇論文於248頁之『弘光科技大學產科護理學講義』中僅佔有20頁，比例甚低，且各該論文所編輯之位置，均在各講師所製作講義內容之後，顯係供學生研究、參考所用，而非為商業目的。又系爭講義除該校所屬科系之學生上課使用外，對他人而言並無使用價值，且扣案數量僅有7本，依市場交易經驗判斷，該講義因屬學生教學目的不具市場流通性，致無法產生市場替代性，對原著作之市場價值並無影響。況本件告訴人於本院審理時自承系爭兩篇論文並無單獨發行，僅係分別依附於上開『Journal of Advanced Nursing』西元1998年第28冊第5期及『Journal of Nursing Scholarship』西元1994年第26冊第2期中（參本院卷第65頁），而上開期刊除上開論文之外，另有其他多篇論文，是以，就市場之替代性而言，亦證

被告所受託影印之系爭兩篇文章無法影響告訴人系爭文章之經濟市場。蓋對於上開期刊有需求者，自會購買上開期刊以供閱讀，不致因系爭兩篇論文被影印而減損購買之慾望。反之，倘弘光科技大學學生因上課需求，僅對於上開期刊中之各一篇文章有參考或閱讀之必要，即需購買整本期刊，對學生教學目的而言，反係構成不當之資訊取得障礙，亦構成沉重之教育負擔，此與著作權法立法之目的顯然相違。況吾人基於日常求知所需，亦常至圖書館影印所需文章，倘其數量不多，對於錫影印之期刊書籍市場無任何影響，均屬合理使用範圍，不宜動輒以違反著作權法罪相繩。是告訴人主張被告影印系爭兩篇文章，已對上開期刊造成市場替代性云云，似指該等期刊因此兩篇文章遭影印，已無任何價值可言，其不當之處，不言可喻。本院認本件被告代客影印之部分，因委託影印者委託影印之範圍，合於著作權法所規定之合理使用，且屬教學目的，影印之文章縱使爲全篇內容，惟對於論文所依附之期刊其銷售市場並無任何影響，不致產生替代性，從而被告所爲亦不構成著作財產權之侵害。」

本件法院判決，主要以著作權法第65條第2項之「其他合理使用」爲判斷基礎。而此一般的合理使用（fair use）規定，係屬法院之職權，與著作權法第44條至第63條之法定例外（statutory exemption）規定，係屬國會之職權有所不同[176]。故法院就本案依一般合理使用而爲判決，當予尊重。

(二) 著作權法第65條之合理使用規定，係歷經民國81年及87年著作權法修正時，仿美國著作權法第107條規定而來。而著作權法第65條第3項規定：「著作權人團體與利用人團體就著作之合理使用範圍達成協議者，得爲前項判斷之參考。」第4項規定：「前項協議過程中，得諮詢著作權專責機關之意見。」

美國教育機構與組織之著作權法修正特別委員會、美國作家聯盟及美國出版商協會在1976年簽定的一份準則（Guideline），可供本件問題參考[177]（註4）：

1. 教師之單份影印（single copying for teachers）

前述準則規定，教師爲個人研究或教學準備之用，得自行影印或使人代爲影印下列著作一份：書籍中單一章節；期刊或報紙中單篇文章；短篇小說、短

---

[176] 參閱：蕭雄淋，〈著作權法第65條之修法芻議〉，收錄於：智慧財產權月刊，143期，2000年11月，頁10-11。

[177] 蕭雄淋，同前註書，頁81-84。

文或短詩（是否收於選集中均可）；書籍、期刊或報紙中之地圖、數學圖、工程圖、素描、漫畫或照片。

2. 供教室內（課堂上）使用之多份影印（multiple copies for classroom use）

教師為供教室內使用或課堂討論之用，得以每位學生一份為限，自行影印或使人代為影印前述著作一份以上，但應遵守下列原則：

(1) 簡短原則（Brevity）

小說、文章字數少於2500字者，得全文影印。字數如等於或多於2500字，至多僅得摘要影印1000字或全文10分之1，以1000字與全文10分之1兩者中較少者為準，但無論如何至少可以影印500字。

(2) 自發性原則（spontaneity）

依前述準則之規定，影印除符合簡短原則外，尚須「基於教師個人之示意和請求」，因此影印如係出於校長、教育委員會或其他上級機關之決定，即不能適用前述準則以免責。此外，教師影印之決定在時間上必須非常接近「其使用能發揮最大教學效果的時點」，以致「無法合理期待教師向權利人提出授權之請求後能獲得適時之答覆」。最後此一要件似有鼓勵教師不預先準備教材、臨陣磨槍之意味。

(3) 累積效果原則（cumutative effect）

除前述簡短性和自發性的要求外，準則尚對教師為課堂使用從事多份影印所產生之累積效果設有若干限制。每位教師每堂課（any one class term）至多僅得從事九次的多份影印。其次，除報紙、新聞性雜誌和其他雜誌的時事報導以外，每位教師僅得影印著作用於單一門課程（only one course），在同一堂課上至多僅能影印同一著作人的一篇短詩，短文或短篇小說全文，且至多僅能摘要影印同一著作人兩篇著作。另外，在同一堂課上，至多僅能從同一文集或期刊中摘要影印3次。

3. 教師影印之其他限制

前二準則最後又設若干對單份影印和多份影印均有適用的限制（部分與前述之限制重覆）。任何影印均不得形成新的文集、編輯著作或集體著作，或者發生取代原被利用之文集、編輯著作或集體著作的效果。亦即不得取代對於書籍或期刊的購買需求。後面這項限制如果作廣義解釋，會使許多原本似乎在準則容許範圍內的影印行為喪失合法基礎。諸如工作手冊（workbook）、練習冊、標準化測驗、試題小冊子與擬答（answer sheet）等「消耗性」著作，應係

不容許影印的，上級機關不得命令從事這類影印行為，教師亦不得先後在不同課堂上重覆影印同一著作。最後，教師不得向學生收取影印成本之外的費用。

七、如何解決目前台灣盛行的教科書之影印問題？

依著作權法第48條第1款規定，在圖書館影印期刊，限於單篇著作，而且每人限1份，而本件為兩篇著作，而且達7份，再者重製之主體為營利之影印店而非圖書館。本件法院以同法第65條之「其他合理使用」，而判決免責，從著作權法法理而言，實在有點勉強，但是從目前台灣學校教學及學生學習實務上來看，又有它的必要性。

利用者利用的方便，固然有助於學術之發展，但是亦相對的有損著作權人的利益。如果我國有關語文著作之著作權集體管理團體運作成熟，有關學術之影印透過語文著作權集體管理團體之收費，而按一定比例分配給權利人，既使利用人利用他人著作便利，亦使權利人得有一定的收益，此為未來理想的發展方向。

（回覆於2012年6月12日）

問題65：購買原始碼修改使用在手機的著作權問題

 **相關條文**

> 著作權法第59條（電腦程式著作重製物所有人之修改或備用重製權）

壹、問題

本件問題緣起於：甲如向A公司購買原始碼，原本該原始碼只能用在電腦上，現在打算運用在手機（例如iPhone）上，可否主張著作權法第59條第1項前段規定：「合法電腦程式著作重製物之所有人得因配合其所使用機器之需要，修改其程式，……」。對此問題，有以下二說：

一、甲說—得適用前述合理使用之規定：

如符合上述著作權法第59條第1項規定，即係電腦程式著作重製物之「所有人」，並限於所有人自己使用，且僅係為配合硬體上使用需求而修改，非新增程式之功能，則得適用該條規定。但如該電腦程式之授權範圍係有限制的，例如限制使用之載體、即授權範圍不包括得使用於手機上，則超出授權範圍之利用亦不得主張本項規定；或限制得使用之硬體數量，例如僅能灌錄於一台硬體上，則修改後如使用之硬體為兩台以上，亦超出授權範圍，不得主張本項規定。

二、乙說—不得適用前述合理使用之規定：

依著作權法第59條第1項規定之立法意旨，適用之範圍應嚴格限制，如原僅得使用於電腦上，自無法適用本條規定修改該電腦程式而使其得使用於手機上。惟如做此解釋時，如何解釋其不屬於該條規定中「配合其所使用之『機器』之需要」？

貳、回答

本問題中，甲向A公司購買原始碼，原本該原始碼只能用在電腦上，現在甲打算使用在B公司出產之手機（例如iPhone）上，可能有如下情形：

一、如果原來甲購買的程式，甲與A公司之間，有授權契約關係，如果A

公司之授權契約僅容許甲在電腦上使用，而在手機上A公司另有授權版本（如手機板），則甲將程式使用在B公司生產之手機，甲構成對A公司的違約使用。甲對A公司形成一個民事的違約關係。

二、著作權法第80條之2第1項規定：「著作權人所採取禁止或限制他人擅自進入著作之防盜拷措施，未經合法授權不得予以破解、破壞或以其他方法規避之。」甲將該程式用於手機，如果需要對原程序修改，並破解、破壞或以其他方法規避防盜拷措施，則甲應依著作權法第80條之2第1項及第90條之3規定，負民事責任。

三、著作權法第59條規定：「合法電腦程式著作重製物之所有人得因配合其所使用機器之需要，修改其程式，或因備用存檔之需要重製其程式。但限於該所有人自行使用（第1項）。」「前項所有人因滅失以外之事由，喪失原重製物之所有權者，除經著作財產權人同意外，應將其修改或重製之程式銷燬之（第2項）。」著作權法第59條係著作權法法定例外之規定，而著作權法法定例外之規定，本均係在非權利人授權範圍之內才有必要主張，權利人授權之範圍內本即合法，無須主張法定例外之免責規定。

現行著作權法第59條規定，係源於民國74年著作權法第29條第2項規定：「電腦程式合法持有人為配合其所使用機器之需要而修改其程式，或因備用存檔需要而複製其程式，不以侵害他人著作權論。但經修改或複製之程式，限於該持有人自行使用。」而民國74年著作權法第29條第2項規定，係立法院二讀時依電腦軟體保護法律研究委員會之建議而增訂，其增訂理由為：「電腦程式為配合機械使用之需要，有准予改作之必要，免因各人使用機型不同及操作系統不統一，造成應用上之困擾。另明訂為存檔必要之合理複製權，以配合著作權法合理使用之概念與精神，並避免操作機器不當或其他原因，程式破壞或消失不經濟情形。」[178]

民國74年著作權法第29條第2項之增訂，係參考美國著作權法第117條而制定。美國著作權法第117條規定：「不管第106條之規定，電腦程式複本所有人製作或授權製作另一複本，或改作該電腦程式，如為下列情形，不構成著作權之侵害：(1) 該新複本或改作為利用該電腦程式與機械結合所必要的步驟，不為其他方式的使用。(2) 該新複本或改作僅為保管之目的而製作，且所有保管

---

[178] 參閱：蕭雄淋，《著作權逐條釋義》，再版，著者發行，1986年9月，頁200。

用之複本在繼續持有該電腦程式不再爲合法時完全加以毀棄。

所有依據本條所製作之複本，僅得爲出租、出賣或以其他方法移轉該程式所有權利之一部分，隨同其所從出之原始複本一併出租、出賣或以其他方法移轉。依本法改作之程式，僅得與著作權人之授權一併移轉。」[179]

從我國現行著作權法第59條之立法沿革來看，著作權法第59條之程式改作，本來即爲「免因各人使用機型不同及操作系統不統一，造成應用上之困擾」，即本條係在使電腦程式之使用超越原授權之機器硬體機型之使用而設。故本題之使用人甲，應得主張著作權法第59條之規定，且限於所有人自行使用。

四、日本著作權法第47條之3規定：「電腦程式著作物之複製物的所有人，關於電腦爲利用該著作物目的所必要，得就該著作物加以複製或改作（包含依此創作第二次著作物的複製）。但關於該利用之複製物的使用，有第一百十三條第二項規定之適用者，不在此限（第1項）。」「前項複製之所有人，對於有關該複製物（包含由同項規定所作成之複製物）任何其中之一，由於滅失以外之事由失去所有權者，如該著作權人無特別之意思表示，該人不得保存其他之複製物（第2項）。」[180] 日本著作權法對依著作權法第47條之3所成立之複製物，排除適用著作權法第113條第2項規定。而日本著作權法第113條第2項規定，相當於我國著作權法第87條第1項第5款規定。就立法目的而言，依我國著作權法第59條而改作之電腦程式，亦宜作目的性限縮解釋，解爲不得作直接營業使用，以免影響著作權人權益。

五、著作權法第51條規定：「供個人或家庭爲非營利之目的，在合理範圍內，得利用圖書館及非供公眾使用之機器重製已公開發表之著作。」著作權法第51條規定，包含改作在內（著作權法第63條第2項）。故完全爲個人非營利目的之將購買他人之原始碼在手機上使用，亦得依著作權法第51條及第63條第2項主張合理使用（法定例外）。

（回覆於2012年6月11日）

---

[179] 蕭雄淋，同前註，頁200-201。

[180] 十二國著作權法翻譯組編，《十二國著作權法》，第1版，北京清華大學出版社，2011年6月，頁384。

問題66：在網上試聽音樂的著作權問題

 **相關條文**

著作權法第24條（公開播送權）、第26條（公開演出權）、第26條之一（公開傳輸權）、第65條（合理使用）。

壹、問題

　　經濟部智慧財產局近來辦理臺灣臺北地方法院100年度智易字第19號刑事判決評析案[181]，被告公司以提供試聽方式，擅自透過該公司所經營網站，播放他人享有著作財產權之歌曲，被訴違反著作權法，承審法院引用智財局民國94年10月4日電子郵件941004號函法令解釋：「學校圖書館將館藏影項資料，擷取部分片段，置入線上資料庫並提供試看服務，涉及著作之重製與公開傳輸之利用行為，主張合理使用之空間有限」[182]一節，認定系爭歌曲之試聽時間雖僅有30秒，但「已佔歌曲之絕大部分，且被告係以吸引、招攬顧客為目的之商業用途」，實難認為係合理使用，判決被告有罪。

　　由上述判決理由反面觀之，是否在網站提供音樂試聽，只要試聽的部分占全曲比例不高且無商業用途，就仍有主張合理使用的空間？抑或只要是提供試聽，即使僅擷取一小段，無論試聽之目的為何，亦須獲得著作財產權人同意始得為之？

---

[181] 臺灣臺北地方法院100年度智易字第19號刑事判決，參閱：司法院法學資料檢索系統，http://jirs.judicial.gov.tw/FJUD/PrintFJUD03_0.aspx?jrecno=100%2c%E6%99%BA%E6%98%93%2c19%2c20120524%2c1&v_court=TPD+%E8%87%BA%E7%81%A3%E8%87%BA%E5%8C%97%E5%9C%B0%E6%96%B9%E6%B3%95E9%99%A2&v_sys=M&jyear=100&jcase=%E6%99%BA%E6%98%93&jno=19&jdate=1010524&jcheck=1（最後瀏覽日期：2013年1月29日）。

[182] 參閱：經濟部智慧財產局，解釋令函列表，http://www.tipo.gov.tw/ch/Enactment_LMExplainLookPrintPage.aspx?ID=2549&KeyCode=&KeyConten=（最後瀏覽日期：2013年1月29日）。

貳、回答

一、台北地方法院100年智易19號刑事判決之問題

　　該判決之起訴事實為：「鍾○榮係「金○科技股份有限公司」（下稱金革公司；址設臺北市○○區○○路3段30號12樓）之負責人，明知如附表一、二所示之「I can't Cry Hard Enough」等50首歌曲，係社團法人中華音樂著作權協會（下稱中華音樂著作權協會）享有公開播送、公開演出、公開傳輸等著作財產權公開權利之音樂著作，未經該協會之授權或同意，不得擅自公開播送上開音樂著作，竟未經中華音樂著作權協會同意或授權，於民國98年7月13日，透過金革公司經營之金革唱片網站，以提供歌曲試聽方式而公開播送如附表一所示之47首音樂著作，於同年8月24日以播放網站背景音樂方式而公開播送如附表二所示之3首音樂著作，金革公司以前方式，侵害中華音樂著作權協會之著作財產權。」

　　該判決之判決理由為：「被告等主張其為『合理使用』部分，依經濟部智慧財產局94年10月4日電子郵件第941004號函文認，學校圖書館將館藏影像資料，擷取部分片段，置入線上資料庫並提供試看服務，涉及著作之重製與公開傳輸之利用行為，主張合理使用之空間有限等詞，此有前開函文乙份在卷可考（見他字卷第68頁），另每首歌曲之播放時間若以4分鐘計算，則試聽30秒則佔每首曲目之13%，再考慮歌曲旋律重覆之部分，雖試聽時間僅30秒，然已佔歌曲之絕大部分，況被告等等係以吸引、招攬顧客為目的之商業用途，實難認為合理使用。」「至被告等所辯其具有權限，主觀上並無犯罪故意一節；按音樂著作、錄音著作，皆屬著作權法所稱之著作，其著作人就自己創作之音樂及錄音各自並享有重製與公開播送等權利，著作權法第5條第1項第2款、第8款、第22條及第24條定有明文。依被告金革公司與新力博德曼公司、環球公司、華納公司、科藝百代公司所簽訂之經銷商合約書，其僅就『錄音著作』為相關之授權，其有各該合約書影本各乙份在卷可考（見他字卷第105至133頁），堪認被告金革公司與前開各公司授權之著作僅包含『錄音著作』，雖各該合約書均載明同意被告金革公司為促銷目的而為30秒片段之提供，然亦表明零售網站應負擔有關使用甲方（即新力博德曼公司、環球公司、華納公司）內容時所需要之任何及所有第三者的批准及費用（例如：發行人、表演權益社團、公會）等詞（見他字卷第111頁、第116頁、第125頁），堪認新力博德曼公司、環球公

司、華納公司雖授權被告等錄音著作之公開播送，然被告等仍需取得相關著作權人之同意使得為之；另被告金革公司與福茂公司之音樂著作授權合約書載明『本約音樂著作之公開播送（放）權、公開上映（演）權、公開演奏（唱）權、公開傳輸權，甲方表明已授權著作權集管團體（下稱集管團體）代為管理。』故所有欲使用本約音樂著作於公開播送（放）權、公開上映（演）權、公開演奏（唱）權、公開傳輸用途之台灣地區使用人或台灣以外地區任何使用人所需支付與甲方之權利金，概由集管團體或當地經由集管團體授權使用收費團體與該使用人另行處理，與本合約書及甲方無涉。」「核被告鍾俊榮所為，係犯著作權法第92條之擅自以公開演出之方法侵害他人之著作財產權罪。」

上開判決書之起訴事實為音樂之上網，然而檢察官以侵害「公開播送權」起訴，而法院以侵害「公開演出權」判決，而非以侵害「公開傳輸權」起訴或判決，對權利侵害之認定，似有違誤。而本件既然以侵害公開播送權而為起訴，侵害公開演出權而為判決，則告訴人是否係受公開傳輸權之專屬授權而擁有合法告訴權，亦頗值得爭議。

二、有關合理使用之抗辯問題

本件被告主張合理使用，依上開台北地方法院100年智易19號刑事判決謂：

「被告等主張其為『合理使用』部分，依經濟部智慧財產局94年10月4日電子郵件第941004號函文認，學校圖書館將館藏影像資料，擷取部分片段，置入線上資料庫並提供試看服務，涉及著作之重製與公開傳輸之利用行為，主張合理使用之空間有限等詞，此有前開函文乙份在卷可考（見他字卷第68頁），另每首歌曲之播放時間若以4分鐘計算，則試聽30秒則佔每首曲目之13%，再考慮歌曲旋律重覆之部分，雖試聽時間僅30秒，然已佔歌曲之絕大部分，況被告等係以吸引、招攬顧客為目的之商業用途，實難認為合理使用。」

本件法院援引經濟部智慧財產局民國94年10月4日電子郵件第941004號函，以有關圖書館之公開傳輸之函釋，而認為為販賣錄音著作而上網試聽，係不得主張合理使用，係引喻不當。

查經濟部智慧財產局民國95年9月8日電子郵件950908號函釋謂：「一、於賣場播放CD之音樂著作以供顧客試聽一節，係屬著作權法所定『公開演出』行為，除有合理使用的情形外，應取得著作財產權人之授權，否則有侵權之

虞，合先敘明。二、來函所詢於賣場要求店家播放CD以供顧客試聽或自行攜帶CD前往試聽是否違法一節，查美國著作權法第110條第7項規定，在對外開放且未直接或間接收取進場費用之營業場所內，且播放音樂之目的若僅係為促銷唱片或視聽產品，則該公開演出音樂之行為可認為係音樂著作之合理使用；我國著作權法第65條第2項亦明定有『其他合理使用』之概括性規定，上述播放CD之行為，參酌外國立法例，亦應有合理使用之空間，供利用人免授權而得利用著作。』[183]

上開函釋，比經濟部智慧財產局民國94年10月4日電子郵件第941004號函釋，更接近本案情形，如果法院判決欲引經濟部智慧財產局之函釋為判決之依據或參考，應以上述經濟部智慧財產局民國95年9月8日電子郵件950908號函為據，而非以與本案無關之經濟部智慧財產局民國94年10月4日電子郵件第941004號函釋為據。

再者，依台灣台北地方法院92年易字第1969號刑事判決謂：「被告等於網頁上重製系爭攝影及美術著作，應屬合理使用：.按『著作之合理使用，不構成著作財產權之侵害。著作之利用是否合於第44條至第63條規定或其他合理使用之情形，應審酌一切情狀，尤應注意下列事項，以為判斷之基準：一、利用之目的及性質，包括係為商業目的或非營利教育目的。二、著作之性質。三、所利用之質量及其在整個著作所占之比例。四、利用結果對著作潛在市場與現在價值之影響」，著作權法第65條第1項定有明文。5.被告飛行網公司確有從事販賣告訴人等發行之正版錄音著作業務，告訴人等提出附於偵卷第11至33頁之飛行網公司網頁畫面列印資料，左側除有告訴人等發行錄音著作之包裝封面影像外，右側並載有該專輯收錄之歌曲名稱，該網頁畫面係被告飛行網公司用以介紹販賣告訴人等發行之正版錄音著作，而非提供該公司會員下載MP3音樂檔案之網頁畫面，此除據被告陳國華供述在卷外（見本院卷第60頁），並經告訴代理人確認無訛（見本院卷第56頁），（本院按：下載MP3音樂檔案須另行點選網頁上方顯示『華語』、『臺語』、『西洋』、『日韓』：等字樣之小方格，始會進入另種操作畫面）。(1) 由此足見被告飛行網公司在網頁上刊載告訴人等發行錄音著作之包裝封面，目的在於宣傳廣告各該正版錄音著作，

---

[183] 參閱：經濟部智慧財產局，解釋令函列表，http://www.tipo.gov.tw/ch/Enactment_LMExplainLookPrintPage.aspx?ID=2731&KeyCode=&KeyConten=（最後瀏覽日期：2013年1月29日）。

並使消費者易於上網了解各該錄音著作之演唱人及收錄歌曲內容，被告等所為固存有獲取經濟收益之商業動機，然其目的既在推銷告訴人等發行之產品，並提供有意購買錄音著作之消費者一個便利得悉產品內容之管道，而非單純重製該等錄音著作包裝封面以推銷自己或他人之產品，甚或直接對外販售該等包裝封面重製物圖利，則被告等利用程度顯屬輕微，而非無構成合理使用之餘地。(2) 又告訴人等指訴遭侵權之攝影及美術著作既為錄音著作之『包裝封面』，揆其著作性質，除為美化商品之外包裝外，由其包裝正面多為歌手之人像照片及專輯名稱，背面則均記載所收錄之歌曲名稱，足堪認定該『包裝封面』亦係提供經銷商、消費者易於了解各該錄音著作之演唱人、專輯名稱、收錄歌曲等資訊之銷售『輔助』工具，與一般專用以販賣取得對價之書籍、海報、歌手照片等，性質顯有不同。(3) 另告訴人等發行錄音著作之包裝封面遭被告等重製於網頁上之質量比例固然非小，但因告訴人等均為發行錄音著作之唱片公司，其等重製販賣換取對價者顯係『錄音著作』本身，而非錄音著作之『包裝封面』，則被告等將附表所示錄音著作之『包裝封面』影像重製在網頁上，其利用該等攝影及美術著作之結果，對於該等錄音著作之『包裝封面』顯無可能產生任何銷售上之損害或影響，且反而有助於告訴人等錄音著作銷售利潤之增加，適足達成告訴人等創作印製『包裝封面』之目的，體現其攝影及美術著作之價值。3.現今資訊科技發達，網際網路普遍為社會大眾所利用，被告飛行網公司在網頁上重製告訴人等發行錄音著作之包裝封面，除宣傳廣告販賣正版錄音著作外，並使有意購買該等產品之消費者易於上網了解各該錄音著作內容，此除無悖告訴人等印製錄音著作『包裝封面』之初衷，而利用結果對該攝影及美術著作本身潛在市場與現在價值並無影響外，更合於現今市場交易習慣，而此商業習慣並有被告等提出相關線上購物網頁畫面列印資料可憑（見本院卷第80至107頁）。本院審酌前揭著作權法第65條第1項規定之一切情狀，為整體判斷後，認為被告等所為，符合該條項規定之合理使用情形，而此合理使用之正當性並不因被告等與告訴人等有無直接經銷關係而變異，蓋被告等於涉案網頁上販賣者確係告訴人等發行之『正版』錄音著作。綜上所述，告訴人等之攝影及美術著作財產權在此範圍內，應受到限制，是被告等固然重製、公開傳輸、陳列告訴人等發行錄音著作之『包裝封面』，然所為尚無構成刑事責任之餘

地。」[184]

　　上開判決經台灣高等法院93上易字第927號刑事判決，確認維持原判。上開判決對為銷售錄音著作而將錄音著作之包裝上網，認定係屬合理使用，可供本案參考。

　　本件問題係為推銷錄音著作而對其中的音樂著作作部分試聽，而錄音著作之販賣，音樂著作之著作權人亦得因此而取得按錄音銷售量而計算之版稅，對音樂著作之著作人，反而有益。

三、外國立法及實務之借鏡

　　查美國著作權法第110條第7項規定：「在對外公開的營業販賣場所，未直接或間接收取入場費，且唯一目的係為促進該著作之重製物，或影音機器或其他設備之零售，且公開演出、上映、播送係在該銷售所由發生之『直接區域』以內，其公開演出、上映、播送得主張免責（（Notwithstanding the provisions of section 106, the following are not infringements of copyright: (7) performance of a nondramatic musical work by a vending establishment open to the public at large without any direct or indirect admission charge,where the sole purpose of the performance is to promote the retail sale of copies or phonorecords of the work, or of the audiovisual or other devices utilized in such performance, and the performance is not transmitted beyond the place where the establishment is located and is within the immediate area where the sale is occurring）。」

　　德國著作權法第56條規定：「銷售或維修用以製作或再現影像或錄音載體之設備、用以接收廣播電視播送訊號之設備、或用以處理電子資料之設備之營業場所，在為向顧客展示設備或為維修設備所必要之限度內，得將著作轉錄於影像、錄音或資料載體、藉影像、錄音或資料載體公開再現著作、將廣播電視播送之訊號公開再現，或者將著作公開傳輸。」

---

[184] 台灣台北地方法院92年易字第1969號刑事判決，參閱：司法院法學資料檢索系統，http://jirs.judicial.gov.tw/FJUD/PrintFJUD03_0.aspx?jrecno=92%2c%E6%98%93%2c1969%2c20040423%2c1&v_court=TPD+%E8%87%BA%E7%81%A3%E8%87%BA%E5%8C%97%E5%9C%B0%E6%96%B9%E6%B3%95%E9%99%A2&v_sys=M&jyear=92&jcase=%E6%98%93&jno=1969&jdate=930423&jcheck=1（最後瀏覽日期：2013年1月30日）。

　　在賣場爲販賣影音機器或爲銷售影音著作而公開上映或演出、播送音樂，在美國及德國著作權法，均有類似「法定例外」之規定。上開規定雖未直接規定及於「公開傳輸」，然而在同一理由下，爲販賣錄音著作而之公開傳輸30秒之音樂，是否可認爲係著作權法第65條第2項之「其他合理使用」？在國際上有二相異之判決。

　　在美國，爲下載手機答鈴音樂而爲試聽，該試聽是否可認爲美國著作權法之合理使用，美國紐約地方法院（United States v. American Society of Composers, Authors and Publishers (ASCAM), 599 F.Supp.2d 415 (S.D.N.Y. 2009)）以該使用並非創造性使用（transformative use）而不認爲構成合理使用。然而，加拿大聯邦最高法院於2012年7月12日亦作一判決，爲販賣MP3而供人試聽30秒音樂，著作權集體管理團體，不得對業者收費[185]。二者判決迥異，足見本案非無爭議。

　　由於音樂之試聽，對錄音著作之銷售有利，同時對音樂著作之著作權人之版稅收取亦有幫助。基於我國經濟水準及著作權問題標準，尚不應超過加拿大，不宜逕以美國爲準，且我國著作權人動輒以刑事訴訟爲告訴，而非僅取得著作權使用費而已，故本人較傾向於認爲被告可主張合理使用較宜。

（回覆於2012年7月17日）

---

[185] 參閱：Mark Hayes, Supreme Court Finds Internet Downloads Not "Communications", http://www.heydary.com/IP/Supreme-Court-Finds-Internet-Downloads-Not-Communications.php ; Judgement of the Supreme Court of Canada, http://scc.lexum.org/decisia-scc-csc/scc-csc/scc-csc/en/item/9995/index.do（最後瀏覽日期：2013年1月30日）。

問題67：有關總統副總統文物推廣的著作權問題

 **相關條文**

> 總統副總統文物管理條例第4條、著作權法第65條（合理使用）

壹、問題

一、本案緣國史館函詢，該館為推廣教育目的，擬拍攝館藏總統副總統文物（禮品類，部分屬美術著作）照片置於官網及臉書，用以介紹文物之內容資訊，其利用行為是否適用著作權合理使用之規定？

二、著作權組初步意見認為：

(一) 依據總統副總統文物管理條例第4條規定，總統及副總統文物由國史館管理，又該條例施行細則第2條第5款規定，條例中所稱「管理」包含文物之展示及推廣教育。準此，國史館上述利用行為係屬總統副總統文物管理條例規定之管理行為，而該條例係特別法，應優先於著作權法適用之，故無違反著作權法之問題。

(二) 縱國史館上述利用行為不符總統副總統文物管理條例規定之管理行為，惟審酌其係以推廣教育等非商業性目的，且利用結果應不至於對著作權人之權益造成不合理之損害，或發生替代市場之效果，故應可依著作權法第65條第2項主張其他合理使用。

上述意見是否妥當，請惠示意見。

貳、回答

一、總統副總統文物管理條例是否優先於著作權法而適用？

(一) 著作權法係私法，係為保護著作權人及確定著作權人與利用人間之私權關係而設，與總統副總統文物管理條例係為保管及展示、推廣總統副總統文物而設，二法律各有不同的功能。在不同功能下之法律，如未有有關著作權之特別明文規定，不宜認定有特別法與普通法之關係。例如圖書館法第12條規

定：「為加強圖書資訊之蒐集、管理及利用，促進館際合作，各類圖書館得成立圖書館合作組織，並建立資訊網路系統。」第13條規定：「圖書館為謀資源共享，各項圖書資訊得互借、交流或贈與。」然而有關圖書館的館際合作，其涉及著作權者，應依著作權法第48條規定辦理。

(二) 再者，依有線廣播電視法第37條第1項規定：「系統經營者應同時轉播依法設立無線電視電台之節目及廣告，不得變更其形式、內容及頻道，並應列為基本頻道。但經中央主管機關許可者，得變更頻道。」第2項規定：「系統經營者為前項轉播，免付費用，不構成侵害著作權。」有線廣播電視法如未有第37條第2項之免責規定，不得僅因第1項之規定，而認定轉播不侵害著作權。

(三) 同理，總統副總統文物管理條例第4條規定：「總統、副總統應於任職期間，將其所有之文物交由國史館管理（第1項）。」「政府機關或機構所有之總統、副總統文物具有保存價值者，應交由國史館管理（第2項）。」「前二項文物逾期不移交或移交不清，如涉及刑責者，應移送檢調機關偵辦（第3項）。」「私人或團體所有之總統、副總統文物具有保存價值者，得交由國史館管理（第4項）。」「前項作業程序，由國史館訂定相關規定（第5項）。」而同條例施行細則第2條第5款規定，條例中所稱「管理」，包含文物之展示及推廣教育。然而此對展示及推廣教育是否得豁免著作權侵害，並未如有線廣播電視法第37條第2項加以規定。故上開有關總統副總統文物管理條例及其施行細則之二規定，不得作為著作權法之特別規定。

(四) 總統副總統文物管理條例第7條規定：「為因應學術研究需要，國史館所管理之總統、副總統文物應開放各界應用（第1項）。」「前項文物閱覽、抄錄或複製，應以書面敘明理由，向國史館申請之（第2項）。」「前項申請，如為維護公共利益或第三人之正當權益所必要者，得拒絕之（第3項）。」總統副總統文物管理條例施行細則第17條規定：「本條例第七條第三項所稱為維護公共利益或第三人之正當權益所必要者，指主管機關依其裁量而認為准予申請將有破壞國家、社會法律秩序或侵害第三人權利、利益之虞等情事（第1項）。」「申請之文物中如有本條例第七條第三項所定之限制者，應僅就其他部分提供之（第2項）。」「文物之開放應用，以提供複製品為原則。但有使用原件之必要者，應於申請時敘明理由（第3項）。」「文物如有不宜抄錄或複製之情形，或複製文物有侵害他人智慧財產權之虞者，得僅提供閱覽服務（第4項）。」既然為因為學術研究需要，而對文物複製有侵害他人

智慧財產權之虞者，得僅提供閱覽服務，則自不得僅因總統副總統文物管理條例第4條規定，總統及副總統文物由國史館管理，又該條例施行細則第2條第5款規定，條例中所稱「管理」包含文物之展示及推廣教育，而依準此認定國史館之利用行為因係屬總統副總統文物管理條例規定之管理行為，而該條例係特別法，應優先於著作權法適用之，故無違反著作權法之問題。

二、國史館之利用行為，因權利之歸屬國家或第三人而有異

(一) 依據總統副總統文物管理條例第2條規定：「本條例所稱文物，係指總統、副總統從事各項活動所產生而不屬於檔案性質之各種文物，包括信箋、手稿、個人筆記、日記、備忘錄、講稿、照片、錄影帶、錄音帶、文字及影音光碟、勳章及可保存禮品（價值新臺幣參仟元以上）等文字、非文字資料或物品。」上述文物，許多均屬著作權法上之「著作」。再依該條例第4條規定，該「總統副總統文物」，有係國家機關所有，有係私人或團體所有，其屬於私人所有者，國史館僅有「管理權」，依該條例第7條及施行細則第17條之立法意旨，尚應尊重第三人之智慧財產權。準此，屬於國家機關所有與屬於私人或團體所有在利用上應分別對待。

(二) 本題問題為：國史館擬拍攝館藏總統副總統文物（禮品類，部分屬美術著作）照片置於官網及臉書，如果利用之文物，著作權屬於國家機關所有，國史館之行為，係依法令之行為，國家機關自不得主張侵害。然而如果屬於私人或團體所有，則應依著作權法判斷之，是否構成合理使用？此外，上載官網及臉書如果未標示著作人姓名，仍然可能侵害著作人之姓名表示權。

(三) 依總統副總統文物管理條例第4條第4項規定：「私人或團體所有之總統、副總統文物具有保存價值者，得交由國史館管理。」私人或團體所有之總統、副總統文物，在交付國史館當時，其交付的意思如何，牽涉著作權法第37條著作之授權範圍。如果授權意思不明，推定未授權，即應依著作權法第65條判斷之。如果國史館僅館擬拍攝館藏總統副總統文物（禮品類，部分屬美術著作）照片置於官網及臉書，有極大適用著作權法第65條之空間，但須注意著作人格權問題。

（回覆於2013年4月22日）

第七章　著作權之侵害及救濟

問題68：著作財產權人於專屬授權後本身得否再行使訴訟上之權利？

 **相關條文**

> 著作權法第37條第4項（專屬授權之被授權人之地位及訴訟權）

壹、問題

問題之說明：

一、我國視聽著作出租店市場，發片商究有無取得國外影片著作財產權之專屬授權，於實務上雖有爭議，惟一旦屬實，國內發片商即為專屬被授權人可依著作權法第37條第4項規定，以著作財產權人之地位行使權利，並得以自己之名義為訴訟上之行為。目前司法訴訟實務上亦大多為發片商進行訴訟，追訴侵權或違法行為。

二、查著作權法第37條第4項後段規定「著作財產權人在專屬授權範圍內，不得行使權利」，本條文所指「不得行使權利」，倘不包括「不得行使訴訟上之權利」，則一般出租店除面臨發片商之訴追外，可能又面臨原著作財產權人再提起訴訟，追究不法之行為，致一般出租店業者屢向本局請求釋疑，由於此攸關視聽著作出租市場相關著作權法適用疑義之釐清，殊有釐清之必要。

三、茲擬甲、乙二說，分析其意見：

(一) 甲說：否定說

就民事訴訟而言，係以填補損害為原則，故侵權人所負之責任悉以填補被害人所受損害為主，故只要能舉證證明因侵權人之行為受有損害者，均得依民事訴訟請求救濟，對侵權人而言，此為法定之責任，較無爭議。惟就刑事訴

訟而言，從原告之角度，依刑事訴訟法規定，犯罪之被害人，始得提起告訴及自訴；又此之「犯罪被害人」，依司法實務之見解，係指犯罪之「直接被害人」，而不包括「間接被害人」，且爲「犯罪當時直接受有損害之人」。因此，犯罪當時，並非直接被害之人，縱犯罪後，因其他原因致犯罪時所侵害之法益歸屬其所有，亦不得追溯，認其告訴合法（參考最高法院56臺上2361號刑事判例）。故著作財產權人既專屬授權後，可謂其已從授權市場取得相當之報酬，經濟利益已獲滿足，故對此等權利之侵害，直接受損害者，應係正（能）在行使權利之專屬被授權人，方爲直接被害人，著作財產權人尚非直接被害人。退一步言，著作財產權人於專屬授權之範圍及期間內，既不能行使其享有已專屬授權出去之權利，基於有權利才有被侵害之法理，即使著作財產權人仍主張受有損害，亦應屬間接受害人，不能依刑事訴訟法規定提起告訴及自訴。

(二) 乙說：肯定說

1. 著作權係屬私權，相關授權權利及事項均屬私法關係，故本法第37條第4項後段「著作財產權人在專屬授權範圍內，不得行使權利。」此授權範圍及權利應係指私權關係，亦即指著作權法第22條至第29條所稱之「重製」……「出租」等各項權利，不包括「起訴」、「告訴」、「自訴」等公法上權利，故著作人之「起訴」、「告訴」、「自訴」等公法上權利，不在禁止之列。況查公法上之「起訴」、「告訴」、「自訴」等訴訟權利，係憲法及訴訟法所賦予，除法律別有規定外，任何人不能剝奪其權利。

2. 著作財產權人雖已授權他人利用，但並非著作財產權之讓與，其爲著作財產權人之本質並未改變。否定說謂「著作財產權人既專屬授權後，可謂其已從授權市場取得相當之報酬，經濟利益已獲滿足」，但授權型態多元，亦有非採一次預付，而係以被專屬授權人之營收比例計算。當被專屬授權人之經濟利益因侵權者之侵權行爲而受害時，原來之著作財產權人連帶亦受損害，難謂非犯罪之直接被害人。又專屬授權仍可能有時間、地域等限制，對侵權行爲人而言，其侵害著作權之行爲所造成之損害，並非僅限於現在立即之損害而已，往往對於著作潛在之市場或專屬期限屆滿後之未來市場亦產生損害，且其損害至專屬授權後仍可能存在或擴大，這種情況下，著作財產權人仍不失爲被害人，依刑事訴訟法之規定享有訴訟權，自不能因已專屬授權爲由，剝奪其訴訟權。至個案中是否有損害，仍應由司法機關個案審理判斷之，不至對被告產生二次侵害，故著作財產權人於專屬授權他人後，仍得提起「告訴」、「自訴」等公法上權利。

3. 依照台灣授權市場實務運作，專屬授權兩、三個月的契約所在多有，專屬授權期間之侵權行爲及其所造成之損害，持續至專屬授權期滿之後，爲習見之常態，如謂專屬授權期間之侵權行爲，著作財產權人不得提請告訴或自訴，在訴訟上並不經濟，亦無實益。

以上二說，究以何說爲當？

貳、回答

一、本問題爲：「著作財產權人專屬授權後得否再行使訴訟上權利？」故首應確定者，爲著作財產權人在著作權法上，究有何訴訟上之權利？

二、查著作財產權人於著作權法之訴訟上之權利，分爲民事訴訟權與刑事訴訟權兩種。民事訴訟權，例如著作權法第84條之不作爲請求權、第88條之損害賠償請求權、第88條之1之銷燬等處置請求權、第89條之判決書登載請求權等。刑事訴訟權爲第91條至第96條之1之告訴權或自訴權等。

三、先就民事訴訟而論。查著作財產權之行使，得由自己行使，亦得授權他人行使。著作財產權人行使著作財產權，多數爲授權他人行使，故授權爲著作財產權行使中之最主要內容。著作之授權，係著作權人對要求著作利用之人同意其得利用其著作之意思表示。著作權法第37條之授權，可分爲專屬授權與非專屬授權兩種。非專屬授權，著作財產權人之授權係非獨占、非排他，得授權多人，不受限制。專屬授權，則係獨占之許諾，著作財產權人不得再就同一內容更授權第三人[1]。依著作權法第37條第3項規定：「非專屬授權之被授權人非經著作財產權人同意，不得將其被授與之權利再授權第三人利用。」即係此旨。

四、著作權法第37條第4項規定：「專屬授權之被授權人在被授權範圍內，得以著作財產權人之地位行使權利，並得以自己名義爲訴訟上之行爲。著作財產權人在專屬授權範圍內，不得行使權利。」此「行使權利」，應指積極實現著作財產權內容之行爲，消極地、防禦性地排除他人侵權之訴訟行爲，並非此處之「行使權利」。故著作權法第37條第4項，方於「著作財產權人之地位行使權利」之後，又有「並得」「以自己名義爲訴訟上之行爲」之法文。如

---

[1] 參見最高法院86年台非字第64號刑事判決。

果此處之「行使權利」，包含消極地、防禦性地排除他人侵權之訴訟行為，則法律文字即不應再有「並得」「以自己名義為訴訟上之行為」之字樣。而此規定中「並得以自己名義為訴訟上之行為」，乃係著作權法法理之當然，使其明文化而已。在早期實務見解，專屬被授權人得提出告訴或自訴，已是多數說，最高法院於86年台非字第64號刑事判決後，又一再重申此旨[2]。

五、由是而知，著作權法第37條第4項之「著作財產權人在專屬授權範圍內，不得行使權利。」係指著作財產權人不得行使積極實現著作財產權內容之權利，例如著作權法第22條至第29條之權利，而非著作財產權人不得行使消極地、防禦性的訴訟權利，即著作財產權人對第三人侵害其著作財產權，仍得主張著作權法第84條之不作為請求權及第88條之損害賠償請求權。

六、查日本著作權法第79條之出版權設定，具有準物權之效力，與我國著作權法第37條之專屬授權相當。學者解釋日本著作權法的著作權與出版權之關係，猶如所有權與地上權設定之關係，出版權具有著作權之用益物權之性質。而所有權與地上權之占有權均有妨害除去與防止侵害請求權，在著作權法上，著作權被設定出版權，則著作權人與出版權人，均有妨害除去與防止侵害請求權[3]。日本著作權法第112條及第114條之禁止請求權及損害賠償請求權，均包含著作權人及出版人在內。我國民法第767條、第962條均有物上請求權之規定。在實務上，所有權人設定地上權後，土地被第三人占用，所有人與地上權人，均有物上請求權。此對著作財產權的準占有人，即專屬被授權人，宜有相同的理論邏輯。查著作財產權人在為專屬授權後，雖然不得積極實現著作財產權之授權權利，然而仍不失為著作財產權人，對第三人的侵害，仍然有消極的維護權利，否則俟專屬授權期滿，其著作財產權早因被嚴重侵害而滿目瘡痍，潛在市場盪然無存，豈是保護著作權之道？

七、或謂既然著作財產權已為專屬授權，在專屬授權的範圍內，著作財產權人已無權利，有何損害可言，如何能請求損害賠償，或提起其他訴訟？關於此點，吾人以為，著作財產權人對特定人為專屬授權，僅係授權特定人在合法之範圍內積極實現著作財產權權能，第三人之違法行為，仍屬侵害著作財產權人之權利，即著作財產權人仍有利益受損。例如甲專屬授權乙在台灣地區出版

---

[2] 參見後附最高法院86年台非字第114號、同年台非字第208號、同年台上字第3612號刑事判決、88年台非字第378號刑事判決等。

[3] 參見加戶守行：著作權法逐條講義，630頁，平成15年四訂新版。

A書，其期間爲五年，乙共印一萬本合法重製物，而在這期間內，該書被丙盜版三萬本，此時甲原有四萬本潛在市場之利益，而只取得一萬本合法版本之版稅收入，如果甲無刑事自訴、告訴或民事禁止請求權、請求損害賠償之權利，對甲有失公平，殊非保護著作財產權人之道。如果僅乙得對丙提告訴、自訴或請求損害賠償，則乙與丙和解，取得和解金，而甲損失未來的潛在市場，又未得到因侵害應得的版稅，乙反而有因與丙和解的多餘和解金，亦非法律設計之本意。或謂此僅對出版適用，對其他著作的授權，可能無法適用。然而目前許多著作專屬授權，如錄音著作、電腦程式，甚至音樂等，都以專屬被授權人的銷售量或使用量爲計算基礎，此皆與上述出版之例子相當，非僅適用於出版而已。故解釋上，著作財產權於專屬授權後，亦應有損害賠償請求權。

　　八、就刑事訴訟而言。早在二十餘年前，就著作之發行人，能否提起刑事告訴和自訴，即已發生爭議。司法院秘書長79年11月19日秘書廳(一)02296號函：「著作權受侵害、致出版人、發行人等之權益受侵害時，出版人、發行人等，自得依法提起民事訴訟、刑事告訴或自訴，似無於著作權法特予規定之必要，」有甚多實務判決亦予承認，例如台灣高等法院85年度上易字第78號、84年度上易字第4461號、84年度上易字第3673號、臺灣高等法院臺中分院84年度上易字第971號、台灣高等法院高雄分院84年度上易字第1203號等刑事判決等是[4]。斯時實務從未否認著作財產權人本身亦得提出告訴。所疑問者，乃民國90年修正著作權法第37條後，著作財產權之專屬授權改採物權說後，是否著作財產權人變成不能告訴？

　　九、查著作權法第37條第4項之「著作財產權人在專屬授權範圍內，不得行使權利。」係指著作財產權人不得行使積極實現著作財產權內容之權利，例如著作權法第22條至第29條之權利，而非著作財產權人不得行使消極地防禦性的訴訟權利，已如前述。而刑事告訴權是否存在，以著作財產權是否有直接受害爲準。最高法院26年鄂上字第255號刑事判例謂：「刑事訴訟法第311條所謂犯罪之被害人，就財產法益言，並不限於所有權人，即占有人之占有被侵害時，該占有人亦爲本條之被害人。」又同院32年非字第68號刑事判例：「刑事訴訟法第311條所稱犯罪之被害人，固以因犯罪而直接被害之人爲限，惟所謂直接被害人，係指其法益因他人之犯罪而直接受其侵害者而言。故凡財產法益

4　參照最高法院86年台非字第64號刑事判決所引。

被侵害時，其財產之所有權人固為直接被害人，即對於該財產有事實上管領力之人，因他人之犯罪行為而其管領權受有侵害者，亦不失為直接被害人。」以目前司法實務，物權被侵占或竊占，占有人（如地上權人等）與所有人，均有告訴權。而著作財產權之專屬授權，其專屬被授權人，係著作財產權之準占有人（民法第966條）。依此而論，在著作財產權經專屬授權後，在專屬授權範圍內的權利被侵害，專屬被授權人固為被害人，著作財產權人之著作財產權，潛在市場亦同時被侵害，亦有直接被害，亦應承認有告訴權方屬合理。

十、查我國民國88年4月21日以前修正舊民法第516條第1項規定：「著作人之權利，於契約實行之必要範圍內，移轉於出版人」此規定自民國18年民法制定迄民國88年，均無修正。司法院26年院字第1648號解釋謂：「民法第516條所指著作人之權利，其對於侵害人提起訴訟之權，應解為係在其必要範圍內。故無論出版契約就此有無訂定，出版人均得依前述規定，對於侵害人提起訴訟。」民國26年司法院作該解釋時，當時的著作權法第23條規定：「著作權經註冊後，其權利人得對於他人之翻印、仿製或以其他方法侵害利益，提起訴訟。」此權利人，包含出版人在內，亦包含著作財產權人在內。此觀民國33年著作權法第19條第1項規定：「著作物經註冊後，其權利人得對於他人之翻印、仿製或以其他方法侵害利益，提起訴訟。」第3項規定：「前二項規定於出版人就該著作物享有出版權者，亦適用之。」而可得印証。在舊民法第516條第1項規定採移轉說，而非如現行民法採授權說，較我國現行著作權法第37條第4項之專屬授權更具有物權性質，然而實務上均承認著作財產權人及出版人均可提出告訴，此實施70餘年，並無窒礙。在20年前著名的大英百科全書案，著作財產權人大英公司將中文繁體字版的大英百科全書交由中華書局出版，依民法第516條規定，大英公司「於契約實行之必要範圍內之權利，移轉於出版人」，大英公司較諸專屬授權更無權利，然而最後法院仍判決確定大英公司對丹青公司有民事訴訟權，且得請求損害賠償，可資參照[5]。

十一、或謂如果著作財產權及專屬授權之被授權人均有告訴權，則被告如與專屬授權的被授權人達成和解，將可能形成將又被著作財產權人訴追之不公平情形，如此則被告將可能有雙重賠償之情事。此或為主張原著作財產權人不得擁有告訴權之感情原因所在。然而在民國90年舊著作權法第37條修正以

---

[5] 有關大英公司與丹青公司之訴訟，請參閱蕭雄淋：大英百科全書官司攻防戰(一)—(八)，原載：律師通訊，民國80年8月號，第143期以下連載至162期。

前，發行人及原著作財產權人實務上承認均得擁有告訴權，而原著作財產權與出版人長期亦均被承認同時擁有告訴權，何以斯時實施無窒礙？況刑事訴訟法第233條規定：被害人之配偶得獨立告訴。如果雙重告訴人將發生雙重賠償問題，則專屬被授權人因和解後得到賠償，後來配偶另行告訴，亦獲得賠償，理論亦非不可能[6]。故此並非否認著作財產權人擁有告訴權之論據。

十二、論者或謂，著作財產權人或專屬被授權人，何人擁有告訴權，宜在合約中訂明，以授權合約為準。然此與告訴權之理論不合。查司法院26年院字第1648號解釋，已明示：「民法第516條所指著作人之權利，其對於侵害人提起訴訟之權，應解為係在其必要範圍內。又著作權法第23條所稱權利人，亦包括享有出版權之出版人在內，故無論出版契約就此有無訂定，出版人均得依前述規定，對於侵害人提起訴訟。」此「無論出版契約就此有無訂定」，即在明示告訴權為公權，不得以契約加以處分。最高法院26年上字第1906號刑事判例謂：「告訴乃論之罪，除法律上有特別規定外，告訴人曾否拋棄告訴權，與其告訴之合法與否，不生影響。」專屬授權之被授權人，就其專屬授權之範圍內，有告訴權，此乃實體權利被專屬授權之當然結果。縱然在授權契約中訂定，專屬授權之被授權人無告訴權，被授權人之告訴權，仍被法院所承認，不因約定或拋棄而受影響。此在著作財產權人於專屬授權後本身是否有告訴權亦同此理。因此告訴權之有無，不能依契約約定，僅能以法理論之，在此一併敘明。

參、參考資料

司法實務判決

(一) 司法院院字第1648號解釋

> 民法第516條所指著作人之權利，其對於侵害人提起訴訟之權，應解為係在其必要範圍內。又著作權法第23條所稱權利人，亦包括享有出版權之出版人在內，故無論出版契約就此有無訂定，出版人均得依前述規定，對於侵害人提起訴訟。

---

[6] 參閱最高法院26年渝上1427號刑事判例。

(二) 最高法院26年度渝上字第1427號刑事判決

> 告訴人合法撤回其告訴後，固不得再行告訴，但有告訴權人為數人時，本得分別行使，其告訴權除撤回告訴人應受刑事訴訟法第217條第2項之限制外，於其他有告訴權人之告訴，不生何種影響。

(三) 最高法院26年度上字第1906號刑事判決

> 告訴乃論之罪，除法律上有特別規定外，告訴人曾否拋棄告訴權，與其告訴之合法與否，不生影響。

(四) 最高法院26年度鄂上字第255號刑事判決

> 刑事訴訟法第311條所謂犯罪之被害人，就財產法益言，並不限於所有權人，即占有人之占有被侵害時，該占有人亦為本條之被害人。

(五) 最高法院32年度非字第68號刑事判決

> 刑事訴訟法第311條所稱犯罪之被害人，固以因犯罪而直接被害之人為限，惟所謂直接被害人，係指其法益因他人之犯罪而直接受其侵害者而言。故凡財產法益被侵害時，其財產之所有權人固為直接被害人，即對於該財產有事實上管領力之人，因他人之犯罪行為而其管領權受有侵害者，亦不失為直接被害人。

(六) 最高法院42年度台非字第18號刑事判決

> 刑事訴訟法第311條所稱犯罪之被害人，固以因犯罪而直接被害之人為限，惟所謂直接被害人，係指其法益因他人之犯罪而直接被其侵害者而言，故凡財產法益被侵害時，其財產之所有權人固為直接被害人，即對於該財產有事實上管領之人，因他人之犯罪行為而其管領權受有侵害者，亦不失為直接被害人，且被害之是否直接，須以犯罪行為與受侵害之法益有無直接關係為斷，如就同一客體有二以上之法益同時併存時，苟其法益為直接犯罪行為所侵害，則兩法益

所屬之權利主體均為直接被害人，並不因另有其他之直接被害人而發生影響，即非不得自訴。

(七) 最高法院86年度台非字第208號刑事判決

裁判字號：86年台非字第208號
案由摘要：違反著作權法案件
裁判日期：民國86年07月24日
資料來源：最高法院刑事裁判書彙編第29期902-909頁
相關法條：刑事訴訟法第319條（84.10.20）
要旨：

　　犯罪之被害人得為告訴，刑事訴訟法第232條定有明文。所謂被害人，指因犯罪行為直接受害之人而言。著作財產權之授權利用，有專屬授權與非專屬授權之分。非專屬授權，著作財產權得授權多人，不受限制。專屬授權，則係獨占之許諾，著作財產權人不得再就同一內容更授權第三人。依卷附協和公司所提出之美國環球影片公司之授權證明書，明確記載該公司已授權協和公司在中華民國台灣地區（包括金門、馬祖）獨家代理該公司著作之影碟重製、銷售、出租及發行，授權期間自81年7月7日起至83年7月1日止及82年8月10日起至84年8月10日止，顯見協和公司已取得美國環球影片公司之專屬授權利用。而重製、銷售及出租均為發行之態樣，參諸民法第516條第1項規定：「著作人之權利，於契約實行之必要範圍內，移轉於出版人。」及司法院26年院字第1648號解釋：「民法第516條所指著作人之權利，其對於侵害人提起訴訟之權，應解為係在其必要範圍內。又著作權法（舊）第23條所稱權利人，亦包括享有出版權之出版人在內，無論契約就此有無訂定，出版人均得對於侵害人提起訴訟。」之意旨，苟被專屬授權人欠缺告訴權，則法律對於被專屬授權人之保護將形同具文。是第三人如侵害著作權人授予被專屬授權人之權利，被專屬授權人即為直接被害人，自得依法提起告訴或自訴。

(八) 最高法院86年度台非字第64號刑事判決

最高法院　裁判書──刑事類
【裁判字號】　　　　86，台非，64
【裁判日期】　　　　860307
【裁判案由】　　　　違反著作權法等
【裁判全文】
最高法院刑事判決　　　　　　　　　　　　86年度台非字第64號
　　　上　訴　人　最高法院檢察署檢察總長
　　　被　　　告　高○度家飾有限公司
　　　兼右代表人　劉○光
右上訴人因被告等違反著作權法等罪案件，對於台灣高等法院中華民國85年5月22日第二審確定判決（85年度上易字第1629號，起訴案號：台灣士林地方法院檢察署84年度偵字第6344、9576號），認為部分違法，提起非常上訴，本院判決如左：
　　　主　　文
原判決關於諭知協○育樂股份有限公司公訴不受理違背法令部分撤銷。
　　　理　　由
非常上訴理由稱：「查台灣高等法院85年度上易字第1629號判決，所以撤銷第一審之科刑判決而諭知本件公訴不受理者，無非係以協○公司、東○公司並未受讓附表所示影碟片著作財產權，僅享有著作財產權之授權利用。並非著作財產權之所有權人，亦未取得著作財產權人之授權告訴，其所為之告訴即非正當，核屬未經告訴為其論據。然查錄影帶、影碟片之著作財產權內容，主要為重製及出租，此觀著作財產權法第三章第三節第一款著作財產權種類之規定自明。而著作財產權得為全部或部分讓與他人或與他人共有，又為同法第36條所明定。就卷附資料審察，美國派拉蒙公司、環球公司業已授權協和公司為中華民國台灣地區之獨家錄影帶及影碟片代理商，合法經銷其所有影片，且獨家享有重製、銷售、出租錄影帶、影碟片及經銷此類帶、片供家庭觀賞。如授與之權利受到第三人侵害時，可依法以自身名義向檢察署或警方提出刑事訴訟或以自身名義提出私人訴訟。故知該二公司雖未明示將該等錄影帶、影碟片之著作財產權讓與協和公司，但既將構成著作財產權內容中之重製、銷售、出租、發行等權能授予該公司，則該公司即實質上取得派拉蒙、環球二公司對該等影

帶、碟片著作財產權之讓與。當上述權益受到侵害時，協和公司自係刑事訴訟法上所稱之被害人而享有告訴權。司法院秘書長79年11月19日秘書廳(一)02296號函：「著作權受侵害、致出版人、發行人等之權益受侵害時，出版人、發行人等，自得依法提起民事訴訟、刑事告訴或自訴，似無於著作權法特予規定之必要，」即是本此旨趣。且台灣高等法院及其分院就相類似之案件均認為合法告訴而為實體判決，有高等法院85年度上易字第78號、84年度上易字第4461號、84年度上易字第3673號、高等法院台中分院84年度上易字第971號、台灣高等法院高雄分院84年度上易字第1203號等判決可資參照。原判決竟以未經合法告訴為理由，撤銷第一審合法之實體判決，委有適用法則不當之違法，案經確定，雖對被告並無不利，為求統一法令之適用，爰依刑事訴訟法第441條、第443條提起非常上訴，以資糾正。」等語。本院按判決不適用法則或適用法則不當者，為違背法令，刑事訴訟法第378條定有明文。本件原確定判決係以公訴意旨略稱：被告劉○光係台北市○○路○段七五號一樓被告高○度家飾有限公司（下稱高○度公司）負責人，經營影碟片出租業務，明知友人黃○煌、賴○輝於附表所示時間，自香港、新加坡帶回該附表所示影碟片，係未經該附表所示著作財產權人同意輸入之著作，竟基於概括之犯意，自民國83年6月3日起至84年7月11日止，未經已取得在台灣獨家重製、出售、出租、發行權之協○育樂股份有限公司（下稱協和公司）之同意，在上址以每支新臺幣（下同）60元至100元不等之價格，擅自出租予不特定人觀賞，嗣於84年7月11日上午為警查獲，並扣得附表所示之影碟片，案經協和公司訴請偵辦，認劉○光涉有連續違反著作權法第92條罪嫌，高○度公司應依同法第101條規定，科處罰金等情。原判決則以協和公司固提出美國派拉蒙公司及環球公司授權證明書，證明該公司已授權協和公司在中華民國台灣地區（包括金門、馬祖）獨家代理該公司著作之影碟重製、銷售及出租；但核其授權證明書內容，協和公司未受讓附表所示影碟片之著作財產權，僅享有該等著作之授權利用，則協和公司並非附表所示影碟片之著作財產權人，如有侵害該等著作權情事，亦應由該等著作之著作財產權人依法提出告訴，協和公司既未經該等著作財產權人授權代為告訴，即逕以自己公司名義提出告訴，自非合法，因而撤銷第一審該部分之科刑判決，改判諭知公訴不受理。惟查著作財產權之讓與與著作財產權之授權利用，其權利內容不同，著作財產權之讓與，係著作財產權之擁有者因之而移轉，原著作財產權人之著作財產權移屬於受讓人；而著作財產權之授權利用，則係著作財產權仍屬於原著作財產權人所有，被授權人僅取得利用之權限，而

非變成著作財產權人。簡言之，著作財產權之讓與具有類似物權移轉之性質，著作財產權之授權利用，原則上僅有債的關係。非常上訴意旨認美國派拉蒙公司及環球公司雖未明示將附表編號1至4所示影碟片之著作財產權讓與協和公司，但既將構成著作財產權內容之重製、銷售、出租、發行等權能授予該公司，則協和公司實質上已取得派拉蒙公司及環球公司對該等影碟片著作財產權之讓與云云，似有誤會，但著作財產權之授權利用，有專屬授權與非專屬授權之分。非專屬授權，著作財產權得授權多人，不受限制。專屬授權，則係獨占之許諾，著作財產權人不得再就同一內容更授權第三人。依卷附協和公司所提美國派拉蒙公司及環球公司之授權證明書，載明該等公司已授權協和公司在中華民國台灣地區（包括金門、馬祖）獨家代理該等公司著作之影碟重製、銷售及出租，派拉蒙公司授權期間自82年8月1日至84年7月31日，環球公司授權期間自82年9月1日至84年8月31日（見84年度聲字第437號偵查卷第52至58頁），顯見協和公司已取得美國派拉蒙公司及環球公司之專屬授權利用。而重製、銷售及出租均為發行之態樣，參諸民法第516條第1項規定：「著作人之權利，於契約實行之必要範圍內，移轉於出版人」及司法院26年院字第1648號解釋：「民法第516條所指著作人之權利，其對於侵害人提起訴訟之權，應解為係在其必要範圍內。又著作權法（舊）第23條所稱權利人，亦包括享有出版權之出版人在內，無論契約就此有無訂定，出版人均得對於侵害人提起訴訟。」之旨意，苟被專屬授權人欠缺告訴權，則法律對被專屬授權人之保護將形同具文。是第三人如侵害著作權人授予被專屬授權人之權利，被專屬授權人即為直接被害人，自得依法提起告訴或自訴。原判決疏未注意及此，遽認協和公司並未受讓附表編號1至4所示影碟片著作財產權，僅享有著作財產權之授權利用，則協和公司並非著作財產權所有權人。如有侵害該等影碟片著作權情事，直接被害人則屬美國派拉蒙公司及環球公司，未經該等公司或其授權之人提出告訴，其告訴即非合法，本件協和公司既非著作財產權人，亦未取得著作財產權人之授權，遽以其公司名義提出告訴顯不合法，因而撤銷第一審之科刑判決，改判論知公訴不受理。其判決自屬違背法令。案經確定，非常上訴就協和公司之告訴部分執以指摘，為有理由，惟原判決尚非不利於被告等，僅應由本院將原判決關於上開違背法令部分撤銷，以資糾正。至原判決中東○育樂有限公司（下稱東○公司）部分，依卷內資料，其授權利用之銀暉、春暉影業有限公司僅為代理商，而非原著作權人，其又將本件影碟片授權東○公司利用，即屬有違著作權法第37條第2項之禁止規定，且非常上訴意旨復未具體指摘原判決此部分違

背法令,依刑事訴訟法445條第1項規定,有關東○公司部分即不予審究,合為指明。

據上論結,應依刑事訴訟法第447條第1項第1款前段,判決如主文。

中　華　民　國　86　年　3　月　7　日

最高法院刑事第二庭

審判長法官　施文仁

法官　陳炳煌

法官　張淳淙

法官　洪文章

法官　林錦芳

右正本證明與原本無異

書記官

中　華　民　國　86　年　3　月　12　日

(九) 最高法院86年度台非字第114號刑事判決

裁判字號:86年台非字第114號

案由摘要:被告違反著作權法案件

裁判日期:民國86年04月11日

資料來源:最高法院刑事裁判書彙編第28期891-897頁

相關法條:刑事訴訟法第319條(84.10.20)

　　　　　　著作權法第92、100條(82.04.24)

要旨:

　　依授權證明書之內容,美國環球公司已授權協和公司在台灣地區獨家代理公司著作影碟之重製、出租、銷售、發行等權利,期間自83年8月4日至84年8月31日止,顯見協和公司已取得美國環球影片公司在台灣地區之該項著作權專屬授權,而重製、發行等係出版之態樣,依民法第516條第1項規定:「著作人之權利,於契約實行之必要範圍內,移轉於出版人」,及司法院26年院字第1648號解釋所揭示:「民法第516條所指著作權人,其對於侵害人提起訴訟之權,應解為係在其必要範圍內;著作權法所稱之權利人,亦包括享有出版權之出版人在內,無論契約就此有無訂定,出版人均得對於侵害人提起訴訟」之意

旨，苟著作權之專屬授權人欠缺告訴權，則法律對於被專屬授權人之保護，將形同具文。是第三人如侵害著作權人授與專屬授權人之權利，被專屬授權人即為直接被害人，自得提起告訴或自訴。

參考法條：著作權法第92、100條（82.04.24）

　　　　　　刑事訴訟法第319條（84.10.20）

(十) 最高法院86年度台非字第208號刑事判決

裁判字號：86年台非字第208號

案由摘要：違反著作權法案件

裁判日期：民國86年07月24日

資料來源：最高法院刑事裁判書彙編第29期902-909頁

相關法條：刑事訴訟法第319條（84.10.20）

要旨：

　　犯罪之被害人得為告訴，刑事訴訟法第232條定有明文。所謂被害人，指因犯罪行為直接受害之人而言。著作財產權之授權利用，有專屬授權與非專屬授權之分。非專屬授權，著作財產權得授權多人，不受限制。專屬授權，則係獨占之許諾，著作財產權人不得再就同一內容更授權第三人。依卷附協和公司所提出之美國環球影片公司之授權證明書，明確記載該公司已授權協和公司在中華民國台灣地區（包括金門、馬祖）獨家代理該公司著作之影碟重製、銷售、出租及發行，授權期間自81年7月7日起至83年7月1日止及82年8月10日起至84年8月10日止，顯見協和公司已取得美國環球影片公司之專屬授權利用。而重製、銷售及出租均為發行之態樣，參諸民法第516條第1項規定：「著作人之權利，於契約實行之必要範圍內，移轉於出版人。」及司法院26年院字第1648號解釋：「民法第516條所指著作人之權利，其對於侵害人提起訴訟之權，應解為係在其必要範圍內。又著作權法（舊）第23條所稱權利人，亦包括享有出版權之出版人在內，無論契約就此有無訂定，出版人均得對於侵害人提起訴訟。」之意旨，苟被專屬授權人欠缺告訴權，則法律對於被專屬授權人之保護將形同具文。是第三人如侵害著作權人授予被專屬授權人之權利，被專屬授權人即為直接被害人，自得依法提起告訴或自訴。

參考法條：刑事訴訟法第319條（84.10.20）

(十一) 最高法院86年度台上字第3612號刑事判決

裁判字號：86年台上字第3612號
案由摘要：被告違反著作權法案件
裁判日期：民國86年06月19日
資料來源：最高法院刑事裁判書彙編第28期881-885
相關法條：著作權法第37、100條
要旨：
　　著作權之授權利用，有專屬授權與非專屬授權之分。非專屬授權，著作財產權得授權多人，不受限制；專屬授權，則係獨占之許諾，著作財產權人不得再就同一權利更授權第三人使用，甚至授權人自己亦不得使用該權利。專屬授權之被授權人於其被授權之範圍內既獨占利用著作財產權，則其權利之被侵害與原著作財產權人之權利被侵害，並無不同，自係犯罪之直接被害人，而得依法提起告訴或自訴。
參考法條：著作權法第37、100條

（回覆於2008年3月10日）

問題69：對有關禁止平行眞品輸入的著作權商品函釋之意見

 **相關條文**

> 著作權法第87條第1項第4款（禁止著作眞品平行輸入）、第87條之1第1項第4款、第5款（眞品平行輸入之例外許可）

壹、問題

依經濟部智慧財產局之前解釋認爲禁止眞品平行輸入規定主要係適用於所謂「著作權商品」（例如音樂CD、視聽DVD、書籍、電腦程式等）之輸入行爲。如輸入之商品雖含有著作（例如來函床單、被套可能含有之美術或圖形著作），但此著作並非該商品之主要用途、價值之所在者（例如床單、被套之主要用途爲供作臥室寢具、其價值之所在應爲布料材質），則此等商品並非「著作權商品」，似不受上述著作權法第87條第1項第4款規定之限制。（經濟部智慧財產局民國92年11月18日電子郵件921118號解釋函）。

此「著作商品」，究應如何解釋爲當？

貳、回答

一、著作權法第87條第1項第4款之專屬輸入權，首見於民國82年著作權法之修正，斯時因該規定乃係由立法院主動提案。而立法院之主動提案的條文文字，係在美國超級301條款之壓力下，每字均由美方提供，翻譯成中文文字而成。此立法非屬由我國主管機關送行政院轉立法院或逕由立法委員提案所形成，故其立法條文若干內涵，並不明確。由當時立法說明資料，對於此一問題，亦無法釐清。

二、惟若由文義上觀察，智慧局民國92年11月18日該函釋，認爲禁止眞品平行輸入規定主要係適用於所謂「著作權商品」（例如音樂CD、視聽DVD、書籍、電腦程式等）之輸入行爲。如輸入之商品雖含有著作（例如來函床單、被套可能含有之美術或圖形著作），但此著作並非該商品之主要用途、價值之

所在者（例如床單、被套之主要用途爲供作臥室寢具、其價值之所在應爲布料材質），則此等商品並非「著作權商品」。此函釋，似將著作權法第87條第1項第4款之「著作原件或其重製物」，限於「著作權商品」，而其「著作權商品」，必須以該著作爲商品之主要用途、價值之所在。此種解釋，在法律上似嫌缺乏依據。蓋「輸入之商品雖含有著作，但此著作並非該商品之主要用途、價值之所在者」，該商品，亦應含有「著作原件或其重製物」。而既然該商品含有「著作原件或其重製物」，則即難排除著作權法第87條第1項第4款之適用。再者，如果依此解釋，亦將使著作權法第87條之1第4、5款規定無適用餘地。因著作權法第87條之1第1項第4、5款之情形，可能均爲「此著作並非該商品之主要用途、價值之所在」者。

　　三、基此，有關經濟部智慧財產局對著作權商品之限縮解釋，吾人寧認爲應係著作權法第87條之1第4款之解釋。爲了解決商標與著作權平行輸入可能競合之矛盾問題，建議此一問題，由著作權法第87條之1第4款及第5款之從寬解釋加以解決，而不宜逕以著作權法第87條第1項第4款加以限縮解釋而爲解決。

　　四、本人於前所著「著作權法逐條釋義」第三冊書中第129至131頁，針對著作權法第87條之1第1項第4、5兩款之解釋，或可爲部分解釋之參考：

　　「(四) 附含於貨物、機器或設備之著作原件或其重製物，隨同貨物、機器或設備之合法輸入而輸入者，該著作原件或其重製物於使用或操作貨物、機器或設備時不得重製（本條第1項第4款）。

　　1. 本法第5條第1項之著作種類繁多，有語文著作、音樂著作、戲劇舞蹈著作、美術著作、攝影著作、圖形著作、視聽著作、錄音著作、建築著作、電腦程式著作等。事實上有甚多貨物、機器或設備均附含有著作在內。例如衣服、罐頭上有美術圖案，電風扇、電視、冰箱內有電腦程式著作；鬧鐘內有音樂著作；檀香扇上有語文著作是。如附含於貨物、機器或設備之著作原件或其重製物亦適用第87條第1項第4款之輸入權，則無異於許多貨物、機器或設備亦禁止平行輸入，而在貨物、機器或設備之所有權人與附含於貨物、機器或設備之著作原件或其重製物通常爲不同之人之情形下，對該著作主張輸入權，將影響貨暢其流，有礙貨物、機器或設備之市場流通機能。故附含於貨物、機器或設備之著作原件或其重製物，隨同貨物、機器或設備之合法輸入而輸入者，不適用本法第87條第1項第4款之規定。

　　2. 本款後段規定：「該著作原件或其重製物於使用或操作貨物、機器或設備時不得重製」，此段規定似屬贅文。於法律解釋上，縱無此段文字，解釋上

亦屬當然不得重製。如有重製，有本法第88條及第91條之民刑事責任。惟如有本法第44條至第65條之事由，當然得加以重製，不受本款之影響。例如甲輸入檀香扇，在扇上有詩句，甲為個人使用目的而以自己之影印機影印其詩句，自不違法（本法第51條）是。

(五) 附屬於貨物、機器或設備之說明書或操作手冊隨同貨物、機器或設備之合法輸入而輸入者。但以說明書或操作手冊為主要輸入者，不在此限（本條第1項第5款）。

1. 電腦硬體或其他機器一般均附有操作手冊，藥品、化妝品甚至洗髮精亦可能附有使用說明書，此操作手冊或使用說明書，均係語文著作，本有本法第87條第1項第4款之適用。惟此說明書或操作手冊，均係貨物、機器或設備之附屬物，而非主要商品。如因附屬物之禁止平行輸入而影響主要商品之流通，誠非本法之立法本意。故附屬於貨物、機器或設備之說明書或操作手冊隨同貨物、機器或設備之合法輸入而輸入者，不適用本法第87條第1項第4款之規定。亦即藥品、化妝品等如不因專利法、商標法或其他法令禁止輸入者，其說明書隨同藥品、化品而輸入，應不違法，不侵害說明書著作財產權人之專屬輸入權。

2. 本款但書規定：「但以說明書或操作手冊為主要輸入者，不在此限。」即指說明書或操作手冊之價值逾越貨物、機器或設備之價格，而係以說明書或操作手冊為主要輸入者，則仍適用本法第87條第1項第4款之規定，說明書或操作手冊之著作財產權人仍得主張專屬輸入權。」

五、有關台灣高等法院高雄分院96年上易字第1063號刑事判決之事實及理由，其中「京都念慈菴枇杷潤喉糖產品包裝圖示外觀設計」之圖形著作，似宜以著作權法第87條之1第1項第5款，而認定不適用著作權法第87條第1項第4款規定，而非逕用著作權法第87條第1項第4款而限縮解釋。

參、參考資料

高雄分院　裁判書──刑事類	
【裁判字號】	96，上易，1063
【裁判日期】	961224
【裁判案由】	違反著作權法

【裁判全文】

臺灣高等法院高雄分院刑事判決　　　　　　　96年度上易字第1063號

上　訴　人　臺灣高雄地方法院檢察署檢察官

被　　　告　甲○○

選任辯護人　林瑲琛　律師

上列上訴人因被告違反著作權法案件，不服臺灣高雄地方法院96年度易字第478號中華民國96年10月5日第一審判決（起訴案號：臺灣高雄地方法院檢察署95年度偵字第28207號），提起上訴，本院判決如下：

　主　文

上訴駁回。

　理　由

一、公訴意旨略以：被告甲○○係高雄市○○區○○街90巷7之1號4樓凱○有
　　限公司（下稱凱○公司）之負責人，其明知京都念慈菴枇杷潤喉糖產品
　　包裝圖示外觀設計，為京都念慈菴總廠有限公司享有著作財產權之圖形著
　　作，並專屬授權予告訴人京都念慈菴藥廠股份有限公司，未經上開著作權
　　人之同意，不得擅自輸入著作原件或其重製物，詎被告竟基於意圖營利之
　　犯意聯絡，自民國（以下同）95年5月間起，未經上開著作權人同意，即
　　自印尼PT CADBURY INDONESIA進口上開潤喉糖產品至臺灣，之後並批
　　發由各經銷通路商販賣予不特定之消費者而散布之，侵害權利人即告訴人
　　之著作財產權，因認被告甲○○涉有違反著作權法第87條第4款之規定，
　　應依同法第91條之1第1項規定處罰。

二、公訴人認被告甲○○涉有違反著作權法罪嫌，係以上揭事實，業據告訴
　　人京都念慈菴藥廠股份有限公司指訴綦詳，並有著作權專屬合約書1份可
　　憑，被告甲○○亦坦承平行輸入京都念慈菴枇杷潤喉糖銷售等語，為其論
　　據。

三、訊據被告甲○○固坦承有於上開時、地輸入本案京都念慈菴枇杷潤喉糖產
　　品並販賣之事實，惟堅決否認有何侵害著作財產權犯行，辯稱：我是合
　　法進口，輸入的是真品，潤喉糖是原裝進口，我僅依照政府規定貼中文標
　　籤，未為任何加添的行為，並未侵害告訴人之著作權等語；辯護人則辯
　　稱：告訴人主張之圖案等著作，實係喉糖之包裝或廣告性質之標記，並非
　　貨物本身之喉糖，依著作權法第87條之1第4款、第5款規定，應不適用同
　　法第87條第4款之規定，且依照經濟部智慧財產局之解釋，如非屬「著作

權商品」之輸入行為，不受著作權法第87條第4款規定之限制；再者，被告是合法輸入，並無違法之認識，亦無犯罪之故意等語。經查：

(一) 京都念慈菴枇杷潤喉糖產品包裝圖示外觀設計，為京都念慈菴總廠有限公司享有著作財產權之圖形著作，並專屬授權予告訴人京都念慈菴藥廠股份有限公司，在台澎金馬等地區使用；被告於95年5月間，未經京都念慈菴總廠有限公司及告訴人之同意，自印尼原廠製造商PT CADBURY INDONESIA進口上開潤喉糖產品一批至臺灣，並批發由各經銷通路商販賣予不特定之消費者而散布之事實，業據被告坦承不諱，核與證人即凱○公司職員管○勇陳述情節相符（見原審卷第61頁至第62頁），並有上開潤喉糖產品包裝圖示照片、著作權專屬授權合約書1份、經濟部中央標準局商標註冊證及相關商標申請資料、財政部關稅總局95年6月30日台總局緝字第0000000000號函、被告甲○○於95年6月16日發函予經銷商之聲明書及附件、普華商務法律事務所95年6月16日第L00000000號律師函與送達回執（臺灣高雄地方法院95年度他字第6179號卷第9頁至第42頁）、海關進口報單、輸入食品查驗證明各1紙（同上他字卷第49頁至第50頁）、被告甲○○進口之潤喉糖照片21張（同上他字卷第60頁至第80頁）等在卷為證，此部份事實固堪認定。

(二) 按未經著作財產權人同意而輸入著作原件或其重製物者，視為侵害著作權；擅自以移轉所有權之方法散布著作原件或著作重製物而侵害他人之著作財產權者，處3年以下有期徒刑、拘役，或科或併科新臺幣50萬元以下罰金，著作權法第87條第4款、第91條之1第1項固定有明文，惟違反同法第87條第4款而構成同法第91條之1第1項之罪者，須所散布之客體為侵害著作權之違法著作原件或其重製物。又所謂「真品平行輸入」係指在未取得正式區域授權之狀況下，以私人或公司名義自國外輸入商品而言，其所涉法律層面遍及著作權法、商標法、專利法、公平交易法等，不同法規範對於「真品平行輸入」之評價亦有不同。因著作物重製之便利性及數量龐大，世界各國有關著作物之重製授權，原則會授予地區性及時間性之授權範圍，並限制銷售及出口區域，因應區域性質不同而有不同之授權方式，亦會禁止各區域間著作物的大量流通（例如禁止出口），著作權法第87條第4款規定，將未經著作財產權人同意而輸入著作原件或其重製物者，視為侵害著

作權，即一般人所稱「禁止真品平行輸入」，目的在於賦予著作權人「市場區隔」的權利，使在他國之著作財產權人授權在外國製造之著作權商品，不問在國內有無代理商，任何人要大量輸入國內，均要經過我國著作財產權人同意（經濟部智慧財產局92年8月12日電子郵件字第920812號函參照）。惟著作權之保護目的仍應兼顧公共利益之考量，故著作權法第87條第4款對於著作權人輸入權之保護，當著重於「著作」內涵之保護，即著作權法對於「真品平行輸入」之限制，應限於「著作權商品」（如音樂CD、視聽DVD、書籍、電腦程式等）之輸入行為，因著作權商品著重內容物，即內涵之銷售，與產品外觀或日常生活實用性關聯不大，如輸入之商品雖含有著作（例如床單、被套可能含有美術或圖形著作），但此著作並非該商品之主要用途、價值所在，即非「著作權商品」，應不受著作權法第87條第4款規定之限制，經濟部智慧產局92年11月18日電子郵件字第921118號函即採此見解。再者，著作權法第87條之1第1項第4款規定，附含於貨物、機器或設備之著作原件或其重製物，隨同貨物、機器或設備之合法輸入而輸入者，該著作原件或其重製物於使用或操作貨物、機器或設備時不得重製，不適用同法第87條第4款之規定，此即為兼顧保護著作財產權人及減少對文教利用之影響，以達到同法第1條明定之「保障著作權人著作權益，調和公共利益」之立法意旨，而明定除外規定（同法第87條之1立法說明參照）。

(三) 被告甲○○進口之本案潤喉糖，係合法進口，並經經濟部標準檢驗局查驗通過，有進口報單及輸入食品查驗證明影本各1紙在卷為證（臺灣高雄地方法院檢察署95年度他字第6179號卷第49、50頁），告訴代理人亦表示被告進口之本案潤喉糖與告訴人進口之潤喉糖為同一製造商，被告進口之貨物為真品等語（見原審卷第58頁），則本案潤喉糖係經合法製造之真品當屬無誤。被告進口之本案潤喉糖本身，既為真品，且屬食品，而非表彰創作內涵之著作權商品，即非著作權法第87條第4款規定之規範客體，被告甲○○進口本案潤喉糖，並加以販賣，即未侵害告訴人之著作財產權，應無著作權法第91條第1項之適用。

(四) 至於公訴意旨所稱本案潤喉糖產品包裝圖示外觀設計（見同上他字卷第9頁），為圖形著作，被告甲○○未經授權，擅自輸入本案潤喉糖

並販售予經銷通路商，侵害告訴人之著作財產權一節，告訴代理人雖於原審及本院表示其爭執者爲本案潤喉糖之鐵盒外包裝云云（見原審卷第58頁），惟消費者購買本案潤喉糖產品，其主要目的在於食用該潤喉糖產品，非爲購買該鐵盒外包裝之圖案。告訴代理人爭執之含有圖形著作之鐵盒外包裝，其作用僅在於表彰商品來源、內容及盛裝潤喉糖與防止受潮，增加美觀或使用上之功能，消費者或許可能因本案潤喉糖之鐵盒外包裝而增加購買意願，但此情形非可與購買單純表現著作內涵之著作物比擬。本案潤喉糖除去該外包裝圖案後，仍不失爲獨立之貨物主體得爲交易標的，應認本案潤喉糖之鐵盒外包裝上之圖形著作，乃附含於貨物之著作原件或其重製物，被告甲○○既未違法加工重製，則依上開著作權法第87條之1第4款規定，不適用同法第87條，即被告甲○○之輸入行爲，不視爲侵害著作權，該等鐵盒外包裝即爲合法重製物。被告甲○○所販售之本案潤喉糖，其鐵盒外包裝雖附含有圖形著作，然依著作權法第87條之1第4款規定，被告甲○○所輸入者屬合法重製物，被告甲○○加以販售而散布之行爲，即不構成著作權法第91條之1第1項之罪。

(五) 告訴代理人雖又以京都念慈菴枇杷潤喉糖產品包裝圖示外觀設計告訴人有商標權，另認被告甲○○有違反商標法云云，惟查眞正商品平行輸入之進口商，對其輸入之附有商標圖樣之眞正商品，苟未爲任何加工、改造或變更，逕以原裝銷售時，因其商品來源正當，不致使商標專用權人或其授權使用者之信譽發生損害，復因可防止市場之獨占、壟斷，促使同一商品價格之自由競爭，消費者亦可蒙受以合理價格選購之利益，在未違背商標法之立法目的範圍內，應認平行輸入商可爲單純商品之說明，適當附加同一商標圖樣於該商品之廣告等同類文書上；反之，倘非原裝銷售，擅予加工、改造或變更，而仍表彰同一商標圖樣於該商品，或附加該商標圖樣於商品之廣告等同類文書加以陳列或散布之結果，足以惹使消費者發生混淆、誤認其爲商標專用權人或其授權之使用者、指定之代理商、經銷商時，自屬惡意使用他人商標之行爲，顯有侵害他人商標專用權之犯意，應依其情節，適用商標法之刑罰規定論處（最高法院82年度台上字第5380號判決意旨參照）。本件被告甲○○既係平行輸入上揭告訴人所代理之潤喉糖產品，是其輸入之附有商標圖樣之眞正商品，並未爲任何加工、改造或

變更，逕以原裝銷售時，自難論以違反商標法罪責，檢察官對此亦認
　　爲被告不構成違反商標法罪責，而不另爲不起訴之諭知（見本件起訴
　　書理由欄第3項），是亦難認被告甲○○構成違反商標法罪責。
　綜上所述，被告甲○○所進口之本案潤喉糖產品，雖未經告訴人授權或同
　意即輸入並販售，然是眞品平行輸入，其對原商標圖樣之眞正商品，並未
　爲任何加工、改造或變更，逕以原裝銷售，自難認被告甲○○構成違反著
　作權法或違反商標法罪責，此外復查無其他確切證據證明被告甲○○有犯
　罪情事，其犯罪即屬不能證明。
四、原審以不能證明被告甲○○犯罪，依法諭知無罪，核無不合，檢察官上訴
　　指摘原判決不當，爲無理由，應予駁回。
據上論結，應依刑事訴訟法第368條，判決如主文。
本案經檢察官許月雲到庭執行職務。
中　華　民　國　96　年　12　月　24　日
刑事第六庭審判長法官　張盛喜
　　　　　　　　法官　李政庭
　　　　　　　　法官　邱永貴
以上正本證明與原本無異。
不得上訴。
中　華　民　國　96　年　12　月　24　日
書記官　林明威

　　　　　　　　　　　　　　　　　（回覆於2008年6月25日）

問題70：逾越授權範圍將合法重製之重製物輸出國外之責任問題

 **相關條文**

著作權法第60條（用盡原則、第一次銷售原則）、第87條（侵害著作權或製版權之擬制）、第87條之1（平行輸入）

壹、問題

問題之說明：

一、韓國影片之著作財產權人甲，授權台灣地區之某乙，得重製該影片並於中華民國境內（台、澎、金、馬）發行轉售，嚴禁將授權上述中華民國境內發行之影片輸出至中華民國境外之任何地區。

二、按「著作財產權人得授權他人利用著作，其授權利用之地域、時間、內容、利用方法或其他事項，依當事人之約定」，為我國著作權法第37條第1項前段所明訂。甲乙間有上述約定，雙方自應受契約授權範圍之拘束。惟乙未依上述契約之規範內容，竟將授權重製並於國內發行之影片，逕行輸出於國外。請問：上述乙之輸出行為，究屬單純契約的違反而負違約責任？抑或係屬侵害我國著作權法所規定之散布權，依著作權法第88條及第91條之1第1項而負擔民、刑事責任？

貳、回答

本題分三個問題，依次探討：

一、輸出行為是否為散布行為？

查著作權法第3條第1項第12款規定，所謂「散布」，指不問有償或無償，將著作之原件或重製物提供公眾交易或流通。又著作權法第28條之1第1項規定，著作人除本法另有規定外，專有以移轉所有權之方式，散布其著作之權

利。我國著作權法第87條第1項第4款之輸入行為，如果在輸入後，未再發行賣出前，其輸入行為本身，並非散布行為。而輸出行為，如果係出售於國外，即使僅出售於一家國外進口商，因已提供公眾交易或流通，此輸出行為為散布行為。而此輸出行為係屬移轉所有權之方式販售，則係侵害著作權法第28條之1第1項之散布權。

二、輸出行為如果係逾越授權範圍，係僅為違約，抑或侵害行為？

我國著作權法第37條第1項規定：「著作財產權人得授權他人利用著作，其授權利用之地域、時間、內容、利用方法或其他事項，依當事人之約定；其約定不明之部分，推定為未授權。」所謂著作權侵害，即欠缺法律依據，對權利人之權利標的擅自利用，而有害權利人權利存在作用之行為[7]。日本著作權法第63條第1項規定：「著作權人對於他人，得許諾其著作之利用。」第2項規定：「得前項許諾之人，於與其許諾有關之利用方法及條件之範圍內，得利用該著作。」我國著作權法第37條第1項，與日本著作權法第63條第1項、第2項相當。而超越授權範圍，就超越部分之行為，日本通說認為，係擅自利用之著作權侵害行為[8]。拙本人一向亦採此說[9]。

本題，韓國影片之著作財產權人甲，授權台灣地區之某乙，得重製該影片並於中華民國境內（台、澎、金、馬）發行轉售，嚴禁將授權上述中華民國境內發行之影片輸出至中華民國境外之任何地區，惟乙未依上述契約之規範內容，竟將授權重製並於國內發行之影片，逕行輸出於國外，如果未有其他著作財產權限制之規定可資援引，此並非僅係契約之違反，而係侵害之行為。

三、輸出行為是否得適用著作權法第59條之1的第一次銷售理論？

本問題乙，本為逾越授權範圍，應屬侵害甲之散布權，惟乙是否得主張著作權法第59條之1之「第一次銷售理論」？即乙雖然在合約上無權源，然而是否仍然得依法律上之著作財產權之限制之規定，而在法律上得到豁免，不認

7　參見：加户守行：著作權法逐條講義，平成18年五訂版，636頁。
8　參見：半田正夫、紋谷暢男：著作權のノウハウ，1990年四版，251頁；半田正夫：著作權法概說，2007年6月，十三版，283頁。
9　參見：蕭雄淋著，著作權法論（2007年4月，四版，311頁）。

為散布權之侵害？此猶如過去錄影帶發行商，與出租店簽約，合約規定不得轉租、轉售，然而發行商另發給出租店若干標籤，授權其拷貝，出租店在該有合法標籤之範圍內，加以拷貝，並轉給其他出租店出租，此種流片出租行為，過去司法實務見解通說，均認為此出租店縱係合約之違反，然而依著作權法第60條之第一次銷售理論之規定，係獨立之法律規定，流片後出租店的出租行為，直接適用著作權法第60條，而不認為侵害權利人之出租權[10]。

著作權法第59條之1規定：「在中華民國管轄區域內取得著作原件或其合法重製物所有權之人，得以移轉所有權之方式散布之。」此一規定，係於民國92年為配合第28條之1散布權之規定所增訂。此一規定，依其立法理由，似為解決平行輸入之產品之銷售而設，例如國外著作權人甲在國外發行某著作，乙未得甲之同意，輸入該著作之重製物，並賣給第三人丙，則第三人丙欲再散布，不得主張第59條之1散布權之耗盡是。

著作權法第59條之1，對於如甲係國內著作財產權人，而甲將著作之重製物賣至市場，乙買入後，得否輸出，即乙之輸出，得否主張第59條之1之第一次銷售理論，而不侵害散布權？由於第59條之1，僅規定「得以移轉所有權之方式散布之」，而未規定「得以移轉所有權之方式，在中華民國管轄區域內散布之」，故應認為乙之出口為合法。

本題中，如果乙已賣給丙，由丙散布至國外，在我國著作權法第59條之1之規範架構上，理論上亦應認為有第59條之1之適用，至於進口國是否合法，應依進口國之法律判斷之。

問題是乙本身為台灣地區之重製權人，是否仍有第59條之1之適用？即第59條之1之權利耗盡，是否須以進入市場後所有物之買進者為限？抑或進入市場前之所有物之原始取得人，亦有適用？此可分為二說：

否定說認為，乙無第59條之1之適用。蓋從第一次銷售理論來看，著作之重製物，應在市場第一次銷售出去以後，才有銷售權耗盡問題，第一次銷售理論，對於台灣地區之重製權人，就其出口行為，應不適用。世界智慧財產組織之著作權條約（WCT）第6條第2項規定：「本條約之規定不影響締約各方得自由決定於著作人授權下將著作之原件或重製物首次出售或為其他所有權轉讓

---

10 參見拙編：著作權判決決議、令函釋示、實務問題彙編，民國89年7月版，1591頁以下。

以後（after the first sale or other transfer of ownership），對第（1）項所定權利之耗盡之條件。」世界智慧財產組織之表演與錄音物條約（WPPT）第8條第2項規定：「本條約之規定不影響締約各方得自由決定於表演人授權下將固著之表演之原件或重製物首次出售或為其他所有權轉讓以後，對第（1）項所定權利之耗盡之條件。」第12條第2項規定：「本條約之規定不影響締約各方得自由決定於錄音物製作人授權下將錄音物之原件或重製物首次出售或為其他所有權轉讓以後，對第（1）項所定權利之耗盡之條件。」似採此說。

　　肯定說認為，乙有第59條之1之適用。蓋無論是所有權或著作財產權之轉讓，受讓人之權利，不應大於讓與人。本件如果認為乙不得適用著作權法第59條之1之行為，而認為乙將著作重製物轉讓給丙，丙為繼受乙為重製物之所有人，反而可以主張著作權法第59條之1之規定，則只要乙委託一個第三者丙，即可出口，不問丙是否善意或惡意，均可主張第59條之1之行為，顯然無法達到保護效果，頗不合理。

　　查美國著作權法第106條第3款規定著作權人專有散布權，第109條第1項規定「第一次銷售原則」（First Sale Doctrine），合法重製物一旦經著作權人以「第一次銷售」而將重製物之所有權移轉他人後，著作權人即不得再對重製物所有人及其後手主張散布權。依美國著作權法權威教科書Melville B. Nimmer & David Nimmer, Nimmer on Copyright, 之見解，「第一次銷售」所稱之「銷售」，依據第109條（a）之文義及國會立法說明（House Report），該條項之適用僅以取得合法重製物之所有權為已足，至於取得所有權之原因並無限制，故因著作權人之移轉所有權行為而取得亦即繼受取得，例如銷售、贈與（gift），以及因著作權人委託製作著作物而原始取得著作重製物之所有權，均有「第一次銷售原則」之適用[11]。我國著作權法第59條之1亦無明文規定，必須是繼受取得所有權之人，方得主張權利耗盡。乙是原始取得合法取得著作重製物所有權之人，依法條文義，應亦有適用。如果採否定說，限縮第59條之1之適用範圍，使乙蒙受刑事處罰，恐有違罪刑法定主義不得為不利於被告之限縮解釋之原則。

　　我國向未加入WCT及WPPT，而世界貿易組織（WTO）所適用之伯恩公約，對散布權及第一次銷售理論並未規範。如果欲使散布權限於主權管轄領

---

[11] 參見Nimmer on Copyright, §8.12[B][3] [c], 2005。

域，即第一次銷售理論，不採絕對主義，而係採相對主義，則我國著作權法第59條之1規定文字，恐須再作修正調整，方可符合第一次銷售理論之真正精神。在第59條之1之文字未作修正調整前，由於我國著作權法有極重之刑事責任，本文主張暫採肯定說，即在著作權法第59條之1修法前，乙亦得主張適用第59條之1規定，依著作財產權限制之規定，得到侵害的豁免，而認為僅係違反合約而已。

（回覆於2008年8月8日）

問題71：販售國外輸入之非著作商品之著作權問題

 **相關條文**

著作權法第60條（用盡原則、第一次銷售原則）、第87條（侵害著作權或製版權之擬制）、第87條之1（平行輸入）

壹、問題

　　著作權法（下稱本法）第87條第1項第4款，即一般人所稱之「禁止真品平行輸入」規定之適用範圍，依經濟部智慧財產局歷來函釋，主要係適用於所謂的「著作權商品」（例如：音樂CD、視聽DVD、書籍、電腦程式等）之輸入行為，如輸入之商品雖含有著作（例如：床單、被套可能含有美術或圖形著作），但此著作並非該商品之主要用途者，則此等商品並非著作權商品，不受本法第87條第1項第4款規定之限制，則後續將此等商品販售，依智財局民國99年7月30日電子郵件990730b號函釋[12]，並不會涉及著作權法的問題，似認為亦無侵害「散布權」問題。

　　惟因上述商品仍含有受本法保護之著作，如印有美術著作之床單、被套、衣服等，雖無上述本法第87條第1項第4款的問題，但是輸入該等美術著作重製物並未經著作財產權人同意，則販售此類商品是否仍可認為未侵害「散布權」？

---

[12] 參閱：經濟部智慧財產局網站，解釋令函列表，http://www.tipo.gov.tw/ch/Enactment_LMExplainLookPrintPage.aspx?ID=3749&KeyCode=&KeyConten=（最後瀏覽日期：2013年1月26日）。

貳、回答

一、著作權法第87條第1項第4款限於「著作權商品」之依據

（一）著作權法第87條第1項第4款規定：「有下列情形之一者，除本法另有規定外，視爲侵害著作權或製版權：……四、未經著作財產權人同意而輸入著作原件或其重製物者。」第87條之1規定：「有下列情形之一者，前條第4款之規定，不適用之：一、爲供中央或地方機關之利用而輸入。但爲供學校或其他教育機構之利用而輸入或非以保存資料之目的而輸入視聽著作原件或其重製物者，不在此限。二、爲供非營利之學術、教育或宗教機構保存資料之目的而輸入視聽著作原件或一定數量重製物，或爲其圖書館借閱或保存資料之目的而輸入視聽著作以外之其他著作原件或一定數量重製物，並應依第48條規定利用之。三、爲供輸入者個人非散布之利用或屬入境人員行李之一部分而輸入著作原件或一定數量重製物者。四、附含於貨物、機器或設備之著作原件或其重製物，隨同貨物、機器或設備之合法輸入而輸入者，該著作原件或其重製物於使用或操作貨物、機器或設備時不得重製。五、附屬於貨物、機器或設備之說明書或操作手冊隨同貨物、機器或設備之合法輸入而輸入者。但以說明書或操作手冊爲主要輸入者，不在此限（第1項）。」「前項第二款及第三款之一定數量，由主管機關另定之（第2項）。」

（二）依經濟部智慧財產局民國99年07月30日電子郵件990730b號函：「一、按著作權法（下稱本法）第87條第1項第4款規定，未經著作財產權人同意而輸入著作原件或重製物者，視爲侵害著作權，此即所謂著作權人之專屬『輸入權』，或一般人所稱之『禁止眞品平行輸入』。故除非符合本法87條之一規定，例如：『屬於入境人員行李之一部分』而輸入『1份重製物』而得合法輸入眞品外，否則仍屬違反本法『禁止眞品平行輸入』之規定，縱其屬眞品，但仍將被視爲『非法重製物』。惟本法第87條第1項第4款規定之適用範圍，依本局歷來函釋，主要係適用於所謂的『著作權商品』（例如音樂CD、視聽DVD、書籍、電腦程式等）之輸入行爲，如輸入之商品雖含有著作（例如床單、被套可能含有美術或圖形著作），但此著作並非該商品之主要用途者，則此等商品並非著作權商品，不受本法第87條第1項第4款規定之限制。二、因此來函所詢在台灣有代理商的品牌商品可否在網路上販售一節，如果您

所提到進口的正版商品，並非上述之『著作權商品』，則您輸入該商品，不受本法第87條第1項第4款規定之限制，販賣此等商品與著作權法無涉，但如果您自境外所進口的商品，係屬著作權商品，即使爲正版，除非係經著作權人同意並所輸入或符合本法87條之1例外規定外，其輸入行爲，仍屬違反本法第87條規定而負有民事賠償責任，如再網拍轉售則可能構成侵害「散布權」之違法行爲，而負有民、刑事責任。」[13]

　　此函釋似謂著作權法第87條第1項第4款規定之適用對象，主要係適用於所謂的「著作權商品」，如果輸入之商品雖含有著作（例如：床單、被套可能含有美術或圖形著作），但此著作並非該商品之主要用途者，則此等商品並非「著作權商品」，不受著作權法第87條第1項第4款規定之限制。此一見解，並非來自著作權法第87條第1項第4款之立法埋田，而係因有著作權法第87條第1項第4款規定之故。此在臺灣高等法院86年度上易字第6693號刑事判決理由中說明甚詳。

　　(三) 依臺灣高等法院刑事庭86年度上易字第6693號刑事判決理由謂：「(一) 著作權法第87條之1第4款之立法目的，乃規範錄音、錄影及書籍等與著作本身不可分離之著作物，因錄音、錄影、書籍等產品如與其所附含之音樂著作、語文著作分離，即無任何價值。故直接輸入錄音帶、錄影帶或書本，與輸入著作原件無異，爲保護該著作之財產權人乃禁止其平行輸入。但立法者恐此條文將影響其他商品之合法輸入，特又增訂87條之1加以排除，除乃因我國著作權法第5條第1項之著作權種類繁多，有甚多貨物、機器或設備均含有著作在內。如附含於貨物、機器或設備之著作原件或其他重製物亦適用第87條第4款之規定，則無異於許多貨物、機器或設備亦禁止輸入，而在貨物、機器或設備之所有權附含於貨物、機器或設備之著作原件或其重製物之著作權人常爲不同之人之情形下，對該著作主張輸入權，將影響貨暢其流，有礙貨物、機器或設備之市場流通機能，故而有上開排除條款之規定。……(二) 查著作權法第87條之1第4款所謂之『附含』，其文義上即有主從之概念，著作原件或其重製物爲從，因之必須除去原本附含於貨物之著作原件或其重製物後仍應不失爲獨立之貨物主體者，始克相當。例如衣服、罐頭上美術圖案；電風扇、電視、冰箱內之電腦程式著作；鬧鐘內之音樂著作；檀香扇上之語文著作等。該衣服、罐

---

[13] 同前註。

頭、電風扇、電視、冰箱、鬧鐘、檀香扇均為獨立貨物主體；該美術著作、電腦程式著作、音樂著作、語文著作等只不過是增加各該貨物之價值而已，除去該美術著作、電腦程式著作、音樂著作、語文著作等，各該貨物仍具有獨立之貨物功效，仍為獨立貨物主體。換言之，未附含美術著作之衣服、罐頭、未附含電腦程式著作之電風扇、電視、冰箱，未附含音樂著作之鬧鐘及未附含語言著作之檀香扇，除去各該附含之著作，在市面上尚可購得原性質之貨物，其仍不失為獨立貨物主體，可以單獨為交易之標的，其上所附含之著作只是增加美觀或使用上之功能而已，消費者或許會因貨物附含著作而增加美觀或使用上之功能而予以選購，但非是單純表現著作之媒介物可比。反觀媒介物，以照片、舞蹈為例，相紙、舞者為攝影著作、舞蹈著作之媒介物，其存在之本質乃在作為傳達著作之工具，去除攝影著作或舞蹈著作後，只剩相紙、舞者，其與原來之照片、舞蹈，不論其性質、功能均已大不相同。本案手錶錶面上所附含之圖案，僅係增加手錶之價值而已，手錶之功能並非在表現其錶面上之美術圖案，圖案或可成為消費者消費之原因之一，但去除該圖案後，手錶仍不失為手錶，尚得獨立為貨物主體或交易標的而為販售。因之實不可將手錶視為表現美術著作之媒介物，而忽略手錶得獨立為貨物主體之事實。(三) 告訴人雖一再強調其美術著作對手錶本身增添附加價值云云。惟查手錶原為貨物，購得手錶者原為其計時功能，而非其上之美術著作，此為淺顯易明之理。試問有何人願意購買一只不會走無計時功能之手錶，該手錶除有古董價值外，如不能計時，徒然美術著作再怎麼美觀，亦無人願意購買，由此即可知，手錶為計時功能之貨物，其上美術著作實僅有附含之功能而增強消費者之購買慾而已。(四) 本案被告被查扣之手錶，係合法自告訴人之香港分公司下盤商○○公司購得，按現今國際貿易發達，各國商品相互流通乃正常現象，且依公平交易法之規定，平行輸入之商品只要不故意與代理商混淆，依據市場自由競爭之原則，可提供消費者更多選擇，促進社會經濟活絡，並未與社會公共利益相違，且符合市場公平競爭之基本精神。茲本件被告所進口既為手錶而非告訴人之美術著作，雖手錶附含有告訴人之美術著作，但該美術著作亦為告訴人自重製於其上，並非被告自行重製於手錶上，依前開著作權法第87條之1第4款之規定被告並無違反著作權法之情事。」[14]

---

[14] 參閱：蕭雄淋主編，《著作權法判解決議、令函釋示、實務問題彙編》，初版，五南圖書出版有限公司，1999年4月，頁1078-1079。

上述判決，對於著作權法第87條第1項第4款及著作權法第87條之1第1項第4款之解釋甚詳。對於經濟部智慧財產局函釋中之「著作權商品」之內涵，亦多所說明。

二、符合著作權法第87條之1第1項規定之輸入物，得否適用著作權法第60條或第59條之第一次項銷售理論？

(一) 依據最高法院92年台上字第1001號刑事判決：「著作權法第60條所規定『合法著作重製物之所有人，得出租該重製物』，係以合法著作重製物之所有人為限，如未經著作財產權人同意而輸入著作物原件或重製物者，除有同法第87條之┐第1項所列各款情形外，視為侵害著作權，該著作重製物即為侵害著作權之違法物品。」[15]同院92年台上字第1003號刑事判決：「未經著作財產權人同意而輸入著作原件或其重製物者，視為侵害著作權，此觀著作權法第87條第4款規定自明。又依同法第87條之1第3款前段規定，「為供輸入者個人非散布之利用」，始不適用同法第87條第4款之規定。原判決理由既認定施義勇自國外訂購輸入上開電影光碟片後，並未留供自己利用，嗣即轉售予以出租光碟片為業之被告，由被告為出租使用，而該光碟片乃屬中藝公司享有著作財產權之光碟片等情，顯見施○勇輸入上開光碟片，並非供個人非散布之利用，被告向施○勇買受該光碟片作為出租之用，亦難遽認係合法著作重製物之所有人，而得出租該重製物，詎原判決疏未詳查及此，又認施○勇係為供己用而輸入上開光碟片，被告向施○勇購買該光碟片係合法著作重製物之所有人，其得出租該重製物，並無侵害他人著作財產權云云，所為論斷不無理由前後矛盾及適用法則不當之違誤。」[16]

---

[15] 最高法院92年台上字第1001號刑事判決，參閱：司法院法學資料檢索系統，http://jirs.judicial.gov.tw/FJUD/PrintFJUD03_0.aspx?jrecno=92%2c%E5%8F%B0%E4%B8%8A%2c1001%2c20030306&v_court=TPS+%E6%9C%80%E9%AB%98%E6%B3%95%E9%99%A2&v_sys=M&jyear=92&jcase=%E5%8F%B0%E4%B8%8A&jno=1001&jdate=920306&jcheck=（最後瀏覽日期：2013年1月26日）。

[16] 最高法院92年台上字第1003號刑事判決，參閱：司法院法學資料檢索系統，http://jirs.judicial.gov.tw/FJUD/PrintFJUD03_0.aspx?jrecno=92%2c%E5%8F%B0%E4%B8%8A%2c1003%2c20030306&v_court=TPS+%E6%9C%80%E9%AB%98%E6%B3%95%E9%99%A2&v_sys=M&jyear=92&jcase=%E5%8F%B0%E4%B8%8A&j

　　依此判決意旨，符合著作權法第87條之1規定輸入之著作原件或重製物，得適用著作權法第60條規定而為出租，不符合著作權法第87條之1規定而輸入之著作原件或重製物，除得原著作權人授權外，擅自出租，違反著作權法。

　　(二) 有爭議者，乃著作權法第60條規定：「著作原件或其合法著作重製物之所有人，得出租該原件或重製物。但錄音及電腦程式著作，不適用之（第1項）。」「附含於貨物、機器或設備之電腦程式著作重製物，隨同貨物、機器或設備合法出租且非該項出租之主要標的物者，不適用前項但書之規定（第2項）。」而著作權法第59條之1規定：「在中華民國管轄區域內取得著作原件或其合法重製物所有權之人，得以移轉所有權之方式散布之。」

　　著作權法第59條之1另有規定「在中華民國管轄區域內取得著作原件或其合法重製物」字樣，此為著作權法第60條規定所無，且著作權法第60條另有第2項規定，兩者是否應有不同之解釋？

　　(三) 針對上述爭議，本人認為「非著作權商品」，即符合著作權法第87條之一第4款之情形，甚至只要符合著作權法第87條之1規定者，加以散布，不應視為違法。理由如下：

1. 就法律適用的公平性而言，如果解釋為著作權法第87條之1之輸入物，在中華民國領域內得進一步加以出租，但是不能出售，法律適用上，並不公平。既然最高法院判決認為符合著作權法第87條之1之輸入物，得加以出租，基於法律適用公平性而言，在法律體系上應限縮解釋，認為著作權法第59條之1要排除適用，應限於著作權法第87條第1項第3、4款之輸入物，不包含符合著作權法第87條之一之例外情形。亦即，有第87條之1之情形，在中華民國領域內，仍然得散布輸入物。

2. 如果解釋為符合同法第87條之1的輸入物，因有著作權法第59條之1之緣故，而不得散布，則著作權法第87條之1第1項第5款規定：「附屬於貨物、機器或設備之說明書或操作手冊隨同貨物、機器或設備之合法輸入而輸入者。但以說明書或操作手冊為主要輸入者，不在此限。」此一規定之立法目的即無由達成。蓋著作權法第87條之1第1項第5款之物，其輸入之目的，均為販售，如果輸入後，不能販售，則輸入有何意義？既然允許輸入，當然允許販售。本於同一法律理由，著作權法第87條之1

第1項第4款之「非著作權商品」，亦應作同一解釋。

3. 從社會衡平觀點而論，著作權法第87條第1項第3款之輸入物多屬於個人保存，但亦可能在個人保存甚久後，將商品清理出清，由舊書攤販售，如果舊書攤亦因不得適用著作權法第59條之1，而構成侵害散布權之罪，將有可能人人不慎即有動輒坐牢之疑慮，殊非法律解釋之道。

（回覆於2011年12月29日）

問題72：著作權法上場地出租人之責任

 **相關條文**

著作權法第84條（權利侵害之排除及防止請求權）、第85條（著作人格權侵害之請求權）、第87條（侵害著作權或製版權之擬制）
商標法第68條（侵害商標權之行為）、第70條（侵害商標權之擬制）
建築法第91條

壹、問題

美國於2012年APEC會議時，發表有關「場地出租人責任與智慧財產權之執行」簡報，主要是美國鑑於關閉某些販賣盜版品（包括侵害商標及著作權之產品）的賣場或零售店時，往往在同個場地會快速地有另一家商店營業，故權利人在過去幾年尋求以合法的方式即「場地出租人責任」，阻止前揭情形一再發生，這種責任同時也保護了消費者，使其買到正版的商品。（該規範僅限適用於實體賣場）。

由於我國著作權法目前並未課予場地出租人民、刑事責任，著作權人如想對場地出租人求償，於民事責任方面，實務上似可以民法第185條共同侵權方式處理；而刑事部分，或可以幫助犯或教唆犯的規定求償。如此保障是否足夠？而我國是否宜考量將場地出租人責任納入著作權法中？

貳、回答

一、本問題的爭議點

依APEC會議時，發表有關「場地出租人責任與智慧財產權之執行」簡報，本問題的爭議點如下：

(一) 在該經濟體目前的商標和著作權法內，是否有條款在處理場地出租人責任的概念？

(二) 如果目前沒有明確的法定條款處理場地出租人責任的問題，那法院是否有利用其他法律來解決類似情形的案例？

(三) 目前該經濟體各級法律（聯邦、州級、地方）是否有任何取締不當妨害（nuisance abatement laws）、區域規劃（zoning）、或者其他房產所有人應負之監督責任的規範，可以用於主張場地出租人對盜版和仿冒行為需負間接責任（secondary liability）？

　　(四) 如果目前沒有明確的法定條款或法院案例去解決（上述）情形的問題，這個經濟體是否考慮修法，讓法律與逐漸成形的標準一致？

二、出租人責任之依據

　　依APEC會議之簡報，有關出租人責任的依據，目前有下列兩種理論：其一，「輔助侵權責任（contributory liability）」，即場地出租人已知或者應當知道（knew or should have known）房產內有侵權行為在進行；其二則是「替代侵權責任（vicarious liability）」，即場地出租人對侵權行為有相當程度的影響力，而且從該行為中直接獲得利益。在其他的法律轄區的情形，是權利人可以直接利用商標法或著作權法尋求救濟，權利人可以依據兩法中的特定條款向協助（facilitate）侵權的出租人提起法律訴訟。

　　惟上述之「輔助侵權責任」與「替代侵權責任」，似均為英美法系之制度。在大陸法系有關智慧財產權之出租人責任之案例，有關商標方面，中國大陸北京市高級人民法院，曾經有兩個案例，判決房東應負侵權責任[17]：其一為秀水街服裝市場有限公司與北面服飾公司商標侵權糾紛（北京市高級人民法院2008年高民終字第8號民事判決）[18]，另一為北京秀水街服裝市場有限公司與香奈兒股份有限公司商標專用權糾紛案（北京市高級人民法院2006年高民終字第334號民事判決）[19]。

　　上述二判決均引「中華人民共和國商標法實施條例」第52條第2款之規

---

[17] 參閱：馬寧，〈淺析場所出租人的商標侵權責任〉，http://www.sdzkw.com/ziliao/lunwen/200612/3419.html（最後瀏覽日期：2013年1月29日）。

[18] 北京市高級人民法院2008年高民終字第8號民事判決，參閱：台州商標專利網，http://www.chinahyld.com/asp/OthersShow.asp?ID=77（最後瀏覽日期：2013年1月29日）。

[19] 北京市高級人民法院2006年高民終字第334號民事判決，參閱：中國法院網，http://old.chinacourt.org/public/detail.php?id=330886（最後瀏覽日期：2013年1月29日）。

定，故意為侵犯他人註冊商標專用臺行為提供倉儲、運輸、郵寄、隱匿等便利條件的行為屬於侵犯他人註冊商標專用權的行為。秀水街公司收到權利人的律師函後，有對行為人為侵害制止義務，未為有效制止，應就其故意為銷售侵權行為提供便利條件承擔相應責任。在中國大陸著作權方面，雖然有對出租人起訴，但是尚未發現有判決案例。

三、我國現行法的觀察

(一) 中國大陸法院判決出租人所以應負侵害商標權之責任，主要是因有「中華人民共和國商標法實施條例」第52條第2款之規定，故意為侵犯他人註冊商標專用權行為提供倉儲、運輸、郵寄、隱匿等便利條件的行為屬於侵犯他人註冊商標專用權的行為。而我國商標法有關商標專用權之侵害，則有如下規定：

1. 商標法第68條規定

「未經商標權人同意，為行銷目的而有下列情形之一，為侵害商標權：一、於同一商品或服務，使用相同於註冊商標之商標者。二、於類似之商品或服務，使用相同於註冊商標之商標，有致相關消費者混淆誤認之虞者。三、於同一或類似之商品或服務，使用近似於註冊商標之商標，有致相關消費者混淆誤認之虞者。」

2. 商標法第70條規定

「未得商標權人同意，有下列情形之一，視為侵害商標權：一、明知為他人著名之註冊商標，而使用相同或近似之商標，有致減損該商標之識別性或信譽之虞者。二、明知為他人著名之註冊商標，而以該著名商標中之文字作為自己公司、商號、團體、網域或其他表彰營業主體之名稱，有致相關消費者混淆誤認之虞或減損該商標之識別性或信譽之虞者。三、明知有第68條侵害商標權之虞，而製造、持有、陳列、販賣、輸出或輸入尚未與商品或服務結合之標籤、吊牌、包裝容器或與服務有關之物品。」

我國商標法第68條與第70條規定中，並未有類似中國大陸「中華人民共和國商標法實施條例」第52條第2款，故意為侵犯他人註冊商標專用權行為提供倉儲、運輸、郵寄、隱匿等便利條件的行為屬於侵犯他人註冊商標專用權的行為之規定。

(二) 我國著作權法有關著作權之侵害，除著作權法第84條、第85條外，另

有第87條「視爲侵害著作權」之規定，其規定：「有下列情形之一者，除本法另有規定外，視爲侵害著作權或製版權：一、以侵害著作人名譽之方法利用其著作者。二、明知爲侵害製版權之物而散布或意圖散布而公開陳列或持有者。三、輸入未經著作財產權人或製版權人授權重製之重製物或製版物者。四、未經著作財產權人同意而輸入著作原件或其重製物者。五、以係侵害電腦程式著作財產權之重製物而作爲營業之使用者。六、明知爲侵害著作財產權之物而以移轉所有權或出租以外之方式散布者，或明知爲侵害著作財產權之物，意圖散布而公開陳列或持有者。七、未經著作財產權人同意或授權，意圖供公眾透過網路公開傳輸或重製他人著作，侵害著作財產權，對公眾提供可公開傳輸或重製著作之電腦程式或其他技術，而受有利益者。前項第7款之行爲人，採取廣告或其他積極措施，教唆、誘使、煽惑、說服公眾利用電腦程式或其他技術侵害著作財產權者，爲具備該款之意圖。」

　　上述規定，均未有類似中國大陸「中華人民共和國商標法實施條例」第52條第2款，故意爲侵犯他人註冊商標專用權行爲提供倉儲、運輸、郵寄、隱匿等便利條件的行爲屬於侵犯他人註冊商標專用權的行爲之規定。

　　(三) 有關場所出租人，對於承租人之侵害智慧財產權行爲，是否負有責任？民法債各有關租賃契約之規定未明確規範，僅於民法第438條規定：「承租人應依約定方法，爲租賃物之使用、收益；無約定方法者，應以依租賃物之性質而定之方法爲之（第1項）。」「承租人違反前項之規定爲租賃物之使用、收益，經出租人阻止而仍繼續爲之者，出租人得終止契約（第2項）。」故如出租人在租約中明定，承租人之營業不得違反法令，如有違反出租人得終止契約，則出租人自得依此約定而終止租賃契約。

　　(四) 我國爲大陸法系，並無英美法系之輔助侵權或替代侵權之規定，有關出租人是否應對承租人之著作權侵害行爲負民事責任，應依民法第185條規定，認定出租人是否爲該著作權侵害行爲之「共同侵權人或幫助人」？在刑事責任部份，則應依刑法第28條或第30條規定，認定其是否爲共犯或幫助犯？亦即，應回歸大陸法系國家所採法律規範體系，以認定出租人是否應在民刑事責任上負其責任。

　　而民法第185條第1項所謂之數人共同不法侵害他人之權利，係指各行爲人均曾實施加害行爲，且各具備侵權行爲之要件而發生同一事故者而言，是以各加害人之加害行爲均須爲不法，且均須有故意或過失，並與事故所生損害具有相當因果關係者始足當之；同條文第2項所稱之幫助人，係指幫助他人使其容

易遂行侵權行為之人,其主觀上須有故意或過失,客觀上對於結果須有相當因果關係,始須連帶負損害賠償責任。[20]

又數人共同不法侵害他人之權利者,對於被害人所受損害,所以應負連帶賠償責任,係因數人之行為共同構成違法行為之原因或條件,因而發生同一損害,該數人間對於該損害具有行為關連共同性之故。民事上之共同侵權行為與刑事上之共同正犯,其構成要件雖非全同,從而,民事共同侵權行為人間在主觀上固不以有犯意聯絡為必要,惟在客觀上仍須數人之不法行為,均為其所生損害之共同原因而具行為關聯共同性,始足成立共同侵權行為(最高法院84年台上字第658號民事判決)。

至於刑事幫助犯,最高法院有如下判決:

1. 刑法第30條所謂幫助他人犯罪,係指就他人之犯罪予以物質上或精神上之助力,使其易於實施之積極或消極行為,亦即予正犯以便利,使其易於實施犯罪行為而言(最高法院82年台上字第5918號刑事判決)。

2. 按刑法第30條之幫助犯,係以與正犯有共同之認識而幫助實施為要件,若於正犯之犯罪無共同之認識,亦即無幫助他人犯罪之意思,則難認成立幫助犯(最高法院81年台上字第5356號刑事判決)。

綜此,有關場所出租人的責任,宜依目前民刑法規定以判斷之,另於商標法或著作權法添加輔助侵權及替代侵權責任,並非適宜。

(五) 查建築法第91條第1項規定:「有左列情形之一者,處建築物所有權人、使用人、機械遊樂設施之經營者新臺幣六萬元以上三十萬元以下罰鍰,並限期改善或補辦手續,屆期仍未改善或補辦手續而繼續使用者,得連續處罰,並限期停止其使用。必要時,並停止供水供電、封閉或命其於期限內自行拆除,恢復原狀或強制拆除:一、違反第七十三條第二項規定,未經核准變更使用擅自使用建築物者。二、未依第七十七條第一項規定維護建築物合法使用與其構造及設備安全者。三、規避、妨礙或拒絕依第七十七條第二項或第四項之檢查、複查或抽查者。四、未依第七十七條第三項、第四項規定辦理建築物公

---

[20] 參閱:司法院法學資料檢索系統,最高法院92年度台上字第1593號民事判決,http://jirs.judicial.gov.tw/FJUD/PrintFJUD03_0.aspx?jrecno=92%2c%E5%8F%B0%E4%B8%8A%2c1593%2c20030724&v_court=TPS+%E6%9C%80%E9%AB%98%E6%B3%95%E9%99%A2&v_sys=V&jyear=92&jcase=%E5%8F%B0%E4%B8%8A&jno=1593&jdate=920724&jcheck=(最後瀏覽日期:2013年1月29日)。

共安全檢查簽證或申報者。五、違反第七十七條之三第一項規定，未經領得使用執照，擅自供人使用機械遊樂設施者。六、違反第七十七條之三第二項第一款規定，未依核准期限使用機械遊樂設施者。七、未依第七十七條之三第二項第二款規定常時投保意外責任保險者。八、未依第七十七條之三第二項第三款規定實施定期安全檢查者。九、未依第七十七條之三第二項第四款規定置專任人員管理操作機械遊樂設施者。十、未依第七十七條之三第二項第五款規定置經考試及格或檢定合格之機電技術人員負責經常性之保養、修護者。」

　　上述規定爲目前行政機關針對電視遊樂器等違法，對出租人之課以行政處罰責任之依據。如果眞的在立法政策上欲對出租人課以一定責任，以便遏止智慧財產權侵害物的散布，則可以考慮在建築法上增訂房屋出租人在一定條件下（如經權利人通知並對侵害者起訴判決確定），應負有要求承租人修除盜版品的義務，否則即與其終止租約（類似ISP法案），而若出租人未履行此義務，由主管機關課以一定要罰鍰。此似較爲可行之方案。

（回覆於2012年6月9日）

第八章　其他問題

問題73：著作財產權人於加入集管團體後權利處理之相關問題

 **相關條文**

著作權集管團體條例（已於民國99年2月10日修正公布名稱為「著作權集體管理團體條例」）第10條第1項（集管團體會員之資格）、第12條（仲介團體會員之退會）、第13條第2項（集管團體會員不得另外授權）、第27條（集管團體會員退會之效果）

壹、問題

問題之說明：

一、本案緣起於地方法院來函詢問：「音樂著作之著作財產權人或被專屬授權人加入著作權集管團體後，得否再將其音樂著作之『公開演出權』再授權他人？又得否再將其著作財產權全部權利轉讓他人？倘其再與他人訂立專屬授權或權利轉讓之契約，該被授權人是否可因此享有公開演出權，並有告訴權？」

二、本案經電詢承辦法官確認函詢意旨，其表示案例事實略以：音樂著作之著作財產權人加入集管團體，並將其音樂著作（數目不詳）授權仲團管理，嗣後再將前述音樂著作，一部分以授權方式，一部分以讓與方式與第三人（大唐公司）訂定授權及讓與契約（授權及讓與契約內容未盡明確，惟本案爭議僅限於「公開演出權」，無涉其他著作財產權），故欲釐清本案大唐公司是否享有告訴權。

三、擬請教之問題為：著作權法（下稱本法）第37條第2項規定，著作財

產權之授權不因著作財產權人嗣後將其著作財產權讓與或再為授權而受影響。因此著作財產權人於加入集管團體後（實務上著作財產權人多以專屬授權之方式將其權利委由集管團體管理），再將其交由仲團管理之著作財產權轉讓予第三人之情形下，轉讓前已獲專屬授權之被授權人（即仲團）是否仍得繼續管理該已被轉讓予第三人之音樂著作，在原授權範圍內行使權利？抑或應逐依著作權集管團體條例第10、12及第27條規定處理？又著作財產權人係將其已交由仲團管理之著作財產權之「全數」或「部分」轉讓，對於前開問題之結論是否有所影響？

貳、回答

一、首先談上述問題三之問題。查著作權法第37條第1項規定，著作財產權人得授權他人利用著作。同條第2項規定，前項授權不因著作財產權人嗣後將其著作財產權讓與或再為授權而受影響。此係著作權法就著作財產權人之授權後再為轉讓或授權之一般效果規定，與著作權集管團體條例（下稱「仲團條例」）第10條、第12條、第27條等規定，規範功能不同。且仲團條例在法律上，較著作權法又居於特別地位，故仲團條例第10條、第12條、第27條之規定，應優先適用，不受著作權法第37條之影響。

二、基此，仲團條例第10條第1項規定，集管團體之會員，應為著作財產權人。第12條規定，喪失會員資格者，視為退會。第27條第1項規定，會員退會時，集管團體應即通知利用人，並終止管理契約。故如著作財產權人甲，於加入集管團體後，將其著作之著作財產權之權利（如公開演出、公開播送權等），專屬授權集管團體，嗣後將其著作財產權又全部轉讓給丙。此時甲因其著作財產權全部喪失而喪失會員資格，與集管團體終止管理契約，因而集管團體全部不再擁有被授權的權利。僅先前由集管團體授權給第三人之權利，第三人仍得繼續利用，不受影響而已。而甲對第三人丙之轉讓行為，完全有效，故丙有著作財產權，同時對轉讓後之侵害行為，得提告訴，並無問題。

三、如果著作財產權人甲，於加入集管團體後，將其著作之著作財產權中某項權利（如公開演出權、公開播送權等），專屬授權集管團體，嗣後將其部分著作（例如100首中之30首）之著作財產權轉讓給丙，此時，甲因部分著作之著作財產權仍屬存在，不符合仲團條例第10條、第12條退會之情形。因而甲未讓與之著作，仍依原管理契約管理。已讓與之著作，如果受讓人並非會員，

與集管團體又無契約關係，則集管團體不再管理該轉讓出去之著作。即集管團體在原著作財產權人轉讓著作之著作財產權後，就轉讓部分，不再分配權利金給原權利人。因此，第三人在被轉讓部分，於轉讓後被第三人侵害，當然得提告訴，亦無問題。

四、較有爭議者，乃著作財產權人甲，於加入集管團體後，將其著作之著作財產權中之權利（如公開演出權、公開播送權等），專屬授權集管團體。嗣後又將專屬授權給集管團體之權利，又專屬授權給第三人丙，此時甲丙之關係如何？甲所專屬授權給丙的權利，是否有效？丙是否得對第三人之侵害，提起訴訟？有關丙是否得提訴訟，與甲丙之關係如何？即丙所得之專屬授權是否有效有關。

五、甲丙之關係如何？略有二說：

(一) 無效說，此說之理由為仲團條例第13條第2項規定，會員在集管團體管理之範圍內，不得自行授權或另委託第三人代其授權，此係為集管團體管理權利之必要所設，自屬民法第71條之強制禁止規定，違反者，法律行為，當然無效。即無論其中甲丙之原因關係之債權行為，及準物權行為之處分行為，均屬無效。此觀仲團條例第10條第3項後段規定，益明瞭其立法意旨。

(二) 效力未定說，此說認為，由於甲對集管團體已為專屬授權，則甲對丙之專屬授權在授權的原因債權行為上，屬於民法第226條之給付不能，在授權行為之處分之行為上，屬於民法第118條之無權處分，屬於效力未定。

以上二說，本人傾向無效說。如果採授權行為之無效說，則丙在被甲專屬授權之範圍內，自無告訴權。如果採效力未定說，在集管團體未承認甲對丙的授權行為之前，亦無告訴權。

（回覆於2008年4月8日）

問題74：文化創意產業發展法草案中融資之質權登記

壹、問題

　　本局刻正研擬〈著作財產權質權登記暨查閱辦法〉，欲恢復著作權之設質登記，因81年著作權法第75條有關質權登記之立法說明，敘及該條係參考日本著作權法第77條之立法例，就質權之讓與或處分之限制規定補充之。故想請教本次修正條文中第2條、第3條之「質權處分之限制登記」，所指為何意思？

貳、回答

　　一、文化創意產業發展法草案第20條（民國99年2月3日制定公布之文化創意產業發展法改列於第23條）規定：「以文化創意產業產生之著作財產權為標的之質權，其設定、讓與、變更、消滅或處分之限制，得向著作權專責機關登記；未經登記者，不得對抗善意第三人。但因混同、著作財產權或擔保債權之消滅而質權消滅者，不在此限（第1項）。」「前項登記內容，任何人均得申請查閱（第2項）。」「第一項登記及前項查閱之辦法，由著作權法主管機關定之（第3項）。」「著作權專責機關得將第一項及第二項業務委託民間機構或團體辦理（第4項）。」民國81年著作權法第75條規定：「有左列情形之一者，非經登記，不得對抗第三人：一、著作財產權之讓與、專屬授權或處分之限制。二、以著作財產權為標的物之質權之設定、讓與、變更、消滅或處分之限制。但因混同、著作財產權或擔保債權之消滅而質權消滅者，不在此限。」文化創意產業發展法草案第20條規定，大抵來自民國81年著作權法第75條第2款，而民國81年著作權法第75條規定，於民國87年著作權法修正時刪除。

　　二、民國81年著作權法第75條規定，依當時立法說明，係參考日本著作權法第77條及南韓著作權法第52條所訂定[1]。查日本著作權法第77條規定：「下列事項，未經登記，不得對抗第三人：(一) 著作權之移轉（繼承或其他一般繼受者除外，下款同），或處分之限制。(二) 以著作權為標的之質權的設定、移轉、變更或消滅（因混同或著作權或擔保之債權之消滅者除外）或處分之限

---

[1]　參見：立法院秘書處編：著作權法修正案，76頁，民國82年2月。

制。」此一規定，自昭和45年（1970年）日本著作權法全面修正迄今，並無變更[2]。

三、民國81年著作權法第75條，拙著：「著作權法逐條釋義(二)」一書，曾作此說明：

(一) 本條與日本著作權法第77條規定，大底相同，茲依日本學說判例，就本條析述如次：

1. 依本條第1款規定，著作財產權之讓與，非經登記，不得對抗第三人。此與不動產登記相同，係一種公示制度，目的在謀求作為財產權一種之著作財產權在交易上因公示有得到安全保障[3]。而本條之「第三人」，係指主張登記不存在有正當利益之第三人。亦即「第三人」限於如登記不存在，自己得在法律上主張權利之人。易言之，此處之「第三人」，乃有關權利變動之當事人及其權利義務之概括承繼人以外之人[4]。故「不得對抗第三人」之意義，乃著作財產權之移轉，於當事人間之意思表示合致，即發生實質上之效果，無交易關係之第三人，不得由當事人間主張其對抗效果。因此，單純侵害他人著作財產權，著作財產權之受讓人，縱然未為移轉登記，亦得對抗侵害著作財產權之人，單純侵害人並非本條之第三人。日本大審院民事部大正4年3月8日判決：「不法侵害著作權之人，就主張繼承登記之欠缺，不構成有正當利益之第三人[5]。」日本大審院民事部昭和7年5月27日判決：「侵害著作權之侵權行為人，並非本條所稱第三人[6]。」因我國在本法修正時，行政院草案說明已明示斯旨（參見本條立法之說明），洵屬正確[7]。

2. 依本條第1款規定，著作財產權之讓與，非經登記，不得對抗第三人。

---

[2] 參見：http://www.cric.or.jp/db/article/a1.html（2009/6/10）

[3] 參見日本著作權法令研究會：著作權關係法令實務提要，905頁；日本文部省：著作權制度審議會答申說明書（昭和41年7月），85頁。

[4] 加戶守行：著作權逐條講義，430頁，平成18年五訂版；中川善之助·阿部浩二：著作權，227頁。

[5] 日本著作權法令研究會編，前揭書，905之2頁。

[6] 同上註。

[7] 參見拙文，著作權轉讓的註冊對抗主義，79年6月4日自立晚報16版；蒐錄於拙著：著作權法漫談(一)，63至65頁。

不論第三人善意或惡意，在法律上效果，並無不同[8]。例如A對B爲著作財產權轉讓但未爲轉讓登記，C知情自A取得授權，A之授權對C有效，其後B在A對C授權後縱然爲轉讓登記，仍不得對抗C是[9]。而如受讓人無登記，不問第三人有無登記，皆不得對抗[10]。例如A自C受讓著作財產權，B亦自C受讓著作財產權，未登記之A對B不得主張自己爲著作財產權人，未登記之B對A亦不得主張自己爲著作財產權人。惟如AB均自C受讓同一著作財產權，而B先爲登記，則B得對A主張著作財產權轉讓效果，此時A僅能對C主張損害賠償，而不得對B主張著作財產權[11]。惟此種情形僅限於AB均自眞正權利人受讓之情形，如果A受讓自眞正權利人C，B受讓自非眞正權利人D，B雖爲著作財產權轉讓登記，且爲善意第三人，仍不得對抗A。另如A自眞正權利人C受讓著作財產權未爲登記，B僅向眞正權利人C取得債權，B如向內政部爲著作財產權之轉讓登記，B仍不得對抗A[12]。蓋本條第1款之對抗，須符合著作財產權之讓

---

[8] 日本東京地方裁判所昭和7年12月21日判決：「著作權之轉讓，未受登記者，對第三人，不問善意或惡意，均不得對抗。」同註8，905之3頁。

[9] 中川善之助・阿部浩二，前揭書，227頁，同註9判決。

[10] 日本東京控訴院昭和10年10月16日判決：「著作權之得喪，未爲登記者，對就該著作權亦尚未登記之第三人，不得對抗。」另日本大審院民事部昭和11年4月2日判決：「關於同一著作權，若主張著作權人之人有數人，各該人就著作權之取得均未登記者，則各該人對其中任何人，均不得利用其著作權加以對抗。」

[11] 加戶守行，前揭書，431頁。

[12] 台灣高等法院84年上字第741號判決謂：「內政部著作人或著作財產權人登記僅係行政管理之規定，並無推定效力，此觀上訴人提出之內政部著作權登記簿謄本下方均註明：『本項登記悉依申請人之申報，如有權利爭執，自應負舉証責任。』即可証明。故本件上訴人雖於八十一年八月將如附表所示之著作物，向內政部著作權委員會申請爲著作財產權人之登記，亦應負舉證責任。又著作權法第七十五條規定：『有左列情形之一者，非經登記，不得對抗第三人：……一、著作財產權之讓與、專屬授權或處分之限制。、……。『著作權法第七十五條第一款所謂『著作財產權之讓與』，應指直接發生著作財產權移轉效果之準物權行爲，而非指僅得請求移轉著作財產權人之債權債務行爲。債權人如依負擔行爲而僅取得債權，因其僅係特定人得向特定人請求特定行爲之權利，基於此債權相對性，其並不具有得對抗一般第三人之效力；如依處分行爲取得物權或物權以外之財產權，基於物權之絕對性、排他性，始能對抗他人。是僅生移轉請求權之債權債務行爲，僅爲準物權行爲之原因行爲，尚不使權利

與及著作財產權之讓與登記雙重要件，方有對抗問題。如僅有登記，而未為有效之轉讓，則無對抗問題。

(二) 本條第1款稱：「著作財產權之專屬授權」，非經登記，不得對抗第三人。例如著作財產權人甲，將台灣地區之公開播送權，先專屬授權乙，其後又專屬授權丙，此時如乙丙均未為專屬授權登記，則乙對丙不得主張專屬授權，丙對乙亦不得主張專屬授權。如丙先乙為專屬授權登記，則丙則對乙得主張專屬授權，乙對丙不得主張專屬授權。乙僅能向甲請求賠償。惟此時乙丙對侵害之第三人丁則如何？本書認為，在甲對乙丙專屬授權未終止前，乙丙不問有無專屬授權登記，亦不問乙有登記丙無登記，或丙有登記乙無登記，乙丙均得對丁主張權利之受害，而為刑事訴訟法第232條之被害人，得提出告訴。另如著作財產權人甲，先將台灣地區之公開播送權專屬授權乙，其後甲又將著作財產權轉讓丙，如乙已為專屬授權登記，不問丙有無著作財產權之轉讓登記，固得對丙主張公開播送之專屬授權。惟如乙未為專屬授權登記，丙嗣後為著作財產權之轉讓登記，此時丙得否在丙為轉讓登記後對乙主張乙未專屬授權？查既然甲於專屬授權乙公開播送權當時，丙尚未為轉讓登記，依公示之理論及實務上之運作情況，似宜認為丙不得對乙主張乙侵害公開播送權。反之，如著作財產權人甲先將著作財產權轉讓乙，乙並已為移轉登記，如甲又將公開播送權專屬授權丙，此時丙即不得對乙主張公開播送之專屬授權是。

(三) 本條第1款所稱「著作財產權處分之限制」，非經登記，不得對抗第三人。此「處分」，例如著作財產權之轉讓（本法第36條）、質權之設定（民法第900條）、著作財產權準共有之分割（民法第823條第1項但書、831條）是。例如甲為乙譜A歌曲，約定乙得將A歌曲在電台使用，但著作財產權仍屬甲所有。此時如依當時約定乙限制甲將公開播送權轉讓第三人，乙並有禁止甲處分公開播送權之登記，則甲嗣後將全部著作財產權轉讓丙，則丙不得對乙主張公開播送權之移轉是。

(四) 本條第2款「以著作財產權為標的之質權之設定」，非經登記，不得對抗第三人，例如甲有A影片之著作財產權，甲將A影片向乙借新臺幣100萬元，予乙設定權利質權。乙如已向主管機關辦理質權登記，則嗣後甲將A影片

登生變動，更無對抗第三人效力之餘地。本件上訴人依上開離婚協議書第八條之約定，最多僅能取得請求其父許晏駢讓與之債權，不生著作權法第七十五條第一款對抗效力之問題。」

之著作財產權轉讓丙，乙得向丙主張100萬之權利質權是。反之，如乙未為質權登記，不得向丙主張質權是。至於「以著作財產權為標的物之質權之讓與、變更、消滅或處分之限制」，均可依此例類推。

(五) 本條第2款但書，係指以著作財產權為標的物之質權之消滅，如係因混同、著作財產權或擔保債權之消滅而質權消滅者，則縱未為質權之消滅登記，質權人乃不得主張質權存在。按民法第344條規定：「債權與其債務同歸一人時；債之關係消滅。但其債權為他人權利之標的或法律另有規定者，不在此限。」如甲為著作財產權人，就A著作向乙借款100萬元設定質權，如乙之債權嗣後轉讓甲，則甲乙之債權債務因混同而消滅，此時乙不得以質權未為消滅登記為由而對甲主張質權存在是。

四、依上述說明推論，所謂「質權處分之限制」，非經登記，不得對抗第三人，舉例言之，甲有A著作之著作財產權，甲向乙借新臺幣100萬元整，以其A著作之著作財產權為擔保給乙設定權利質權。此權利質權經質權登記，並附有乙在兩年內不得為權利質權轉讓之限制，此即「處分之限制」，此限制得加以登記。因此，如果甲有此質權處分之限制登記，乙將對甲之著作所設定之權利質權，在兩年內轉讓丙，則丙對甲主張權利質權，甲得以有此權利質權之處分限制登記來對抗丙。反之，如果當時未有此項兩年內禁止權利質權處分之限制登記，僅在甲乙契約上約定，則丙兩年內自乙所受讓之權利質權，得對甲主張有效。

五、文化創意產業發展法草案第20條[13]僅規定「以文化創意產業產生之著作財產權為標的之質權，其設定、讓與、變更、消滅或處分之限制，得向著作權專責機關登記；未經登記者，不得對抗善意第三人」，對於以文化創意產業產生之著作財產權，如果發生雙重轉讓之情形，並未採登記公示制度，仍有瑕疵。我國現行著作權法對於雙重轉讓情形，未採登記公示主義，亦然。舉例言之，如果甲生前寫了30部書，在2000年在法院作公認証，將該著作之著作財產權均贈其女友乙。其後，甲將該著作之著作財產權分別賣斷（轉讓著作財產權）給各出版社。在甲死亡後，乙以其公証書對各出版社主張擁有著作財產權，則各出版社僅能對甲之繼承人主張損害賠償，不能對乙主張著作財產權。但依現行民法規定，甲之繼承人皆為限定繼承，如果甲無其他財產，則善意之

---

[13] 目前為文化創意產業發展法第23條。

出版社自甲所受讓之著作財產權,皆可能因甲為無權處分,而求償無門。

六、此外,文化創意產業發展法草案第20條[14]僅規定有關質權之登記對抗規定,對於「著作財產權之讓與、專屬授權或處分之限制」,未有登記對抗之規定,則依現行著作權法第39條規定:「以著作財產權為質權之標的物者,除設定時另有約定外,著作財產權人得行使其著作財產權。」如果甲以其A著作,向乙借錢設定質權,則甲仍能為授權,如果乙對甲之著作財產權無「處分之限制」之登記對抗規定,則甲將其著作,專屬授權丙30年,且一次收足權利金,乙之對A著作之權利質權,其價值將完全喪失,使其權利質權之設定,變成無實益。

(回覆於2009年6月11日)

---

[14] 同前註。

問題75：營業用伴唱機音樂為孤兒著作之強制授權問題

 **相關條文**

著作權法第37條（授權）
文化創意產業發展法第24條、第27條

壹、問題

　　某公司申請利用著作財產權人不明之音樂著作，申請利用範圍涵括重製為營業用的伴唱電腦VOD及MIDI檔案，以及將該等VOD／MIDI檔案以散布、出租等方式供營業場所提供消費者演唱。

　　經經濟部智慧財產局查證結果，該公司申請之音樂著作確屬著作權人不明之著作，惟考量本案涉及伴唱機之使用，如經核准，則申請人重製之VOD及MIDI雖屬合法重製物，惟後續取得該伴唱電腦VOD、MIDI檔案之營業場所在公開演出該等音樂著作時，仍會因無法尋得著作權人取得合法授權而有侵權之虞，並可能造成市場的紊亂。

　　按著作財產權人不明著作利用之許可授權，本屬非經著作權人授權，由政府機關依申請所同意之著作利用，且本案申請人製作VOD、MIDI檔案之最終目的在於供營業場所提供予消費者演唱，如未能考量營業場所公開演出該等音樂著作之合法性即核准申請，未來反而可能造成業界糾紛及著作財產權人權益之損害，有違本項許可授權係為提供利用人合法利用著作之管道，促進著作利用之立法原意。惟本案如欲駁回其申請，依文化創意產業發展法第24條及「著作財產權人不明著作利用之許可授權及使用報酬辦法」規定，似無法提供相當之立論基礎。請問該公司得否為下游業者申請音樂之強制授權？

貳、回答

一、依文化創意產業發展法（下稱「文創法」）規定，申請人僅就自己利用之範圍有申請之義務

文化創意產業發展法（下稱「文創法」）第24條第1項規定：「利用人為製作文化創意產品，已盡一切努力，就已公開發表之著作，因著作財產權人不明或其所在不明致無法取得授權時，經向著作權專責機關釋明無法取得授權之情形，且經著作權專責機關再查證後，經許可授權並提存使用報酬者，得於許可範圍內利用該著作。」上開規定，係孤兒著作得申請強制授權之依據。依該規定，利用人僅須就其利用範圍內，申請強制授權。而營業伴唱機業者，僅就音樂為重製，而未就音樂為公開演出，故其僅就音樂之重製，須申請強制授權，對於公開演出，非屬其利用範圍，依法並無申請強制授權之義務。

二、為下游業者申請音樂之強制授權，可能產生之問題

或謂伴唱機業者為伴唱機申請重製之強制授權，下游業者公開演出該音樂，皆亦可能違法，故應由伴唱機業者亦代下游業者申請公開演出之強制授權，以使上下游業者皆合法。惟此可能產生如下之問題：

(一) 營業用伴唱機製作完成，販售與下游，在伴唱機所有權移轉後，即脫離原所有人（即伴唱機製作者）之掌握，伴唱之利用形態多樣化，此多樣化非皆原製作者所能預料，其違法與否，理應由下游業者負責。即使申請強制授權，亦應由利用者之下游業者申請，強制由伴唱機業者申請，不僅未符法律規定，伴唱機業者既無法控制伴唱機下游運作狀況，自無法對下游之所有是否可能違法之行為負責。

(二) 依目前實務現況，音樂著作非孤兒著作之情形，伴唱機製作人亦未幫下游業者給付公開演出之費用。同樣的，伴唱機之製作人針對孤兒著作，亦無義務為下游業者為公開演出之強制授權。

(三) 依文創法第24條第2項規定：「著作權專責機關對於前項授權許可，應以適當之方式公告，並刊登政府公報。」第3項規定：「第一項使用報酬之金額應與一般著作經自由磋商所應支付合理之使用報酬相當。」依目前KTV或卡接OK給付音樂著作權人公開演出費用，係多採使用次數、坪數等計價方

式，且分年為之。伴唱機之製作者其伴唱機未來多少數量賣給大的KTV店，多少數量賣給小卡拉OK店，事先無法評估，無從提出事先「與一般著作經自由磋商所應支付合理之使用報酬」。再者，一個伴唱機使用壽命多少年，亦依人人使用狀況不同而定，由伴唱機業者負責下游之公開使用費用，亦因每一伴唱機之使用壽命不同，不可能完全實現。

(四) 如果謂營業用伴唱機申請音樂之強制授權，必須為下游之公開演出負責，同一理論，唱片公司就製作CD中申請音樂之強制授權，是否應對未來電視台、廣播電台購買CD作公開播送，伴唱機業者亦應預先為公開播送之強制授權？

三、下游業者可能的責任

(一) 伴唱機業者申請伴唱機為音樂之強制授權，僅對重製利用部分給付費用，並無義務為本身未利用之公開演出一併為強制授權，已如前述。因此下游業者針對其個別之利用，應個別申請公開演出之強制授權。當然如果下游業者如果因為此係孤兒著作，申請公開演出麻煩而不欲購買，因此造成伴唱機業者不得已須同時為下游業者申請音樂公開演出之強制授權，此乃伴唱機業者之權利，而非業務。

(二) 著作權法第37條第6項規定：「有下列情形之一者，不適用第七章規定。但屬於著作權集體管理團體管理之著作，不在此限：一、音樂著作經授權重製於電腦伴唱機者，利用人利用該電腦伴唱機公開演出該著作。」由於音樂為孤兒著作，著作權人不可能加入音樂著作權集體管理團體，如果伴唱機業者未就音樂之公開演出申請強制授權，且伴唱機之下游使用人亦未就音樂之公開演出申請強制授權，則KTV、卡拉OK店就音樂之公開演出，萬一權利人出現出面主張權利，則該下游業者，僅有民事責任，而未有刑事責任。

四、主管機關應要求伴唱機業者註明其利用範圍及應注意事項

(一) 依文創法第24條第4項規定：「依第一項規定獲得授權許可完成之文化創意產品重製物，應註明著作權專責機關之許可日期、文號及許可利用之條件與範圍。」如果伴唱機業者僅就音樂之重製申請強制授權，主管機關應要求伴唱機業者在其伴唱機上註明僅就重製部分為強制授權，公開演出部分應另行得權利人同意或向主管機關申請強制授權，方屬合法。

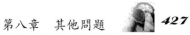

(二) 依文創法第24條第7項規定:「依第一項規定,取得許可授權後,未依著作權專責機關許可之方式利用著作者,著作權專責機關應廢止其許可。」如果伴唱機業者未就前述(一) 作註明者,主管機關得依文創法第27條第7項之規定廢止許可。

(回覆於2013年2月11日)

國家圖書館出版品預行編目資料

著作權法實務問題研析（一）／蕭雄淋著.
－－初版. －－臺北市：五南, 2013.07
　面；　公分
ISBN 978-957-11-7190-6（平裝）

1.著作權法　2.論述分析

588.34　　　　　　　　　102012519

4T64

著作權法實務問題研析（一）

作　　者 － 蕭雄淋（390）

發 行 人 － 楊榮川

總 經 理 － 楊士清

主　　編 － 張若婕

責任編輯 － 宋肇昌

封面設計 － 姚孝慈

出 版 者 － 五南圖書出版股份有限公司

地　　址：106台北市大安區和平東路二段339號4樓

電　　話：(02)2705-5066　　傳　　真：(02)2706-6100

網　　址：http://www.wunan.com.tw

電子郵件：wunan@wunan.com.tw

劃撥帳號：01068953

戶　　名：五南圖書出版股份有限公司

法律顧問　林勝安律師事務所　林勝安律師

出版日期　2013年7月初版一刷
　　　　　2018年3月初版二刷

定　　價　新臺幣500元